John Keegan
Die Maske des Feldherrn

Für Susanne

John Keegan

Die Maske des Feldherrn

Alexander der Große, Wellington, Grant, Hitler

Aus dem Englischen von Bernd Rullkötter

BELTZQUADRIGA

Titel der Originalausgabe:
The Mask of Command. Erschienen bei: Jonathan Cape.
Thirty-Two Bedford Square London. © 1987 by John Keegan

Abbildungsnachweis:
Titelphotos: AKG Photo Berlin
Vorsatz: Alexander-Mosaik aus Pompeji, um 100 v. Chr.
Nachsatz: Wehrmachtsparade zu Hitlers Geburtstag 1938 – AKG Photo Berlin
S. 340   AKG Photo Berlin

© 1997 Beltz Quadriga Verlag, Weinheim und Berlin
Gesetzt nach der neuen Rechtschreibung
Lektorat: Renate Reifferscheid
Herstellung: Iris Walther
Umschlaggestaltung: Federico Luci, Mailand
Satz: Satz- und Reprotechnik, Hemsbach
Druck und Bindung: Druckhaus Beltz, Hemsbach
Printed in Germany
ISBN 3-88679-282-8

Inhalt

Einführung:
Vorheroische Führerschaft

Dieses Buch handelt von Feldherren. Wer sie waren, was sie taten und wie sie die Welt veränderten. Vielleicht erwartet man, dass es sich eines der beiden Verfahren bedient, mit dem andere Autoren an dasselbe Thema herangegangen sind: der »Charaktermethode« oder der »Verhaltensmethode«. Die Erstere geht von der Annahme aus, dass jene, die militärische Autorität ausüben, bei genauerer Betrachtung eine Reihe gemeinsamer Merkmale erkennen lassen. Die Letztere versucht, Verhaltensmuster, die den Führer vom Gefolgsmann unterscheiden, zu ermitteln. »Charakterstudien« befassen sich mit Eigenschaften wie Energie, Entschlossenheit und Selbstbewusstsein. »Verhaltensstudien« sind Rollen gewidmet: den Rollen des Ermutigens, des Abratens und des Zwanges.

Da beide sozialwissenschaftliche Methoden sind, verdammen sie ihre Praktiker zu dem qualvollen Bemühen, das, was entschieden lokal und spezifisch ist, universell und verallgemeinernd darzustellen. Ich bin kein Sozialwissenschaftler, sondern Historiker; deshalb steht es mir frei zu glauben, dass das Feldherrntum eines Zeitalters und einer Region dem einer anderen Epoche und in anderen Breiten nicht im Geringsten zu ähneln braucht. Nach dreißigjähriger Ausübung meines Handwerks nutze ich diese meine Freiheit mit umso größerer Gewissheit. Natürlich sehe ich gemeinsame Charakterzüge und Verhaltensmuster bei Befehlshabern sämtlicher Perioden und Gebiete. Aber noch auffallender ist: Die Kriegführung einer Gesellschaft kann sich so stark von der einer anderen unterscheiden, dass die gemeinsamen Charakterzüge und Verhaltensmuster der Kriegsherren in ihrer Bedeutung von den völlig unterschiedlichen Zielen und Funktionen dieser Männer überlagert werden.

Denn der Feldherr – das Wort selbst steckt voller Zweideutigkeit – mag nicht nur unumstritten der Befehlshaber einer Armee, sondern noch vieles andere sein: König oder Priester – Alexander der Große war beides –, oder Diplomat. Auf ihre unterschiedliche Art zeichneten sich Marlborough und Eisenhower genauso als Vermittler wie als Strategen aus. Auch mag der Feldherr eher ein Denker als ein Macher sein – Moltke der Ältere war in erster Linie ein Intellektueller, kein Praktiker. Er mag wie Wellington den Befehl als Stellvertreter eines Monarchen führen oder wie Grant im Auftrag einer demokratischen Versammlung. Man mag ihm nur so lange Gehorsam schulden, wie seine Entscheidungen zu Siegen führen – das beunruhigende Los der Generale in den Buren-Freistaaten. Er mag ein zum Tyrannen gewordener Demagoge sein und trotzdem seine Autorität aufrechterhalten, wie es Hitler fast bis fünf Minuten nach zwölf gelang.

Feldherrntum ist, kurz gesagt, viel mehr als Befehlsausübung über Armeen im Feld. Denn eine Armee ist Ausdruck der Gesellschaft, aus der sie hervorgeht. Deshalb werden die Ziele, für die sie streitet, und ihre Kampfweise in hohem Maße von dem bestimmt, was sich eine Gesellschaft von einem Krieg verspricht und wie weit sie ihre Armee gehen lassen will. Ein Feldherr kann, wenn er einen starken Charakter besitzt und erfolgreich handelt, sowohl die Gesellschaft als auch die Armee weiter vorantreiben, als es ihren ursprünglichen Wünschen entspricht. Er wird aber auch, selbst wenn er wie Alexander zugleich Herrscher und Befehlshaber ist, letzten Endes wie ein Mann seiner Zeit und Heimat handeln: Als Alexander in Indien erfuhr, dass sich seine Soldaten stärker nach Griechenland als nach der Eroberung neuer Welten sehnten, machte er gute Miene zum bösen Spiel und kehrte um.

Die Sozialwissenschaftler, die dem Spezifikum der Führerschaft keine Beachtung schenken, haben diesbezüglich in den Strategietheoretikern unerwartete Verbündete gefunden. Die Sozialwissenschaft versteht sich selbst als eine wohlwollende Disziplin, die es sich unter anderem zum Ziel gesetzt hat, die Strategie ihres Sinnes zu berauben, indem sie die Kampfursachen wegdiskutiert. Aber Strategietheoretiker sind auf ihre Weise gleichfalls Sozialwissenschaftler. Denn sie haben das Ziel – und das seit relativ kurzer Zeit, da die Strategietheorie in ihrer reinen Form vor dem 18. Jahrhundert unbekannt war –, die chaotischen Phänomene der Kriegführung auf ein System mit so wenigen Grundbestandteilen zu reduzieren, dass ein Systematiker es für seine Zwecke nutzen kann. Der Entwicklungsprozess dieser Sparte ähnelt jenem der Wirtschaftswissenschaft. Genau wie moderne Wirtschaftswissenschaftler gelernt haben, die Ziele der Merkantilisten – die den Handel für eine Art schrittweiser Eroberung hielten – als irrig einzustufen, so lehren moderne Strategiewissenschaftler heute, die Methoden und Hoffnungen ihrer Vorläufer hätten auf falschen Voraussetzungen beruht.

Ironischerweise haben sich Wirtschafts- und Strategiewissenschaft in genau entgegengesetzte Richtungen bewegt. Moderne Ökonomen predigen Mäßigung: Alle würden reicher werden, wenn niemand den persönlichen Vorteil suche. Moderne Strategiewissenschaftler lehren das Gegenteil: Es gebe im Krieg keinen Platz für Mäßigung, wie sie früher anscheinend bei Kabinetten und Königen üblich war. Die einzige Rechtfertigung des Krieges sei der Sieg, und dieser werde durch extrem rücksichtslose Methoden errungen: durch Entscheidung, Konzentration und offensives Vorgehen. Dies sind die »Generalprinzipien des Krieges«, die wir Carl von Clausewitz, dem größten Strategietheoretiker, verdanken, dessen Aufzeichnungen zu Beginn des 19. Jahrhunderts entstanden.

Die Chronologie der strategischen Theoriebildung ist von hoher Bedeutung. Clausewitz wird – wie Marx – gemeinhin als frei in der Zeit schwebender Denker porträtiert, der einfach viel bedeutender als alle gewesen sei, die sich vorher mit dem gleichen Thema beschäftigt hatten. Beide werden nur selten im sozialpolitischen Kontext ihrer Epoche beurteilt. Dabei ist nichts wichtiger als der Kontext, wenn es um so einflussreiche Theorien wie die ihren geht. Marx konnte den Primat des Eigentums an den Produktionsmitteln als bestimmenden Faktor gesellschaftlicher Beziehungen vor allem deshalb herausstellen, weil zu der Zeit, als er seine Werke verfasste, das Finanz- und Investitionswesen alle anderen gesellschaftlichen Kräfte überschattete; zudem waren die Militärs – von den napoleonischen Kriegen erschöpft und nach dem Scheitern ihrer Interessen in Rußland (1825) und in Frankreich (1830) entmutigt – in ihrem Selbstbewusstsein stark angegriffen. Doch militärische Macht, in ihrer primitivsten Form vom Raubritterprinzip repräsentiert, kann natürlich den Finanzier und Investor jederzeit zum Narren machen, wie sich an der Geschichte von Investitionen in instabilen Regionen der Welt eindeutig ablesen lässt. Genauso kann sie Revolutionsführer, die der Kraft »historischer« Gesetze vertrauen, zu Narren machen. Marx war sich im tiefsten Innern beider Wahrheiten bewusst. Nichts fürchtete er mehr als das Temperament von Menschen – und die Militärs rekrutieren sich selbst letzten Endes eher aufgrund von Temperament als aus materiellen Erwägungen –, die einfach aus der Lust am Blutvergießen zu den Waffen greifen. Deshalb drängte er die politisch Bewussten ständig, die Bräuche und die Disziplin der Militärs zu erlernen, ohne welche die Revolution nicht verteidigt und gefördert werden könne.

Auch Clausewitz muss in einen Kontext gestellt werden, was allerdings selten geschieht. Seine berühmten »Generalprinzipien des Krieges« – ursprünglich als Unterrichtstext für den preußischen Kronprinzen geschrieben – sind in gewisser Weise eher für unbedarfte Leser gedacht. Alexander oder Cäsar, Friedrich der Große oder sogar Wellington hätten schwerlich daran erinnert werden müssen, dass ein Feldherr sparsam mit seinen Ressourcen umgehen und sie nur für nützliche Zwecke verausgaben solle – wie von den Prinzipien der »Entscheidung«, der »Konzentration« und des »offensiven Vorgehens« angeraten wird. Und erst recht hätte man keinen von ihnen daran zu erinnern brauchen, dass »Krieg die Fortsetzung der Politik mit anderen Mitteln« sei, wie es in Clausewitz' späterem Werk heißt. Alexander, Cäsar, Friedrich und sogar Wellington – der als Abgeordneter und als Regierungschef diente – sogen Krieg und Politik mit demselben Atemzug ein. Alle akzeptierten, ohne darüber nachzudenken, den Zusammenhang zwischen Gewalt und Überredung; alle erkannten die Grenzen, bis zu denen Gewalt nützlicherweise vorangetrieben werden kann; alle waren realitätsbezogen und wussten, dass Völker nur zu beschränkten moralischen und materiellen Opfern bereit sind.

Die großen strategietheoretischen Texte, die Anfang des 19. Jahrhunderts zu erscheinen begannen – und unter denen Clausewitz' *Vom Kriege* der bei weitem prägnanteste und einflussreichste ist –, müssen daher als Erzeugnisse ihrer Zeit und ihres Standorts betrachtet werden. Clausewitz wird häufig als »Interpret Napoleons« bezeichnet. Diese Beschreibung ist jedoch irreführend, da sie einem reinen Zirkelschluss erliegt: Obwohl Napoleon die Macht errang und nicht dazu geboren oder gedrängt wurde, hatte er sowohl die Herrschaft als auch die Befehlsgewalt inne – und zwar auf fast genau die gleiche Art und zu den gleichen Zwecken wie Alexander. Auch er wusste, dass Krieg die Fortsetzung der Politik mit anderen Mitteln ist, und sein Kaisertum diente der fortwährenden Ausübung jener Dualität. Clausewitz, der genauso gut als »Interpret Alexanders« oder Cäsars, Wallensteins,

Friedrichs des Großen oder jedes anderen Staatsmannes und Heerführers charakterisiert werden könnte, schrieb offenkundig nicht für seines- oder ihresgleichen. Er schrieb im Gegenteil für eine neue Kriegerkaste, die man durch Erziehung und Lebensweise bewusst von den politischen Realitäten fernhielt.

Diese Kaste war die Frucht arbeitsteiliger Gesellschaften, die immer komplexer wurden. Fast bis zum Ende des *ancien régime* wurde in Europa die Herrscherschicht von den Militärs gestellt. Das Schwert, unerlässliches Requisit für jeden, der Anspruch auf den Titel eines Edelmannes erhob, war das äußere Symbol jener Einstufung. Aber der zunehmende Reichtum der absolutistisch regierten Staaten brachte den Kaufmanns-, Juristen- und Gelehrtenstand hervor, die ihren Ausschluss aus der Politik – einfach nur, weil sie keine Schwertträger waren – nicht hinnahmen. Ein Aspekt der Revolution war tatsächlich die Erhebung der Schwertlosen gegen die Schwertträger, und in dieser Hinsicht war ihr Erfolg unverkennbar. Die Macht ging infolge der Ereignisse des Jahres 1789 von Menschen, deren Vermögen auf den Waffenleistungen ihrer Vorfahren beruhte, auf solche über, die Vermögen schufen, machten, mehrten oder verliehen. In jenem strikten, doch engen Sinne traf Marx' Einschätzung zu. Die Trennung des Militärs von der Herrscherschicht und die Beschneidung seines Einflusses führte jedoch nicht zu seinem Untergang. Der Militärstand verzweigte sich bloß in zwei gegensätzliche Richtungen: In der ersten ging der militärische *Status* von den Wenigen auf die Vielen über. »Jeder ist Soldat« war eine der wichtigsten und folgenreichsten, wenn auch unausgesprochenen Parolen der Revolution gewesen. In der zweiten Richtung ging die militärische *Befehlshaberschaft* von Amateuren auf Fachleute über. Die alte Schicht der Schwertträger, die ihren gesellschaftlichen Primat durch ihre Bereitschaft zur Führung in der Schlacht gerechtfertigt hatte, überließ ihr militärisches Führungsmonopol einer neuen Schicht, die zum Teil, aber nicht völlig aus ihr hervorgegangen und einzig für den Offiziersberuf bestimmt war.

Diese Entwicklungen ergänzten einander. Die politische Befreiung erforderte logischerweise, dass alle Bürger anteilig die militärischen Lasten des Staates auf sich nahmen. Die riesigen Armeen, welche die allgemeine Wehrpflicht hervorbrachte, mussten zudem von Männern befehligt werden, deren Geschäft der Krieg war. Die Revolution hatte jedoch alle Politiker – sei es in den alten Monarchien oder den neuen Republiken – gelehrt, dass Berufssoldaten an der Spitze von Massenarmeen nicht nur *eine* Gefahr, sondern *die* Hauptgefahr für die Stabilität der Regierung darstellten. Napoleons Laufbahn – als Berufsartillerist war er ein frühes Mitglied des neuen Offiziersstandes – lieferte den beunruhigenden Beweis für jene Gefahr, und der zu ihrer Beschreibung geprägte Begriff (»Bonapartismus«) war seinem Namen entlehnt.

Wenn die neue militärische Schicht die Regierungen nicht ständig mit Erpressung, Entlassung oder Ablösung – Professor Samuel Finers berühmte Kategorisierung der Ebenen, auf der sich Soldaten in die Politik einschalten – bedrohen sollte, dann musste sie sowohl von der Politik ausgeschlossen als auch politischer Fertigkeiten beraubt werden. Die Militärakademien, die überall in der westlichen Welt zum Zeitpunkt der Revolution gegründet wurden, dienten diesem Zweck. Dort erzog man die Kadetten nicht nur in klösterlicher Abgeschiedenheit, sondern versuchte auch ihnen die Überzeugung einzuschärfen – zugegebenermaßen mit großem Erfolg –, dass Politik kein Geschäft für Soldaten sei.

Das ist natürlich Unsinn, wie die berühmteste von Clausewitz' Aussagen deutlich macht. Krieg ist tatsächlich eine Fortsetzung der Politik, und wenn er zu politischen Zwecken ausgefochten werden soll, müssen Soldaten begreifen, wie die beiden aufeinander einwirken. Die Römer, Meister in der

Ausübung von Macht, hatten diese Notwendigkeit begriffen und einen Ausbildungs-*cursus* ersonnen, der die Absolventen mit beiden Welten vertraut machte. Das Europa des 19. Jahrhunderts bürdete sich Armeen und Wählerschaften in einer Größenordnung auf, die man im republikanischen Rom für konstitutionell bedenklich gehalten hätte, und versperrte sich damit die *cursus*-Lösung. Stattdessen wurde in Europa der Versuch unternommen, Soldaten in den Methoden zu unterweisen, die den Krieg der Politik dienstbar machen können, wobei man dem Risiko auswich, die Soldaten mit politischer Theorie oder politischen Fakten zu konfrontieren.

Die vielen Bücher, die Clausewitz' *Vom Kriege* nacheiferten, bildeten das Unterrichtsmaterial dieses Lehrplans. Dabei kamen höchst seltsame, verzerrte und parteiische Texte heraus. Denn wenn man Soldaten jegliches Interesse an außen- oder innenpolitischen Überlegungen verbot, dann musste ihnen eine Methode der Kriegführung beigebracht werden, in der die politischen Auswirkungen ihrer Taten nicht die geringste Rolle spielten. Es genügte, wenn sie wussten, dass Kriege einen politischen Zweck verfolgten und dass solche, deren Kosten den potenziellen Wert des Sieges überstiegen, den Kampf aus politischer Sicht nicht lohnten. In Anbetracht dieser Umstände wird in den Texten, anhand derer man seit Mitte des 19. Jahrhunderts – ungefähr seit dem Zeitpunkt, als Clausewitz' Ideen in Umlauf kamen – Kadetten ausbildet, eine Form der Kriegführung gelehrt, die für politische oder diplomatische Überlegungen keinen Raum lässt. Es sei die Aufgabe des Befehlshabers, den Sieg möglichst schnell und mit den billigsten Mitteln zu erringen, wobei die Staatsmänner zu entscheiden hätten, was »Billigkeit« in diesem Zusammenhang bedeute und wie ein etwaiger Sieg zu nutzen sei.

Nach dieser Lehre wird die Strategie zu einer primitiven Form der Wirtschaftstheorie – Investitionen hinein, Profite heraus – oder zu kaum mehr als einer gewaltsamen Veräußerung von Vermögenswerten. Wie diese funktioniert die Strategie in dem Sinne, dass sie Erträge liefert. Aber wie alle, die den Spekulanten folgen, aus bitterer Erfahrung wissen, kommen die Erträge nicht einer Mehrheit, sondern nur einer Minderheit zugute. Denn nach der Vermögensveräußerung geht das Leben weiter: Gemeinschaften müssen umgestaltet, Vertrauensverhältnisse wiederhergestellt, Handelsbeziehungen neu angeknüpft, Kredite aufgenommen und Bargeldmengen sorgsam wieder in Umlauf gebracht werden. Eine allgemeine Wirtschaftstheorie lässt sich genauso wenig allein auf Beispiele von Spekulation stützen wie auf den großen Börsenkrach an der Wall Street.

Doch die von Clausewitz abgeleitete Strategietheorie – die nicht direkt von ihm gelehrt wurde, denn er war zu klar denkend, um in pedantische Details abzugleiten – beruht ausschließlich auf den militärischen Entsprechungen solcher Beispiele. Man nehme den beliebigen Text einer Militärakademie der letzten 150 Jahre, und man wird feststellen, dass die Lehrsätze fast ausnahmslos mit triumphalen oder katastrophalen Epen illustriert sind: der Eroberung Galliens, dem ersten Kreuzzug, Marlboroughs Bayernfeldzug, den Manövern Friedrichs des Großen vor Rossbach und Leuthen, Napoleons Einmarsch in Italien, dem Rückzug von Moskau, Waterloo, Gettysburg, dem Deutsch-Französischen Krieg, dem Blitzkrieg von 1940 und Pearl Harbor. Doch solche Episoden geben die Realität der Kriegführung genauso unvollständig wieder wie die Weltwirtschaftskrise von 1929–31 die Realität der Ökonomie oder der Watergate-Skandal die Realität der Politik.

Über weite Zeiträume hinweg war die Kriegführung sogar in Westeuropa, dem Herd des Eroberungsgelüstes, keine triumphalistische, sondern eine behutsame, lokale, allmähliche, sich lang hinziehende und ungewisse Angelegenheit. Der Drang, Befestigungsanlagen zu bauen, sich zu verteidigen und mögliche Angreifer abzulenken, war auf jenem Kontinent, von anderen gar nicht zu reden, genauso stark wie das Bestreben, Feldzüge und Expeditionen durchzuführen oder Siege zu erringen. Damit nicht genug, wenn es möglich wäre, in der Militärgeschichte Quantifizierungen vorzunehmen – höchstwahrscheinlich ist es möglich, aber wenige haben sich die Mühe gemacht –, würde sich wohl herausstellen, dass in der gesamten Periode kollektiver militärischer Bemühungen vor den beiden Weltkriegen mehr Geld und menschliche Arbeitsstunden für Befestigungen als für Kämpfe aufgewendet wurden. Und das gereichte durchaus zum Vorteil: Obwohl sie vom orthodoxen Standpunkt der Militärakademien abzulehnen sind, haben Befestigungen Gemeinschaften Nutzen gebracht, wann immer man sie instand hielt und modernisierte, damit sie Verbesserungen der Waffenproduktion und des Waffeneinsatzes gewachsen waren. So gesehen, war Präsident Reagans Drängen, eine Strategische Verteidigungsinitiative (Strategic Defense Initiative: SDI) zu schaffen, um die Vereinigten Staaten vor einem umfassenden Raketenangriff zu schützen, nicht Teil eines utopischen Zukunftstraums, sondern eine der am tiefsten verwurzelten und ältesten menschlichen Reaktionen auf militärische Gefahr.

Das Phänomen des Eroberers – Alexanders, Cäsars, Dschingis-Khans, Napoleons, Hitlers – kann jedoch nicht deshalb einfach ignoriert werden, weil Eroberung eine außergewöhnliche Folge des Einsatzes militärischer Gewalt ist. Dem Wort »Strategie«, wie wir es heute begreifen, könnte eine viel zu breite Bedeutung eingeräumt worden sein. Ich neige zunehmend zu der Ansicht, dass es so etwas wie »Strategie« gar nicht gibt und dass internationale Beziehungen und militärische Angelegenheiten leichter zu bewältigen wären, wenn man das Wort aus ihrem Wortschatz verbannen könnte. Falls »Strategie« das bedeutet, was an Militärakademien in den letzten 150 Jahren gelehrt wurde, dann haben wir es mit einem verkrüppelten und irreführenden Begriff zu tun. Aber selbst wenn man »Stratege« fälschlich mit »Eroberer« und »Eroberer« mit »Feldherr« gleichsetzt, können Alexander, Cäsar und Napoleon nicht entmaterialisiert werden. Sie existierten und agierten nicht nur in ihrer Zeit, Generationen von Befehlshabern haben auch ihren Leistungen nachzueifern versucht und werden es in Zukunft weiter tun. Die kritischen Fragen, die sich hier stellen, lauten deshalb: Gibt es zu dem von ihnen praktizierten Führungsstil eine Alternative, die nicht einer Strategie der Eroberung, sondern der Sicherheit gewidmet ist? Und wenn ja, wie und warum wurde dieser alternative Stil verdrängt?

Dass ein solcher Führungsstil einmal üblich war, ist nicht zu leugnen, obwohl der Historiker auf ferne Zeit und entlegene Regionen zurückgreifen muss, um ihn aufzuspüren. Um seine wichtigsten Entdeckungen zu machen, muss er in den Bereich der »primitiven Kriegführung« vordringen, wie die Ethologen sagen. Sie war einst die Norm für zwischengemeinschaftliche Beziehungen und wird als Mittel der Konfliktlösung bei einigen Völkern in fernen Teilen der Welt noch immer praktiziert. Die primitive Kriegführung sollte nicht idealisiert werden. Manche Ethologen haben sie als Ritual oder Spiel eingestuft, doch das ist sie, wie man heute erkannt hat, keineswegs. Die Primitiven verhalten sich in Stammeskämpfen fast ausnahmslos verräterisch, und wenn das Risiko, ihrerseits Verluste zu erleiden, gering ist, morden sie bei Überfällen aus dem Hinterhalt, ihrer bevorzugten Form der Kriegführung, im allgemeinen hemmungslos. Auch wenn sie offene Feldschlachten austragen, weist ihre Kriegführung gleichwohl überwiegend eine sehr geringe Zahl von Todesopfern auf. »Trotz der gewaltigen Menge von Kriegern wurde kaum jemand getötet«, erklärt W.T. Divale in *Warfare in Primitive Societies*. »Infolge der großen Entfernungen zwischen den Kriegern und der relativen Unwirksamkeit primitiver

Waffen sowie damit einhergehend der Behendigkeit eines jungen Kriegers, Pfeilen auszuweichen, waren Volltreffer selten. Falls jemand schwer verwundet oder getötet wurde, stellte man die Schlacht gewöhnlich für den betreffenden Tag ein.« Professor Divales Analyse bedarf weiterer Erläuterung. Die »großen Entfernungen«, über die hinweg Krieger kämpften, erklären sich damit, dass sie sich in der Regel auf eine Kampfstätte einigten. Nach einer Verwundung oder einem Todesfall geboten die Stammesältesten, die Schlacht zu unterbrechen; sie standen bereit, um Vermittlungsgespräche mit den Gegenspielern von der anderen Seite zu führen.

Der mäßigende Einfluss der Stammesältesten war ein kritischer und entscheidender Faktor für derartige Schlachten. Ihre Anwesenheit – und ihre Bereitschaft einzugreifen – lieferte eine strukturelle Garantie dafür, dass die Kämpfe keinen höheren Preis forderten, als die Parteien zur Beilegung ihrer Differenzen zu zahlen bereit waren. Die »Differenzen« sind natürlich der springende Punkt, denn die Ethologen können sich nicht über die Gründe einigen, aus denen Primitive überhaupt Kämpfe austragen. Manche betrachten die primitive Kriegführung als »kulturell« bedingt, als Umlenkung männlicher Instinkte in kollektive Gewalt sowie als Identitätsnachweis der Männer, die eine eigene Gemeinschaft bilden. Andere sehen die Kämpfe als Wettbewerb um knappe Naturschätze; offene Feldschlachten brächten am Tag ihrer Austragung zwar nicht viel ein, doch die stärkeren Gemeinschaften schienen sich mit der Zeit gegenüber den schwächeren durchzusetzen, da sie das Territorium, das der Gegner nicht mehr verteidigen könne, übernähmen.

Solche Territorien sind nichtsdestoweniger durch anerkanntes Niemandsland, in dem oder in dessen Nähe die Schlachten normalerweise stattfinden, voneinander getrennt. Selbst wenn das Territorium einer schwächeren in den Besitz einer stärkeren Gemeinschaft übergegangen ist, wird wiederum ein Niemandsland an der neuen Grenze eingerichtet. Respekt vor dem Niemandsland wird auch aus den ersten postprimitiven Gesellschaften überliefert, die uns bekannt sind: aus den auf Bewässerungssystemen oder Wasserbautechniken beruhenden Königreichen des Vorderen Orients und den frühen Stadtstaaten Griechenlands. Nachbarn legten Grenzmarkierungen an, achteten aber sorgsam darauf, dass eine Grenze nicht die andere berührte.

Irgendwann verschwand das Niemandsland jedoch und Grenzen erhielten die Funktion von Stolperdrähten. Wir dürfen annehmen, dass die Staatenbildung zu jenem Zeitpunkt weit fortgeschritten und die Kriegsmechanismen hoch entwickelt waren. Der Wettbewerb um knappe Naturschätze (*Competition for Scarce Resources* [CSR] – ein Begriff, den Professor Ronald Cohen von der University of Florida prägte) dürfte in der primitiven Gesellschaft bereits zu einer gewissen militärischen Spezialisierung geführt haben; die individualistische Entfaltung primitiver Feldschlachten, bei denen die Beteiligten Fernduelle Mann gegen Mann – und nicht unbedingt durchweg zwischen denselben Gegnern – inszenierten, muss unter dem Konkurrenzdruck von vereinteren Bemühungen abgelöst worden sein. Vereinigung schließt Führerschaft ein, und die Organisation von Jagdmannschaften, die im Mittelpunkt der primitiven Gesellschaft stand, lieferte ein Modell für die Verlagerung der Führerschaft auf das Schlachtfeld.

Nachdem sich das Führerschaftsprinzip in Kriegen verfestigt hatte, rückte das Zeitalter des Helden näher. Auf dem primitiven Schlachtfeld konnte es offensichtlich keine Helden geben, denn Heldentum ist ein Ausnahmefall, während das primitive Kriegertum von allen gleiches Verhalten verlangte. Wenn überhaupt von einem außergewöhnlichen Verhalten die Rede sein kann, dann war es jenes der Stammesältesten (sie sind vielleicht als »vorheroische« Führer zu bezeichnen), die vermittelnd einschritten, sobald das Ausmaß der Gewalt die akzeptierten Normen überstieg. Das Übertragen der Führerschaft von Jagdgruppen auf das Schlachtfeld dürfte in der Kriegerschar einen Differenzierungsprozess ausgelöst haben, vielleicht infolge des zusätzlichen Risikos, das einige Krieger auf sich zu nehmen bereit waren: Solche Führer können »Protohelden« genannt werden. Und als die Schlachtfelder sich vom Niemandsland an die oder jenseits der Grenzen verlagerten – die unvermeidliche Konsequenz des Verschwindens von Niemandsland –, muss sich die »protoheroische« Führerschaft rasch in eine heroische verwandelt haben: aggressiv, übergreifend, beispielhaft, risikobereit.

Eine erhebliche innere Logik spricht für eine derartige Verschiebung zur heroischen Führerschaft. Die Aufgabe spezifischer Schlachtfelder muss die Beteiligung vermittelnd eingreifender Stammesältesten beendet haben, da ihre Sicherheit auf feindlichem Territorium nicht gewährleistet werden konnte. Das Vorrücken in feindliches Territorium erforderte zudem, dass eine mächtige zentrale Autorität die Lenkung übernahm. Dieses Szenario wird durch empirische Indizien gestützt. Für frühe kriegführende Staaten mit festen gemeinsamen Grenzen erfüllte die Schlacht offenbar den Zweck, die Ernte vor der Reife an sich zu bringen oder zu vernichten; solche Expeditionen verlangten präzises Timing und rasche Ergebnisse, die eine dynamische Lenkung bedingten. Bei einer alternativen Form der Kriegführung, als Nomaden weite Entfernungen zurücklegten, um die Grenzen zwischen Ackerland und Wildnis zu überschreiten, war Führerschaft ebenfalls eine notwendige Voraussetzung für den Erfolg. Unter solchen Umständen muss sie durch die wahrscheinliche Beherrschung von Fortbewegungsmitteln – zuerst von gezogenen Wagen, dann von Reitpferden – gefördert worden sein, über welche die Kräftigen, die Mutigen und die Abenteuerlustigen verfügt haben dürften. In beiden Fällen, ob bei der

Kriegführung über geringe oder über große Entfernungen, war Führerschaft unabdingbar, und wer die nötigen Eigenschaften besaß, konnte die Befehlsgewalt an sich reißen oder wurde mit ihr betraut.

Eine solche Identifizierung von Eigenschaften und Funktionen mag den Eindruck erwecken, dass hier eine anfangs in Abrede gestellte Erklärung der Führerschaft geliefert wird. Es zeugt jedoch von absurder Interesselosigkeit anzunehmen, individuelle menschliche Eigenschaften spielten für den Lauf der Welt keine Rolle. Sie spielen offenkundig eine große Rolle. Aber genau wie die vorheroische Gesellschaft eine Organisationsmethode fand, die Unterschiede zwischen Individuen im Gefechtsverlauf ausglich oder gar ablehnte, so betonte und übertrieb die heroische Gesellschaft die Merkmale jener Männer, denen sie die Führung für Krieg und Eroberung überließ. Interessant an heroischen Führern – Meistern der Selbstdarstellung, der Waffenfertigkeit, der kühnen Rede, doch vor allem der beispielhaften Risikobereitschaft – ist weniger der selbstverständliche Umstand, dass sie über ungewöhnliche Eigenschaften verfügten, als die Frage, wie die Gesellschaften, denen sie angehörten, solche Eigenschaften dargeboten sehen wollten. Heroisches Führertum – jegliches Führertum – hat wie Priesterwürde, Staatskunst und sogar Genie fast ebenso viel mit äußerlichen wie mit innerlichen Dingen zu tun. Herausragende Personen werden der Masse sowohl gezeigt als auch vor ihr verborgen – durch Kunstgriffe enthüllt, theatralisch vorgeführt. Der erfolgreiche Politiker, Lehrer, Unternehmer, Athlet oder Geistliche muss starke theatralische Impulse besitzen, die sein Publikum von ihm erwartet und zu deren Kräftigung es beiträgt. Kein außergewöhnlicher Mensch besitzt sie in stärkerem Maße als der Mann, der andere zum Einsatz ihres Lebens bewegen muss. Was sie von ihm wissen, muss ihren Hoffnungen und Bedürfnissen entsprechen. Was sie nicht von ihm wissen sollten, muss um jeden Preis vor ihnen verborgen werden. Wer Männer im Krieg befehligt, kann sich seinen Gefolgsleuten nur mit einer Maske zeigen – einer Maske, die er sich maßschneidern muss, in solcher Gestalt, dass er seiner Zeit und seinen Mitmenschen als der von ihnen gewünschte und benötigte Führer erscheint. Das Folgende ist ein Versuch, die Maske des Feldherrn über die Dimensionen von Zeit und Ort hinweg zu durchdringen.

Alexander der Große

Alexander der Große, Porträtbüste aus Pergamon, zweites
Jahrhundert v. Chr. Die Haltung des Kopfes und der nach
oben gerichtete Blick werden von Alexanders antiken Biografen beschrieben; die klare Stirn, das glattrasierte Gesicht, die
dichten Locken und die eindringliche Miene sind seitdem beispielhaft für »heroische« Porträts in der europäischen Kunst.

I   Alexander der Große und die heroische Führerschaft

Man stelle sich einen Hochland-Napoleon vor. Einen Bonnie Prince Charlie mit europäischen Ambitionen, der sich, nachdem er Schottland von König Georg II. zurückerobert hat, an der Spitze seiner Klans aufmacht, um nicht nur England zu unterwerfen – eine bloße Präliminarie –, sondern um gleich noch über den Kanal zu setzen und das französische Heer an der Somme zu besiegen. Danach stößt er südwärts nach Spanien vor, um dessen Hauptfestungen zu belagern und einzunehmen, kehrt nach Norden zurück und fordert den Kaiser des Heiligen Römischen Reiches heraus. Er tritt dem Kaiser und seiner Streitmacht zweimal gegenüber, besiegt ihn, bemächtigt sich seiner Krone, brennt seine Hauptstadt nieder, beerdigt seinen Leichnam und zieht schließlich nach Osten, um mit dem Zar von Russland oder dem Sultan der Türkei die Klingen zu kreuzen. Man stelle sich all das, sagen wir, auf die Jahre 1745 bis 1756 komprimiert vor, zwischen dem 22. und 33. Geburtstag des Prinzchens. Man stelle sich weiter vor, dass nach dessen Tode im Alter von 32 Jahren die Kronen Europas unter seinen Gefolgsleuten aufgeteilt werden: Lord George Murray herrscht in Madrid, der Herzog von Perth in Paris, Lord Elcho in Wien, John Roy Stewart in Berlin, Cameron von Lochiel in Warschau, eine Meute nach Whisky blökender Schottenhäuptlinge an den kleinen Höfen Süddeutschlands, und in London ist eine Garnison Highlanders mit bloßen Knien einquartiert. Und schließlich stelle man sich vor, dass der Großteil des jakobitischen Reiches bis ins 19. Jahrhundert fortdauert, einige Teile bis ins 20. und sein letztes Überbleibsel bis ins 21.

Oder – so einem das lieber ist – man stelle sich einen

George Washington Bolivar vor, einen Gründervater, der sich auch zum Befreier Lateinamerikas aufschwingt; der nach dem langen Winter von Valley Forge und den Rückschlägen der mittleren Bürgerkriegsjahre endlich über die Kapitulation von Yorktown frohlocken kann und den Ehrgeiz entwickelt, ganz Amerika von ausländischer Regierungsgewalt zu befreien. Man stelle sich vor, dass er mit der Kontinentalarmee auf den Schiffen der neu gegründeten Flotte der Vereinigten Staaten nach Süden in See sticht, die spanischen Truppen aus Mexiko vertreibt, Westindien mit Virginiern oder Neuengländern besetzt und an den Küsten Südamerikas landet. Nach seinem Sieg über Peru überquert er die Anden, wirft das spanische Heer im Osten nieder und stirbt beim Vormarsch auf das brasilianische Reich.

Nur so ist es möglich, sich einen Begriff von der außergewöhnlichen Laufbahn Alexanders des Großen zu verschaffen. Die Entfernungen und Hindernisse beider Unternehmungen übersteigen die Fantasie – und sie haben tatsächlich keinerlei reale Parallele außer in Alexanders eigenem Leben. Die Weltgeschichte kennt natürlich Eroberer von erstaunlichem Ehrgeiz: den Hunnenkönig Attila, dessen Reiter im fünften Jahrhundert aus Zentralasien bis an die Tore Roms vordrangen; die arabischen Nachfolger Mohammeds, die im achten Jahrhundert durch die Niederlage an den Ufern der Loire nach Spanien zurückgeworfen wurden; und die Söhne des Dschingis-Khan, die im 13. Jahrhundert Venedig und Wien bedrohten. Napoleon, ein Bewunderer der Alexandergeschichte, stand kurz davor, sie in den Jahren zwischen Rivoli (1797) und Moskau (1812) nachzuvollziehen, ebenso wie später Hitler, der sich mit seiner bruchstückhaften klassischen Bildung gleichfalls für Alexander begeisterte. Hitlers Siegesorgie war zeitlich noch begrenzter als die Napoleons, der viel mehr Schlachten schlug als Alexander. Doch die Leistungen keines dieser Welterschütterer reichen an die des

Urbildes heran. Napoleon und Hitler kamen kaum über den eigenen Kontinent hinaus. Attila, die Araber und die Mongolen durchbrachen die asiatischen Grenzen, ließen aber das europäische Kernland nahezu unangetastet. Alexander dagegen machte sich zuerst zum Herrscher der griechischen Welt, versetzte sich dann in eine andere, das Persische Reich, und wagte sich schließlich in Indien in eine dritte vor. Zum Zeitpunkt seines Todes, im Juni 323 v. Chr., hatte er sich einen größeren Teil der Erdoberfläche untertan gemacht als jeder andere Eroberer – Dschingis-Khans kurzlebiges Reich ausgenommen – und herrschte als Gebieter, Kaiser oder König vom Olymp bis zum Himalaja. Wer war Alexander, und wie konnte er solche Taten vollbringen?

Alexanders Kindheit

Alexander, der wahrscheinlich im Juli 356 v. Chr. geboren wurde, war der Sohn Philipps II. von Makedonien und seiner Frau Olympias. Er war nicht der erste Sohn und Olympias nicht die erste Frau des Königs. Philipp, dem nichts Menschliches fremd war, hatte bereits drei Ehen hinter sich und drei legitime Kinder gezeugt. Später sollte er noch dreimal heiraten, und man hat sich nie über die Zahl seiner Nachkommen, ob legitim oder unehelich, einigen können. Er nahm Frauen, wo er sie fand, und da er stets unterwegs war, um der Welt seinen Willen aufzuzwingen, gab es viele Partnerinnen und ungezählte Sprösslinge.

Die Verbindung mit Olympias war jedoch eine Liebesheirat. Die Liebe erblühte bei rätselhaften und orgiastischen religiösen Zeremonien, die ein Jahr vor Alexanders Geburt auf Samothrake abgehalten wurden und an denen kein Mädchen von sittsamem Charakter teilgenommen hätte. Olympias, die bereits geschieden war, galt nicht als sittsam und sollte auch später keinen derartigen Ruf erwerben. Sie entzweite sich bald mit Philipp; die Anziehung zwischen ihnen beruhte wahrscheinlich eher auf übereinstimmenden denn auf sich ergänzenden Neigungen – wild, sinnlich und voller Verachtung für die Konventionen. Beide waren königlichen Blutes, und in einem Zeitalter, da Königsfamilien Verwandtschaft mit den Göttern beanspruchten, dürften sie weder Heiratsvermittler noch Höflinge als Kontaktpersonen für nötig erachtet haben, bevor sie ihren Gefühlen Ausdruck verliehen.

Alexander war die unmittelbare und vielleicht einzige Frucht ihrer Leidenschaft, denn Krieg, Politik und die erkaltende Liebe sorgten rasch dafür, daß sich Philipp von Olympias zurückzog, deren ausschließlicher Obhut Alexander offenbar während seiner Kindheit und Jugend anheim gegeben war. Sein Vater zeigte, wie wir hören, erst Interesse an der Erziehung des Jungen, als dieser ungefähr zwölf Jahre alt war. Bis dahin hatte die Unterweisung den damals für jeden jungen Prinzen üblichen Verlauf genommen: Man hatte ihn das Singen und die Leier zu spielen gelehrt – Fertigkeiten, die ihm zeit seines Lebens Vergnügen bereiteten; er hatte Jagen gelernt und erlegte, so oft sich die Gelegenheit bot, Bären, Löwen, Vögel oder Füchse; er war in den Ritualen der Gastfreundschaft unterwiesen, und man rühmte den Charme und die Sicherheit, mit denen bereits der zehnjährige Junge Gäste bei Hof empfing; natürlich hatte er auch reiten gelernt (seine Zähmung des widerspenstigen Bukephalos, der ihn 20 Jahre lang in die Schlacht tragen würde, war fast das erste Element der Alexanderlegende); und er hatte seinen formellen Unterricht in der Kunst des Debattierens und in epischer Dichtung begonnen.

Epische Dichtung bedeutete Homer, dessen Feier der griechischen heroischen Vergangenheit Alexanders Lebenseinstellung bestimmen sollte. Die Missachtung persönlicher Gefahr, die Konfrontation mit Risiken um ihrer selbst willen, die dramatische Herausforderung des Zweikampfes, das Zurschautragen von Todesmut unter den Augen von Männern, die genauso verwegen, wenn auch niedrigeren Ranges waren – aus solchem Holz war Homers Werk geschnitzt, an dem sich Alexanders Fantasie schon in der Kindheit entzündete. Sein erster Akt in Asien sollte darin bestehen, dass er in Troja Opfer darbrachte, und die im dortigen Tempel verwahrte heilige Rüstung nahm er mit auf seine Feldzüge. Aber der Einfluss von Homers Epen vermischte sich mit dem, der von den exzentrischen und extremen religiösen Überzeugungen seiner Mutter ausging. Herakles war die Gottheit, der Alexander stets den größten Respekt zollte; Olympias betete Dionysos an, den Gott der Naturkräfte, der traditionsgemäß mit dem Zerreißen von Tieren, dem Trinken von Blut und sogar mit Menschenopfern geehrt wurde.

Deshalb war es keine Überraschung, dass Philipp es für richtig hielt, Alexanders Erziehung mit Beginn der Pubertät durch rationalere und ausgewogenere Elemente zu ergänzen. Isokrates, der Athener Philosoph, der seit langem zu einem griechischen Rachefeldzug gegen Persien unter Philipps Führung aufrief, hatte gehofft, daß jemand aus seinem Kreis zu Alexanders Erzieher erkoren würde. Doch Philipp entschied sich für Aristoteles, der bereits als Platons brillantester Schüler berühmt war, holte ihn an seinen Hof und richtete ihm in dem schönen Ort Mieza, unweit der Hauptstadt Pella, eine Schule ein. Dort verbrachten Alexander und eine Gruppe junger makedonischer Adliger die nächsten drei Jahre unter der Obhut des Aristoteles.

Welchen Einfluss übte einer der größten Denker der Welt auf einen der größten Männer der Tat aus? Das ist ein Rätsel, das fast jeden Biografen einer dieser beiden Persönlichkeiten fasziniert. Für die heutige Welt ist Aristoteles ein Philosoph, der Begründer des Empirismus. Doch zu seiner Zeit war er

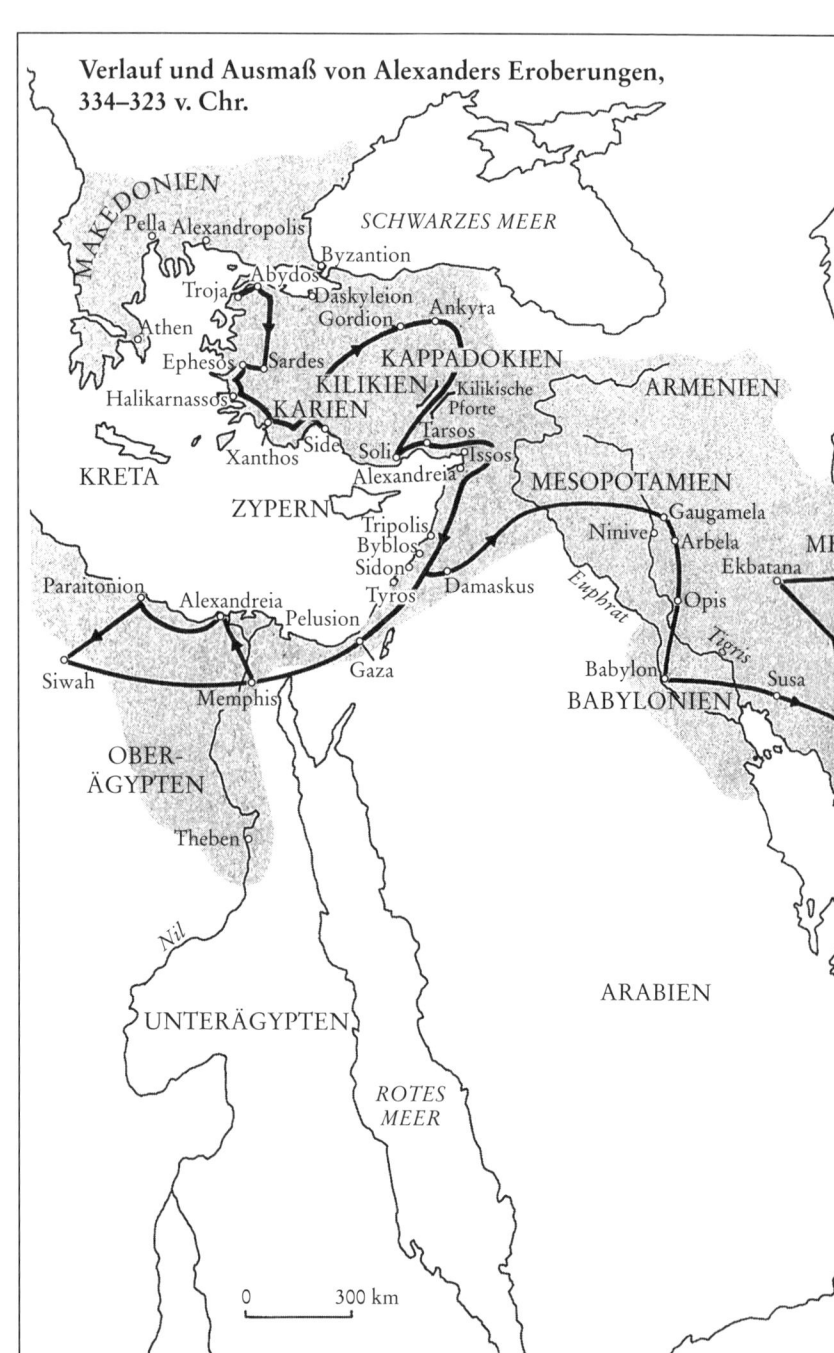

Verlauf und Ausmaß von Alexanders Eroberungen, 334–323 v. Chr.

MAKEDONIEN

Pella · Alexandropolis

SCHWARZES MEER

Byzantion

Troja · Abydos
Daskyleion
Gordion · Ankyra

Athen

Ephesos · Sardes

KAPPADOKIEN

KILIKIEN · Kilikische

ARMENIEN

Halikarnassos

KARIEN

Pforte

Side · Soli · Tarsos

Xanthos

Issos

Alexandreia

MESOPOTAMIEN

KRETA

ZYPERN

Tripolis

Ninive · Gaugamela

Arbela

ME

Byblos

Ekbatana

Sidon

Tyros · Damaskus

Euphrat

Opis

Paraitonion

Alexandreia · Pelusion

Babylon · Susa

Siwah

Gaza

BABYLONIEN

Memphis

Tigris

OBER-
ÄGYPTEN

Theben

Nil

ARABIEN

UNTERÄGYPTEN

ROTES
MEER

0   300 km

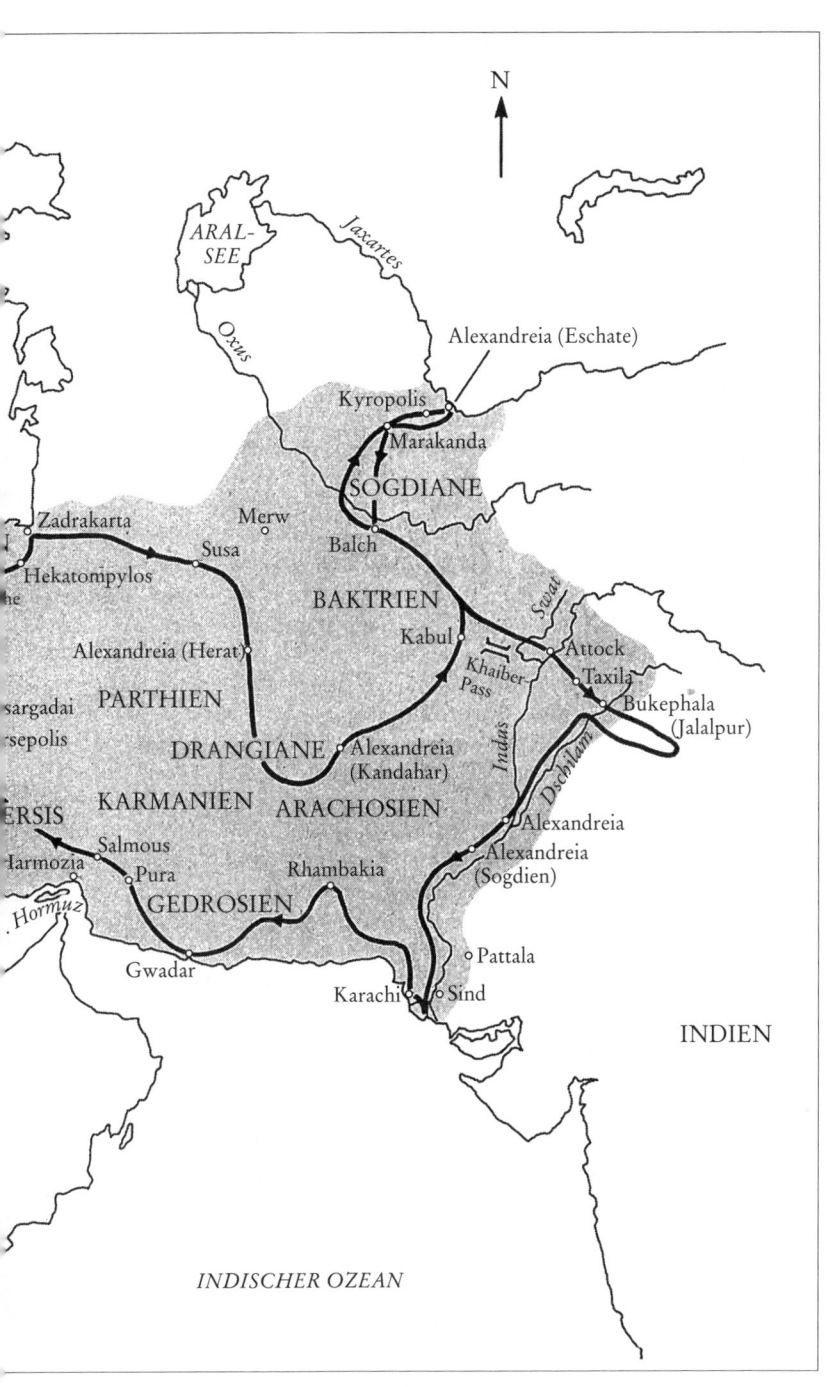

N

ARAL-
SEE

Jaxartes

Oxus

Alexandreia (Eschate)

Kyropolis

Marakanda

SOGDIANE

Zadrakarta

Merw

Balch

Susa

Hekatompylos

BAKTRIEN

Swat

Kabul

Attock

Alexandreia (Herat)

Khaiber
Pass

Taxila

sargadai

Bukephala
(Jalalpur)

sepolis

PARTHIEN

Indus

DRANGIANE

Alexandreia
(Kandahar)

Dschilam

KARMANIEN

ARACHOSIEN

Alexandreia

ÉRSIS

Alexandreia
(Sogdien)

Salmous

Iarmozia

Rhambakia

Pura

Hormuz

GEDROSIEN

Pattala

Gwadar

Karachi

Sind

INDIEN

INDISCHER OZEAN

ein Universalgelehrter; dazu Robin Lane Fox: »… neben seinen philosophischen Arbeiten schrieb er auch Bücher über die Verfassungen von 158 verschiedenen Staaten, gab eine Liste mit den Siegern der Spiele zu Delphi heraus, erörterte Musik und Medizin, Astronomie, Magnetismus und Optik, kommentierte Homer, analysierte die Rhetorik, umriss die Gattungen der Dichtung, studierte die irrationalen Seiten der menschlichen Natur und verankerte die Zoologie in einer experimentellen Richtung. Dies alles geschah in einer gedrängten Reihe von Meisterwerken, in denen die Liebe eines ungewöhnlichen Naturbeobachters Fakten zu Kunst werden ließ. Das Leben der Bienen fesselte ihn, und er begann das Studium der Embryologie …« Wir wissen, dass er auch auf Alexanders Interessen einging, denn er redigierte die *Ilias* neu, und Alexander verwahrte den Text später anscheinend unter seinem Kopfkissen. Homer wäre ohnehin auf dem Lehrplan in Mieza erschienen, denn jeder gebildete Grieche befasste sich mit seinen Werken. Aber Aristoteles schrieb für seinen Schüler auch (nunmehr verschollene) Abhandlungen über Königtum und Kolonien und bildete ihn in Geometrie, Rhetorik und Eristik, der Kunst des wissenschaftlichen Redestreites, aus.

Kurz, Alexander erhielt in Mieza die übliche formelle Ausbildung eines Sohnes der damaligen privilegierten Oberschicht. Und wie immer, wenn die Großen zu Füßen kluger Lehrer sitzen, dürfte so viel haften geblieben sein, wie der Schüler begreifen konnte oder wollte. Walter Paters Unterweisung von Douglas Haig machte den zukünftigen Feldmarschall genauso wenig zu einem Ästheten, wie Clausewitz' Lehrkatalog den preußischen Kronprinzen in einen strategischen Denker verwandelte. Die außergewöhnliche Faszination, die von der Begegnung zwischen Alexander und Aristoteles ausgeht, hat weniger mit geistiger Übereinstimmung als mit einem Nebeneinander von Gegensätzen zu tun.

Victor Ehrenberg zieht den Schluss: »Aristoteles gelang es nie, einen klaren politischen und philosophischen Einfluss auf Alexander auszuüben. Das Treffen der Genies blieb ohne tiefere Bedeutung. Die großen Schöpfungen der beiden wurden ersonnen, wuchsen und zeitigten Folgen, ohne dass es zu einer nennenswerten Wechselwirkung gekommen wäre.«

Wenn wir nach einer nachhaltigen Einwirkung suchen, so finden wir sie in den Leistungen, dem Vorbild und dem direkten persönlichen Einfluss seines Vaters. Philipp II. hätte, wäre er nicht vorzeitig gestorben, die Taten Alexanders vorwegnehmen können. Er war rücksichtslos genug, hatte genauso hochgespannte Ambitionen wie sein Sohn und war nicht weniger berechnend als dieser. Aber er zehrte seine Kräfte in dem Bemühen auf, das Königreich Makedonien zu vereinigen, seine barbarischen Nachbarn zu unterwerfen und das zivilisierte Griechenland unter makedonische Kontrolle zu bringen. Dies waren die unverzichtbaren Voraussetzungen für einen Angriff auf Persien. Philipp, 336 erst 46 Jahre alt, war noch jung und fähig genug, diesen Krieg zu führen.

Seine vorhergehenden Unternehmungen reichten vermutlich aus, um seinen Sohn zu überzeugen, dass der Persienfeldzug nur eine natürliche Fortsetzung des makedonischen Imperialismus – in erster Linie ein Unterfangen von Zielstrebigkeit und Mut – war. Philipp hatte den Thron eines Königreiches bestiegen, das sich seit langem unter der Fuchtel der großen griechischen Staaten Athen und Sparta und – seit jüngerer Zeit – Theben befand sowie ständig durch die Angriffe seiner unzivilisierten nördlichen Nachbarn zerrüttet wurde. In zwanzig Jahren unaufhörlicher Feldzüge hatte er die Bewohner des Nordens gefügig gemacht sowie Thrakien, den traditionellen persischen Stützpunkt in Griechenland, Thessalien und den weiteren Verlauf der griechischen Ostküste der makedonischen Herrschaft unterworfen; hatte sich zum Archon eines vermeintlichen griechischen

Bundes aufgeworfen und hatte schließlich, als Theben und Athen rebellierten, deren Macht in der Schlacht von Chaironeia endgültig gebrochen. Gleichzeitig hatte er im Innern eine soziale Revolution in der makedonischen Militärschicht durchgeführt – auf ähnliche Weise, wie Friedrich der Große sie in seiner ruhmvollen Epoche Preußen auferlegen sollte. Die alte Aristokratie wurde zu regulärem Militärdienst verpflichtet und durch einen neuen Adel militärischer Abenteurer ergänzt, die man auf der Grundlage professioneller Leistungen rekrutierte und beförderte. Das Ergebnis war ein »Begabungen offen stehendes« Heer, in dem die neuen und alten Gefolgsleute des Königs solcherart um Positionen wetteiferten, dass sie ihre Loyalität und Uneigennützigkeit unter Beweis stellten.

Alexander muss aufmerksam beobachtet haben, wie sein Vater den Ehrgeiz und die Antipathien seiner Gefolgsleute manipulierte. Am stärksten aber kam der väterliche Einfluss darin zum Ausdruck, dass Philipp ihn mit Verantwortung betraute. Mit 16 Jahren, unmittelbar nach der dreijährigen Abgeschiedenheit von Mieza, zog Alexander in den Krieg. Er war natürlich in der Lage, ein Schlachtross zu reiten, eine Rüstung zu tragen und ein Schwert zu führen. Doch Philipp erwartete von seinem Sohn viel bedeutendere Fähigkeiten. Alexander wurde zum Regenten ernannt, während Philipp gegen Byzantion ins Feld zog. Als Regent unternahm Alexander eine Expedition zur Niederwerfung und Vertreibung eines aufständischen verbündeten Stammes aus makedonischem Gebiet. Zwei Jahre später, bei Chaironeia, übertrug Philipp ihm eine wichtige Aufgabe in der Entscheidungsschlacht gegen einen gefährlichen Feind, die vereinte Streitmacht von Athen und Theben. Die Tradition verlangte, dass Philipp den rechten Flügel kommandierte; er vertraute Alexander den Befehl über den linken Flügel an, und wie es der Zufall wollte, fiel dort die Entscheidung. Alexander sah sich der »Heiligen Schar«, der thebanischen Elite, gegenüber und vernichtete sie mit einer einzigen stürmischen Reiterattacke.

Alexanders Erfolg bei Chaironeia war in mehr als einer Hinsicht wichtig für seine Zukunft: Er hatte nicht nur seine Befehlsgewalt unter Beweis gestellt, sondern auch seinen Anspruch auf die Nachfolge untermauert. Dieser Anspruch stützte sich auf die Tatsache, dass er der älteste Sohn der anerkannten Gemahlin des Königs war, aber ein kampfunwilliger Kronprinz hätte leicht beiseite geschoben werden können. Nach Lage der Dinge gab es trotzdem andere Kandidaten, deren Anspruch dadurch begünstigt wurde, dass sich die Griechin Olympias durch ihr herrisches Wesen bei den makedonischen Höflingen unbeliebt gemacht hatte. Doch Chaironeia bewirkte, dass alle anderen Kandidaturen vorläufig in den Hintergrund rückten.

Im Jahre 337 kam das Problem der Nachfolge plötzlich wieder zur Sprache. Philipp verstieß Olympias und heiratete eine Makedonierin, die ihm bereits eine Tochter geboren hatte und nun vielleicht einen Sohn erwartete. Alexander war über die Zurückweisung seiner Mutter – und auch aus persönlichen Gründen – empört. Er wusste, dass er am Hof zwar wegen seines Mutes respektiert wurde, doch als Halbgrieche und Prinz, dessen Gebaren allzu königlich war, auch Ablehnung erfuhr. Im folgenden Jahr, 336, wurde Philipp von einem verräterischen Leibwächter erstochen, als er unbewaffnet zu der Hochzeitsfeier von Alexanders Schwester Kleopatra unterwegs war.

Welchen Anteil Alexander an der Ermordung seines Vaters gehabt haben mag, ist eine Frage, die alle, die von seinem Charakter fasziniert sind, bis auf den heutigen Tag spaltet. Jene, die ihm nichts als ein leidenschaftliches Streben nach der Macht zumessen, halten seine Mitschuld für selbstverständlich. Gewiss, Vater und Sohn hatten sich – heftig und in aller Öffentlichkeit – wegen Philipps jüngster Ehe zerstritten.

Aber es gibt andere Erklärungen für das Motiv, die Alexander teilweise oder völlig von einer Komplizenschaft ausschließen. Zum Beispiel schrieb Aristoteles später, dass der Mörder Pausanias Rache genommen habe, weil er durch die Beendigung einer homosexuellen Affäre gekränkt worden sei – Philipp, wie jeder Aristokrat der griechischen Welt, genoss die Liebe mit beiden Geschlechtern. Alexander selbst ließ die Ansicht verbreiten, es habe sich um einen politischen, von den Persern organisierten Mord gehandelt; dies sei der schnellste Weg gewesen, den Feldzug gegen sie zu verhindern, der sich durch Philipps kurz vorher erfolgte Stationierung eines Heeres an der kleinasiatischen Küste abgezeichnet hatte. Und nicht zuletzt ist Olympias' eigenes Interesse zu berücksichtigen. Sie wurde durch die neue Ehe erniedrigt und benachteiligt, die sie permanent vom Hof ausschloss und die Aussichten ihres geliebten Sohnes bedrohte. Auch war sie hinreichend gewalttätig und gebieterisch, um das Komplott zu schmieden und zu realisieren. Es heißt, sie habe die Leiche des Pausanias vom Mörderpfahl herunternehmen, ihn ehrenvoll einäschern und die Asche feierlich begraben lassen, sobald sie als Königinmutter nach Makedonien zurückgekehrt war.

Ihre Rückkehr vollzog sich sehr rasch. Denn unabhängig davon, ob Alexander die Ruchlosigkeit zur Ermordung seines Vaters besaß, seine Skrupellosigkeit als Thronfolger, der seinen Anspruch durchsetzen musste, war grenzenlos. Der makedonische König wurde von der Heeresversammlung gewählt. Diejenigen, die einen Kandidaten unterstützten, legten ihren Brustharnisch an, traten an seine Seite und schlugen ihre Speere aneinander, womit sie ihre Bereitschaft signalisierten, das Blut seiner Herausforderer zu vergießen. Alexander machte sich sogleich selbst daran, Blut zu vergießen: Ein abgesetzter Vorgänger Philipps wurde unverzüglich ermordet, zwei mögliche Prätendenten kurz darauf, und sobald ein

Attentäter nach Kleinasien befördert werden konnte, fiel diesem auch einer der Mitbefehlshaber des Expeditionsheeres, den Alexander aus guten Gründen für seinen Feind hielt, zum Opfer.

Diese blutige Abrechnung ist für heutiges Empfinden schockierend. In Alexanders Welt aber waren die Tötung von Rivalen und die Hinrichtung der Verwandten von Regimefeinden (das, was die Nazis später als Sippenhaft bezeichnen sollten) durchaus gebräuchlich – eine vorbeugende Politik in einer Gesellschaft, in welcher das Schwert mächtiger war als das Gesetz. Das Blutbad nach Philipps Ermordung war nicht so umfassend, wie es hätte sein können. Zum Beispiel hätte Alexander Grund gehabt, Parmenion, den anderen Befehlshaber der kleinasiatischen Armee, zu fürchten, denn dieser war der Schwiegervater des ermordeten Heerführers. Doch Umsicht und das Widerstreben, sich mehr Feinde zu machen als nötig – Parmenions Familie war sehr verzweigt –, veranlassten Alexander, Parmenion nicht nur zu schonen, sondern sich seiner Dienste zu versichern und seine Verwandten zu befördern. Einer von ihnen, Parmenions Sohn Philotas, sollte sich als vortrefflicher Führer der Reiterei erweisen, doch auch eine Rolle in einer Verschwörung spielen, die vier Jahre später tief im Innern Persiens gegen den König angezettelt wurde. Die Politik der Nachfolge sollte Alexander fast bis zum Ende seines Lebens begleiten.

Alexanders Meisterung jener Politik, dazu seine Beherrschung der Strategie und Logistik sowie sein diplomatisches Geschick – das alles lieferte den Stoff für sein Epos. In seinem 21. Jahr deutete jedoch noch nichts darauf hin, dass sich seine Zukunft allzusehr von der eines beliebigen halsstarrigen jungen Königs unterscheiden würde, den es danach drängte, »ein mächtiger Krieger« (sein Lieblingszitat aus der *Ilias*) zu werden. Er besaß Geist, Anmut, Charme, Gewandtheit im Umgang mit Waffen und mehr Selbstbewusstsein, als es normalerweise sogar jemandem eignet, den man zum Glauben an sich selbst erzogen hat. Sein Äußeres war ein weiterer Vorzug. Obwohl nicht hochgewachsen, wirkte er wohlproportioniert und auf einprägsame Art stattlich. Seine Stirn, der Schwung seiner Nase und seiner Lippen war typischerweise »edel«, sein gelocktes Haar teilte sich über der Stirn, seine Haut war glatt und von recht frischer Farbe, und er hatte die Gewohnheit, Kopf und Augen nach rechts oben zu neigen, als stehe er dauernd in Verbindung mit einer unsichtbaren Person. Zeitgenossen erwähnen ein süßes Aroma, das ihn umgab, doch dabei könnte es sich um eines der üblichen Komplimente gehandelt haben. Seine flinke Rede und seine rasche Gangart sind besser belegt; darin ahmte ihn sein Kreis ebenso nach wie in der glatten Rasur. Der Gesamteindruck war der einer nachdrücklichen, ungeduldigen Jungenhaftigkeit, ein Heldenbild, das bis in unsere Zeit für die westliche Kunst stilprägend werden sollte.

Durch Aussehen, Fähigkeit und Charakter hob er sich bereits von durchschnittlichen Männern ab, als er sich im Sommer 336 anschickte, sein außergewöhnliches Leben zu beginnen. Nicht einmal er selbst hätte die Abfolge und das Tempo dieses Lebens erahnen können. Was sollte er erreichen?

Die Leistung

Zuerst der Verlauf oder die Chronologie seines Feldzugs. Man kann von einem Feldzug sprechen, denn Alexander war zwischen 335 und 325 v. Chr. ständig, mit nur allerkürzesten Pausen, auf dem Marsch und bestritt in fast jedem dieser Jahre eine bedeutende Schlacht oder Belagerung. Seit 335, ein Jahr nachdem er seinem Vater Philipp auf den makedonischen

Thron nachgefolgt war (wovon noch die Rede sein wird), kämpfte er zuerst an der Nordgrenze gegen alte Stammesfeinde, die Triballer, Geten und Illyrer, die sich kurz zuvor, während Philipps Ringen um die Macht über ganz Griechenland, der makedonischen Vorherrschaft entzogen hatten. Unmittelbar nach der Unterwerfung der Stämme wurde Alexander von einem Aufstand in seinem Rücken bedroht, da der Stadtstaat Theben mit dem Korinthischen Bund, einem makedonischen Instrument zur Kontrolle Griechenlands, gebrochen hatte und andere aufforderte, es ihm gleichzutun. Alexander eilte nach Süden – er legte 400 Kilometer binnen 13 Tagen zurück –, gab allen Bürgern die Chance und die Zeit, die Stadt vor dem Blutvergießen zu verlassen, überwand dann die Befestigungen und metzelte die Verteidiger nieder; 6000 kamen um, und 30000 wurden versklavt.

Das waren nichts als einleitende Maßnahmen. Von Anbeginn seiner Herrschaft hatte Alexander geplant, ins Persische Reich einzumarschieren. Wie weit er mit seiner Invasion zunächst vordringen wollte, ist noch umstritten. Seinen griechischen Zeitgenossen genügte der Gedanke, dass er Persien überhaupt anzugreifen beabsichtigte. Persien, der mächtigste Staat der bekannten Welt, der sich vom Mittelmeer bis zum Indischen Ozean erstreckte, war eine ständige Bedrohung für Griechenland und hatte es zweimal besetzt. Aber die griechische Abneigung gegen Persien hatte nicht bloß mit der Bedrohung und der Militärgeschichte zu tun. Griechische Staaten lagen häufig miteinander im Krieg; mehr noch, die griechische politische Theorie besagte, dass der »Kriegszustand« die normale Beziehung zwischen Nachbarn sei. Die Griechen hegten den Persern gegenüber jedoch viel grimmigere Gefühle. Freie Griechen fürchteten und hassten die Perser, diese Werkzeuge einer despotischen Macht, die darauf abzielte, sie ihrer Freiheit zu berauben und zu Untertanen zu machen. Ein Krieg gegen Persien nahm deshalb den Charakter eines »Kreuzzugs« an, und Alexander spielte als Oberbefehlshaber die Rolle des Verfechters seiner Kultur.

Eine Vorhut seines Heeres hatte sich bereits jenseits des Hellespont an der kleinasiatischen Küste festgesetzt. Sie war im Jahre 336 unter dem bewährten General Parmenion von Philipp dorthin geschickt worden und hatte mehrere der von Griechen bewohnten Küstenstädte erobert. Parmenion war auf die örtlichen persischen Streitkräfte gestoßen, hatte kleinere Niederlagen hingenommen, aber noch keine bedeutende Schlacht ausgetragen. Alexander überschritt den Hellespont und schloss sich ihm Anfang Frühjahr 334 an; die Gesamtstärke der Armee belief sich nun auf 40 000 Hopliten und 5 000 Hetairenreiter.

Als erstes stattete Alexander Troja einen Besuch ab, um den Helden Homers zu huldigen und den Göttern zu opfern, dann machte er sich daran, den Satrapen, den örtlichen persischen Befehlshaber, und dessen Heer in eine Schlacht zu verwickeln. Der Satrap war Memnon, den König Dareios beauftragt hatte, das Gebiet gegen Einfälle abzusichern, die persische Mittelmeerflotte zu unterstützen und Kontakt zu den griechischen Verbündeten, vornehmlich Sparta, zu halten (Alexander wurde genausowenig von allen Griechen geliebt wie Washington 1778 von allen Amerikanern). Rund achtzig Kilometer im Landesinnern stieß er auf Memnon, der mit 40 000 Reitern und Fußsoldaten an den Ufern eines Flüsschens, des Granikos, Stellung bezogen hatte.

Die Fußsoldaten waren ebenso wie Memnon selbst Griechen. Für Tausende land- und herrenloser Männer, die das wechselnde Kriegsgeschick im Griechenland des vorherigen Jahrhunderts laufend in großer Zahl hinterlassen hatte, war der Söldnerdienst im persischen Heer ein natürliches Betätigungsfeld. Sie standen am Granikos jedoch in der zweiten Reihe. Die erste bildeten persische Reiter, die nur darauf warteten, über Alexanders Truppen herzufallen, sobald sie sich in das Flussbett zu Füßen der Perser vorwagten. Da eine Flussüberschreitung im Angesicht des Gegners stets von Vorteil für den Verteidiger ist, dessen Position in diesem Fall jene des Angreifers überragte, hätte der Kampf zu einem leichten persischen Sieg führen müssen. Alexander bemerkte jedoch, dass sich die Perser zur Abwehr auf das steile Flussufer zu verlassen schienen, und schloss zu Recht, dass er über einen moralischen Vorteil verfügte. Er stürmte genau an der Stelle vor, wo die persischen Reihen am massiertesten zu sein schienen, und brach mit roher Gewalt in sie ein. In dem sich anschließenden Handgemenge war der griechische Wille stärker als der persische, und die geschlagenen Reiter sprengten der Nachhut entgegen. Das griechische Söldnerkontingent, plötzlich einem konzentrierten makedonischen Reiteransturm ausgesetzt, vor dem zu fliehen den Tod bedeutet hätte, hielt stand, nahm den Kampf auf und wurde überwältigt. Einige konnten schließlich ihre Kapitulation anzeigen, doch im blutigen Nahkampf waren die meisten niedergestreckt worden.

Die Schlacht sollte das Klischee von Alexanders Feldherrnkunst festlegen: ungestüm, offenbar leichtfertig und ganz von persönlichem Einsatz geprägt. Er verlor seinen Helmbusch durch einen Schwerthieb im ersten Angriff, und im zweiten wurde sein Pferd unter ihm getötet. Diese gefährlichen Ereignisse brachten ihn nicht im Geringsten aus der Fassung. Unmittelbar nach dem Sieg, nachdem die Toten angemessen geehrt worden waren, brach er auf, um seine Herrschaft über das westliche Kleinasien auszuweiten. Mehrere griechische Städte, die vor der Schlacht am Granikos furchtsam eine Befreiung abgelehnt hatten, öffneten ihm nun ihre Tore. Nur in den Häfen Milet und Halikarnassos, vor denen die persische Mittelmeerflotte lauerte, leisteten die Garnisonen Widerstand. Die persische Flotte war jedoch zu langsam, um Milet zu retten, denn Alexanders kleinere Seemacht blockierte den

Zugang zum Meer, während er eine blitzartige Belagerung durchführte. Parmenion riet ihm, die makedonische Flotte auch gegen Halikarnassos einzusetzen. Aber Alexander, der zu Recht vermutete, dass sich der persische Admiral kaum ein zweites Mal überraschen lassen würde, schickte seine Schiffe in die Heimat und näherte sich der nächsten Stadt ausschließlich auf dem Landweg. Halikarnassos, das stärker befestigt und mit einer größeren Garnison belegt war als Milet, hielt seiner Belagerung länger stand und fiel schließlich erst nach schweren Verlusten auf beiden Seiten.

Das makedonische Heer war nun in der Lage, das eigentliche Kleinasien zu erobern, nämlich die anatolische Hochebene, die heute den größten Teil der Türkischen Republik ausmacht. Dort lebte ein Gemisch von Völkerschaften – Stammesangehörige im Landesinnern, Städter, darunter viele Griechen, an der Mittelmeerküste –, was etliche Probleme für Alexander aufwarf. Zwar gab es im Einsatzgebiet keine große persische Feldarmee, aber die Bergbewohner bedrohten Alexanders Vormarsch-Achse vom Lande her, während die Küstenstädte der persischen Flotte eine Reihe von Stützpunkten boten, von wo aus sie Alexanders Nachschublinie abschneiden konnte. Beiden Gefahren musste er gleichzeitig begegnen. Deshalb teilte er seine Streitmacht und schickte Parmenion landeinwärts, während er selbst mit den Kerntruppen ins Küstengebiet vorstieß. Beide Hälften des Heeres waren erfolgreich und vereinigten sich wieder im April 333, etwa 15 Monate nachdem Alexander Griechenland verlassen hatte, bei Gordion, in der Nähe der heutigen türkischen Hauptstadt Ankara.

Als nächstes plante Alexander, den von der nördlichen und östlichen Mittelmeerküste gebildeten Winkel zu besetzen, die als Kilikien bekannte Region, von wo er entweder nach Süden ziehen konnte, um Syrien oder Ägypten zu erobern, oder nach Osten, um den Oberlauf des Euphrat und damit das persische Zentralgebiet zu erreichen. Die Topografie stellte ihn vor ein militärisches Problem, denn seine Bewegungsfreiheit hing von Gebirgspässen ab, die von kleinen feindlichen Einheiten leicht gehalten werden konnten. Viel wichtiger war allerdings die Tatsache, dass der persische Großkönig Dareios nun persönlich an der Spitze seines Heeres erschienen war und Alexander zur Schlacht herauszufordern suchte.

Dareios war mit 140000 Mann aus Babylon (unweit des heutigen Bagdad) herangemarschiert und plante, Alexander in Kilikien gegenüberzutreten. Der junge König war dabei, die Bergstämme, welche die Pässe kontrollierten, durch irreguläre Aktionen zügig zu unterwerfen, als er vom Eintreffen des Großkönigs hörte. Das entscheidende Gefecht, das er seit seiner Ankunft in Asien angestrebt hatte, zeichnete sich nun endlich ab, und er war nicht weniger siegesgewiss als Dareios. Es gab zwei Möglichkeiten, den Zusammenstoß herbeizuführen: Er konnte entweder an der Grenze von Kilikien die Schlacht abwarten oder südwärts nach Syrien eilen, um sich der Nachhut des Dareios in den Weg zu stellen. Er wählte die zweite Möglichkeit.

Sie erwies sich als eine seiner wenigen Fehlkalkulationen, vielleicht als seine einzige. In dem Glauben, Alexanders Streitkräfte seien immer noch in Kilikien verstreut, beschloss Dareios, von Norden her – wo die wichtigsten Pässe, wie er wusste, unbewacht waren – in das Gebiet vorzudringen und die Griechen »einen nach dem anderen« zu vernichten. Er irrte sich, doch die auf seinem Irrglauben beruhende Entscheidung schien wohl durchdacht zu sein. Da sich Alexander nach Süden gewandt hatte, schnitt Dareios den Griechen nun die Nachschub- und Verbindungslinien ab, womit er sicherstellte, dass die Makedonier umkehren und sich ihm zum Kampf stellen mussten, wenn sie nicht verhungern wollten. Besser noch, er hatte sich Zeit verschafft, das Schlachtfeld zu wählen. Die Stätte, die er aussuchte, lag, wie vorher am Granikos, ebenfalls an einem Fluss, dem Pinaros, der in den Golf von Issos mündet. Nach Letzterem ist die Schlacht benannt. Wie am Granikos ragte das Ufer an der von den Persern gewählten Seite auf, bis der Fluss in noch hügeligerem Gelände verschwand, das die linke Flanke der Perser schützte. Ihre rechte Flanke wurde vom Meer gesichert. Es war eine überaus starke Position, und es ist verzeihlich, dass Dareios sie für uneinnehmbar hielt.

Alexander gestattete sich jedoch, anderer Meinung zu sein. Er erholte sich rasch von dem Schock, Dareios in seinem Rücken vorzufinden, ließ sein Heer umkehren und stracks auf die persische Position zu marschieren, wo er etwa 36 Stunden nach Dareios eintraf. Das genaue Datum ist unbekannt, wahrscheinlich fiel es auf Anfang November 333. Alexander legte eine kurze Pause ein und stellte sein Heer dann »aus dem Marsch« in Schlachtordnung auf. Nachdem er die Stärke und Anordnung des Feindes abgeschätzt hatte, verschob er die Formationen, um seine besten Kämpfer auf die schwächste Stelle des Feindes treffen zu lassen. Wie schon am Granikos entdeckte er bei den Persern Anzeichen der Unentschlossenheit. Sie verließen sich nicht allein auf die steilen Flussufer, um sich die Griechen vom Leibe zu halten, sie hatten auch an den niedrigeren Böschungen Palisaden errichtet; damit verrieten sie, dass sie sich nicht in den Kampf stürzen und wahrscheinlich vor einem Handgemenge zurückschrecken würden. Das war der einzige Hinweis, den Alexander benötigte. Er setzte sich (ausnahmsweise unberitten) an die Spitze seiner Elite-Fußtruppen und führte sie durch das Flussbett gegen die feindlichen Reihen, wobei er bewusst die persischen Fußsoldaten, nicht die griechischen Söldner angriff.

Kurz, sein Mittel war brutale Gewalt. Gewiss, sein Schlachtplan enthielt Feinheiten, die anderswo auf dem Feld wirksam wurden. Die entscheidende Aktion aber fand genau dort statt, wo er selbst kämpfte, und endete im Zusammenbruch des persischen Flügels, in der überstürzten Flucht des Dareios, der anschließenden Auflösung seines Heeres und dessen weitgehender Vernichtung durch das Gemetzel der griechischen Verfolger. Issos wurde zu einem überwältigenden Sieg.

Alexander hatte nun fast die Hälfte des Perserreiches in seinem Besitz – ein erstaunlicher Gewinn nach 18-monatiger Kriegführung unweit der Operationsbasis. Des ungeachtet erklärte sich Dareios nur bereit, die Eroberung anzuerkennen, falls Alexander ihm seine Mutter sowie seine Frauen und Kinder, die nach Issos gefangengenommen worden waren, zurückschickte und den Feldzug abzubrechen versprach. Es war ein Angebot, das verachtungsvoll und ohne Zögern zurückgewiesen wurde. In Alexanders Antwortbrief hieß es: »Fortan aber, wenn Du mir schreibst, so vergiß nicht, daß Du nicht nur einem Könige, sondern *Deinem* Könige schreibst. Andernfalls werde ich Dich wie einen Bösewicht behandeln. Wenn Du das Königtum begehrst, stell Dich zum Kampf und lauf nicht davon, denn ich werde Dir an jeden Ort folgen.«

Dareios, der sich in die sichere östliche Hälfte des Reiches zurückgezogen hatte, machte keine Anstalten, auf die Herausforderung einzugehen. Und Alexander ließ ihn in den nächsten beiden Jahren (332–331) in Ruhe. Es war eine Periode voll angespannter und gewaltsamer Aktivität, die sich jedoch vor allem auf die Vernichtung der persischen Flottenmacht im Mittelmeer richtete. Alexander hatte Parmenion ein Jahr zuvor mitgeteilt, er beabsichtige, »die persische Flotte vom Land her zu besiegen« – eine für moderne Ohren rätselhafte Wendung, die allerdings sofort verständlich wird, wenn man das Wesen des Galeerenkrieges durchschaut. Anders als auf Segelschiffen wurden auf Galeeren nicht die Naturelemente ausgenutzt; durch Einsatz von Körperkraft waren sie – wie die Schwerter und Bogen ihrer Mannschaften – der verlängerte Hebel der Landmacht; das Verbindungsglied zwischen beiden war gewöhnlich der Hafen. In den begrenzten Gewässern eines Binnenmeeres oder eines Archipels können Heer und Galeerenflotte tatsächlich von hoher Bedeutung füreinander gewesen sein – darauf weist John Guilmartin in seiner brillanten Analyse der Türkenkriege des 16. Jahrhunderts hin –, und in ihrem Zusammenwirken waren sie unzweifelhaft von ungeheurer Schlagkraft. Das schwächste Glied stellten dabei die Häfen dar, weshalb sie in den Anfangsjahren der mediterranen Flottenkriegführung so gründlich befestigt wurden. Auf diese Schwachstellen richtete Alexander sein Augenmerk in den Monaten nach Issos.

Mit Tyros (im heutigen Libanon) zerstörte Alexander den damals stärksten Hafen im östlichen Mittelmeer. Die Operation nahm sieben blutige Monate in Anspruch und gipfelte in der massenhaften Abschlachtung der Bewohner. Sobald die Stadt gefallen war, zog er mit seinen Belagerungsmaschinen weiter nach Gaza und machte es innerhalb von zwei Monaten dem Erdboden gleich. Diese Erfolge bereiteten der persischen Flotte vom Land her eine entscheidende Niederlage, während ihm im Innern ein kurzer Feldzug der Reiterei die Kontrolle über das Hinterland verschaffte. Das war im November 332.

Nun kam es zu einer seltsamen Episode: der Expedition nach Ägypten. Das Land war ein Juwel in der Krone des Perserreiches und ein natürliches Ziel für Alexanders Eroberungszug. Indem er sich dorthin vorwagte, während die persische Feldarmee in seinem Rücken unbesiegt blieb, ging er ein großes Risiko ein. Gleichwohl verbrachte er die ersten Monate des Jahres 331 in Ägypten, gründete Alexandria – die größte seiner »Alexanderstädte« –, eignete sich den Pharaonenthron an und unternahm eine Pilgerfahrt durch die Wüste zum Heiligtum des Gottes Ammon in der Oase Siwa. Obgleich der exakte Charakter der Erfahrung, die er dort durchmachte, unerklärt bleibt, war die Pilgerreise offenkundig von hoher psychologischer Bedeutung für sein Leben.

Im Sommer kehrte er an die östliche Mittelmeerküste zurück, um sein wachsendes Reich zu konsolidieren und seine Etappe zu sichern, in der die Spartaner und die Überreste der persischen Flotte immer noch feindliche Aktionen durchführten. Gleichzeitig sammelte er seine Truppen für den Vormarsch ins persische Kernland. Solange Dareios und seine Feldarmee ihre Aktionsfreiheit bewahrten, blieben die Makedonier im Persischen Reich Eindringlinge, deren Gebietserwerb eine einzige Katastrophe zunichte machen konnte. Alexander benötigte einen krönenden Abschluss und war entschlossen, ihn herbeizuführen. Der zweite und wichtigste Höhepunkt seines Epos stand bevor.

Die Gefahr eines Fehlschlags war sehr groß. Das persische Heer übertraf das makedonische zahlenmäßig um das Dreifache, wurde direkt aus den festen Nachschubbasen des Reiches versorgt und würde in unmittelbarer Nähe seines Zentrums operieren. Alexander dagegen musste sich nun von der Meeresküste lösen, einer an sich fruchtbaren Zone, in die man bei Bedarf zudem auf dem Seeweg Versorgungsmaterial befördern konnte. Er würde sich in ein auf vielerlei Art – wirtschaftlich, menschlich, klimatisch – feindliches Territorium begeben und sein Heer, sein Königtum, die Freiheit der Griechen, seinen Ruf und höchstwahrscheinlich auch sein Leben auf eine Karte setzen: den Sieg in der Schlacht.

Er zögerte keinen Moment. Parmenion, sein Vertrauter, hatte ihm bereits empfohlen, sich mit dem Teilsieg zufrieden zu geben, den Dareios in den Bedingungen stillschweigend angeboten hatte: die Hälfte des Reiches gegen seinen Verzicht auf ein weiteres Vorrücken. Alexander verwarf dieses halbherzige Ansinnen. Was immer seine ursprüngliche Vision gewesen sein mochte, nun war er versessen darauf, Dareios als »Großkönig« abzulösen und sich zum Gebieter der Welt aufzuschwingen. Er begriff, dass die Perser trotz ihrer materiellen Überlegenheit in der Konfrontation mit einem überlegenen Willen verwundbar waren, und an Willenskraft fehlte es ihm nicht. Im Juni hatte er in Makedonien Verstärkungen angefordert, die im Vorderen Orient zu ihm stoßen sollten. Kurz darauf begann er den Marsch nach Mesopotamien (dem heutigen Irak), um die Entscheidungsschlacht zu suchen.

Mesopotamien, das »Zweistromland« zwischen Euphrat und Tigris, war das Zentrum sowohl des Reiches als auch der ältesten Zivilisation in der bekannten Welt westlich von China und Indien. Von Natur aus fruchtbar – und noch fruchtbarer dank der Bewässerungssysteme, die von der Reichsregierung kontrolliert wurden –, wirkte es auf das makedonische Heer wie ein Magnet. Dareios und seine Truppenführer meinten verständlicherweise, sie brauchten nur zwischen den beiden Flüssen abzuwarten, bis Alexander, in der Hoffnung, sich aus dem Land versorgen zu können, zu ihnen käme. Dann würde er auf eine schwierige Flusslinie stoßen und sich vor, während oder unmittelbar nach der riskanten Flussüberschreitung einer Niederlage aussetzen. So groß die Demütigung auch war, die der makedonische König den Persern bis dahin zugefügt hatte, nun schien eine dramatische Wende des Geschicks unvermeidlich zu sein.

Solche Überlegungen waren unschwer zu durchschauen. Jedenfalls hatte Alexander keine Mühe, sie zu entwirren. Er schlug sich durch ein unwegsames Hochland und setzte darauf zuerst über den Oberlauf des Euphrat und dann über den des Tigris. Nachdem er das »Zweistromland« auf diese Weise umgangen hatte, zog er am östlichen Ufer des Tigris entlang in die Ebene hinab. Mit jedem Kilometer, den er vorrückte, wobei er seine Eroberungen stets konsolidierte, ging ein weiterer Teil persischen Territoriums verloren. Dareios, der anscheinend auch die Taktik der verbrannten Erde erwogen hatte oder sich weiter in die unzugänglichen Tiefen des

Reiches zurückzuziehen, war zum Handeln gezwungen, da seine unmittelbare Strategie, die Flusslinie zu verteidigen, nun zusammengebrochen war. Obwohl Alexander sein Heer zweimal in offener Feldschlacht besiegt hatte, nahm Dareios jetzt seinen Mut zusammen und marschierte nach Norden, um seine Krone der Schwertprobe zu unterwerfen.

Ende September standen Perser und Makedonier einander in Sichtweite auf offenem Gelände knapp östlich der heutigen Stadt Mossul gegenüber. Dareios hatte den zeitlichen Vorteil. Da er seiner Heimatbasis viel näher war als der Feind, konnte er nun eine Pause einlegen und in Ruhe die Schlacht abwarten. Die offene Ebene, teils Acker-, teils Weideland, die er unweit von Gaugamela wählte, eignete sich besonders gut für den Einsatz der Reiterei, seine stärkste Truppe; außerdem ließ er das Gelände von Gesträuch und sonstigen Hindernissen befreien. Diesmal würde er nicht den Fehler begehen, die Aktionsfreiheit seiner Streitkräfte einzuschränken, indem er sich auf natürliche Barrieren verließ oder künstliche Befestigungen zum Schutz seiner Frontlinie errichtete.

Trotzdem machte er sich ein Bild von dem zu erwartenden Schlachtverlauf. Da sein Heer viel größer war als das Alexanders, würde seine Schlachtreihe die vorrückenden Makedonier zwangsläufig an beiden Flügeln überlappen. Dort postierte er die Masse seiner Reiterei, die vorpreschen und die Makedonier umzingeln sollte, sobald deren Schlachtordnung durchbrochen war. Den Durchbruch sollten Schwadronen von Streitwagen erzielen, die Dareios vor der persischen Front aufstellen und vielleicht durch Kampfelefanten unterstützen lassen wollte. Und schließlich sollten die Fußtruppen – wie am Granikos und bei Issos überwiegend griechische Söldner – vorstürmen und die Vernichtung des umzingelten Feindes vollenden.

In Anbetracht der Tatsache, dass Hiebwaffen die Soldaten zwingen, in fortlaufenden Reihen zu kämpfen, da sie sowohl in Armweite des Feindes als auch Schulter an Schulter stehen müssen, war die lineare Planung des Dareios durchaus fundiert. Wenn die Geometrie Schlachten entschiede, hätte er wahrscheinlich gesiegt. Es gibt jedoch eine Variante der linienförmigen Konfrontation, die zwar schwer umzusetzen ist, doch, von gut gedrillten Streitkräften unerwartet eingesetzt, tödlich sein kann. Sie sollte im 18. Jahrhundert als »schiefe Schlachtordnung« zum Merkmal der Kriegskunst Friedrichs des Großen werden. Erstmals war sie 371 bei Leuktra von den Thebanern gegen die Spartaner angewandt worden, und vierzig Jahre später hielt Alexander sie nun ebenfalls für ratsam. Ihr zentraler Aspekt war, dass die vorrückende Reihe in einem Moment, da der Feind seine eigene Schlachtordnung nicht mehr ändern konnte, den Marschwinkel auf einen der beiden Flügel verlagerte und in die Formation des Feindes einbrach.

Genauso ging Alexander jetzt vor. Mit seinen besten Reitern bezog er Stellung auf dem rechten Flügel und stieß schräg gegen das linke Ende der persischen Linie vor. Dareios, der sich im Zentrum seiner Truppen befand, merkte nicht sofort, was sich abspielte, doch dann befahl er den baktrischen und skythischen Reiterschwadronen auf seinem linken Flügel – diese Steppenbewohner waren wahrscheinlich seine fähigsten berittenen Soldaten –, Alexander und seine Bundesreiterei anzugreifen. Gleichzeitig ließ er seine Streitmacht auf breiter Front vorrücken und warf seine drei Gruppen von Kampfwagen gegen das Zentrum der makedonischen Phalanx.

Keine dieser Maßnahmen reichte aus. Die Wagenlenker wurden entweder von Wurfspießen aufgehalten oder durch hastig geöffnete Lücken in den makedonischen Reihen durchgelassen – eine von Alexander bereits erprobte Technik. Der allgemeine Vormarsch mündete nur in ein ausgedehntes Handgemenge, und der baktrische und skythische Reiteransturm auf Alexander veranlasste diesen zu einem Gegenangriff. Mit der Attacke der Baktrer und Skythen hatte sich am Ende der persischen Front zwangsläufig eine Lücke aufgetan. Alexander preschte mit seiner Bundesreiterei vor, die, sobald sie Feindberührung hatte, umschwenkte und mit der linken Hand am Zügel auf den Wagen des Dareios zuritt, der an seiner Reichsfahne leicht zu erkennen war. Der Großkönig, der schon einmal vor Alexander die Flucht ergriffen hatte, riss seine Pferde herum und raste blindlings davon.

Alexander hätte Dareios vielleicht einholen und ihn auf der Stelle gefangen nehmen können. Aber eine in der Schlacht plötzlich eingetretene kritische Wendung zwang ihn umzukehren und seine schwerbedrängte Kerntruppe mit seinem Fähnlein zu unterstützen. Als er die Verfolgungsjagd wieder aufnehmen konnte, hatte Dareios bereits einen zu großen Vorsprung. Doch die persische Niederlage war unumstößlich. Einer der Berichte schätzt die Zahl der gefallenen Perser auf 40 000, und in diesem Fall dürften die Angaben eines antiken Historikers ausnahmsweise nicht allein darauf abzielen, den Leser zu beeindrucken. Das persische Heer war vollständig vernichtet. Dareios hatte seine letzte Armee und damit endgültig sein Großkönigtum verloren. Nach der Schlacht leistete der neue Herrscher dafür, dass er »Dareios im Kampf bezwungen hatte und König von Asien geworden war«, Dankopfer.

Erst im Juli 330, zehn Monate später, sollte Alexander seines Gegners endlich habhaft werden, doch ihre so lange hinausgezögerte persönliche Begegnung wurde in letzter Sekunde dadurch vereitelt, dass Verräter den besiegten Großkönig ermordeten. Die dazwischen liegenden zehn Monate waren von emsigen Aktivitäten erfüllt. Nach dem Tod des Dareios lockte die Eroberung neuer Welten: des restlichen Reiches, der Berge und Täler (des heutigen) Afghanistans und der Ebenen Indiens. Als Alexander im Oktober 331 die Stätte seines Sieges bei Gaugamela hinter sich ließ, hatte er noch acht Jahre seines von Kämpfen geprägten Lebens vor sich. In jenen acht Jahren sollte sein militärisches Geschick noch gründlicher auf die Probe gestellt werden als in den vier vorangegangenen. Seine Fähigkeit, Hof und Heer im Griff zu halten, sollte noch viel größeren Belastungen unterliegen, und er sollte sich politischen Herausforderungen gegenübersehen, die ebenso schwer zu meistern waren wie die in Griechenland und Asien bewältigten. Aber im strengsten Sinne – eingedenk der Tatsache, dass er den mächtigsten Herrscher der bekannten Welt besiegt hatte – war sein Epos abgeschlossen. Es hatte 42 Monate gedauert, hatte Märsche – zu Fuß und zu Pferde – von wenigstens 5000 Kilometern Länge über Gebirge und Wüsten, dazu drei große Schlachten, zwei blutige und langwierige Belagerungen und Dutzende kleinerer Gefechte und Belagerungen erfordert. Wie können wir den Charakter und die Methoden des jungen Mannes ermessen, der nun Hegemon von Griechenland und König von Asien war?

Das Königreich Makedonien

Vermögen ist der Grundstoff der Leistung – wenn nicht rein materielles Kapital, dann das moralische, geistige oder gesellschaftliche Vermögen, das der Mann von Ehrgeiz ausschöpfen kann, um sein Unternehmen in Gang zu setzen. Alexanders materielle Reserven waren gering – zumindest standen sie in keinem Verhältnis zu der Leistung, die er mit ihnen erzielen sollte –, gleichwohl nicht unerheblich. Er hatte das Königreich Makedonien geerbt, das sein Vater Philipp II. in den zwanzig Jahren vor Alexanders Thronbesteigung zum ersten Staat der griechischen Welt gemacht hatte.

Nicht, dass die Griechen die Makedonen als wirkliche

Blutsbrüder betrachtet hätten. Zwar sprachen diese Griechisch, doch auf eine bäuerliche, unkultivierte Art, weshalb die Griechen der südlichen Städte so taten, als verstünden sie sie nicht. Auch ihre Traditionen waren völlig ungriechisch. Die Bürger der Stadtstaaten hielten ihre politische Kultur – Gleichheit unter freien Männern und demokratische Selbstregierung – für ein wesentliches Element des Griechentums. Im Königreich Makedonien gab es keinen Platz für eine solche Kultur. Es besaß zwar theoretisch eine Wahlmonarchie, doch diese war in der Praxis erblich und absolut. Die Monarchie war kein System, das zum Beispiel die Athener tolerieren konnten – erst recht nicht, wenn der Monarch wie in Makedonien gleichzeitig der wichtigste Vermittler zwischen seinem Volk und den Göttern war, dadurch geriet die Monarchie in den Geruch der Theokratie.

In gewissem Sinne aber waren es gerade die sehr ungriechischen Eigenschaften der Makedonen, die sie zu so bedeutenden Gestalten auf der griechischen Bühne werden ließen. Bei ihrer »Leidenschaft für die Uneinigkeit« waren die Griechen der Stadtstaaten zu gemeinsamen Aktionen außer Stande; dabei gehörten sie Staaten an, die an Menschenpotenzial und an Ressourcen zu schwach waren, als dass sie auf sich allein gestellt viel hätten erreichen können. Die Makedonen waren von Philipp mit Gewalt zur Vernunft gebracht worden; er hatte »viele Stämme und Rassen zu einem einzigen Königreich und einem einzigen Volk zusammengeschmiedet«. Außerdem hatte die Einheit Stärke erzeugt. Im Unterschied zu den Griechen auf der Peleponnes, deren hochentwickeltes Selbstwertgefühl auf Individualismus beruhte und durch jeglichen Grad der Unterordnung beeinträchtigt wurde, hatten die Makedonen ihr Selbstbewusstsein gestärkt, indem sie die Identitäten ihrer zerstreuten und argwöhnischen Bergstämme zu einer umfassenderen Nationalität zusammenfügten. Auf die antike Welt angewandt, ist »Nationalität« natürlich ein gefährlicher Begriff, aber wenn sie Nationalitäten kannte, dann waren die Makedonen eine von ihnen. Unter Alexanders Vater Philipp und dessen Vorgängern hatten sie Nachbarn, von denen sie zuvor beherrscht und beraubt worden waren, überwältigt, die Besiegten in den makedonischen Staat einbezogen und den Auftrieb gewonnen, den Alexander in den Dienst seines atemberaubenden Planes zur Niederwerfung der Perser stellen sollte. An Analogien zu anderen künftigen Militärmächten fehlt es nicht: zu den Sikhs im Pandschab, den Gurkhas in Nepal und den Aschanti der Goldküste. Keine verdankte ihren Aufstieg etwas Greifbarerem als dem Erfolg, der sich aus seinem eigenen Fortschreiten speiste.

Doch Makedonien besaß neben menschlichen auch materielle Reserven. Das Land verfügte über reiche Ressourcen: Holz und Mineralien, die Exporterlöse einbrachten, Tierbestände, besonders Pferde, die für Philipps und Alexanders furchterregende Reiterei herangezogen wurden, sowie Getreide, dessen Anbauflächen Philipp durch den Aufbau eines Bewässerungssystems erheblich vergrößerte. Der hochgelegene, gesunde, fruchtbare und gut bewässerte Boden Makedoniens war ein Hauptfaktor für den Aufstieg des Königshauses.

Das makedonische Heer

Die Triebkraft des makedonischen Imperialismus war sein Heer. Alexanders Übernahme von Philipps Streitmacht war ebenso entscheidend für seine Taten, wie es die vom Vater ererbten Truppen für die Leistungen Friedrichs des Großen sein sollten. Das makedonische Heer unterschied sich beträchtlich von den Streitkräften der griechischen Staaten. Die der Letzteren stellten im Wesentlichen Bürgermilizen dar, in denen die Pflicht, aber zugleich das Recht, Waffen zu tragen, konstitutionell verankert war. Politisch gesehen handelte es sich um einen äußerst wünschenswerten Zustand, denn dadurch wurde jegliche Gefahr gebannt, dass das Heer die von den Griechen so geschätzten Freiheiten bedrohte. In militärischer Hinsicht jedoch wurde die Operationsfähigkeit der Armeen stark beschnitten. Sie waren größenmäßig sehr eingeschränkt, weil in Stadtstaaten wie Athen und Theben die überwältigende Sklavenmehrheit aus juristischen Gründen nicht zu den Waffen gerufen werden konnte. Solange die griechische Kriegführung auf Konflikte zwischen den Stadtstaaten beschränkt blieb, erwies sich diese zahlenmäßige Begrenzung als sekundär; die größeren Staaten liefen dadurch kein Risiko, während die kleineren ihre Unterlegenheit durch Klientschaft oder geschickte Bündnisse wettmachen konnten. Und in einer kritischen Lage war es möglich, sofern Bargeld zur Verfügung stand, die Reihen der Krieger vorübergehend durch Söldner zu ergänzen, die bei den Vernichtungskriegen im vierten und fünften Jahrhundert ständig mitwirkten.

Sobald sich aber die zerstrittenen und zänkischen Staaten Griechenlands einem expansionistischen nördlichen Nachbarn gegenübersahen, der jegliche Einschränkung ihrer selbstauferlegten Militärverpflichtungen verwarf, gab es keine Rechtfertigung mehr für das Milizsystem. Die griechischen Staaten stellten fest, dass sie nicht mit der gleichen Mannschaftsstärke ins Feld ziehen konnten wie Makedonien; auch konnten sie ihre eigene Streitmacht nicht je nach Bedarf ausweiten oder das nötige Bargeld aufbringen, um schnellstens große Söldnerkontingente anzuwerben.

Das makedonische Heer war im strengsten Sinne eine dynastische Armee: Ein innerer Kern von Kriegern war durch persönliche Beziehung, im Grunde durch Blutsverwandtschaft, mit dem königlichen Führer verbunden; die äußeren Reihen bestanden aus weniger elitären Einheiten, gleichwohl aus schlagkräftigen Truppen, deren Loyalität von profaneren Faktoren abhing: von politischer Verpflichtung, Sold, Gewohnheit und egoistischen Überlegungen. Einige der äußeren Ränge besetzten »neue« Makedonen, die nach Philipps Eroberungszug auf dem südlichen Balkan dem Königreich angehörten; andere waren Verbündete, denen er ein unterschiedliches Maß an Unabhängigkeit – den Griechen sogar eine nominelle Autonomie – zugestanden hatte; die übrigen waren Söldner, die das makedonische Herrscherhaus genauso bereitwillig beschäftigte wie die Stadtstaaten, wobei es durch seine beträchtlichen Bargeldreserven und seine nachweisliche Fähigkeit, Beute zu machen, leichter in der Lage war, die Söldner an sich zu binden.

Den Kern des Heeres bildete die Adelsreiterei der »Hetaroi-Gefährten«. Die Makedonen waren – wie die Völker, die das Weströmische Reich im fünften Jahrhundert n. Chr. überrannten – eine heldische Gesellschaft, in deren Zentrum der Kriegsherr und seine Schar von Mitkämpfern standen. Die engsten Beziehungen zwischen dem Führer und seinen Gefährten beruhten auf Blutsbanden. Ihre Bindung war jedoch ethischer Natur: die Gleichheit derer, die Risiken miteinander teilen und sich in der Tapferkeit, je sorgloser, desto besser, gegenseitig zu überbieten suchten. Um sich die Achtung dieser Männer zu erhalten, musste sich der Kriegsherr ständig hervortun – nicht nur in der Schlacht, sondern auch auf der Jagd, in der Reit- und Waffenkunst, in der Liebe, in der Debatte, in Prahlerei und Herausforderung sowie in den ausgedehnten Gelagen, die den *repos du guerrier* des Helden darstellten. Solche Gefährten sind die *dramatis personae* der *Ilias* und der *Odyssee*, mit denen Alexander aufgewachsen war und an denen er sein ganzes Leben ausrichtete. »Emsig und standhaft«, schreibt Robin Lane Fox, »speisen sie mit ihm in seinem Zelt oder lauschen, während er die Lyra spielt; sie warten seinen Streitwagen mit den bronzenen Radkränzen, treiben seine behuften Pferde in die Schlacht und kämpfen an seiner Seite, um ihm den Speer zu reichen und ihn nach einer Verwundung ins Lager zurückzubringen.«

Alexanders Gefährten unterschieden sich von denen Homers in Bewaffnung und Kampfstil. Die Griechen des Trojanischen Krieges waren Wagenlenker gewesen. Alexanders Gefährten waren Reiter, denn die »Reitereirevolution« hatte sich zwischen dem zwölften und dem vierten Jahrhundert abgespielt. Aber in ihrer Lebenseinstellung und ihrer Gesinnung waren sie alle eines Geistes: Männer, deren Wert in ihren und in den Augen ihnen Gleichgestellter von der Geringschätzung der Gefahr und von der Verachtung der Zukunft bestimmt wurde. Im gegebenen Moment das Richtige zu tun und die Konsequenzen auf sich zu nehmen, das war der Kodex, nach dem die Gefährten lebten. Schwert und Schlachtross waren ihr Schutz gegen das Schicksal. So ausgestattet, »stürmten sie auf den Feind ein«, schrieb Thukydides über ihre Ahnen, »und niemand hielt ihrem Angriff stand«.

Alexander hatte rund 3000 Hetairenreiter; 2000 nahm er mit nach Asien. Sie bildeten die Schlachten entscheidenden Stoßtruppen seines Heeres, und er setzte sich fast immer an ihre Spitze. Aber im Unterschied zu den aus Elitesoldaten und schwächlichen Gefolgsleuten bestehenden orientalischen Heeren, welche von den aufsteigenden europäischen Mächten des 18. Jahrhunderts so mühelos niedergemäht werden sollten, war das makedonische Heer kein Kopf ohne Körper. Es stellte vielmehr eine sorgsam ausgewogene Streitmacht dar, deren nachgeordnete Teile vom Führer mit der ihnen gebührenden Achtung behandelt wurden. Dazu gehörten zum Beispiel ansehnliche Fußtruppen, die den Titel »Gefährten zu Fuß« trugen und die Alexanders Vorgänger zu einer festen Phalanx ausgebildet hatte. An Kopf und Körper gepanzert und mit der Sarisse genannten Stoßlanze, der charakteristischen makedonischen Kriegswaffe, ausgerüstet, hatten die

Fuß-Soldaten die Aufgabe, dem feindlichen Ansturm standzuhalten, während die Reiterei anderswo den entscheidenden Schlag führte. Aus den Sarissenträgern hatte Philipp eine noch erlesenere Einheit gebildet: die Schildtruppen (*hypaspisti*), deren Status sich von dem des königlichen Knappen ableitete. In einem früheren Zeitalter hatte dieser den Schild des Königs in die Schlacht getragen, damit der Herrscher beim Zweikampf nicht behindert war. Die Schildtruppen übernahmen diese Pflicht kollektiv auf den größeren Operationsfeldern, auf denen sie von Alexander eingesetzt werden sollten. Insgesamt zählten die schweren Fußtruppen des Expeditionsheeres wahrscheinlich rund 9000 Mann.

Hetairenreiter und Sarissenträger wurden aus dem Kern der makedonischen Nation rekrutiert. Aber sie waren nicht die einzigen Komponenten von Alexanders Eroberungsheer. Er verfügte auch über leichte Reiterei, die hauptsächlich die Nachbarn Makedoniens stellten: Thraker, Paioner und »Kundschafter« gemischter Abstammung; sie operierten an den Flanken des Fußvolkes gegen die leichten Truppen des Feindes. Makedonische Nachbarn – vornehmlich die Agrianen, Alexanders treue Verbündete in seinen Balkankriegen – stellten ebenfalls leichtes Fußvolk. Spezialtruppen – Bogenschützen, Belagerungsartilleristen, Pioniere, Vermesser, Nachschub- und Transportsoldaten – stammten sowohl aus Makedonien als auch aus dem eigentlichen Griechenland. Die griechischen Verbündeten stellten Seeleute, Fußvolk und Berittene, unter denen die schwere Reiterei der Thessalier einen wesentlichen Beitrag leistete; die Zahl der insgesamt von den griechischen Staaten gestellten Kämpfer könnte sogar die der makedonischen übertroffen haben. Und schließlich vervollständigte Alexanders griechische Söldnertruppe das Heer. Wie so oft bei Söldnern der Fall, hatten frühere Kontingente unter Philipp eine wichtige Funktion erfüllt, denn sie machten die Makedonen mit den modernsten Militärtechniken vertraut. Ihr Nutzen auf dem Schlachtfeld war unleugbar. Deshalb nahm Alexander bereitwillig ungefähr 4000 von ihnen in sein Expeditionsheer auf. Bei aller Wertschätzung des Söldnerethos kannte er jedoch keine Gnade gegenüber Griechen, die im Sold des persischen Herrschers standen.

Das Heer, das sich im Frühjahr 334 bei Amphipolis an der ägäischen Nordküste versammelte, umfasste insgesamt etwa 50000 Mann, darunter 6000 Reiter. Wie war es für den Krieg ausgerüstet, bewaffnet und ausgebildet?

Wie alle Heere vor der Erfindung des Schießpulvers stützte sich auch diese Armee auf Körperkraft; ihre Offensivgewalt hing von der Stärke der Soldaten ab, deren Schutzgewand den Zweck hatte, der physischen Gewalt ihrer Gegner standzuhalten. Bronze, elastisch und relativ leicht zu bearbeiten, wurde noch immer für einige Ausrüstungsteile bevorzugt; daraus fertigte man die Schilde des Fußvolks an, insbesondere die runden, gewölbten der Hypaspisten. In der Waffenherstellung hingegen war Bronze fast völlig von Eisen verdrängt worden, sämtliche Schwerter, Pfeil- und Speerspitzen bestanden aus Eisen oder Stahl. Die primitive Metallurgie jener Zeit ermöglichte nur die Fertigung von Kurzschwertern, weshalb die Fechtkunst weniger mit tödlichen Stößen zu tun hatte, sondern sich aufs Hauen und Stechen beschränkte; doch die starre Schneide solcher Schwerter schlug tiefe und klaffende Wunden. Lanzen, jedenfalls die von den Makedonen benutzten, waren zum Ausgleich länger. Die Sarisse, eine Stoßlanze aus hartem Kornelholz mit einer dreißig Zentimeter langen Eisenspitze, konnte bis zu sechs Meter messen. Obwohl für den Zweikampf ungeeignet, machte sie die makedonische Phalanx, aus der sie bündelweise herausragte, für Fußvolk und Reiterei unangreifbar, solange die Kämpfer die Nerven und den Zusammenhalt bewahrten.

Zusammenhalt war die Grundlage der Phalanx-Kriegführung. Da Muskelkraft das einzige Mittel darstellte, mit dem eine zum Widerstand entschlossene Formation erschüttert werden konnte, verlangte die taktische Logik, dass Hopliten und Sarissen so dicht wie möglich, also Schulter an Schulter, nebeneinander standen und mit Waffen ausgerüstet waren, die den Feind in möglichst großer Distanz hielten. Je mehr Reihen die Formation hatte, desto besser, denn das Gewicht des Hintermannes ist die beste Gewähr dafür, dass der Vordermann nicht zurückweicht, wenn die Speerspitze des Feindes auf seine Brust gerichtet ist; nur die Waffenlänge schränkt die Zahl der Reihen, die sich vorteilhaft aufstellen lassen, ein. Die makedonische Phalanx scheint normalerweise acht Reihen tief gewesen zu sein; das bedeutete, dass die hintersten Männer, selbst mit der sechs Meter langen Sarisse in Händen, eher zur Versteifung der Formation denn als Lanzenkämpfer gedient haben dürften. In der Bewegung, besonders wenn die Phalanx zum Angriff schritt, konnte sie tiefer gestaffelt werden. Die Geschmeidigkeit der Phalanx ist schwer einzuschätzen. Man sollte annehmen, daß die Dichte solcher Menschenmassen Richtungsänderungen erschwert. Aus den Schilderungen der Kämpfe bei Issos wird hingegen deutlich, dass die Phalanx tief gestaffelt vorrückte und auf einem Flügel, zugegebenermaßen während eines sehr behutsamen Vormarsches, eine Schwenkung vollzog, um sich dem Feind zu nähern, und ihre Reihen etwa auf die der gegnerischen ausdehnte. Die Phalanx muss also größere Flexibilität besessen haben, als ihre Erscheinung vermuten lässt; auf jeden Fall war sie auf Geschmeidigkeit im Feld gedrillt und zu diesem Zweck in Unterabteilungen mit eigenen Truppenführern gegliedert. Bereits vor dem Marsch nach Asien bildete sie eine kampferprobte und bewährte Truppe.

Die Reiterei ist wendiger als das Fußvolk, doch, wie man weiß, weit schwerer unter Kontrolle zu halten. Außerdem fehlte Alexanders Berittenen – wie all jenen der antiken Welt – das für heutige Reiter unerlässliche Kontrollmittel: Der

Steigbügel war den Griechen unbekannt; er hatte noch nicht einmal seinen späteren Siegeslauf aus dem fernen Indien angetreten, wo er etwa im ersten Jahrhundert n. Chr. als einfache Zehenschlinge erfunden wurde. Da Freunde wie Feinde den Steigbügel entbehrten, hatten beide mit der gleichen Schwierigkeit fertig zu werden: Sie mussten dem Reittier ihren Willen mit einer festen Kandare und durch Verwendung eines leichten Sattels aufzwingen, der beim Umgang mit schweren Waffen kaum Halt bot. Obwohl er häufig als Reiter mit einer Lanze dargestellt wird, dürfte die Waffe des berittenen Kämpfers eher ein Kurzspeer gewesen sein, den er schleudern oder mit dem er zustoßen konnte. Daneben benutzte er ein scharfes Krummschwert als Hiebwaffe.

Das makedonische Pferd hatte Ponygröße, reichte ungefähr bis in Schulterhöhe, doch war es kräftig genug, um einen Mann über lange Entfernungen zu tragen und beim Angriff in Trab zu fallen. Alexanders schwere Reiterei war dazu ausgebildet, in Keilformation zu reiten, die ihr gestattete, sowohl etwaige Lücken in den feindlichen Reihen auszunutzen als sich auch mühelos nach rechts oder links zu wenden. Die Hetairen wurden rigoros in diesen Manövern gedrillt, die nur dann glatt ablaufen konnten, wenn alle den Führer an der Spitze des Keils im Auge behielten – »wie es beim Kranichflug geschieht«, erklärte ein theoretischer Taktiker des Altertums. Die leichte Reiterei operierte in einem anderen, durch die Jahrhunderte für sie kennzeichnenden Stil: Sie lauerte an den Flanken des Feindes, peinigte ihn, ließ sich auf Geplänkel ein, wenn sich die Chance bot, drängte sich durch die Reihen des unsicheren oder eingeschüchterten Fußvolks und ritt alle zersprengten Soldaten nieder. Die schwere Reiterei schloss sich natürlich jeder längeren Verfolgungsjagd an.

Über die anderen Soldaten in Alexanders Heer steuert kein Autor der Antike präzise Einzelheiten bei. Einige der Belagerungsingenieure und Artilleristen waren vermutlich Fachleute, aber die grobe Arbeit der Belagerungstechnik wurde von Hopliten geleistet, die eine Doppelfunktion als Pioniere und Bergleute übernahmen. Alexanders Nachschubsystem, das in seiner Vielschichtigkeit und Reibungslosigkeit »ein eindeutiges Zeichen seines Genies« darstellt, wurde von seinem Tross und seinen Trossmeistern verwaltet. Das System scheint er jedoch von seinem Vater übernommen zu haben, der sein Heer von den Fesseln befreien wollte, welche die Mobilität seiner griechischen Gegner einschränkten. Als freie Bürger verschmähten sie es, bepackt mit Lebensmitteln und logistisch notwendigem Material zu marschieren, und ließen Sklaven die Lasten tragen. Zudem wurden sie von Ochsenkarren behindert, die notorisch langsam waren. Philipp bildete seine Soldaten dazu aus, große Entfernungen mit schwerem Gepäck – bis hin zu Mehlvorräten für einen ganzen Monat – zurückzulegen und tunlichst ohne Trossfahrzeuge auszukommen. Infolgedessen erwarb sein Heer die Fähigkeit (wie das der Vietnamesen im Indochinakrieg 1946–72), allen herkömmlichen logistischen Berechnungen zum Trotz überraschend auf Schlachtfeldern zu erscheinen. Alexander erweiterte und vervollkommnete die Vorkehrungen seines Vaters dadurch, dass nur Packtiere – Pferde, Esel und Kamele – der Marschkolonne folgen durften, und er ließ Wagen, die seine Untergebenen der Kolonne angliedern wollten, rücksichtslos verbrennen. Sein Heer litt selten Mangel. Sorgfältige Berechnungen des Operationsbereiches seiner Truppen, rationelle Einkäufe vor Ort oder Requisitionsmaßnahmen, diskrete Bestechung persischer Beamter in den Gebieten, die er zu besetzen gedachte, und präzise Koordination von Inlandsmärschen mit der Bewegung von Nachschub auf dem Seeweg erlaubten ihm, eine gut versorgte Armee an jeden Ort seiner Wahl zu führen – jedenfalls bis zum äußersten Ende seiner Wanderungen, als Ehrgeiz seine Urteilsfähigkeit überschattete.

Alexanders Stab

Wie gelangte Alexander zu seinen militärischen Urteilen? Es ist gefährlich, in einer Zeit lange vor unserer eigenen von einem »Generalstab« zu sprechen, denn dies setzte eine Bürokratisierung der Gesellschaft voraus, die stark von der Realität abwiche. Der Generalstab, gebildet aus Offizieren, die für die Bewältigung von Nachrichtendienst-, Nachschub- und Krisenmanagementaufgaben ausgewählt und geschult werden, war eine preußische Erfindung des 19. Jahrhunderts. Die Römer nahmen durch ihren *cursus honorum* etwas Ähnliches vorweg. Mittelalterliche Streitkräfte aber kannten nichts Derartiges, und selbst die Renaissance-Heere und dynastischen Armeen des frühneuzeitlichen Europa verfügten bestenfalls über einen Stab aus begabten Amateuren, die gewöhnlich Freunde oder Günstlinge des Militärbefehlshabers waren.

Alexander führte das alleinige Kommando. Zumindest unterhielt er kein in drei Abteilungen unterteiltes System – Operationen, Aufklärung, Logistik –, in das die europäischen Armeen der letzten hundert Jahre gegliedert sind. Trotzdem benötigte und setzte er Unterführer ein, wenn auch nur zur Leitung seiner abkommandierten Heere, etwa derjenigen, die vor dem Einmarsch nach Kleinasien vorausgeschickt und danach in Griechenland zurückgelassen wurden. Er nahm Vermesser, Sekretäre, Schreiber, Ärzte, Naturwissenschaftler und einen offiziellen Chronisten – Kallisthenes, einen Neffen des Aristoteles – in seinem Gefolge mit und zog jeden zu Rate, dessen Sachkenntnis sein Bild über die Gestaltung der Zukunft ergänzen konnte. Als Junge hatte er am Hof seines Vaters Besucher aus fernen Gegenden gründlich über die Topografie ihrer Heimat befragt, und vor seinem Asienzug war er bestimmt einer der bestinformierten Männer der griechischen Welt. Aber zwischen Information und Entscheidung liegt Unklarheit. Bahnte sich Alexander den Weg durch das Dunkel ohne fremde Hilfe, oder griff er auf die geistigen Gaben anderer zurück, um die jeweils richtige Handlungsweise zu finden?

Alexanders enge Freunde, der innere Zirkel der Gefährten, waren keineswegs nur trunksüchtige, prahlerische und hohlköpfige Hochlandbewohner. Ptolemaios, der künftige Herrscher Ägyptens, verfasste eine Geschichte der Eroberungen, und auch Maryssas wurde Schriftsteller. Hephaistion, Alexanders Favorit, war mit Gelehrten befreundet, und Peukestas, der Persien regieren sollte, nahm die Mühe auf sich, die Sprache zu erlernen und sich mit den persischen Bräuchen vertraut zu machen. Allerdings bieten unsere Hauptquellen keinen Hinweis darauf, dass Alexander seinen Freundeskreis als Resonanzboden für seine Pläne benutzte. Die Freunde hatten eine andere Funktion; wenn sich Alexander unter seinen engsten Gefährten aufhielt, wurden Persönlichkeit und Charakter auf die Probe gestellt: Geistesschärfe, Schlagfertigkeit, die Erinnerung an eine gelungene Wendung, das Geschick, Beleidigung, Prahlerei oder Schmeichelei zu verschleiern, die Fähigkeit, tief ins Glas zu blicken und es bis zur Neige zu leeren. Wenn Alexander Zweifel hegte – und wahrscheinlich ließ er sich Zweifel, obwohl er sie nur selten verspürte, kaum anmerken –, wandte er sich an Parmenion, den erfahrensten Berufssoldaten bei Hofe. Mit Parmenions Hilfe konnte Alexander seine Ideen fixieren, denn er benutzte die angeborene Vorsicht des alten Haudegens als Katalysator, um seine Vorliebe für kühnes und direktes Vorgehen zu untermauern.

Arrianos, dessen Biografie die bedeutendste überkommene Quelle darstellt, liefert vier spezifische Beispiele für die Debatten am Hof, bei denen sich Alexander mit Parmenion auseinandersetzte und dessen Argumentation, dass es ratsam sei, sich zurückzuhalten und den Vormarsch abzubrechen, entkräftete. Arrianos' Aussage ist von größtem Wert; zwar schrieb er sein Werk 400 Jahre nach Alexanders Tod, doch er stützte sich auf mittlerweile verlorengegangene Biografien und Geschichten von Alexanders Zeitgenossen. Als gebürtiger Grieche, der im römischen Dienst genau dort, wo Alexanders Eroberungen begannen, Krieg geführt hatte und als Provinzverwalter tätig gewesen war, empfand er starke Sympathie für den Charakter und die Probleme seines Protagonisten.

Zwei der überlieferten Debatten zwischen Alexander und Parmenion drehen sich um strategische, die beiden anderen um taktische Fragen. Die erste auf strategischer Ebene hatte mit der Politik zu tun, die nach dem Sieg am Granikos gegenüber der persischen Mittelmeerflotte verfolgt werden sollte. Man hatte die Wahl zwischen einem Landfeldzug und einem Seegefecht. Eine solche Wahl ergibt sich immer wieder in Kriegen, wo sich See- und Landmacht miteinander vermengen. Dies ist an Binnenmeeren zwangsläufig der Fall, und war auch am Mittelmeer, vornehmlich beim Kampf Makedoniens gegen Persien, nie anders.

Nach dem Sieg am Granikos schritt Alexander zu einer Säuberungsaktion gegen die alten griechischen Städte an der Westküste Kleinasiens, die den Persern in die Hände gefallen waren. Ephesos – an deren künftige christliche Gemeinde der heilige Paulus einen seiner Briefe richtete – und Milet wurden rasch überwältigt. Doch drei Tage nachdem seine kleine Flotte in Küstennähe vor Anker gegangen war, traf die viel größere persische Flotte ein. Diese bedrohte nicht nur Alexanders Manövrierfähigkeit, sondern auch seine Verbindungslinien zu Griechenland, wo die kriegerischen Spartaner weiterhin fest mit Persien verbündet waren. Deshalb drängte Parmenion zu einer Seeschlacht: »Und wahrlich, wenn wir siegen, werden wir einen gewaltigen Vorteil für unsere allgemeine Lage haben. Werden wir aber besiegt, so ist der Schaden nicht so schlimm. Die Perser haben ja sowieso die Herrschaft zur See. Ich bin auch selber bereit, mit an Bord zu gehen und mich persönlich der Gefahr auszusetzen.« Mutige Worte von einem 67-jährigen, aber Alexander lehnte den Ratschlag ab. Parmenion hatte die übergreifende Vision des jungen Königs nicht durchschaut, sondern nur den unmittelbaren Vorteil in einem örtlichen Gefecht im Auge gehabt. Alexander dagegen dachte an den endgültigen Sieg auf der Weltbühne, der nur errungen werden konnte, wenn sich ein Erfolg an den anderen reihte. »Er wollte daher die Erfahrung und den Mut seiner Makedonen nicht auf dem unsicheren Elemente den Barbaren preisgeben. ›Und wenn wir in einer Seeschlacht besiegt werden, ist der Schaden für unser erstes Ansehen im Kriege durchaus nicht gering.‹« Vielmehr wollte er seine Eroberung der persischen Flottenstützpunkte an der Küste fortsetzen und dadurch »vom Lande aus die persische Flotte überwältigen«.

Es war ein erstaunlich scharfsinniges strategisches Urteil; eine offensichtliche Analogie findet sich in MacArthurs Plan zu Beginn des Südpazifikfeldzuges, die überlegene Stärke der japanischen Flotte ins Leere laufen zu lassen, indem er nur die Inseln besetzte, die er als Trittsteine nach Norden benötigte, während die übrigen »am Rebstock vertrockneten«. Alexanders Entscheidung wurde, wie die MacArthurs, durch die Ergebnisse gerechtfertigt. Nach der Einnahme von Tyros und Gaza, der letzten großen befestigten Häfen der Perser, im Jahre 332 löste sich die persische Flotte auf. Ihre Mannschaften waren aus genau den phönikischen Städten rekrutiert, die Alexander zu seiner Zielscheibe gemacht hatte, und als er eine nach der anderen besetzte, verloren die Matrosen den Mut und steuerten ihre Heimat an. Zu Beginn des Winters waren Alexanders Schiffskommandeure zahlenmäßig nicht mehr unterlegen und hatten die Kontrolle über die gesamte Ägäis zurückgewonnen.

Inzwischen hatte Alexander natürlich auch in seinem ersten direkten Gefecht – im November 333 bei Issos – mit

Dareios den Sieg errungen. Der Schock der Niederlage hatte den Großkönig dermaßen aus der Fassung gebracht, daß er dem Angreifer ein wohlkalkuliertes Bestechungsangebot machte: ganz Kleinasien, das nicht nur über großen Reichtum verfügte, sondern auch die Heimat jener griechischen Kolonisten war, deren Unterjochung durch Dareios den Anstoß für die makedonische Expedition gegen Persien gegeben hatte. Isokrates, der Befürworter des Feldzugs, hatte bereits erklärt, dass die Eroberung Kleinasiens genüge, um das eingegangene Risiko zu rechtfertigen, doch Alexander wies dieses Ansinnen auf höchst beleidigende Weise zurück. Als Dareios nach dem Fall von Tyros dem Sieger das ganze Reich bis zum Euphrat, von dem Alexander noch 800 Kilometer entfernt war, samt einer gewaltigen Bargeldsumme und der Hand seiner Tochter anbot, riet Parmenion seinem Herrscher sofort, das Anerbieten anzunehmen. Alexanders berühmte Antwort lautete, dass »er dies in der Tat getan hätte, wäre er Parmenion, doch da er Alexander sei, werde er es auf keinen Fall tun«. Er habe Dareios bereits mitgeteilt, dass er seit der Schlacht bei Issos König von Asien sei, weshalb das Geld und die Ländereien des Großkönigs ihm bereits gehörten, ebenso wie die Hand von Dareios' Tochter, falls er sie wolle.

Mangel an Kühnheit hätte man Alexander zuletzt vorwerfen können. Und nach Issos hatte er allen Grund, kühn zu sein. Noch eindrucksvoller – und bezeichnender für seinen wirklichen Charakter – war seine Verwegenheit am Granikos, wo Parmenion und er unterschiedliche Auffassungen über das taktische Vorgehen in der Schlacht vertraten. Die Perser hatten direkt am Flussufer Stellung bezogen, wodurch, wie Parmenion warnte, ein makedonischer Angriff in einer Katastrophe enden könne: »Wenn wir aber in aufgelöster Ordnung kolonnenweise in denkbar ungünstigster Formation das Ufer drüben ersteigen wollen, wird uns die geschlossen angetretene Reiterei der Feinde angreifen.« Es sei besser, ein Biwak zur Nacht aufzuschlagen, abzuwarten, bis der Feind das Gleiche getan habe, und dann den Fluss unbeobachtet zu überschreiten.

Alexander wollte nichts davon hören: »... ich schäme mich, nachdem ich den Hellespont mühelos überschritten habe, bei dem Gedanken, dass uns dieser elende Bach da hindern soll hinüberzugehen ... Was du aber rätst, das passt nicht zu dem Ruhm der Makedonen und ebenso wenig zu meinem Mut gegenüber Gefahren. Das würde vielmehr die Perser ermutigen, als ob sie uns ebenbürtig wären ...« Damit gab er seinem Pferd die Sporen, befahl den Angriff und sprengte in den Granikos.

Es zeigte sich, dass Parmenion Unrecht gehabt hatte (obwohl, wie wir sehen werden, Alexanders Entscheidung vielleicht genauso von scharfer taktischer Einsicht wie von Halsstarrigkeit bestimmt war). Als sich die beiden vor Gaugamela wiederum über die Taktik uneinig waren, ging es fast ausschließlich um die Frage der Tapferkeit. Parmenion, der das persische Heer in gewaltiger Überzahl aufziehen sah, riet Alexander, bis Einbruch der Dunkelheit zu warten und einen Nachtangriff zu führen. Laut Curtius, einem weiteren Römer, der die heute nicht mehr vorhandenen Quellen benutzte, erklärte Parmenion: »... mitten in der Nacht könne man die Feinde überfallen; bei ihren verschiedenen Landessitten und Sprachen, dazu im Schlaf und durch die unerwartete Gefahr aufgeschreckt, – wie könnten sie sich dann in der nächtlichen Verwirrung sammeln?« Alexander antwortete ihm nicht direkt, sondern wandte sich an einen der Adligen, die dieser zu seiner moralischen Unterstützung mitgebracht hatte: »Straßenräuber und Diebe treiben solche Künste, wie ihr sie mir da vorschlagen wollt ... Dass jedoch meinem Ruhme ... eine nächtliche Diebeslist Eintrag tun soll, das kann ich nicht dulden: am hellen Tage müssen wir angreifen!«

Alexander, nun tief im Innern des feindlichen Reiches,

konnte nur mit einem für alle ersichtlich eindeutigen Sieg zufrieden sein, wenn der Feldzug sich nicht endlos in die Länge ziehen sollte. Alles oder nichts – Alexander spielte um den vollen Einsatz und gewann.

Alexander und seine Soldaten

Im Umgang mit seinem Stab war er gebieterisch und eigensinnig, wenn er gute Gründe hatte, aber selten taub für wohl durchdachte Warnungen. Vor Gaugamela rief er die Gefährten, die Unterführer, die Befehlshaber der Reiterei sowie die Kommandeure der Verbündeten und der Söldnertruppen zusammen. Dann erörterte er mit ihnen die Frage, ob er sofort mit seiner Phalanx vorrücken solle, was die meisten befürworteten, oder, was Parmenion für das Beste hielt, ob die Soldaten zunächst ihr Lager aufschlagen sollten und das Gelände gründlich auf verdächtige oder unpassierbare Stellen – Gräben oder verborgene Pfähle – hin zu untersuchen und die feindlichen Positionen sorgfältig auszukundschaften. Parmenions Rat wurde befolgt, und das zu Recht, denn Dareios hatte das Feld von Gaugamela in eine Todesfalle vorbereiten lassen.

Und wie ging Alexander mit seinen Soldaten um? Sie bildeten, was man nicht vergessen darf, weder eine Stammestruppe noch ein reguläres königliches Heer, und sie waren auch keine Wehrpflichtigen- oder Söldnerarmee (obwohl es unter ihnen Söldner gab). Vielmehr waren sie, soweit man vor dem Aufkommen des bewussten Nationalismus von solchen Dingen sprechen kann, eine Art Nation unter Waffen. Die Soldaten wurden aus den in Makedonien für den Militärdienst gesellschaftlich akzeptablen Schichten rekrutiert, und obwohl sie fraglos bezahlt wurden, folgten sie ihrem König aus Kameradschaft wie aus Pflichtgefühl. Schließlich war es die Heeresversammlung, die den König wählte (Alexanders Biograf N.E.L. Hammond spricht von »einer echten Wahl, obgleich sich die Zahl der Kandidaten auf Angehörige des Hauses der Temeniden beschränkte«). Die Wahl war unumstößlich, doch die ihm damit verliehene Autorität erlaubte dem König nicht, seine Soldaten zu misshandeln oder zu beleidigen. Wenn Alexanders Unterführer ihre Männer auspeitschten oder schlugen, so ist davon in den Quellen keine Rede. Eine solche Handlungsweise hätte dem Ethos jenes Kriegerheers widersprochen – genauso wie zum Beispiel in den Regimentern der Britisch-Indischen Armee, die sich aus Angehörigen hoher Kasten zusammensetzten, oder bei den Beduinen, die sich Lawrence von Arabien anschlossen und zu den Soldaten der Jordanisch-Arabischen Legion wurden. Für solche Kämpfer war der Schlag eines Vorgesetzten eine tödliche Beleidigung, eine Leugnung ihrer Männlichkeit, die nur durch Gegengewalt getilgt werden konnte. Aus diesem Grund wurden britische Offiziere in indischen und arabischen Regimentern relativ häufig von Untergebenen ermordet. Das Motiv war fast stets darin zu finden, dass ein Offizier unüberlegt die Würde eines Mannes verletzt hatte.

Alexander konnte sich im Jähzorn dazu hinreißen lassen, einen Mann niederzuschlagen. Als der Führer seiner Reiterei, Kleitos, ihn auf dem Marsch nach Indien bei einem Trinkgelage beleidigt hatte, versetzte er zuerst seinem persönlichen Trompeter einen Faustschlag, weil dieser sich weigerte, die Leibwache herbeizurufen (die den alten Mann vermutlich verhaften sollte). Als der Streit darauf noch heftiger entbrannte, ergriff Alexander einen Speer und durchbohrte Kleitos. Aber diese Tat entsprach nicht seinem Charakter, jedenfalls nicht dem Charakter, mit dem er sein Epos begonnen hatte. Und vielleicht war sie überhaupt untypisch für ihn, denn später, als ihm seine Soldaten zu verstehen gaben, dass sie der Eroberungen müde seien und sich nach der Heimat sehnten, leitete ihr Sprecher seine Beschwerde laut Arrianos folgendermaßen ein: »O König, da du ja selbst die Makedoner nicht auf Grund deiner Kommandogewalt führen willst, sondern erklärst, du wolltest sie nur führen, wenn du sie überzeugt hättest…«

Alexander war also bemüht, ebenso durch Nachsicht wie durch sein eigenes gutes Beispiel zu führen. Diese Nachsicht konnte unterschiedliche Gestalt annehmen. Zu Beginn des Kleinasienfeldzugs – nach der Schlacht am Granikos, doch vor der Schlacht bei Issos – billigte er den Soldaten das zu, was man in der britischen Armee heute als »Urlaub aus persönlichen Gründen« bezeichnet. »Einige Makedonen, die mit Alexander ins Feld gezogen waren, hatten sich kurz vor dem Feldzug verheiratet. Alexander … beurlaubte sie daher aus Karien, damit sie den Winter über in Makedonien bei ihren Frauen zubringen konnten … Durch diese Tat gewann Alexander mehr Ansehen bei den Makedonen als durch vieles andere.« Viel später, während des Indienfeldzugs, verfügte er einen allgemeinen Schuldenerlass: »Aus Nervosität darüber, dass Alexander vielleicht bloß herauszufinden suchte, wer über seine Verhältnisse gelebt hatte«, ließen sich zunächst nur wenige registrieren. Aber als deutlich wurde, dass Alexander das angehäufte Vermögen des Heeres für den Schuldenerlass auszugeben beabsichtigte, ohne persönliche Fragen zu stellen, reihten sich die Soldaten – »dankbarer für die Geheimhaltung ihres Namens als für die Tilgung« – vor den Tischen der Rechnungsführer auf, um ihre Schuld tilgen zu lassen.

Urlaub und Schuldenerlass können leicht gewährt werden, wenn ein Führer nicht unter Druck steht, und dies traf für Alexander in beiden Fällen zu. Die Sorge um das Wohlergehen von Untergebenen stellt sich weniger spontan ein, wenn der Führer durch eine drohende Gefahr oder durch die Freude über deren Bewältigung abgelenkt wird. Aber auch in solchen Zeiten war Alexander bemerkenswert rücksichtsvoll. Vor Issos überzeugte er sich davon, daß seine Männer gegessen hatten – was Wellington vor Waterloo nicht fertig brachte, als ein großer Teil seines Heeres zwei Tage lang mit leerem Magen kämpfte –, und vor Gaugamela »forderte er sein Heer auf, eine Mahlzeit einzunehmen und sich auszuruhen«. Vorher hatte er seine Soldaten bereits vier Tage lang ausruhen lassen und seinen Stützpunkt so gewählt, dass die Männer, »mit nichts anderem als ihren Waffen belastet«, in die Schlacht marschieren konnten. Nach Issos »besuchte Alexander, obgleich er selber durch einen Schwerthieb am Oberschenkel verletzt war, die Verwundeten … Auch ehrte er durch Ansprachen alle, die sich in der Schlacht besonders ausgezeichnet hatten, sei es, dass er ihr Verhalten mit eigenen Augen gesehen oder durch zuverlässige Zeugen davon gehört hatte [dadurch nahm er den neuzeitlichen Brauch der Ordensverleihung exakt vorweg]; auch durch Geldspenden ehrte er einzelne unter ausdrücklicher Würdigung ihrer Leistung.« Genauso hatte er sich nach der Schlacht am Granikos verhalten, als er »den Verwundeten umfassende Fürsorge erwies; er besuchte die einzelnen persönlich, sah ihre Wunden an, fragte, in welcher Weise und bei welchem Tun einer verwundet war, und ließ sie davon erzählen und sich ihrer Taten rühmen« (eine vortreffliche Psychotherapie, so ermüdend sie für den Zuhörer sein mag).

Natürlich kümmerte er sich auch um die ehrenvolle Bestattung derjenigen – ob Freund oder Feind –, die ihren Wunden erlegen waren. Außerdem ließ er nach der Schlacht am Granikos und wahrscheinlich auch nach anderen Gefechten Denkmäler für die Gefallenen errichten und sandte feindliche Harnische als Trophäen in die Heimat, wo sie »in den Tempeln der Göttin Athene« mit folgender Inschrift aufgehängt werden sollten: »Alexander, Sohn des Philippos und der Hellenen, mit Ausnahme der Spartaner, weiht dieser als Siegesbeute von den Barbaren, die Asien bewohnen.«

Zeremoniell und Theater

Beutestücke vom Persienfeldzug nach Athen zu schicken – dem größten der griechischen Staaten, der jedoch auch der unzuverlässigste Partner Makedoniens im Korinthischen Bund war – war eine überlegte Propagandaaktion. Zugleich stellte es eine atemberaubend arrogante Verfälschung der Geschichte dar, seine griechischen Gefolgsleute mit den Makedonen zu verknüpfen, wobei er beide zu personifizieren behauptete – »Alexander, Sohn des Philippos und der Griechen« war als Inbegriff des gesamten Heeres zu verstehen –, doch die Spartaner bewusst auszuschließen. Denn historisch gesehen waren es die Spartaner, welche die Sache der griechischen Freiheit gegen Persien verfochten und 150 Jahre zuvor das hoffnungslose Epos am Thermopylenpass inszeniert hatten, um dem Vormarsch des Großkönigs Xerxes Einhalt zu gebieten, und die später aus Gründen der Staatsraison zu einem zynischen Frieden mit den Persern bereit gewesen waren. Alexanders Übersendung persischer Harnische als Weihegabe war eine wunderbar theatralische Geste, mit der er kund tat, dass er die heroische Rolle von König Leonidas übernommen hatte und damit die Spartaner als Fahnenträger der griechischen Zivilisation gegen die asiatische Barbarei abgelöst waren.

Wie wohl jeglichem Führungsstil war das Theatralische auch dem Führungsstil Alexanders eigen. Im gesamten Verlauf der Alexandergeschichte kommt es in regelmäßigen Abständen zu Bühnenauftritten. Zum Beispiel musste er den Göttern tagtäglich Opfer darbringen, denn in der makedonischen Kultur konnte nur der König diesen bedeutenden religiösen Akt vollziehen. So bizarr es klingen mag, sein Tag begann also damit, dass er ein Messer in den Leib eines Tieres stieß und Gebete sprach, während das Blut floss. Vor Gaugamela brachte er das einzige Mal in seiner Herrschaft ein Opfer zu Ehren der Furcht dar.

Hin und wieder, etwa wenn er einen Sieg zu feiern oder für eine überstandene Feuerprobe Dank abzustatten hatte, hielt er literarische und sportliche Wettbewerbe ab. Nachdem er die Wüste Sinai durchquert hatte, veranstaltete er bei seiner Ankunft in Ägypten »gymnische und musische Wettkämpfe. Dazu waren auf seine Veranlassung aus Griechenland die angesehensten Künstler dieses Bereiches gekommen.« Von seiner Pilgerfahrt in die Oase Siwa zurückgekehrt, »opferte er Zeus dem König, organisierte eine Prozession seiner Streitkräfte unter Waffen und hielt einen sportlichen und literarischen Wettstreit ab«. Damit folgte er streng den griechischen Bräuchen und ließ seine der Heimat fernen Männer wissen, dass militärische Werte ihre zentralen kulturellen Belange nicht verdrängen mussten.

Hier ließen sich gröbere Analogien herstellen: zum Lagertheater, zu den Fußballspielen und Reitturnieren, mit denen die britische Armee in Frankreich während des Ersten Weltkriegs die Illusion der Normalität bei den Männern aufrechtzuerhalten suchte, die den Greueln der Schützengräben ausgesetzt waren. Doch Alexanders Rückgriff auf Zeremoniell und Theater ging weit über die Verwendung eines bloßen Kunstgriffs hinaus. Er war unzweifelhaft ein brillanter Schauspieler. Nicht genug damit, dass seine Auftritte auf dem Schlachtfeld dramatischen Bühnenszenen glichen, für die er stets den richtigen Zeitpunkt und ein beziehungsreiches Kostüm wählte. Er besaß auch ein künstlerisches Gespür für spektakuläre Auftritte, wenn seine Gefolgsleute nicht auf Vernunft, Argumente, Drohungen oder materielle Anreize reagierten oder wenn sich ihm Gelegenheit bot, zur Verstärkung seiner Legende die Primadonna zu spielen.

Zwei seiner *coups de théâtre* sind allen bekannt, die etwas über Alexander wissen: die Durchschlagung des Gordischen Knotens und die Zähmung des Bukephalos. Die Bedeutung des Ersteren bleibt schwer fassbar. Alexander durchschlug mit seinem Schwert einen berühmten, kunstvoll geschlungenen Bastknoten, den niemand vor ihm hatte entwirren können, womit er vermutlich seine extreme Ungeduld unter Beweis stellte; die komplizierteren Kommentare seien Altertumsforschern überlassen. Die Zähmung des Bukephalos hingegen hat einen einfacheren, universellen Reiz. Dieses Pferd – »von hoher Statur und voller Elan; sein Brandzeichen war ein Ochsenschädel«, wie Arrianos berichtet – war eines jener störrischen Tiere, deren Zähmung durch einen jungen Unbekannten ein Lieblingsmotiv von Wildwestfilmen ist. Bukephalos, ein Geschenk an Philipp von einem seiner Unterführer, trotzte dem König, scheute und schlug aus, sobald Philipp herankam. Alexander verkündete, er werde das Pferd besteigen, ergriff sein Halfter, drehte es um und sprang unter dem Applaus der Höflinge und den Freudentränen seines Vaters in den Sattel. Der Sohn hatte klugerweise bemerkt, dass Bukephalos vor seinem eigenen Schatten zurückscheute, und ihn der Sonne zugewandt.

Die beiden sollten zwanzig Jahre lang unzertrennlich sein, doch Alexander ritt gewöhnlich auf einem anderen Pferd zum Rande des Schlachtfelds und bestieg Bukephalos erst vor dem Kampf – ein weiteres theatralisches Element. Nicht minder verstand er sich auf Stehgreifdarbietungen, und da er nie allein war, verbreitete sich die Kunde von einer jeden rasch im Lager und im Heer, was zu seinem Mythos beitrug. Ein ausgezeichnetes Beispiel ist die Episode, in der er sein Leben dem Arzt Philipp aus Arkanien anvertraute, als ihn vor Issos ein Fieber befiel. Die anderen Ärzte fürchteten um sein Leben, nur Philipp behauptete, ein Heilmittel zu haben. Doch als er Alexander den Trank reichte, traf ein Brief von Parmenion ein, in dem stand: »Sei auf der Hut vor Philipp. Ich habe erfahren, daß Dareios ihn bestochen hat, damit er dich ermordet.« Alexander übergab Philipp den Brief und leerte gleichzeitig den Becher, womit er »Philipp bewies, dass er sein treuer Freund war und seinem gesamten Gefolge klarmachte, dass er seinen Freunden traute, und zudem seine Tapferkeit im Angesicht des Todes bestätigte«.

Die Beziehung großer Persönlichkeiten zu ihren Ärzten gehört zu den interessantesten in allen Studien der Macht. Auf eindrucksvolle Weise vermeidet Alexander die Alternative »paranoides Misstrauen oder hypochondrische Abhängigkeit«. Daneben enthält diese Geste ein glänzendes Element der Selbstbeherrschung. In anderen Szenen konnte er jedoch ins Melodram abgleiten. Die denkwürdigen Beispiele dafür, dass er seine Rolle überzieht, gehen mit Krisen in der Beziehung zu seinen Gefolgsleuten einher: das eine, als er in den berüchtigten Blutrausch gegenüber Kleitos verfiel, das zweite, als er sein Heer nicht dazu überreden konnte, mit ihm den letzten Fluss nach Indien hinein zu überschreiten.

Seine Wut auf Kleitos war übrigens das Ergebnis einer langen Auseinandersetzung über das theatralische Hofzeremoniell. Nach dem Sieg über Dareios und der Übernahme des persischen Thrones hatte Alexander den Fußfall von seinen Höflingen verlangt. Diese asiatischen Bräuche waren den egalitären Makedonen zutiefst verhasst. Kleitos, ein derber Reiterführer, machte kein Hehl aus seinem Widerwillen gegen Kratzfüße. Dies lieferte nicht den Anlass für den Streit, der eines Abends nach einem Trinkgelage zwischen ihnen ausbrach, aber es war die verborgene Ursache. Als heftige Worte darüber gewechselt wurden, wer was vollbracht habe und wer der bessere Mann sei – Philipp, Alexander oder sogar Kleitos, der Alexander einst das Leben gerettet hatte –, kochte der brodelnde Ärger des Königs über. Die schreckliche Bluttat ernüchterte ihn sofort, und ihn peinigten Selbstvorwürfe.

Es fehlte ihm aber nicht an Mitteln, seine Gefühle auf
höchst theatralische Art zum Ausdruck zu bringen. Von Justinus hören wir: »Zuerst umarmte er, bis zu Tränen hingerissen, den Verblichenen, betastete seine Wunden und gestand
ihm, als könne er es hören, seinen Wahnsinn; dann kehrte er
die ergriffene Waffe gegen sich selbst und würde die Tat vollbracht haben, wenn nicht seine Freunde dazwischengetreten
wären.« Bestürzt zog er sich in sein Zelt zurück, ließ sich auf
sein Lager fallen und, so Arrianos, »habe jammernd dagelegen; er hätte Kleitos mit Namen gerufen und die Schwester
des Kleitos, die ihn selber aufgezogen hatte … welch schönen
Dank er ihr für ihre Aufzucht als Kind – zum Manne geworden – erstattet hätte. Ihr, die ihre eigenen Söhne im Kampf für
ihn hätte fallen sehen, während er selber ihren Bruder mit eigener Hand getötet hätte. Immer wieder hätte er sich als Mörder seiner Freunde verwünscht, hätte drei Tage lang nicht gegessen und getrunken, auch seinem Körper keinerlei Pflege
zukommen lassen.«

Schließlich konnten »ihn seine Getreuen [nur mit Mühe
und Not] überreden, etwas zu essen und seinem Körper die
nötige Pflege zu widmen«. Danach verrichtete er rituelle Opferhandlungen, deren vorherige Vernachlässigung er sich
ebenfalls zum Vorwurf machte. Insgesamt hatte seine Darbietung den sehr gelungenen Effekt, das Augenmerk von seinem
Verbrechen auf seine Reue und dann auf die Sorge anderer um
sein eigenes Wohlbefinden zu lenken.

In der Episode am Fluss Bias drei Jahre später, als das Heer
sich weigerte, ihm weiter nach Indien hinein zu folgen, wiederholte er seinen Auftritt, aber diesmal ohne Erfolg. Seine
Worte stießen auf taube Ohren, obwohl er seinen Appell sehr
hoch ansetzte, vielleicht zu hoch (»Denen aber, die nach Hause wollten, stände es frei, fortzugehen und ihren Verwandten

daheim zu erzählen, dass sie zurückkämen, aber ihren König inmitten seiner Feinde verlassen hätten!«). Er sah seinen Fehler ein und zog sich in sein Zelt zurück, wo er wiederum für drei Tage allein blieb, »in der Hoffnung, daß sich doch noch eine Wandlung der Gemüter seiner Makedonen und Bundesgenossen vollziehen würde«. Doch im Lager dauerte das Schweigen an, und es wurde deutlich, »dass sie sich über seinen Zorn grämten«. Primadonna und Heer konnten ihre Stimmung nicht in Einklang bringen.

Alexander fand einen eleganten Ausweg – auch das gehörte zu seinem Repertoire. Gewöhnlich aber verstand er sich besser auf den Umgang mit der Menge. In Opis, wo es nach der Rückkehr aus Indien zu einem neuen Zwist mit seinem Heer kam – diesmal fühlten sich seine alten makedonischen Vertrauten den neuen persischen Untertanen gegenüber zurückgesetzt –, drohte er sogar, jeden, der sich über seine Führerschaft beschwerte, nach Hause zu schicken. Er erinnerte die Männer mit peinlicher Ausführlichkeit daran, wie gut er zu jedem von ihnen gewesen sei – Schulden erlassen, Eltern versorgt, Tote ehrenvoll bestattet, Mutige ausgezeichnet –, und stolzierte dann von der Bühne (er sprach nämlich von einem Podium). Danach blieb er wieder drei Tage lang allein in seinem Quartier, bis er sich dazu herabließ, seine gefügigen persischen Gefolgsleute zur Vergabe von Beförderungen und Belohnungen zu empfangen. Das Melodram machte sich diesmal fast zu gut bezahlt. Seine Landsleute versammelten sich vor dem Palast wie verzückte Fans vor der Bühnentür eines Massenidols, vergossen Tränen und verkündeten, sie würden die ganze Nacht ausharren, wenn Alexander sie nicht wieder mit seiner Gunst bedenke. Sie beklagten sich darüber, dass die Perser Alexander küssen dürften – genau das hatten Kleitos und Kallisthenes, ein weiteres Opfer seiner Wutanfälle, im Verein mit den hier Versammelten früher abgelehnt –, und verlangten, dass den Makedonen das gleiche Privileg zuteil werde. Schließlich bedeckten sie ihn mit Küssen, während er ein paar Tränen hervorquetschte, und kehrten »rufend und ihr Siegeslied singend« ins Lager zurück. Dieser Gefühlstaumel fand seinen Höhepunkt in einem Versöhnungsfest, bei dem die Makedonen die Plätze neben Alexander erhielten, während die Perser an weiter entfernten Tischen saßen. Wer wen bei diesem Spektakel an der Nase herumführte, ist schwer abzuschätzen, denn mittlerweile hatten beide Seiten einen erheblichen Teil ihrer Wünsche durchgesetzt: die Makedonen eine Umkehr in Richtung Heimat und Alexander ein volles Maß an untraditioneller Huldigung.

Er war auch ein Meister der ausgereiften formellen Begegnung zwischen königlichen Gleichgestellten. Kaum etwas im Rahmen dynastischer Beziehungen lässt sich mit der Großmut vergleichen, die Alexander gegen die Königin, den Bruder und die Höflinge des Dareios übte, die nach der Schlacht bei Issos in Gefangenschaft geraten waren. Die Frauen – Dareios' Gattin galt als die schönste Frau Asiens, und Perserinnen waren für die Reinheit ihrer Züge bekannt – zitterten in ihren Zelten und waren auf Gewalttaten der Sieger gefasst. Alexander hörte ihre Klageschreie – sie hatten guten Grund zu der Annahme, Dareios sei tot –, und entsandte einen Höfling, der ihnen versicherte, der Großkönig sei noch am Leben und sie behielten ihren königlichen Status und ihre Prinzessinnentitel.

Sieben Jahre später verhielt er sich nach der Schlacht am Hydaspes genauso großmütig dem indischen König Poros gegenüber. Er hatte Poros nach dem schwersten Gefecht seiner Laufbahn eindeutig geschlagen, und als sein besiegter Gegner vor ihn geführt wurde, fragte er Poros, wie er mit ihm verfahren solle. »Behandle mich wie einen König, Alexander«, lautete die Antwort. Alexander setzte ihn sofort wieder als König ein, vergrößerte sein Gebiet und hielt die künftige Freundschaft zwischen ihnen für selbstverständlich – ein vortrefflich kalkulierter Akt der Großzügigkeit, der genau die gewünschte Wirkung zeitigte.

Alexanders theatralische Höchstleistung bestand darin, ganz natürliche Erscheinungen wie Krankheit und Schlaf zu dramatisieren. Nach der erzwungenen Entscheidung, aus Indien zurückzukehren, wurde Alexander in einem Scharmützel mit einem indischen Stamm schwer, doch nicht tödlich verwundet. Trotzdem kam das Gerücht auf, er sei gefallen. Das Heer geriet in Panik, und die Berichte lassen vermuten, dass Alexander diesen Zustand bewusst in die Länge zog. »Ohne Alexander kamen sie sich wie verraten und verkauft vor«, schreibt Arrianos. Da das Heer seinem Willen kurz zuvor getrotzt hatte, handelte es sich für Alexander um eine vollauf befriedigende Stimmung, die er zu fördern gedachte. Er tat nichts, um seine Soldaten rasch eines Besseren zu belehren. Zuerst schickte er eine Nachricht, dass er am Leben sei, was natürlich mit Unglauben aufgenommen wurde. Dann teilte er in einem Brief mit, daß er bald ins Lager zurückkehren werde; »da glaubte die Mehrzahl in ihrer übertriebenen Angst auch das nicht, sie hielten das vielmehr für eine Erdichtung seiner Leibwächter und Generale«. Schließlich ließ er sich an Bord eines Schiffes bringen, mit dem er flussabwärts fuhr, bis sein Heer ihn zu Gesicht bekam. »Und doch wollen sie es noch immer nicht glauben; sie meinen, der Leichnam des Königs würde gebracht! Da legt das Schiff am Ufer an, und der König hebt seine Hand nach der Masse der Truppen hin empor. Da schreien sie alle laut auf, erheben die Hände zum Himmel, andere strecken sie nach Alexander selber aus. Vielen laufen ungewollt die Tränen über die Wangen bei dem gänzlich unverhofften Ereignis.«

Kein Wunder, dass religiös ungebundene Anthropologen die Christusgeschichte in der Alexanderlegende vorweggenommen sehen. Sein Meisterstück war allerdings der Besuch, den er dem Orakel des Gottes Ammon in Siwa abstattete. Wie

Robin Lane Fox in einer glänzenden Passage seiner Biografie darlegt, markierte das Orakel des Ammon den Schnittpunkt von drei Mittelmeerkulturen. Ursprünglich die Wohnstatt einer karthagischen Gottheit, war es später von den Ägyptern übernommen worden, die Ammon für den Vater des Universums hielten. Alexander, nach seiner Eroberung Ägyptens der neue Pharao, unternahm mit dem Besuch in Siwa also eine Pilgerreise zur Quelle seines pharaonischen Königtums. Zugleich aber huldigte er einem Heiligtum seiner griechischen Lieblingsgottheit, denn der legendäre Herakles war angeblich vor ihm in Siwa gewesen, um zu Ammon zu beten; dort ansässige griechische Siedler verehrten Ammon als Offenbarung von Zeus, dem Herrscher des Universums in ihrem Pantheon. Zeus-Ammon war also ein mächtigeres Symbol als jedes andere, das Alexander mit seinem Namen hätte verknüpfen können.

Was das Orakel verkündete, als sich Alexander der Stätte näherte, war folglich von zentraler Bedeutung für den weiteren Verlauf seines Epos. Der lange Umweg, den die Befragung erforderte – die Reise nach Troja war die einzige andere Abweichung von seiner Expedition –, ließ sich nur dann rechtfertigen, wenn Zeus-Ammon das Richtige sagte. Letztlich erwies sich die Aussage als so überaus günstig, dass manche vorlaut behaupteten, Alexander habe sie arrangiert. Das ist unwahrscheinlich, denn Alexander war ein frommer Mann, und die Priester waren ihm nicht im Geringsten verpflichtet. Beide Seiten schienen den schriftlichen Überlieferungen zufolge nur darauf bedacht gewesen zu sein, die ihnen jeweils angemessene Rolle zu spielen: Alexander stellte seine Fragen, und die Priester achteten darauf, daß Zeus-Ammon auf herkömmliche Weise antwortete, nämlich durch das Schütteln des tragbaren Schreines, der sein Orakel barg. Alexander soll gefragt haben, ob er die Welt erobern werde. Aber das ist lediglich ein Gerücht. Die zuverlässigste Quelle hingegen verzeichnet, dass der Oberpriester ihn – absichtlich oder durch ein Versehen – als »Sohn des Zeus« ansprach.

Diese Begrüßung könnte von seinem Gefolge zur Kenntnis genommen worden sein. Jedenfalls schrieb Kallisthenes, sein Hofhistoriker, sie nieder und übermittelte sie auf diese Weise dem Heer, das im fruchtbaren Ägypten die Rückkehr seines Führers erwartete. Alexander kam zurück, nachdem er laut Arrianos »die Antwort erhalten hatte, die sein Herz begehrte«. Die Antwort muss auch seinen Führerstatus enorm verstärkt und seinen Anhängern Mut für die künftigen Prüfungen eingeflößt haben. »Die Könige und Helden des Mythos und von Homers Epos galten als Kinder des Zeus«, schreibt Robin Lane Fox. Alexander hatte sich von Kindheit an mit den Helden der *Ilias* identifiziert, die starken Einfluss auf das gesamte griechische Denken ausübten. Daher verschaffte er sich durch seine dramatische Reise nach Siwa eine spezielle Beziehung zu dem Beherrscher des Alls. Später soll Alexander gesagt haben: »Zeus ist der Vater der ganzen Menschheit, aber der Besten nimmt er sich auf besondere Weise an.« In der heroischen Kriegführung werden die Besten gewöhnlich mit dem Sieg belohnt.

Alexanders Redekunst

Alexander war ein überragender Bühnendarsteller, und wie die größten Schauspieler kalkulierte er die Wirkung seiner Auftritte nicht, sondern ließ sich von deren Gewalt selbst ebenso mitreißen wie das Publikum. Dafür kalkulierte er um so sorgfältiger seinen Effekt als dramatischer Redner. Die Redekunst, deren öffentliche Bedeutung in unserer Zeit von den kleinen, raffinierten Fertigkeiten des elektronischen Unterhalters verdrängt wurde, behielt ihre Macht, Herzen zu rühren und Meinungen zu beeinflussen, noch bis in die Epoche des gedruckten Wortes hinein. Zwei der größten Redner der Geschichte, Lincoln und Gladstone, bezogen zumindest einen Teil ihrer Wirkung aus der Vertrautheit, die sie Zeitungsbildern und -berichten verdankten. Die Wirkung des gesprochenen Wortes in der vorliterarischen Welt ist jedoch nur schwer nachzuempfinden. Geschichtenerzähler und Versrezitator waren Berufe, die vielen Männern ein Auskommen verschafften; vor ihrer Niederschrift waren zum Beispiel die *Ilias* und die *Odyssee* jahrhundertelang gesprochene Texte und wurden Zuhörern, die geradezu an den Lippen des Künstlers gehangen haben müssen, aus dem Stegreif vorgetragen. Vor dem Aufkommen des Buches und sogar des Theaters galt die Fähigkeit, eindrucksvoll und ruhig vor einer Versammlung zu sprechen, als halbgöttliche Gabe. Sie verschaffte denen, die es nur auf Zerstreuung oder Vergnügen angelegt hatten, einen Lebensunterhalt, während sie den Ehrgeiz und die Autorität derjenigen, die Macht besaßen oder nach ihr strebten, um ein Vielfaches erhöhte.

Alexander verfügte unzweifelhaft über eine beneidenswerte Rednergabe. Wie er von ihr Gebrauch machte, können wir nur vermuten. Bevor die Möglichkeit künstlicher Verstärkung existierte, mussten Redner sorgfältige Vorbereitungen treffen, damit ihre Stimme große Zuhörerzahlen erreichte. Die Erfindung des aus einem steil abfallenden Hügel herausgemeißelten griechischen Amphitheaters bot die Gewähr, dass das Publikum den Redner nicht bloß sah, sondern auch hörte. Eine Menschenmenge absorbiert und zerstreut jeglichen Klang, und das umso stärker, je dichter sie ist. Harnische könnten die Worte des Redners reflektiert und weitergetragen haben, aber das ist ungewiss. Jedenfalls war sogar ein Heer von relativ bescheidenem Umfang wie das Alexanders – 50 000 Mann – zu groß, um ihn, wenn er auf einer offenen, ebenen Fläche zu ihm sprach, zu hören. Lincoln zum Beispiel wandte sich bei Gettysburg an 15 000 Mann und war kaum zu verstehen; Gladstones Stimme war von 5 000 oder 6 000 Zuhörern gut zu vernehmen, aber er sprach gewöhnlich in Sälen. Können wir annehmen, dass sich Alexander die Mühe machte, seine Männer in eine Art natürliches Amphitheater oder wenigstens zu einer steilen Bergwand marschieren zu lassen, bevor er das Wort ergriff?

Es gab andere Möglichkeiten für ihn, seine Rede zu Gehör zu bringen. Seine berühmte Rede in Opis, mit der er eine Autoritätskrise zu bewältigen suchte, trug er auf einer Bühne vor. Und vor der Schlacht bei Issos ritt er die Front seines Heeres ab und hielt offenbar mehrere Male die gleiche kurze Ansprache; er mahnte seine Krieger, »sich als tapfere Männer zu zeigen. Er ruft nicht nur die Namen der Heerführer mit gebührendem Lobe auf, sondern auch die Ilarchen und Lochagen und von den anderen Söldnern alle die, welche infolge ihres Ansehens oder durch irgendeine hervorragende Tat bekannter waren.« Wenn er die Intervalle richtig einschätzte, brauchte er vor 50 000 vielleicht in zehn Reihen angetretenen Kämpfern nur zehnmal anzuhalten, um jeweils von 5 000 Mann gehört zu werden. Da seine Botschaft einfach war, konnte sie nahezu simultan von vorn nach hinten weitergegeben werden, und ein solches Wispern mochte den Effekt seiner Worte sogar verstärkt haben. Wie auch immer, »von allen Seiten schallt ihm entgegen, er sollte nicht mehr zögern, sondern sie endlich auf den Feind loslassen«. Die zustimmenden Rufe, die seinen Ritt entlang der Front begleiteten, dürften die Zuhörer veranlasst haben, seinen ermunternden Worten besonders aufmerksam zu lauschen. Manchmal sprach er lediglich zu einer ausgewählten Gruppe. Vor Gaugamela beispielsweise richtete er seine Anfeuerungen nur an eine »Befehlsgruppe« (wie es in der britischen Armee heißt), aus der Unterführer die Worte des Befehlshabers zu ihren Einheiten mitnehmen. In solchen Fällen ließ er jedem der Heeresverbände eine kurze und lockere Botschaft zukommen, die seiner Meinung nach vielleicht am besten von den Unterführern, die ihre Leute gut kannten, interpretiert werden sollte.

Häufig waren Alexanders Reden aber weder einfach noch kurz. Wie lauteten seine Worte? Die Rede vor der Schlacht war eine in der griechischen Welt übliche und hochgeschätzte rhetorische Form. Jene, die uns von Alexander – durch Arrianos, Justinus und Diodoros – überliefert sind, spiegeln die Konventionen wider, welche diese Autoren von seiner Rede erwarteten. Es ist zu bezweifeln, dass sie Alexanders tatsächlichen Wortlaut aufgezeichnet haben, doch können wir möglicherweise das Echo seiner Stimme und die Bedeutung seiner Botschaft erhaschen.

Vor der Schlacht am Granikos nahm seine Anfeuerung die Gestalt eines Dialogs mit Parmenion an. Alexander verwahrte sich gegen die vorsichtige und vernünftige Warnung des alten Haudegens, dass eine Flussüberquerung direkt vor den Augen des Feindes katastrophal ausgehen könne, und erklärte, der einzige Vorteil der Makedonen sei ihr Ruf, kein Risiko zu scheuen und mit größter Wildheit zu kämpfen. »Wer wagt, gewinnt«, ist der Kern dieser Botschaft.

Vor Issos warf er das Netz seiner Ermunterung viel weiter aus: in einer Rede, in der er den Ortsvorteil der Makedonen, ihre rassische Überlegenheit und die besonderen Qualitäten ihrer Verbündeten herausstrich. Er ging auf ihre Siegestradition und die ihrer Vorgänger in Persien, Xenophons 10000, ein und drängte seine Männer zu einem »letzten Vorstoß«: »Denn es kämpfen ja Makedonier mit Persern und Medern, die seit undenklicher Zeit verweichlicht sind, während wir seit alters durch die Strapazen des Krieges und seine Gefahren gestählt sind. Und wir kämpfen als freie Männer gegen Sklavenseelen. Und was den Kampf von Hellenen gegen Hellenen [die Söldner des Dareios] betrifft, so kämpfen wir nicht für dieselbe Sache; vielmehr setzen die einen auf Seiten des Dareios für kümmerlichen Sold ihr Leben aufs Spiel; die anderen dagegen, die im Bunde mit uns kämpfen, streiten aus freiem Entschluß für Hellas. Und von barbarischen Stämmen kämpfen Thraker, Paioner, Illyrier und Agrianen, die rüstigsten und streitbarsten Krieger von ganz Europa, gegen die weichlichsten Völker Asiens, die von Strapazen und Nöten des Krieges keine Ahnung haben. Übrigens führt dann Alexander sein Heer gegen Dareios.«

Die Herausforderung hatte anmaßend persönliche Züge: Folgt *mir* – und denkt daran, wie ich euch früher in den Kampf geführt habe – gegen *ihn*, den verachtenswerten Dareios und seine hochmütigen, doch schwächlichen Lakaien, und der Sieg ist unser. Entblößt die Brust, unterdrückt eure Furcht, setzt euch der Kälte des Stahles aus, und ganz Asien wird euch in die Hände fallen. Ihr habt es schon öfter geschafft – er »erinnerte sie an die Taten, die sie bereits, von Ruhm umstrahlt, vollbracht hätten … Und wenn einer von ihnen persönlich eine glänzende Tat verrichtet hatte, den rief er mit Namen vor die Front und belobte ihn wegen seiner Tat« –, und ihr könnt es wieder schaffen. Kein Wunder, dass die Soldaten an ihn herantraten und ihm die Hand drückten; sie »bestärkten ihn durch lauten Zuruf und forderten, sie nun endlich in die Schlacht zu führen«.

Doch als Redner konnte Alexander auch scheitern. Am Hyphasis (dem heutigen Bias, einem Nebenfluss eines der fünf Ströme des Pandschab), der sein weitestes Vordringen nach Indien markieren sollte, beschwor er jedes ihm verfügbare Argument: einen Rückblick auf ihre gemeinsamen Erfolge, den nachlassenden Willen sämtlicher Feinde, ihnen Widerstand zu leisten, die noch erforderliche lächerliche Anstrengung, die Eroberung der bekannten Welt zu vollenden, die gewaltigen Reichtümer, die jedem von ihnen zufielen – »Und wenn wir Asien bis zum Ende durchzogen haben, dann werde ich, beim Zeus! euch nicht etwa einfach zufrieden stellen, sondern die Hoffnungen jedes Einzelnen von euch noch weit übertreffen« – und schließlich die Schande, an der Schwelle des Endsieges kehrtzumachen: »Alle aber, die hier bleiben, werde ich so belohnen, dass sie von den Heimkehrenden beneidet werden.«

Er wurde jedoch von Koinos, dem Sprecher des Heeres, übertroffen, der schon mit den ersten Worten die Menge auf seiner Seite hatte. Der anschließende Rückzug aus Indien kann als Alexanders einzige wirkliche Niederlage betrachtet werden, die um so gravierender ist, als sie ihm von seinen eigenen Männern zugefügt wurde. Doch obwohl sein Vertrauen in seinen Einfluss auf das Heer erschüttert gewesen sein dürfte, war es nicht zerstört. Zwei Jahre später, als er sich – in Opis in Mesopotamien – wieder einer Rebellion gegenübersah, fand seine Silberzunge die Lösung, die ihm im Pandschab nicht eingefallen war.

Die Schwierigkeit, die hier überwunden werden musste, war freilich eine andere. In Indien hatte das Heer umkehren wollen, während er zu bleiben wünschte. In Opis dagegen versuchte er, sich eines Teils seines Heeres zu entledigen – der Unruhe stiftenden Veteranen, die ihn von Anfang an begleitet hatten –, während dieser bemüht war, das ganze Heer gegen ihn aufzubringen, um nicht die Schande der Entlassung ertragen zu müssen. Er versüßte die Pille: Diejenigen, die in die Heimat verabschiedet wurden, sollten eine ansehnliche Belohnung erhalten. Aber die Bestechung – und Alexander war ein Meister in der Bestechungskunst – verfing bei dieser Gelegenheit nicht. Seine altbewährten Kämpfer pfiffen auf sein Angebot, riefen, er solle die ganze Armee nach Hause schicken, wenn er sich ihrer zu entledigen wünsche, und empfahlen ihm höhnisch, er solle den Feldzug mit seinem Gottvater Zeus-Ammon fortsetzen.

Ihre Unverschämtheit brachte Alexander auf. In einem untypischen Wutausbruch zeigte er auf 13 Veteranen und befahl, sie »zum Tode abzuführen«. Während die verblüffte Menge zusah, wie die Verurteilten fortgebracht wurden, setzte er zu einer Tirade an, die in der nationalistischen Demagogie fast ohnegleichen ist. Es handelt sich um einen der glänzendsten Auftritte des politischen Theaters. Zunächst zog er die Schraube an, indem er herausstrich, was sie seinem Vater schuldeten: »Ich beginne meine Rede mit meinem Vater Philippos, wie es sich geziemt; denn er übernahm euch als Stromer und Bettler; viele von euch weideten, in Felle gekleidet, wenige Schafe in den Bergen, und für diese kämpftet ihr kläglich mit Illyriern, Triballern und ihren Nachbarn, den Thrakern. Er hat euch anstatt der Felle Mäntel gegeben, euch aus den rauhen Bergen in die Ebene hinabgeführt, hat euch den benachbarten Barbaren im Kampf ebenbürtig gemacht, so dass ihr auf die Festigkeit von Burgen nicht mehr vertrautet als auf eure eigene Tapferkeit und euch behauptetet. Er hat euch zu Bewohnern von Städten gemacht und euch gute Gesetze und Sitten gebracht.«

Die Stämme, die ihre früheren Herren gewesen seien, fuhr er fort, seien ihre Knechte geworden, und durch ihr Gebiet habe Philipp einen Zugang nach Griechenland geschaffen, über den er die Makedonen zum Sieg über Athen und Theben geführt habe – ein Sieg der Schwachen über die Starken, den im Laufe der griechischen Geschichte fast niemand vorausgeahnt habe.

Aber auf der Weltbühne, auf der er, Alexander, sich tummele, sei es ein wenig bedeutsamer Sieg. »Denn ich habe von meinem Vater nur wenige goldene und silberne Pokale geerbt, und in den Schatzkammern hatte ich noch nicht einmal 60 Talente, während ich von Philippos Schulden von 500 Talenten überkommen hatte, und dazu musste ich mir selber noch 800 leihen. Und unter solchen Umständen zog ich aus dem Land, das nicht einmal euch selber genügend ernährte, geradeswegs zum Hellespont und habe euch den Sund geöff-

net, obwohl die Perser damals noch Herren der See waren ...
Und die Güter Ägyptens und Kyrenes, die ich kampflos gewann, kamen euch zu.«

Syrien, Palästina und Mesopotamien, die Schätze der
Reichsstädte und die Güter Westindiens seien alle in makedonischen Besitz übergegangen. All das entspreche der Wahrheit, denn seine Männer wüssten, dass er nicht besser lebe als
sie, früher aufstehe, mehr Not und Qual ausstehe und häufiger verwundet worden sei als jeder von ihnen: »Denn ich
habe keine Stelle mehr an der Vorderseite meines Körpers, die
unverwundet geblieben ist, und es gibt keine Waffe im Nah-
oder Fernkampf, von der ich nicht Narben an mir trage. Ich
bin durch Schwerthiebe im Nahkampf verwundet, durch
Pfeile getroffen und von den Geschossen der Ballisten, und
wie oft durch Steinwürfe und Holzstücke verletzt für euch
und euren Ruhm und für euren Reichtum.«

Er habe ihnen ihre Schulden erlassen, sie mit Belohnungen
und Auszeichnungen überhäuft, ihre Toten begraben und für
deren Familien gesorgt. Und nun, da er die Kriegsuntaugli-
chen in die Heimat zu verabschieden wünsche – eine elegante
Umschreibung seiner komplexeren Motive –, wollten sie ihn
alle im Stich lassen. Also gut: »Doch, wenn ihr alle gehen
wollt, so geht nur alle und erzählt zu Hause, dass ihr euren
König, Alexander, den Sieger über Perser, Meder, Baktrier ...
verlassen habt [dann folgte eine lange Litanei seiner Siege,
Leiden und Errungenschaften] ... Erzählt zu Hause, dass ihr
den verlassen und der Obhut der besiegten Barbaren überlassen habt! Das wird euch vielleicht bei den Menschen berühmt
und in den Augen der Götter ehrwürdig machen, wenn das
bekannt wird. Geht!«

Diese herrlich verachtungsvolle Rede war der erste Akt eines dreitägigen Dramas. Alexander sprang von seinem Podium, kehrte in sein Quartier zurück und schloss sich ein. Nach
dreitägiger Abgeschiedenheit gab er bekannt, daß die Kom-

mandostellen des Heeres den Persern, die er in sein Gefolge aufgenommen hatte, überantwortet werden sollten. Die Perser würden eine königliche Elitetruppe bilden, und einige sollten sogar zu Gefährten ernannt werden und damit an der von Makedoniern geschätztesten Beziehung zum Königshaus teilhaben. Seine alten Getreuen, die seit seinem Verschwinden an dem Podium ausgeharrt hatten, waren nun wie von Sinnen. Sie rannten zu seiner Tür, warfen ihre Waffen nieder, baten ihn, sie einzulassen, und schrien, dass sie Tag und Nacht dort bleiben würden, bis »Alexander mit ihnen Erbarmen hätte«.

Jetzt ließ sich Alexander erweichen und kam heraus. Dann veranstaltete er ein Fest und umgab sich mit Makedonen und Persern, wobei die Ersteren, was wohl durchdacht war, Ehrenplätze erhielten und die Perser weiter hinten saßen. Außerdem achtete er darauf, daß alle aus demselben Mischkrug tranken und den Göttern dieselben Trankopfer darbrachten. »Er aber betete um alles Gute und um Eintracht und Gemeinschaft des Reiches für Makedonier und Perser. Man erzählt, dass etwa 9000 an diesem Mahl teilgenommen und … dazu den Lobgesang angestimmt hätten.«

Alexander auf dem Schlachtfeld

Der Sieg war das Ziel, dem Alexanders Königtum, die Führung seines Heeres und seiner Heerführer, die schauspielerische Meisterschaft und die Redekunst letzten Endes dienten. Jede einzelne seiner Fertigkeiten war ein Bestandteil des kunstvollen Gebäudes seiner Persönlichkeit, von dem seine Feldherrnkunst abhing. Wie aber setzte Alexander seine Talente um, gewann er die Oberherrschaft über seine Soldaten und sicherte sich die Unterwerfung des Feindes?

Sein Tagesablauf, der selbst vor einer Schlacht unverändert blieb, war von entscheidendem Belang für seine Gefolgsleute, wussten sie doch, dass die Kontrollmechanismen vorhanden und wirksam waren. Er stand früh auf, nachdem er allein geschlafen hatte; das Thema seines Sexuallebens beschäftigt seine Biografen, doch alle sind sich darin einig, dass die Geschlechtlichkeit, ob hetero- oder homosexuell, eine zweitrangige Rolle für ihn spielte. Er heiratete nur aus Gründen der Staatsraison, und es gab keine große Leidenschaft, keine Olympias, in seinem Leben.

Nach dem Aufstehen brachte er den Göttern den Leib und das frische Blut von Tieren in einer Opferzeremonie dar, die niemand außer ihm, dem König, für die Makedonen vollziehen konnte. Danach widmete er sich vielleicht den Tagesgeschäften und empfing seine Heerführer und Verwaltungsbeamten; es galt, Recht zu sprechen, Steuern einzuziehen und in Form von Sold, Verpflegungs- und Hofhaltungskosten zu verteilen, Ernennungen auszusprechen und rückgängig zu machen, die Bewegungen des Heeres und die Strategie des jeweiligen Feldzugs zu diskutieren und festzulegen. Am Mittag hielt er eine kurze Siesta und konzentrierte sich dann auf die Rituale der Jagd (die ihm zugleich Freude bereiteten); er ritt, von seinen Hunden begleitet, aus, um Rotwild, Wildböcke, Wölfe, Bären und, wenn möglich, Berglöwen zu erlegen. Außerdem übte er zusammen mit seinen Gefährten den Gebrauch von Schwert, Schild und Speer. Durchaus ungewöhnlich für einen Griechen, machte sich Alexander, abgesehen vom Ringkampf, nichts aus sportlichen Wettbewerben.

Spät am Tag nahm er ein Bad (nachdem er bereits morgens gebadet hatte); nach Issos begab er sich stracks in das prächtige Bad des Herrschers im mobilen Palast des Dareios. Schließlich folgte der Höhepunkt des Tages: die Mahlzeit mit seinen Gefährten. Das Essen mit Freunden, wichtig für alle Griechen der Oberschicht, spielte eine zentrale Rolle im Leben des Helden. Die Mahlzeit diente der Unterhaltung und Entspannung; man spielte die Leier, sang Lieder und rezitierte Gedichte. Dies war aber auch das Forum, auf dem Persönlichkeiten auf die Probe gestellt, der Geist geschärft, die Grenzen der Prahlerei und des Spottes abgesteckt, Ansehen bewertet und Herausforderungen ausgesprochen wurden. An nüchterneren Abenden tauschte man Neuigkeiten aus und schmiedete Zukunftspläne, während an wilderen Abenden Gespräch in Streit, Streit in Gewalt und Gewalt sogar in Mord ausarten konnte. Alexander gab natürlich den Ton an und verstand es, die Anstandsregeln durchzusetzen. Aber sobald Alkohol floss und Blutvergießen drohte wie an dem schrecklichen Abend, als er Kleitos niederstach, konnte niemand vergessen, dass er einer impulsiven Gesellschaft angehörte, in welcher der Tod nicht fern war.

Nach solchen Abenden begab sich Alexander in die Schlacht. Für die Begegnung mit dem Feind kleidete er sich besonders auffällig. Die Führer späterer Epochen – Friedrich der Große, Napoleon als Kaiser (jedoch nicht als junger General, der sich noch einen Ruf erwerben musste), Wellington und Grant – bevorzugten ein schlichtes Äußeres, doch ihr Führungsstil war nicht heroisch, sondern von Reflexion und Managertum geprägt; sie »führten« aus der Etappe. Alexander, der im präzisen Sinne des Wortes führte, musste gesehen und sofort erkannt werden, und er kleidete sich entsprechend. »Sein Helm war aus Eisen, doch so poliert, dass er glänzte wie das hellste Silber«, hören wir von Curtius. »An dem erhabenen, anmutigen Helmbusch erstaunten die schneeweißen nickenden Federn. Seine Rüstung war mit einer doppelten, stark gefütterten Leinenschicht unterlegt; ein mit funkelnden Gemmen verzierter eiserner Halsschutz verband die Körperpanzerung mit dem Helm. An einem herrlichen Gürtel hing ein Schwert, das für seine Schärfe und Härte bekannt war …, es war leicht und ließ sich mühelos handhaben. Unter dem Brustharnisch trug er manchmal eine kurze Soldatentunika nach sizilianischer Mode.« Über all das schlang er einen prächtigen Umhang, und gewöhnlich ließ er die heilige Rüstung neben sich hertragen, die angeblich zu den Relikten des Trojanischen Krieges gehörte und die er aus dem Tempel der Athene in Troja mitgenommen hatte.

Mithin war Alexander nicht zu übersehen, schon gar nicht, wenn er sein Pferd gegen den berühmten Bukephalos eintauschte. Natürlich kämpfte er nicht immer im Sattel. Wenn er es, wie in den drei großen Schlachten gegen die Perser am Granikos, bei Issos und in Gaugamela, mit Reiterheeren zu tun hatte, so ritt er ins Feld. Doch in den früheren kleinen Gefechten an der nordmakedonischen Grenze wird er wohl auf sein Reittier verzichtet haben. In den Belagerungskämpfen focht er unzweifelhaft zu Fuß, um sich an den Arbeiten zu beteiligen und um seine Männer in Gelände hineinzuführen, in die kein Pferd vordringen konnte. Daher wurde er bei Belagerungen so häufig verwundet.

Alexanders Verwundungsgeschichte liefert einen kurzgefassten Katalog von Hinweisen auf seinen Führungsstil. Acht Verwundungen sind dokumentiert: vier leichtere, drei ernste und eine fast tödliche. Zwei der leichteren Wunden wurden ihm im späteren Verlauf seines Epos zugefügt, beide durch Pfeile, die man bei Belagerungsoperationen auf ihn abschoss. Beide hätten schwerer sein können, denn der Belagerungskrieg wird naturgemäß im Nahkampf ausgetragen. Zwei der früheren Verwundungen, die er ebenfalls bei Belagerungen erlitt, waren gravierenderer Art, und die letzte wäre ihm fast zum Verhängnis geworden.

Am Ende seiner kriegerischen Laufbahn war Alexander, wie er den Rebellen in Opis vorhielt, buchstäblich am ganzen Leibe von Narben bedeckt. Wir können die Art seiner Verwundungen recht genau belegen; darüber ist mehr bekannt als über jeden anderen Teil seiner persönlichen Geschichte. Er war, wie er in Opis erklärte, von fast jeder dem Feind verfügbaren Waffe getroffen worden: von Schwert, Speer, Wurfpfeil, Pfeil und Katapultgeschoss. In Chaironeia scheint er unversehrt geblieben zu sein, denn sonst lägen uns anders lautende Informationen vor. In einer der frühen Balkanschlachten wurde er leicht verletzt, nicht jedoch bei der Eroberung von Theben (wo Perdikkas, einer seiner engsten Gefährten, so schwere Verwundungen erlitt) und nicht einmal am Granikos, wo er ein großes Risiko einging: Ein Perser namens Rhoisakes versetzte ihm einen Schlag mit dem Beil, der einen Teil seines Helmes abtrennte. Bei Issos verletzte ihn zum zweitenmal ein Schwerthieb am Schenkel.

Danach folgte eine Verwundung auf die andere. Bei der Belagerung von Gaza im Herbst 332 traf ihn ein Katapultgeschoss (vermutlich von einem großen Pfeil) in die Schulter; es durchbohrte seinen Schild sowie seinen gepolsterten Brustharnisch und hinterließ eine Wunde, die »nicht leicht zu behandeln war«. Im Jahre 329, beim Feldzug gegen Bergstämme am Jaxartes nördlich von Afghanistan wurde »sein Bein von einem Pfeil durchschossen und ein Teil des kleinen Beinknochens zertrümmert«. Später im Jahre 329, bei der Belagerung der Stadt Kyropolis in derselben Region, wurde er »von einem Stein heftig an Kopf und Hals getroffen«. 326, während der Belagerung einer Stadt unweit des Indus, verletzte ihn ein Pfeil leicht: »Der Brustharnisch verhinderte, dass der Pfeil seine Schulter durchbohrte.« Kurz darauf, bei einer weiteren Belagerung, traf ihn »ein Pfeil von der Mauer« am Fußknöchel, wenn auch »nicht schwer«.

Die wachsende Häufigkeit, mit der Alexander verwundet wurde, während er das Heer den Grenzen der bekannten Welt entgegenführte, deutet auf einen zunehmend verwegenen Führungsstil hin und macht eine schwere Verwundung wahrscheinlich (der Pfeilschuss ins Bein war schon schlimm genug gewesen). Am Anfang des Jahres 325 ereilte ihn das Gesetz der Wahrscheinlichkeit bei Multan. Diese Stadt, die 2200 Jahre später während der Sikh-Kriege einem grausamen britischen Angriff ausgesetzt sein sollte, war durch einen mit Türmen bewehrten doppelten Mauerring eindrucksvoll befestigt. Ungeduldig über die Langsamkeit, mit der seine Belagerungstechniker ihr planmäßiges Vorgehen einleiteten, übernahm Alexander die Führung eines kleinen Sturmtrupps und berannte die innere Mauer. Er gelangte nach oben, sah sich von den anderen abgeschnitten und musste um sein Leben kämpfen. Da er oben auf der Mauer ungeschützt war, sprang er auf der anderen Seite hinab, stellte sich mit dem Rücken an einen Sandwall neben einem kleinen Feigenbaum und schlug mit dem Schwert auf die wachsende Zahl der Angreifer ein. Eine Zeitlang konnte er sich hauend und Steine werfend behaupten. Die Angreifer wichen, von seiner Tollkühnheit abgeschreckt, zurück und deckten ihn mit »allem ein, was sie gerade in der Hand hatten oder zu fassen bekamen«. Drei Mann seines Sturmtrupps sprangen ihm nach. Einer erhielt einen Pfeilschuss ins Gesicht. Kurz darauf wurde auch Alexander von einem Pfeil getroffen. Dieser drang laut Ptolemaios durch den Brustharnisch in die Lunge, so dass »mit dem Atem Blut aus der Wunde hervorquoll«. Eine solche »Saugwunde« ist äußerst gefährlich. Alexander konnte noch eine Weile standhalten, »aber als beim Atmen eine Menge Blut in dichtem Strahl hervorschoss, wurde er von Schwindel und Mattigkeit überwältigt und stürzte dort, wo er über seinen Schild gebeugt stand, zu Boden«.

Das fieberhafte Eingreifen seiner Gefolgsleute rettete dem König das Leben. Sie metzelten alle Inder in Schwertweite nieder und schafften es, ihren verwundeten Führer auf einem Schild fortzutragen. Aber sein Leben hing an seidenem Faden. Der Pfeil steckte in seiner Lunge, und ihn herauszuziehen konnte seinen Tod bedeuten; ob der Pfeil einfach herausgezogen oder ob die Wunde mit einem Schwert vergrößert wurde – Arrianos zitiert zwei Versionen –, die Operation war ausgesprochen krude. Das Ergebnis war »ein gewaltiger Blutsturz«, und Alexander verlor von neuem das Bewusstsein.

Er hatte Glück. Es war keine Arterie getroffen, und die Wunde wurde nicht brandig. Aber es dauerte lange, bis sie verheilte, und er behielt bleibende Beeinträchtigungen zurück. »Er würde [dem Ereignis] niemals entrinnen«, erläutert Robin Lane Fox. »Es würde ihn für den Rest seines Lebens behindern, und gehen – vom Kämpfen ganz zu schweigen – würde er nur mit äußerster Willensanstrengung können. Es ist nicht bekannt, daß er sich nach Multan jemals wieder in einer Schlacht so kühn vorausgewagt hätte. Zwar sind keine weiteren Belagerungen im Detail beschrieben worden, doch wenn danach von Alexander die Rede ist, dann reist er immer zu Pferde, im Wagen oder zu Schiff. Die Schmerzen seiner Wunde und die möglichen Gesundheitsschäden bei einer durchstoßenen Lunge waren Handicaps, mit denen er leben lernen musste.«

Diese Verwundungsgeschichte deutet auf Alexanders sich steigernden Einsatz hin, fast so, als sei sein Siegeswille mit der Flut der Schwierigkeiten gewachsen. Denn die Schwierigkeiten nahmen zu. Nichts ist so erfolgreich wie der Erfolg, sagt ein Sprichwort – das mag für einen Mann zutreffen, der sich Ziele innerhalb des Wertesystems einer etablierten Gesellschaft setzt. Alexander aber suchte den Erfolg nicht nur in Makedonien, sondern auch in der größeren griechischen Welt, dann im Perserreich – das schon für sich genommen etliche Kulturen beherbergte – und schließlich in den fernen Königreichen Indiens. Neben dem Problem, die kulturelle Vielfalt zu meistern, stand die schiere physische Schwierigkeit, die sich aus der wachsenden Distanz des Heeres von seiner Basis ergab. Alexanders Streitmacht stützte sich, das sollte man nicht vergessen, von Anfang bis Ende im Wesentlichen auf Makedonen. Zwar enthielt sie schon zu Beginn Kontingente von Bündnispartnern und Söldnereinheiten und wurde später durch beträchtliche persische Elemente vergrößert. Aber ihr Kern bestand aus Makedonen, die gemäß unwandelbarer militärischer Erfordernisse verstärkt, abgelöst und ersetzt werden mussten. Männer wurden getötet, erkrankten und mussten auf dem Marsch zurückgelassen werden, forderten und erhielten Urlaub, schieden wegen Alters oder Untauglichkeit aus. Wenigstens zweimal schickte Alexander große Truppenteile nach Hause: nach der Schlacht am Granikos im Jahre 334 und als er mit der Entlassung seiner Veteranen 324 die Rebellion in Opis auslöste. Andererseits schlossen sich ihm erhebliche Verstärkungen und zurückkehrende Urlauber an, besonders 333 in Gordion, 331 in Susa und 326 am Dschilam in Indien.

Der Marsch großer Kontingente aus der Heimat bis zum Feldheer erforderte administrative Großtaten, aber diese waren sporadisch und weit weniger aufreibend als die Notwendigkeit, seine Männer und Tiere tagtäglich mit Lebensmitteln zu versorgen. Jede Hoffnung, dies mit Hilfe einer Kette von Nachschubbasen zwischen Griechenland und seinen Operationsorten zu bewerkstelligen, war zum Scheitern verurteilt. Wie Donald Engels in seinem glänzenden, überaus originellen Werk *Alexander the Great and the Logistics of the Macedonian Army* hervorhebt, hätten die zum Nachschub benutzten Tiere ihre Last verzehrt, lange bevor sie die Männer im Feld erreichten, denn ein Ochse konnte nicht mehr als einen achttägigen Vorrat seines eigenen Getreidebedarfs tragen oder ziehen. Auch die Entfernung von einem Hafen zwängte Alexanders Operationen in diesen Zeitrahmen, wenn er, wie häufig, auf Seeverbindungen angewiesen war. Meistens jedoch hatte er weder Kontakt zu Schiffen noch zur Heimat und musste unterwegs improvisieren, um Lebensmittel zu beschaffen. Dazu bediente er sich eines Notbehelfsystems, das »eine unglaubliche lang- wie kurzfristige Planung« forderte. »Zu den Vorkehrungen gehörten der Abschluss von Bündnissen, oft in Verbindung mit der Errichtung von Garnisonen oder der Übergabe von Geiseln, um die Schaffung von Depots oder Lebensmittellagern in öden Regionen sicherzustellen …, die Unterteilung des Heeres in mehrere Einheiten, wenn Nahrungsmittel schwer zu erlangen waren, Gewaltmärsche, um Vorräte zu sparen, und die zeitliche Abstimmung des Marsches mit den Erntedaten in den eroberten Gebieten.«

Alexander verminderte die Nachschubprobleme erheblich, indem er die von Philipp eingeführten Regeln der Truppenbewegung befolgte. Im Unterschied zu den Griechen (und vielen anderen Heerscharen beiderlei Geschlechts, die robusteren Feinden zum Opfer fallen sollten) waren die Makedonen dazu ausgebildet, ihren lebensnotwendigen Bedarf bei sich zu tragen und ohne Diener oder Frauen (sogar ohne Prostituierte) zu marschieren, welche die Zahl der »überzähligen Esser« allzusehr vergrößert hätten. Infolgedessen konnte auch die Zahl der Tiere in der Heersäule niedrig gehalten werden, denn ihre Bürde ließ sich auf Lasten beschränken, die für Männer zu sperrig waren: hauptsächlich Belagerungsgerät, Futter und Waffenreserven.

Aber die Anstrengung, sein Heer trotz Furcht und Unbeständigkeit vorwärts zu treiben, sowie die physischen Schwierigkeiten der Aufgabe erschöpften Alexanders geistige Energien zusehends. General A.P. Wavell schrieb: »In der anhaltenden Verfolgung hängt die Mobilität vorwiegend vom persönlichen Willen und der Entschlossenheit des Oberbefehlshabers ab, denn sie allein können den Auftrieb der Soldaten lebendig erhalten.«

Alexanders Expedition lief auf eine ständige Verfolgungskampagne hinaus, die sich aus einem immer größeren Einsatz seiner Willenskraft speiste, wie an seinen zunehmend schwereren Verwundungen abzulesen ist. Anders als Napoleon, der die Gefährdung scheute, zumal der Erfolg ihm gestattete, die persönliche Führerschaft an Untergebene zu delegieren, oder Cäsar, der sich nur in schwersten Krisen der Gefahr aussetzte, oder die Feldherren der gänzlich postheroischen Ära, die jegliche Dramatik missbilligten, war Alexander bei wachsenden Gefahren und Schwierigkeiten gezwungen, sich selbst mehr und mehr in die Fortsetzung seines Epos einzubringen. In diesem Sinne ist Alexander der unübertroffene Held. Die Dimensionen seines heroischen Bemühens zeigen sich nirgends deutlicher als in seinem persönlichen Verhalten auf dem Schlachtfeld.

Alexanders Schlachten lassen sich in vier Kategorien einteilen: die Strafaktionen auf dem Balkan vor dem Aufbruch nach Asien, die Schlachten in Persien und nach der Niederlage des Dareios östlich seiner Grenzen, die Belagerungen und die drei großen Schlachten – am Granikos, bei Issos und bei Gaugamela –, die Dareios niederwarfen. Über die zweite Kategorie ist, abgesehen von der Schlacht am Hydaspes, zu wenig bekannt, als dass sie Aufschluss über Alexanders Befehlsgebung liefern könnte. Die erste Kategorie ist ein interessantes Beispiel dafür, wie Alexander mit seinen Fähigkeiten experimentierte. Die Belagerungen verraten uns sehr viel über seine Risikofreudigkeit, seine Selbstgefährdung, den Wunsch, mit gutem Beispiel voranzugehen, und den unerbittlichen Leistungswillen. Die vierte Kategorie erklärt seine Siegernatur. Wir wollen die drei letzten Kategorien nacheinander betrachten.

Die Balkanschlachten

Die Balkanschlachten wurden gegen Feinde – Triballer, Thraker und Kelten – ausgefochten, die eher eine Irritation als eine Gefahr darstellten. In der Vergangenheit, vor dem Aufstieg

Makedoniens, hatten sie Alexanders Vorväter schikaniert und ihnen Tribute abgepresst. Diese Möglichkeit war ihnen nun verwehrt, aber sie konnten in seinem Rücken immer noch so viel Ärger machen, dass er ihre Unterjochung für notwendig hielt, bevor er den Aufbruch nach Asien riskieren wollte. Da ihre Schlagkraft abgenommen hatte, war es jedoch unwahrscheinlich, dass sie sich in Positionen manövrieren ließen, in denen sich ihnen keine Alternative zum Kampf bot. Daher musste er sie in die Enge treiben – eine der schwierigsten militärischen Operationen. Die Voraussetzungen für den Erfolg waren Geschwindigkeit, Täuschung und Ausnutzen des Überraschungsmoments.

Zuerst traf Alexander auf die Thraker, welche die Berge des heutigen Südbulgarien bewohnten. Die gebirgige Struktur bewog ihn, sich für den Schipkapass als Eingangstor in das Territorium zu entscheiden. (Die Geografie verändert sich nicht, und am selben Pass versuchten die Türken aus entgegengesetzter Richtung 1877, den Vormarsch der Russen zur Belagerung von Plewna zu verlegen.) Die Thraker, die von Alexanders Absicht erfahren hatten, versperrten den Pass mit Wagen, die sie, falls er den Angriff fortsetzte, in die geschlossenen Reihen seiner Phalanx hinunterstoßen wollten.

Alexander hielt rasch eine Lagebeurteilung ab (wie die preußischen Stabsoffiziere, die den Begriff erfanden, später zu sagen pflegten). Er schloss die Möglichkeit, die Stellung zu umgehen, aus, und schickte seine Phalanx vor. Doch er befahl den Hopliten, in ihren Reihen Lücken für die herunterrasenden Wagen zu öffnen oder, wenn sie den Fahrzeugen nicht ausweichen konnten, sich im Schutz ihrer Schilde zu Boden zu werfen. Er setzte sich nicht, wie er es später oft tat, an die Spitze der Angreifer, sondern wartete beobachtend ab. Sobald die Phalanx die Wagenlawine überlebt hatte – die Analogie zu Roland bei Roncesvalles ist offensichtlich –, schickte er seine Bogenschützen auf den linken Flügel und bezog mit seiner »Stoßtruppe«, Hopliten und halbbarbarischen Agrianen, hinter ihnen Stellung. Der Aufmarsch der Bogenschützen – deren Pfeilhagel höchstens 200 Meter weit getragen haben kann – verrät uns, dass er dicht bei der Phalanx gewesen sein muss, während sie angegriffen wurde, denn sonst hätte er nicht in den Nahkampf mit den Thrakern verwickelt werden können, bevor sie ihre Positionen aufgaben. Die Thraker wichen zu früh zurück, wurden von den schwerer bewaffneten Makedonen eingeholt und »warfen ihre Waffen fort, um Hals über Kopf den Hang hinunterzuflüchten« (womit vermutlich die Rückseite des Berges gemeint war).

1500 Mann kamen um. Sie hatten fälschlich angenommen – ein Fehler, den Gebirgsbewohner angesichts wirklich entschlossener Berufssoldaten überall auf der Welt so häufig wiederholten –, dass eine kleine künstliche Ergänzung der natürlichen Hindernisse ihrer Heimat ihnen gestattete, ohne jegliches eigenes Risiko einem Eindringling zu trotzen. Wie wir aus seinen späteren Reaktionen ableiten dürfen, schloss Alexander aus ihrem Versuch, ihre Stellung zu verstärken, dass sie keineswegs kampflustig waren und unter einem physischen Angriff zusammenbrechen würden. Jedenfalls sah er in allen nachfolgenden Gefechten improvisierte Feldbefestigungen als Einladung zu kühnen Aktionen an und griff immer genau an der Stelle an, an der sich der Feind besonders gut abzusichern trachtete.

Die nächsten Gegner, auf die er losmarschierte, die Triballer, waren beherzter. Ihr König Syrmos brachte Frauen und Kinder auf einer Donauinsel in Sicherheit und machte dann mit seinen Kriegern in Alexanders Rücken kehrt. Dieser folgte ihnen, holte sie ein, als sie ihr Lager in einem engen Tal aufschlugen, und entwickelte aus dem Stegreif einen Plan: Bogenschützen und Steinschleuderer sollten die Gegner zu einem Angriff provozieren, während er seine Reiterei links und rechts und das Fußvolk, unter seinem eigenen Kommando, in der Mitte aufstellte. Der Plan funktionierte wie in einem Ausbildungshandbuch. Durch Pfeil- und Steinhagel gezwungen, die Sicherheit des Tales zu verlassen, rückten die Triballer vor, wurden von Fußvolk und Reitern in die Zange genommen – die Letzteren schossen aus dem Sattel Pfeile ab, bis sie so nahe gekommen waren, dass sie die Feinde mit den Pferden überrennen konnten – und flohen zum Fluss. Einige entkamen in die dichten umliegenden Wälder, doch 3000 Mann fanden den Tod. Alexanders Verluste – wie immer in Gefechten mit Hiebwaffen, wenn eine Seite plötzlich zurückwich – waren vergleichsweise unbedeutend.

Das dritte Gefecht seines Balkanfeldzugs war ein Musterbeispiel der psychologischen Kriegführung. Die Reste der Thraker und Triballer hatten sich zu den triballischen Frauen und Kindern auf die Donauinsel geflüchtet. Da Alexander an den Steilufern nicht Fuß fassen konnte, beschloss er, über den Fluss zu setzen und die Geten – einen der lästigen nördlichen Stämme, die am ferneren Ufer lebten – einzuschüchtern. Ein kleines Geschwader seiner Schwarzmeerflotte lag bereit, reichte aber nicht aus, um sein Heer über die Donau, den »größten aller Flüsse«, zu befördern. Also ließ er lederne Zeltplanen mit Stroh ausstopfen und zu behelfsmäßigen Flößen machen, und gleichzeitig requirierte er eine große Zahl der örtlichen Einbäume. Er wählte einen Landeplatz unterhalb eines dichten Kornfeldes, ließ seine Männer – 1500 Berittene und 4000 Hopliten – über Nacht zwischen den hohen Halmen biwakieren und führte sie am nächsten Morgen aus dem Versteck zum Angriff gegen die Geter heraus. Da diese nicht glauben konnten, dass irgendjemand die Donau innerhalb einer Nacht ohne eine Brücke zu überqueren fähig war, packte sie beim Auftauchen der Makedonen Entsetzen. Zuerst zogen sie sich in einen nahe gelegenen, doch schwach befestigten Ort zurück, gaben dann, als Alexander weitermarschierte, ihre Position auf und verschwanden schließlich in der Steppe. Alexander zerstörte den Ort und kehrte ins Lager zurück. Er hatte seine Überlegenheit bewiesen. In vieler Hinsicht nahm die Operation die deutsche Überquerung der Maas bei Sedan am 13. Mai 1940 vorweg. Ihr Erfolg hing von dem leichtfertigen Vertrauen des Feindes auf die natürliche Stärke der Verteidigungsstellung, von seiner unzureichenden Beobachtung eines Schwachpunkts und seinem Versäumnis ab, entschieden gegen den Feind vorzugehen, sobald dieser Fuß gefasst hatte. Die Überquerung bei Sedan führte bekanntlich zum Blitzkrieg gegen Frankreich. Aber südlich der Donau gab es nichts, was einen von Alexander geführten Blitzkrieg gerechtfertigt hätte, und deshalb wandte er sich von ihren Ufern ab.

Doch die Strafexpedition war noch nicht ganz beendet und sollte mit dem schwierigsten Gefecht abgeschlossen werden. Der Handstreich an der Donau hatte die Nachbarn der Triballer bewogen, hastig Wohlverhalten zu geloben. Weiter entfernte Stämme dagegen, insbesondere die gefürchteten Illyrer des Nordwestens (die etwa in der Gegend des heutigen Albanien lebten), scheint die Kunde von Alexanders Unterdrückungsmaßnahmen angestachelt zu haben, sein Recht zur Verhängung des makedonischen Friedens in Frage zu stellen. Sie waren noch unter Philipp in Makedonien eingefallen und hatten nur 25 Jahre zuvor 4000 Makedonen in der Schlacht getötet. Deshalb musste Alexander ihnen nun ganz unvermittelt Aufmerksamkeit schenken, seine Operationsachse nach viermonatigen, wie er gehofft haben dürfte, entscheidenden Aktionen von rechts nach links verlagern und in Gewaltmärschen in das Gebiet der Illyrer vorrücken. Der König der Agrianen versprach, sich einen der illyrischen Stämme vorzuknöpfen, und Alexander konzentrierte seine Bemühungen deshalb auf den gefährlichsten, Dardaner genannten Stamm.

Seine erste Begegnung mit dem Feind wäre fast in einer Katastrophe geendet. Obwohl sich die Dardaner hastig in die

Stadt Pelion (das heutige Gorice) zurückzogen und die grässlichen Überreste von jeweils drei geopferten Jungen, Mädchen und Böcken als Beweis für ihre ursprüngliche, durch den raschen makedonischen Vormarsch jedoch erschütterte Kampfbereitschaft zurückließen, geriet Alexander fast im Handumdrehen zwischen zwei Feuer. Denn ein dritter Stamm – die Taulantier, die seine agrianischen Verbündeten nicht hatten binden können – erschien plötzlich hinter seinem Heer.

Der Rückzug wäre die ungefährlichste Lösung gewesen, zumal es ihm nun an Lebensmitteln mangelte. Seine Vorräte waren durch die Verlängerung der Expedition erschöpft, sein Heer hatte sämtliche Reserven der Umgebung verbraucht, und seine Männer und Tiere waren hungrig. Trotzdem verwarf er diese Lösung. Vielmehr schickte er einen Fouragetrupp aus, der die Ernte in einer abgelegeneren, üppigeren Landschaft beschlagnahmen und die Pferde dort weiden lassen sollte. Sobald der Nachschub eintraf, wollte er seinen nächsten Schritt planen. Der Häuptling der Taulantier versuchte, dem Fouragetrupp bei dessen Rückkehr eine Falle zu stellen, doch Alexander entdeckte die Gefahr und vertrieb ihn mit einem raschen Handstreich ausgewählter Soldaten, die er selbst anführte.

Das Heer, obwohl nun gesättigt, war immer noch von Truppen umzingelt, die starke, unangreifbare Stellungen hielten: die befestigte Stadt vor und die Anhöhe hinter ihm. Alexander blieb nichts anderes übrig, als auszubrechen, wenn sein Heer in Kürze nicht wieder hungern sollte, doch ein wilder Ansturm oder ein Rette-sich-wer-kann war mit seinem Ansehen nicht in Einklang zu bringen. Deshalb musste er eine höchst schwierige Operation, eine kämpferische Absetzbewegung, durchführen. Er inspizierte die Rückzugslinien und entschied sich, wie später so oft, für das schwierigste Gelände. Offenkundig hoffte er, dass der Feind das Gegenteil annehmen, langsamer reagieren und ihm dadurch für einen Moment die Initiative überlassen würde. Und im Ergreifen einer Initiative entwickelte er sich bereits zum Meister.

Die Fluchtroute, die er auswählte, war der Wolfspass, ein Hohlweg, den das Flüsschen, an dem Pelion lag, durchfloss. Um seine Absicht zu verbergen, ließ Alexander das 25 000 Mann starke Heer wie zur Parade antreten »und kurzfristig verschiedene Formationen durchspielen«. Die Illyrer könnten geglaubt haben, irgendein Zeremoniell zu beobachten, doch in Wirklichkeit ordnete Alexander seine Reihen für den Durchbruch. Als er die Phalanx seiner Speerträger plötzlich vorstoßen ließ, gaben die am nächsten stehenden Feinde Fersengeld, so dass die erste Hindernisreihe unbemannt blieb. Nun befahl er dem Heer, »mit den Speeren gegen die Schilde zu donnern« und den makedonischen Schlachtruf auszustoßen, ein heiseres, heulendes *Alalalalai*, das weitere Feinde in die Flucht jagte.

Das Heer hatte den Wolfspass jetzt fast erreicht, und obwohl es an den Flanken nicht mehr bedroht war, blockierte der Feind, der die engste Stelle besetzt hielt, immer noch die Rückzugslinie. Bei Kampfhandlungen im Gebirge gilt es stets, die Anhöhen an sich zu bringen. Wir wissen nicht, ob Alexander diese Regel erlernt hatte oder sie intuitiv erfasste, aber er reagierte wie jemand, der die Regel kannte. Er eröffnete einen Fluchtweg, indem er eine gemischte Streitmacht aus Reitern und Fußsoldaten das Steilufer hinaufführte und dem restlichen Heer befahl, in der Verwirrung zum anderen Ufer hinüberzuwechseln. Sobald es dort Fuß gefasst hatte, feuerten Bogenschützen und Belagerungsmaschinen über den Fluss hinweg, die gemischte Truppe setzte sich im Schutz des Geschosshagels ab, überquerte ebenfalls den Fluss und schloss zum Hauptheer auf.

Die Brillanz dieser Operation aller Waffengattungen, die sich auf ein elegantes Zusammenspiel von Vorstoß und Geschossaktion stützte, war damit noch nicht beendet. Die Feinde verrechneten sich erneut, diesmal nahmen sie an, Alexander würde, dankbar für die glückliche Flucht, eine Verschnaufpause einlegen. Außerdem hatte er seinen Tross auf feindlichem Gebiet zurückgelassen. Die Illyrer entschädigten ihn dafür, indem sie sich allzu viel Ruhe gönnten, weder Schildwachen aufstellten noch ihre Stellungen befestigten und ihre taktische Formation aufgaben. Als Alexander von ihrer Unvorsicht erfuhr, überquerte er drei Tage später im Schutz der Dunkelheit mit seiner Lieblingsstoßtruppe aus Hopliten, Agrianen und Bogenschützen den Fluss, unternahm einen Überraschungsangriff auf das illyrische Lager und widerrief, verblüfft über seinen Erfolg, den Befehl, dass das übrige Heer ihm folgen solle. Die Dardaner und Taulantier zerstreuten sich in den Hügeln, nachdem sie Pelion hinter sich verbrannt und den Makedonen den Tross überlassen hatten. Und sie krönten Alexanders Leistung, die Abwendung der drohenden Katastrophe, mit der Schande ihrer eigenen Unfähigkeit; ihnen blieb kein anderer politischer Ausweg, als später unter ungünstigsten Bedingungen Frieden zu schließen.

Wie sind diese fünf Monate des stürmischen Gebirgskrieges zu beurteilen? Alexander verfügte über gewisse Vorteile: eine ausgezeichnete Berufsarmee, ein klares Ziel und uneinige Feinde. Aber auch die Letzteren besaßen Vorteile: enge Vertrautheit mit ihrem eigenen Terrain, ungehinderten Zugang zum eigenen Nachschub und das Wissen, dass sie über mehr Zeit verfügten und weniger zu verlieren hatten als Alexander. Doch sie hatten ihre Vorteile verschenkt, während er die seinen maximierte. Die unausrottbare Schwäche von kriegerischen Bergbewohnern, die sich über die Jahrhunderte von Alexander bis in unsere Tage und in so weit voneinander entfernten Gebieten wie Inverness-shire und Afghanistan zeigen sollte, besteht darin, dass sie die Schwierigkeiten überschätzen, die ihre heimischen Gipfel und Pässe unbeholfenen, doch disziplinierten Fremden bereiten. Zuweilen scheitern die Fremden – wie Karl der Große 778 in den Pyrenäen, die Briten 1842 bei Gandamak, die Italiener 1896 bei Adua und die Spanier 1921 bei Anual –, doch in der Regel setzen sich unerbittlicher Drill und schwere Waffen durch. Jenen »immer wirksamen Faktoren«, wie sie im sowjetischen Militärjargon hießen, fügte Alexander ganz zufällige und persönliche Variablen hinzu, nämlich unglaubliche Kühnheit, geistige Flexibilität und Entschlusskraft.

Woher seine Neigung rührte, die augenscheinlich schwierigste Möglichkeit für die lohnendste zu halten, können wir heute nicht mehr erahnen. Vielleicht war sie anlagebedingt, vielleicht entsprang sie der Intuition oder dem Intellekt, vielleicht beruhte sie auch auf der Beobachtung seines Vaters, der den starken Hang hatte, die Lösung militärischer Probleme blindlings und mit roher Gewalt anzugehen. Die Ursache ist nicht mehr wichtig. Das, worauf es während Alexanders nachfolgender Führerschaft ankommt, ist die Tatsache, dass er stets die schwierigsten Möglichkeiten vorzog und Hinweise darauf, dass der Feind die Schwierigkeit noch zu erhöhen trachtete – etwa wenn dieser eine von den natürlichen Gegebenheiten her starke Position wählte –, als Bestätigung der Unentschlossenheit des Gegners ansah. Wenn er entdeckte, dass der Feind eine starke Stellung – durch Befestigung oder Aufbau von Hindernissen – noch weiter ausgebaut hatte, schien dies seine Überzeugung zu untermauern, genau dort anzugreifen, da der Feind an einer solchen Stelle wenn nicht materiell, so doch moralisch am empfindlichsten zu treffen war. Vielleicht ist die Vermutung berechtigt, dass Alexander auch ohne Kenntnis der Adlerschen Theorie auf den Begriff des Minderwertigkeitskomplexes gestoßen war und dessen Ausnutzung zum Kern seiner Kriegsphilosophie machte.

Die Belagerungen

Der Belagerungskrieg galt bis zum Aufkommen von Schnell-
feuerwaffen stets – und zu Recht – als die gefährlichste aller
militärischen Operationen. Im Rückblick wird uns heute
deutlich, worin die Tragödie des Ersten Weltkriegs bestand:
darin, dass Zermürbungstaktik und Verbreitung von Schnell-
feuerwaffen plötzlich zusammentrafen, bevor das militärische Establishment der westlichen Welt diese Koinzidenz
rechtzeitig hatte entdecken oder daraus die angemessenen
Schlüsse ziehen können.

In der antiken Welt bargen Belagerungen drei Gefahren-
faktoren in sich: Sie wurde notwendigerweise im Nahkampf
ausgefochten, wo mit Muskelkraft geführte Waffen am ef-
fektivsten waren; sie verlangten einen hohen Grad körperlichen Einsatzes von Seiten der Angreifer; und sie waren ihrem
Wesen nach zeitaufwendig. Die Wirkung der beiden ersten
Faktoren konnte durch Gegenwehr und improvisierte Deckung in Gestalt von Türmen, Bollwerken und tragbaren Dä-
chern verringert werden. Aber nichts außer Epidemie, Verrat
oder moralischem Zusammenbruch konnte die »natürliche«
Länge einer Belagerung mindern, die von der Masse und
Komplexität der Verteidigungsanlagen abhing. Vauban, der
große Belagerungsingenieur Ludwigs XIV., behauptete, er
könne den Fall einer Festung bis auf den Tag genau berechnen. Solche Gewissheiten konnte es vor dem Aufkommen der
Artillerie nicht geben, denn die Stärke des Mauerwerks übertraf bei weitem die zu seiner Schleifung aufgewendete
menschliche Kraft, sei es in Form von Torsionsmaschinen
oder von Arbeit mit Hacke und Schaufel. Die Belagerungs-
kunst nahm mithin die Gestalt von erschöpfenden Erdarbei-
ten an, deren Gefahren durch Geschosse jeglicher Art verviel-
facht wurden.

Alexander führte nachweislich mehr als zwanzig – und

wahrscheinlich noch andere – Belagerungen durch: 335 Theben; 334 Milet und Halikarnassos in Kleinasien; 332 Tyros und Gaza an der östlichen Mittelmeerküste; 329 ungefähr sechs Belagerungen im nordöstlichen Persien; 328 Sogdisches Gebirge und Chorienesmassiv; 327–26 eine aspasische Stadt, Ora und das Aornosmassiv, alle im oberen Industal; 326 Sangala, eine nicht namentlich erwähnte Stadt der Maller sowie Multan, allesamt im heutigen Pakistan gelegen; und 325 drei Brahmanenstädte am Unterlauf des Indus. Infolge des stereotypen Charakters von Belagerungen – die »allmähliche Zermürbung« der Mauern und die verwegene »Eskalade« über sie hinweg sind die einzigen Varianten – verdienen nur drei größere Aufmerksamkeit: Theben, Tyros und Multan.

Die Belagerung von Theben ist deshalb bedeutsam, weil sie Alexanders erste war und ihm zu einer wichtigen Lektion verholfen haben könnte. Nicht dass er sich nach ihr gedrängt hätte. Die Nachricht von der Erhebung Thebens, das seit der Anerkennung von Philipps Hegemonie im Jahre 327 eine makedonische Garnison beherbergte, erreichte ihn im Oktober 335 an der Balkangrenze. Der Aufstand brach unmittelbar nach der Niederwerfung der illyrischen Rebellion aus, so dass Alexander die Stadt in Eilmärschen, auf denen 380 Kilometer zurückgelegt wurden, innerhalb von 13 Tagen erreichte, bevor die Revolte auf das eigentliche Griechenland übergegriffen hatte. Er stieß auf ein militärisches Problem: Manche Thebaner signalisierten sogleich ihre Bereitschaft zum Friedensschluss, aber die Kriegspartei tat es nicht und hatte die Kadmeia, den stärksten Teil der Befestigungen, mit einer doppelten Palisade umgeben. Die Palisade könnte die Kadmeia innerhalb und außerhalb der Hauptmauern völlig umschlossen oder nur vor den Mauern gestanden haben. Wie auch immer, Alexander konnte keinen Kontakt zu der makedonischen Burggarnison aufnehmen, solange die provisorischen Befestigungen nicht durchbrochen waren.

Alexander beschloss abzuwarten, da er hoffte, dass sich die thebanische Friedenspartei durchsetzen würde. Aber Perdikkas, ein hitzköpfiger Taxiarch, der zur Vorhut gehörte, forderte die Entscheidung heraus. Er durchbrach die erste Palisade und war bald in so heftige Kämpfe verwickelt, dass Alexander den Hauptangriff befehlen musste. In der engen Gefechtszone zwischen Palisade und Mauer neigte sich der Vorteil bald der einen, bald der anderen Seite zu, doch schließlich gewann Alexander die Oberhand. In ihrer Panik flohen die Thebaner in die Stadt, konnten jedoch die Tore nicht mehr hinter sich schließen. Die Burggarnison brach aus und stieß zu den Makedonen, die durch die nun unbewachten Tore hereinströmten. Kurz darauf begann ein schreckliches Gemetzel innerhalb und außerhalb der Stadt, denn viele Thebaner versuchten, in die offene Landschaft zu entkommen.

Dieses Massaker in der militärisch einst stärksten Stadt Griechenlands, die als Kulturzentrum allein Athen nachstand, entsetzte die übrigen Mitglieder des Korinthischen Bundes. Insbesondere Athen, das eine ähnliche Kriegspartei wie Theben besaß, vollzog einen diplomatischen Kotau, um Alexander zu besänftigen. Und alle anderen Staaten – das unversöhnliche und perserfreundliche Sparta natürlich ausgenommen – gaben sich genauso beschwichtigend. Gegen seine ursprüngliche Absicht – schließlich war er zunächst auf Versöhnung aus gewesen – hatte Alexander also die berauschende Lektion des Terrors gelernt. Er hatte die Greueltaten nicht befohlen, welche die Gossen von Theben mit Blut und Säuglingsleichen füllten. Aber diese Greueltaten hatten ihm eine so entschiedene Unterwürfigkeit der Griechen eingebracht, wie sie durch keinerlei Diplomatie oder militärische Bedrohung erreicht worden wäre.

Die Belagerung könnte ihm neben einer strategischen auch eine taktische Lehre gewesen sein: nämlich die, dass Kühnheit sich hier genauso großzügig auszahlen konnte wie auf dem offenen Schlachtfeld. Perdikkas, der sich von der schweren Verwundung, die er im Innern der thebanischen Palisade erlitten hatte, erholen und einer von Alexanders bedeutendsten Befehlshabern in Asien werden sollte, hatte eine möglicherweise langwierige und kostspielige Pattsituation überwunden, indem er einem im Grunde halsbrecherischen Impuls nachgab. Sein spektakulärer Auftritt im Angesicht der Gefahr hatte die Makedonen neben ihm gleichermaßen angespornt, und die Stadt war nicht ermüdender Belagerungstechnik, sondern einem Ansturm von Blutgier zum Opfer gefallen. Alexander mag sich an Perdikkas vor Theben erinnert haben, als seine einst verwegenen Makedonen zehn Jahre später und 4000 Kilometer entfernt unter den Lehmziegelmauern von Multan im Pandschab zauderten.

Tyros, die Stadt, die er in der bedeutungsschweren Periode zwischen seinem Anfangserfolg über Dareios bei Issos und seinem entscheidenden Sieg bei Gaugamela belagern sollte, erweckte nie den Anschein, als sei sie durch die Berserkermethode zu erobern, und Alexander zog dies gar nicht erst in Betracht. Der Ort, der in den letzten Jahren Schauplatz einiger der blutigsten Kämpfe in der libanesischen Tragödie war, spielte eine wichtige Rolle, weil in seinen beiden Häfen – Neu-Tyros auf der Insel vor der Küste – eine starke persische Flotte ankerte. Alexander konnte seinen Marsch entlang der Küste nach Ägypten nicht fortsetzen, wenn er die Bedrohung, die jene Streitmacht für den Heimatstützpunkt in seinem Rücken darstellte, nicht beseitigte. Von dort aus konnten die Perser ihre Operationen zur Beherrschung des östlichen Mittelmeers und der Ägäis koordinieren oder sogar den Krieg in Griechenland von neuem entfachen.

Arrianos merkt jedoch an, »dass sich die Belagerung von Tyros als ein gewaltiges Unternehmen offenbarte« – eine wunderbar moderne Aussage, die aus MacArthurs Pazifik- oder aus Margaret Thatchers Falkland-Feldzug hätte stammen können. Und tatsächlich: Neu-Tyros lag 1 000 Meter vor der Küste auf einer Felseninsel, war von fünfzig Meter hohen Mauern umgeben, mit einer Garnison von vielleicht 15 000 »außerordentlich fähigen und mutigen Kriegern« belegt und reichlich mit Vorräten ausgestattet. Deshalb stand kaum zu erwarten, dass der Hafen Verrat, Hunger, Krankheit oder einem Landungsunternehmen zum Opfer fallen würde. Alexander gelangte rasch zu dem gleichen Schluss und entschied sich für eine ganz persönliche Alternative: Er würde die Geografie verändern.

Heute ist Tyros durch eine Landenge mit der Küste verbunden. Deren Grundlage ist der knapp siebzig Meter breite Damm, den die Makedonen im Januar 332 auf Befehl ihres Königs aufzuschütten begannen. Arrianos berichtet: »Mit großem Eifer gingen die Makedonen ans Werk, zumal Alexander selbst dabei war, einzelne Anweisungen gab und sie durch sein Wort anspornte und die, welche sich durch eine besondere Arbeitsleistung auszeichneten, durch Geldgeschenke anspornte.« Die Beschreibung hätte genauso gut auf Vauban unter Ludwig XIV. gepasst, denn jener war nicht nur ein unvergleichlicher Meister der Belagerungstechnik, sondern auch der Belagerungspsychologie. Das Paradoxon der Belagerungstechnik besteht, wie Vauban wusste und Arrianos präzise zum Ausdruck brachte, darin, dass die Männer in der vordersten Linie »nicht für den Krieg, sondern für die Arbeit gekleidet« sein müssen. Eine Belagerung ist Erdarbeit unter Feuer; der Harnisch muss beiseite gelegt werden; halbnackte und schwitzende Körper arbeiten in Reichweite des Feindes, Hacke und Schaufel werden in nächster Nähe von Männern geschwungen, die an Geschützen und mit Hiebwaffen hantieren. Unter solchen Umständen genügt das Beispiel des Führers nicht; Männer müssen bestochen und belohnt werden, um sich den Risiken auszusetzen. Alexander, der selber vor keinem Risiko zurückschreckte, bestach und belohnte genauso, wie es die besten Belagerungsführer jahrhundertelang nach ihm taten.

Außerdem improvisierte er Antworten auf all die Tricks und Methoden, mit denen die Tyrier, in der Tat »außergewöhnlich fähige und mutige Leute« (die Charakterisierung stammt von N.E.L. Hammond, der selber in jener Gegend kämpfte), den unerbittlichen Fortgang der makedonischen Arbeiten hinauszögerten. Sie versuchten es mit einem Feuerschiff; es äscherte die beiden Belagerungstürme ein, anscheinend die höchsten jemals gebauten, die Alexander »zum vorderen Ende des Dammes hatte schieben lassen«. Während Alexander seine Flotte zusammenzog, segelten die Tyrier mit ihren Schiffen zum Gefecht hinaus und wichen erst zurück, als sie an Zahl hoffnungslos unterlegen waren. Sie begegneten seinen Bemühungen, die Attacke auf die Mauer – mit Hilfe von Rammböcken auf Schiffen – auszuweiten, indem sie eigene gepanzerte Schiffe aussandten, um die der Makedonen zu versenken. Sie bauten Türme und Katapulte, um jene Alexanders auszuschalten, und sie unternahmen einen erfolgreichen Flottenausfall, den sie in einem der Häfen, hinter Segeln abgeschirmt, vorbereiteten und bei dem sie einen Teil der makedonischen Flotte versenkten.

Im Juli 332, nach etlichen Monaten unermüdlicher Anstrengung, gelang es Alexander schließlich, eine Bresche in die Befestigungen von Tyros zu schlagen. Während er Ablenkungsmanöver an anderer Stelle der Befestigungen durchführte, ließ er von seinen zum Angriff übergehenden Schiffen Brücken in die Bresche hinunterwerfen, so dass seine Soldaten in die Stadt eindringen konnten. Dann folgte ein Massaker. Rund 8000 Tyrier starben während der Belagerung, vorwiegend wohl durch Greueltaten, denn die makedonischen Verluste beliefen sich insgesamt auf nur 400 Mann. Die 30000 überlebenden Tyrier wurden in die Sklaverei verkauft.

Bei Tyros hatte Alexander seine Fertigkeiten als Belagerungsingenieur, die bereits bei Milet und Halikarnassos zum Einsatz gekommen waren, vervollkommnet. Danach ließ er sein Belagerungsgerät durch ganz Asien mitschleppen (vielleicht nur die Metallteile, denn die Holzteile konnten jederzeit ergänzt werden). Aber während der Höhepunkt seiner Expedition heranrückte, wuchs der Widerwille des Heeres, sich weiter ans Ende der bekannten Welt treiben zu lassen, verschlechterte sich Alexanders Laune und nahm seine Geduld ab, was die besonnene Belagerungsarbeit anging. Am Chorienes- und Aornosmassiv (327–26) im heutigen Afghanistan und in dessen Nähe, leitete er Erdbewegungsoperationen ein, die jenen der Römer 400 Jahre später bei Masada ähnelten. Aber in Indien (326–25) wurde seine Belagerungstaktik von herrischen und persönlichen Motiven bestimmt. Bei Sangala beendete er eine kurze, gut geplante Belagerung mit einem blutigen Sturmangriff. Vor der »Stadt der Maller« stürmte er selbst, gefolgt von seinen Kriegern, auf die Mauer zu, und war dann »einfach überall in Aktion«. Bei Multan schließlich versuchte er, die Stadt praktisch ganz allein zu erobern. Dadurch zog er sich seine lebensgefährliche Verwundung zu.

Wie er dem Tod so nahe kam, ist detaillierter Aufmerksamkeit wert. Der Verlust des strategischen Gleichgewichts – ein Lieblingsausdruck von Montgomery – ist ein Teil der Erklärung. Als er im November 326 den Hydaspes (heute Dschilam) hinunterfuhr, rechnete er nicht mit Widerstand. Vielmehr plante er eine Forschungsreise, die das erste Stadium seiner Rückkehr nach Westen bilden sollte. Die Nachricht, dass die Maller – ein Volk, das den Unterlauf des Flusses kontrollierte – ihn an der Weiterfahrt hindern wollten, war eine böse Überraschung. Früher hätte er einen nüchternen Gegenschlag improvisiert, ohne aus der Fassung zu geraten. Aber wahrscheinlich war er selbst beunruhigt und frustriert. Er fuhr den Dschilam hinab, weil sich seine Soldaten geweigert hatten, ihm »ans Ende der Welt« zu folgen. Dadurch hatten sie sich gegen den *pothos* (Gottheit der Sehnsucht), eine seiner stärksten Energiequellen, gewandt.

Daher stand ihm bei seinem Angriff auf Multan nicht der Sinn nach einer »gemächlichen Belagerung« (die sich leicht hätte bewerkstelligen lassen, denn sein Belagerungsgerät konnte auf dem Wasser transportiert werden) oder danach, die »Eskalade« zu verzögern. Er stürmte mit einem Trupp sofort die Außenmauern und dann die Burg, in welche die Maller zurückgewichen waren. Die makedonische Hauptmacht lief hinter ihm her; einige Soldaten waren mit Leitern ausgerüstet, andere nicht, und die meisten glaubten anscheinend, die Stadt sei erobert. Als sie ihren Irrtum entdeckten, begannen sie einen ungeordneten Angriff, bei dem manche versuchten, die Grundfesten der Burg zu untertunneln, während andere, wo immer möglich, Leitern an die Mauern stellten.

Nun verlor Alexander die Geduld. »Im Glauben, dass sich die Makedonen, welche die Leitern heranschafften, drücken wollten«, packte er selbst eine, lehnte sie an die Wand, hielt sich den Schild über den Kopf und stieg hinauf. Ihm auf dem Fuß folgten Peukestas, ein Gefährte seit Kindestagen, der einen Teil der heiligen Rüstung aus Troja als Symbol bei sich trug, und Leonnatos, der Befehlshaber der Leibwache. Beide dürften entsetzt über die Gefahr gewesen sein, der sich Alexander aussetzte. Doch dieser war einem Amoklauf nahe. Er erreichte die Zinnen, stieß einige Inder mit dem Schild hinunter, tötete andere mit dem Schwert und wartete, nachdem er Fuß gefasst hatte, auf seine Gefolgsleute. Diese waren so begierig, zu ihm aufzuschließen – die brenzlige Situation hätte an einer Offiziersakademie ersonnen sein können –, dass sie die Leiter überbelasteten; sie zerbrach, die oberen stürzten auf die unteren Soldaten, und niemand konnte Alexander zu Hilfe kommen. Der König, »der sowohl durch die Pracht seiner Waffen als auch durch seinen wunderbaren Mut ins Auge fiel«, wurde nun aus nächster Nähe von Bogenschützen angegriffen. Aber er war nicht bereit, sich in Sicherheit zu begeben, sondern sprang in den Burghof hinunter und schlug mit seinem Schwert um sich, als wäre er Gulliver unter den Liliputanern.

Das weitere ist uns bekannt: Halbtot wurde Alexander kurz vor seinem letzten Herzschlag gerettet und sollte danach nie wieder der Alte werden. Aber dadurch veranlasste er sein erschrecktes Heer zu der extremsten »Alexanderverehrung«, die verzeichnet ist, inszenierte ein seltsames Auferstehungsritual und schaffte es, eine Versöhnung zwischen seinem »alten« (makedonischen) und seinem »neuen« (persischen) Heer herbeizuführen, was ihm vielleicht auf keine andere Weise gelungen wäre. Seine Fähigkeit, fast jede Wendung des Schicksals zu seinem Vorteil zu nutzen, war nicht beeinträchtigt worden.

Die großen Schlachten

Während uns Alexanders Belagerungen viel über das Wesen der heroischen Führerschaft – beispielhaft, kühn, tatkräftig und leidenschaftlich – verraten, zog auch Alexander zweifellos große Lehren aus seiner Erfahrung mit dem Belagerungskrieg. Halikarnassos, Tyros und Gaza waren Stadien seines 335 mit den kleinen Balkanschlachten gegen die Thraker und Illyrer begonnenen Lernprozesses, der im entscheidenden Ringen mit Dareios gipfelte.

Gebirgsscharmützel und Belagerungen sind jedoch kein erzieherischer Ersatz für den Test der Führerschaft in der Feldschlacht. Erst in offenem Gelände, wenn Heere im Griff der schrecklichen Einheit von Zeit, Ort und Tat aufeinander prallen, können Voraussicht, Flexibilität, Entschlusskraft,

Geduld, räumliches Denken, sparsamer und verschwenderischer Umgang mit den Reserven, körperlicher Mut und moralische Kraft wirklich auf die Probe gestellt werden. Diese Prüfung kann für jeden Führer vernichtend sein; vielleicht gibt es kein schlimmeres Schicksal auf Erden als das des besiegten Generals, der mit der Last sinnlos geopferter Leben auf dem Gewissen seine Tage beschließen muss. Für den heroischen Führer ist dieses Schicksal buchstäblich vernichtend. Zu wissen, wann und wie er sein Leben einsetzt, heißt auf dem schmalen Grat zwischen Tod und Triumph zu wandeln.

Alexanders drei entscheidende Feldschlachten – entscheidend, weil sie mit seinen zentralen Anliegen, der Eroberung des Perserreiches, zu tun hatten – fanden in einer für ihn überaus günstigen Reihenfolge statt. Er konnte die erste Schlacht – am Granikos – an der nächstgelegenen Grenze des Reiches und in Abwesenheit von Dareios, der seine Untertanen vielleicht zum Sieg angespornt hätte, schlagen. Bei Issos kämpfte er unter gleichen Bedingungen gegen einen Feind, dem er sich gewachsen fühlte. Und bei Gaugamela genoss er, obwohl sein Heer zahlenmäßig stark unterlegen war, einen unschätzbaren Vorteil, da er den gegnerischen König zu dessen Schande bereits einmal vom Schlachtfeld getrieben hatte. Wäre der psychisch noch nicht angeschlagene Dareios an der Spitze eines überlegenen Heeres bereits am Granikos erschienen, so hätte Alexanders Expedition dort vielleicht ein Ende gefunden.

Doch Alexander ging nicht nur mit großem und dann noch gewachsenem Selbstvertrauen in jede dieser Entscheidungsschlachten, er verfügte auch über eine integrierte Kommandotechnik. Wie sah sie aus?

Im Wesentlichen setzte sie sich aus zwei Elementen zusammen: erstens aus dem Glauben, dass der Feind, wenn man die Zeichen richtig deutete, die Stelle, an der er den Angriff am meisten fürchtete, preisgeben würde und damit seine moralische Verletzlichkeit, die wichtiger war als jede vermeintliche physische Schwäche; zweitens aus der Entschlossenheit, den Sturmangriff auf jenen Schwachpunkt persönlich auszuführen.

Beide Elemente sind in seinem Verhalten bei der Schlacht am Granikos klar auszumachen. Parmenion trat, wie wir wissen, dafür ein, die Schlacht zu verschieben. Nach drei Tagesmärschen seit der Landung in Abydos war das Heer frühestens gegen Mittag – es war Ende Mai oder Anfang Juni 334 – 65 Kilometer östlich eingetroffen. Parmenion missfiel der Gedanke, den Fluss angesichts eines Feindes zu überqueren, der sich am anderen Ufer bereits zur Schlacht formiert hatte. Am wenigsten behagten ihm die geografischen Gegebenheiten: »Denn man sieht ja, daß [der Fluss] viel tiefe Stellen hat, und du siehst, daß seine Ufer an manchen Stellen ihn hoch überragen und sehr steil sind.«

Alexander hatte dies bestimmt bemerkt, und es muss ihm den gewünschten Aufschluss gegeben haben: Die persischen Befehlshaber verließen sich darauf, den Feind mit Hilfe des beschwerlichen Terrains zu schlagen.

Damit eine Verzögerung die Perser nicht ermutigte, sich auch nur eine Sekunde lang für ebenbürtig zu halten, befahl er sofort den Angriff. Er ließ die bereits in Schlachtordnung angetretene Phalanx zum Ufer vorrücken. Gleichzeitig schickte er Parmenion mit einem Teil der Reiterei auf den linken Flügel, während er selbst mit den übrigen Reitern auf dem rechten Flügel Stellung bezog. Dann gestattete er den Persern, das Schauspiel der angriffsbereiten Makedonier eine Zeitlang zu betrachten. Die Perser, die ihr Fußvolk in zweiter Reihe auf einem Hügel zurückgelassen hatten, verstärkten nun ihre Reiterei gegenüber der Stelle, an der sie Alexander in seiner prächtigen Gefechtskleidung sehen konnten.

Und was konnte Alexander sehen? Er hielt das Heer eine Weile zurück, vielleicht um zu warten, bis sich der von 40000

Reitern und Fußsoldaten aufgewirbelte Staub gelegt hatte, und wahrscheinlich auch, um die feindliche Reiterei in noch größere Furcht zu versetzen. Diese war, 20 000 Mann stark, an einer etwa 2 000 Meter breiten Front aufgezogen und folglich zehn Reihen tief. Jede Reitersäule war, wenn die Pferde dicht hintereinander standen, rund 35 Meter lang. Nur die Berittenen in den vorderen Reihen können mehr als ihre unmittelbaren Nachbarn wahrgenommen haben. Alexander dagegen hatte die gesamte feindliche Reiterei im Blick; vielleicht konnte er von seiner Position am gegenüberliegenden Ufer aus sogar den ferneren Flügel der Perser beobachten.

Wartete er auf ein Beben in den persischen Reihen? Pferde empfinden Furcht und sind besonders sensibel für die Angst ihrer Reiter. Eine kaum merkliche Bewegung, die Unschlüssigkeit oder leichte Nervosität anzeigte, könnte Alexanders Vormarschbefehl ausgelöst haben. Wie auch immer, irgendwann »schwang sich [Alexander] auf sein Pferd« – ein Page muß dabei Bukephalos' Kopf festgehalten haben –, rief sein Gefolge zu sich, befahl einem Schutzgeleit aus Plänklern und paionischer leichter Reiterei vorzurücken und sprengte hinter ihnen her.

Binnen Sekunden – der Fluss ist nur etwa 33 Meter breit – kam es zum Kampf, der in vier Phasen zerfiel: Kontakt, Reitergefecht, Vormarsch der Hopliten, abschließendes Gemetzel.

Zum Kontakt kam es unter einem Speerhagel, den die Perser aus ihrer überlegenen Position herunterschleuderten. Die griechischen leichten Truppen, die sich gegen die Strömung nach rechts stemmten, erlitten schwere Verluste und wurden am entfernten Ufer zurückgetrieben, wo sich die persische Reiterei massierte.

An dieser Stelle schaltete sich Alexander ein. An der Spitze der Hetairen reitend, »brach er als erster in die Perser ein, da, wo die ganze dicht zusammengedrängte Masse ihrer Reiterei und ihre Feldherren Stellung genommen hatten«. Seine Soldaten stauten sich hinter ihm, und »um den König entbrennt ein gewaltiger Kampf … Es war freilich ein Kampf von den Pferden herunter, doch glich er mehr einem Kampfe von Massen des Fußvolkes. Denn es kämpften dicht zusammengeballt Pferde mit Pferden und Männer mit Männern.«.

Ihre Ausrüstung verschaffte den Makedonen einen Vorteil, denn ihre Lanzen hatten eine größere Reichweite als die Speere der Perser. Gleichwohl ging Alexander ein schreckliches Risiko ein. Der Feind war auf seine Tötung erpicht, und es wäre ihm fast gelungen. Seine Lanze zerbrach, und er kämpfte mit einer Hälfte weiter, bis einer seiner Gardisten ihm eine neue Lanze gab. Wie wir wissen, konnte ihm ein Perser aus nächster Nähe einen Schlag auf den Helm versetzen; ein zweiter hatte den Säbel zum Hieb erhoben, doch ein Leibwächter kam dem Angreifer zuvor und trennte ihm »die Schulter … mitsamt dem Säbel ab«.

Auffällige Führerschaft spielte nun keine Rolle mehr; in dem Gewirr von Männern und Pferden war Alexander nur ein Krieger unter vielen. Aber sein erster Ansturm zeitigte bereits Wirkung. Die Makedonen waren ihm scharenweise gefolgt und drängten die Perser durch ihre überlegene Zahl und ihre rasende Entschlossenheit zurück. Die persische Front wankte »zuerst an der Stelle, wo sich Alexander im wildesten Kampfe befindet«. Danach brach, von der makedonischen Phalanx bedrängt, das Zentrum zusammen. Bald darauf kam es zum allgemeinen Zusammenbruch. Die Makedonier besetzten das Steilufer, und die persische Reiterei »wendet sich zur Flucht«.

Die persischen Reiter flüchteten zu den Flügeln und ließen ihre griechischen Söldnerkameraden im Stich. Kurz darauf wurden jene Hopliten von der makedonischen Reiterei an den Flanken und von der makedonischen Phalanx von vorn angegriffen. Laut Arrianos blieben die Söldner »mehr aus

Schreck über das unfassbare Geschehen als infolge eines festen Entschlusses an der Stelle, wo sie zuerst aufgestellt waren«. Schreckgelähmte Soldaten angesichts des überraschenden feindlichen Ansturms sind ein auf Schlachtfeldern immer wieder beschriebenes Phänomen. Kurz darauf waren die Söldner umzingelt und wurden niedergemacht. Wenn anerkannten Quellen zu trauen ist, ließen rund 18 000 Mann ihr Leben. Das ist nicht ausgeschlossen: Ungefähr 60 000 eingekesselte Römer sollen 150 Jahre später in der Schlacht bei Cannae gefallen sein.

Alexanders Sieg war damit nicht nur vollständig, sondern hatte auch seine Lagebeurteilung sowie sein Operations- und Befehlssystem bestätigt (das nach heutigen Begriffen überhaupt nicht existierte). Nachdem er seine Vorbereitungen getroffen und seine Befehle erteilt hatte, übte er keine allgemeine Kontrolle über die Schlacht aus, wozu er auch gar nicht imstande gewesen wäre, denn mitten im Kampfgetümmel musste er sich auf sein Überleben konzentrieren. Trotzdem hatte die »heroische« Führerschaft ihre Funktion erfüllt. Das Wissen, dass ihr König sein Leben aufs Spiel setzte, motivierte fähige und gut instruierte Unterführer an der Spitze gedrillter und selbstbewusster Soldaten, so einsatzfreudig und geschickt zu kämpfen, als stünde Alexander an der Seite eines jeden von ihnen.

Bei Issos sollte Alexander seinem Widersacher zum erstenmal persönlich gegenüberstehen – später sogar von Angesicht zu Angesicht. Diesmal unterschied sich der strategische Prodromus von dem am Granikos; dort hatten die Perser den Fehler gemacht, die Makedonen widerstandslos an Land gehen zu lassen und sie an der ersten Verteidigungsstellung in der Vormarschrichtung zu erwarten.

Im Winter 333, nachdem Alexander 18 Monate anderswo in Asien beschäftigt gewesen war, nahmen sie ihn ernster: Sie waren genauso entschlossen wie Alexander, eine vorteilhafte

Position zu suchen. Deshalb streckte Dareios, der mit einem großen Heer aus Babylon angerückt war, Anfang November seine Fühler über das im Winkel zwischen Kleinasien und Syrien zur Mittelmeerküste hin auslaufende Taurusgebirge hinweg aus. Alexander, der sich gerade von einer schweren Krankheit erholt hatte, tastete sich an der Küste entlang nach Westen vor und hielt entweder in Syrien oder im Hinterland nach Dareios Ausschau.

Fehlinformationen veranlassten ihn zu seinem unüberlegten Vorstoß ins syrische Gebiet. Als Alexander präzisere Meldungen erhielt, hatte Dareios in seinem Rücken bereits das am Pinaros zurückgelassene schwere Gerät erbeutet und wartete dort die Schlacht ab. Alexander mußte sich nun wohl oder übel zum Kampf stellen, um sein Prestige, seinen Tross, seine Verbindungslinie zur Heimat und, was das wichtigste war, den Zugang zum Nachschub zurückzugewinnen. Kämpfen oder hungern. Ein Grund mehr für Alexander, den Zusammenstoß bei Issos zu der Entscheidungsschlacht zu machen, die er seit seiner Ankunft in Asien gesucht hatte.

Nun liefen die Ereignisse ab, wie sie auch der Schlacht am Granikos vorausgegangen waren. Die Perser, seit 36 Stunden in ihren Stellungen, waren bereits in Schlachtordnung angetreten; ihre Zahl – übertrieben wie in sämtlichen Kriegsberichten aus der Antike – war unzweifelhaft größer als die der Makedonen (etwa 40 000 Mann). Das Heer des Dareios, bestehend aus griechischen Söldnern, persischer Elitereiterei und homogeneren Einheiten Fußsoldaten und Berittenen aus dem gesamten Reich, könnte 100 000 oder sogar 200 000 Mann umfasst haben; Engels, der bei weitem zuverlässigste Kommentator, spricht von 160 000 Mann. Auf einer rund 4 000 Meter langen Front hatte Dareios – vor der Erfindung des Schießpulvers war die Wahl begrenzt – auf beiden Flügeln Reiterei, zur Rechten Steinschleuderer und Fußvolk im Zentrum aufgestellt. Er selbst und sein Gefolge hatten hinter seinen besten Soldaten, den griechischen Söldnern, zum linken Flügel hin Stellung bezogen.

Nachdem sich Alexander mit anspornenden Worten an seine Unterführer gewandt hatte, tat er fast das Gleiche. Auch er postierte auf beiden Flügeln Reiterei und Sarissenträger und Hopliten im Zentrum, während er selbst an der Flanke, die Dareios am nächsten war, seinen Platz einnahm. Da die Perser das höher gelegene Gelände zu seiner Rechten besetzt hatten, schickte er eine Reihe Bogenschützen, Reiter und leicht bewaffnete Fußsoldaten in jene Richtung (technisch gesprochen »verweigerte« er jene Flanke). Dann gab er den Befehl zu einem langsamen Vormarsch »mit Pausen, so dass sie ganz gemächlich vorzurücken schienen« – ungeachtet der Rufe aus den Reihen, »den Feind anzugreifen«.

Die meisten Kommentatoren haben diesen stockenden Vormarsch als Teil eines Plans erklärt, Streitkräfte unbemerkt an den rechten Flügel zu schmuggeln oder eine Gelegenheit zur Inspektion der persischen Schlachtordnung zu erhalten. Viel wahrscheinlicher ist jedoch, dass Alexander den Feinden wie am Granikos Angst einflößen wollte, denn er hatte wiederum festgestellt, dass sie sich weniger auf ihren Mut als auf die »natürliche Stärke ihrer Position verließen«. Tatsächlich waren die Beweise nicht zu übersehen. Denn statt sich einfach wie am Granikos an den Hochufern des Flusses aufzustellen, hatten die Perser der Natur sogar noch nachgeholfen, »indem sie dort, wo die Ufer nicht ›steil‹ genug waren, Palisaden errichteten«. »Hier«, schreibt Arrianos, »erhielt Alexanders Stab den Eindruck, dass Dareios ein Mann ohne Tatkraft sei«. Es war ein strenges, ja verächtliches Urteil, doch es traf den Kern der Sache. Zweitausend Jahre später, als die nordeuropäischen »Philhellenen« den Griechen im Unabhängigkeitskrieg gegen die Türkei zu Hilfe kamen, bewies ihnen die Tatsache, dass diese sich den Gegnern erst stellen wollten, nachdem sie ebensolche Palisaden auf dem von ihnen gewählten Schlachtfeld errichtet hatten, wie sehr Alexanders Nachkommen in die Unterwürfigkeit abgesunken waren. Ein anderer Autor des Altertums bringt den Gedanken der Unterwürfigkeit noch exakter zum Ausdruck: »Zu diesem Zeitpunkt [beim Anblick der Palisaden] begriffen die Männer um Alexander sehr deutlich, dass Dareios' Denkart sklavisch war.«

Bedenkt man Alexanders anfängliche moralische Überlegenheit, waren seine Siegeschancen viel besser, als das Missverhältnis der Zahlen hätte vermuten lassen. Er selbst war über jeden Zweifel erhaben. In Feindesnähe ritt er seine eigene Front ab, ermahnte seine Männer zur Tapferkeit und begrüßte die Unterführer und alle Kämpfer, die sich hervorgetan hatten, namentlich. Danach kehrte er unter dem Jubel der kampflustigen Männer zu seinem Gefechtsstand zurück und führte sie in den Kampf.

Die anschließende Schlacht hatte zwar ein größeres Ausmaß als die am Granikos, war jedoch einfacher angelegt und rascher beendet. »Alles fiel so aus, wie Alexander erwartet hatte.« Er stürmte einfach in einem Moment seiner Wahl über den Fluss hinweg, ließ den Wirkungsbereich der persischen Bogenschützen rasch hinter sich und prallte so heftig auf die um Dareios aufgestellte Reiterei, dass sie »im ersten Moment des Kampfes« zurückwich. Dareios wandte sich zur Flucht und Alexander verfolgte ihn.

Im Zentrum, wo die griechischen Söldner der Perser und die makedonischen Fußsoldaten ihre Lanzen ineinander verhakt hatten, kam es zu »schweren« Kämpfen; die Griechen versuchten, die Makedonen in den Fluss zu stoßen – mit einigem Erfolg. Nicht alle Makedonen machten sich »mit der gleichen Begeisterung an die Arbeit« (ein seltener Fall von mangelnder Kampfmoral); einige konnten die Steilufer nicht überwinden, und die gesamte Phalanx verlor rechts den Kontakt zur Reiterunterstützung, während Alexander tief in die persischen Reihen vorsprengte. Dieses brutale Handgemenge – die ungewöhnlich hohe Zahl von 130 makedonischen Lanzenträgern fiel in einem offenbar ausgedehnten, lauten, zornigen, nach Furcht riechenden Getümmel – wurde erst beendet, als ein Teil der makedonischen Reiterei auf dem rechten Flügel die linke Flanke der griechischen Söldnerreiterei umzingeln konnte. Die makedonischen Reiter wurden nun von persischen angegriffen, die aber hielten jedoch stand, setzten das Umzingelungsmanöver fort und konnten so die persische Front schließlich »aufrollen«. Sobald das persische Heer zusammengepfercht wurde, wich es auf ganzer Länge zurück und ergriff die Flucht.

Auf ihrer wilden Flucht erlitten die Perser hohe Verluste; die Verfolgung wurde vierzig Kilometer weit bis an den Fuß des Taurus fortgesetzt, und bald lagen zahlreiche Tote über die Ebene verstreut, darunter viele persische Elitereiter, welche die Makedonen sich als besondere Ziele erkoren hatten. Zweck dieser Aktion war, die Gesellschaftsschicht zu schwächen, auf deren direkte Hilfe Dareios angewiesen war. Der Großkönig konnte sich der Jagd seiner Verfolger entziehen. Er ließ seine Familie, sein prächtiges Zelt und schließlich auch den kaiserlichen Kampfwagen im Stich, es gelang ihm, einen Pass durchs Gebirge zu finden und sich auf der anderen Seite des Euphrat in Sicherheit zu bringen.

Alexander sollte Dareios erst 23 Monate später wieder gegenüberstehen. Unterdessen führte er die großen Belagerungen von Tyros und Gaza durch und zerstörte die Flottenbasis der Perser im Mittelmeer, verleibte Ägypten seinem wachsenden Reich ein, besuchte Siwa und erstickte den Widerstand in Syrien und im Gebiet des heutigen nördlichen Irak. Dareios verhielt sich derweil still, stellte ein neues Heer zusammen, legte Vorräte für einen großen Feldzug an und wartete darauf, dass Alexander einen Fehler machte. Er wusste, dass der junge König ihm letzten Endes ins Kernland des Reiches folgen würde, und er beabsichtigte, Zeit und Raum zu nutzen, um Alexanders nachweislich überlegene Operationsführung wettzumachen. Wenn wir eine historische Analogie suchen, so lässt sie sich in Stalins Strategie im Russland des Jahres 1942 finden: Der Feind sollte beim Marsch über gewaltige Entfernungen seine Kräfte strapazieren und durch »Überdehnung« auf unvertrautem Terrain einem entscheidenden Gegenschlag ausgesetzt werden. Im November 1942 sollte der Gegenschlag bei Stalingrad, im Oktober 331 v. Chr. bei Gaugamela stattfinden.

Wie sich jedoch herausstellte, verstand sich Alexander besser als Dareios auf die Nutzung von Zeit und Raum. Der Großkönig hatte sich ausgerechnet, dass die Makedonier von ihrem Stützpunkt im Libanon durch das obere Viertel des Fruchtbaren Halbmonds zu ihrem Hauptlager am Euphrat marschieren und sich dann durch die Arbelitis auf Babylon, die Winterhauptstadt und damalige Operationsbasis des Großkönigs, zubewegen würden. Es war eine plausible Annahme, aber sie traf nicht zu. Alexander beschloss – vielleicht wegen der dort kaum erträglichen Sommertemperaturen (44 Grad Celsius sind üblich) –, das »Zweistromland« zu meiden, *beide* Flüsse zu überqueren und am Ostufer des Tigris entlang nach Süden zu marschieren.

Die überraschende Nachricht verleitete Dareios zu überstürztem Handeln. Er brach sein Lager bei Babylon ab, zog nach Norden und schickte Kundschafter aus, die das makedonische Heer ausfindig machen sollten. Einige fielen Alexander in die Hände. Sie unterrichteten ihn über die Truppenbewegungen der Perser, während Dareios über die der Makedonier im Dunkeln tappte. Da er jedoch wusste, dass Alexander sich wegen des Nachschubs nicht vom Tigris entfernen konnte, beschloss Dareios, am Oberlauf des Flusses eine starke Stellung zu besetzen und dort auf den Feind zu warten.

Die Stätte, die er bei Gaugamela wählte – am Boumelos (Großer Zab), einem Nebenfluss des Tigris –, war eine völlig ebene, etwa 21 Quadratkilometer große Fläche, deren Boden er zusätzlich planieren und einem Bericht zufolge darauf sogar drei »Startbahnen« für seine Kampfwagen anlegen ließ.

Diese Maßnahmen könnten die wahrhaft riesigen Ausmaße seines Heeres notwendig gemacht haben. Selbst wenn man die Übertreibungen antiker Schriftsteller außer Acht lässt, muss seine Streitmacht Alexanders 50 000 Mann um ein Mehrfaches übertroffen haben, denn Dareios hatte Soldaten aus allen Winkeln seines Reiches rekrutiert. Arrianos erwähnt 24 Nationalitäten, von denen manche, etwa die skythischen Steppenreiter, einen furchteinflößenden Ruf hatten.

Die meisten anderen Nationalitäten waren weniger eindrucksvoll. Dareios hatte sich überversichert und zu viele Kontingente von minderem Wert herangezogen, die den beherzten Kriegern auf dem Schlachtfeld nur im Weg stünden. Aber die Zahl der Letzteren war groß genug, um Alexander Sorgen zu bereiten. Deshalb und weil Dareios den Boden so sorgfältig vorbereitet hatte, ging Alexander mit größerer Vorsicht als je zuvor an die Schlacht bei Gaugamela heran. Seine Vorkehrungen konzentrierten sich auf vier Aspekte: Erkundung, Timing, psychologische Vorbereitung und taktische Methode.

Nachdem Alexander Dareios' Standort ausfindig gemacht hatte, verwandte er vier Tage darauf, sein Heer ausruhen zu lassen und eine sichere Operationsbasis aufzubauen. Der Tross wurde innerhalb einer Verschanzung untergebracht. Dann, am Abend des 29. September, ließ er das Heer in Schlachtordnung vorrücken, hielt inne und beriet sich mit seinen Befehlshabern. Die meisten seiner Unterführer sprachen sich für einen sofortigen Angriff aus, doch Parmenion empfahl, »erst ein Lager aufschlagen und das ganze Gelände rekognoszieren« zu lassen. Alexanders Entschlossenheit, diese Schlacht zu seinen Gunsten zu gestalten, lässt sich daran ablesen, dass er nun dem Rat seines besonnenen alten Kampfgefährten folgte, dessen Temperament sich so sehr von dem des Königs unterschied.

Allerdings ging er am folgenden Abend nicht auf Parmenions Vorschlag ein, das Heer mitten in der Nacht in die Schlacht zu führen. Dagegen sprachen plausible militärische Gründe: Wenn der Nachtangriff scheiterte, würden die Makedonier in einem Terrain herumirren, das den Persern, nicht aber ihnen selbst vertraut war. Daneben gab es andere, auf dem gesunden Menschenverstand beruhende Gründe. Alexander wollte weder »einen Sieg stehlen« noch etwas »zu Riskantes« wagen. All seinen bisherigen Leistungen zum Trotz war er immer noch ein Hochlandfürst aus der griechischen Provinz. Verdankte er einem Nachtangriff den Sieg, konnte sich Dareios womöglich auf einen »Regelverstoß« berufen und seine Herrschaft fortsetzen; und wenn Alexander nach einem Nachtangriff unterlag, wäre, noch schlimmer, alles für ihn verloren.

Soviel also zum Timing: Er würde »am hellen Tage« kämpfen. Was die psychologische Vorbereitung betraf, so war es überaus vernünftig, die Perser die ganze Nacht des 30. September hindurch unter Waffen stehen zu lassen, da sie einen Nachtangriff »von Beginn an gefürchtet hatten«; diese Furcht war nicht plötzlich aus der momentanen Krise entstanden, sondern quälte sie seit langem, so dass sie »ihre Nerven schwächte«. Noch vernünftiger war es, seine Rede vor der Schlacht kurz zu halten. Alexander schärfte seinen Unterführern ein, »dass sich ein jeder im Kampfe, soviel an ihm selber liegt, strengster Manneszucht befleißigt und strengstes Schweigen wahrt, wenn man schweigend angreifen muss, und umgekehrt hellklingenden Kampfruf erschallen lässt, wenn dieser am Platze ist, und Grauen erregendes Kriegsgeschrei, wenn der Moment es fordert. Und ihr selber müsst scharf auf die Befehle hören, damit ihr die Befehle scharf und klar an die Abteilungen weitergebt. Und jeder einzelne muss sich bewusst sein, dass, wer sich vernachlässigt, das Ganze gefährdet, wenn er sich aber aufs Äußerste anstrengt, auch das Ganze gefördert wird.«

In dieser musterhaften Rede ging Alexander nur am Rande auf seinen ersten wirklich von Klischees abweichenden taktischen Plan ein. Am Granikos und bei Issos war er einfach dem Ruhm entgegengestürmt. Bei Gaugamela jedoch, wo er sowohl an Zahl unterlegen als auch vom Feind umzingelt war, musste er subtilere Methoden anwenden, um den Sieg zu erringen. Er übernahm die revolutionäre Taktik, welcher sich der thebanische General Epameinondas bei Leuktra gegen die Spartaner bedient hatte, so kreativ, dass seine Variante wiederum als Neuerung betrachtet werden kann. Epameinondas hatte mit der Konvention gebrochen und einen seiner den Spartanern gegenüberstehenden Flügel viel stärker bemannt. Alexander ging noch weiter. Er stellte sein Heer im Einklang mit der persischen Schlachtordnung auf – Fußvolk im Zentrum, Reiterei zur Linken und Rechten – und marschierte dann *schief* an der Front des Feindes vorbei, bis sein rechter Flügel dessen linken berührte. Es war ein gewaltiges Risiko im Spiel um einen gewaltigen Preis.

Das Risiko machte sich bezahlt. Statt sein Heer zum Angriff auf die Makedonen vorzuschicken, während ihr linker Flügel seiner Front zugewandt war, wartete Dareios untätig auf ihre Attacke. Sobald die Spitze von Alexanders Kolonne – er war natürlich dabei – die persischen Reihen berührte, taten ihm deren Reiter den Gefallen vorzupreschen, um seine Flanke zu umgehen. Dadurch verloren sie den Kontakt zu ihren Fußtruppen im Zentrum und öffneten die Lücke, nach der Alexander gesucht hatte. Er stürmte »an der Spitze eines Keils aus der Reiterei seiner Getreuen« hinein, und »sie stoßen mit den Schilden und stechen mit ihren langen Lanzen die Perser ins Gesicht« – genau wie zuvor am Granikos. Der Schock saß tief. »Der Tod in tausend Gestalten umrast den König Dareios, der schon längst in großer Angst ist: da packt ihn das Grauen, er kehrt um und flieht in rasender Hast.«

Das war das Ende von Dareios' Herrschaft. Ein paar Sekunden der Entschlossenheit bei Gaugamela hätten dem Großkönig vielleicht die Demütigung und das spätere Leid erspart. Denn während er sich noch zur Flucht wandte, geriet die makedonische Phalanx in Schwierigkeiten. Vielleicht hatte sie sich zu sehr bemüht, mit Alexanders berittenem Angriff Schritt zu halten (wozu Fußsoldaten außer Stande sind), und dadurch den Zusammenhalt im Zentrum verloren. Jedenfalls tat sich eine Lücke in der Phalanx auf, durch die indische und persische Reiter bis zum Tross der Makedonier vorstießen, wo sich ihnen ein Trupp persischer Kriegsgefangener anschloss. (Ein sehr ähnlicher Vorfall ereignete sich während der Schlacht von Azincourt.) Parmenion schickte einen berittenen Boten zu Alexander um Hilfe. Der König gab die Verfolgung vorübergehend auf und kehrte zurück, um sich der zeitweilig sehr blutigen Reiterschlacht anzuschließen: »Sie denken aber überhaupt nicht mehr an Lanzengefecht oder kavalleristische Manöver …; vielmehr sucht sich ein jeder auf eigene Faust durchzuschlagen …; sie kämpfen ja nicht mehr für fremden Sieg, sondern nur für ihre persönliche Rettung.« Sechzig der berittenen Gefährten fielen in diesem Kampf, der die Wiederaufnahme der Verfolgung für einige Zeit verzögerte. Als Alexander ihm wieder nachsetzen konnte, hatte sich Dareios weit genug entfernt, um unversehrt zu entkommen.

Alexander und die Maske der Befehlsgewalt

Gaugamela war eine wirkliche Entscheidungsschlacht. Kraft des Rechts der Eroberung ging die legitime Herrschaft von Dareios auf Alexander über und versetzte, nachdem Dareios im Juli 330 verräterischen Höflingen zum Opfer gefallen war, dessen sämtliche Gegner in den Status von Rebellen. Im Sommer 328, am Ende eines Feldzugs, der in zweijährigen Kämpfen ein Ausmaß der Befriedung mit sich brachte, zu dem die Briten in Indien nach dem Sieg von Plassey ein ganzes Jahrhundert benötigten, hatte er seine Autorität im gesamten Reich gefestigt und schickte sich an, »zum Ende der Welt« zu marschieren.

Alexanders Triumph war mithin am Abend des 1. Oktober 331 vollendet. Er sollte diesen einzigartigen Erfolg nicht mehr wesentlich ausbauen. Was hatte ihm diese Leistung ermöglicht?

Hunderte von Historikern und Biografen und Dutzende von Möchtegernnachahmern haben eine Antwort auf diese Frage gesucht. Die beiden Vertreter diametral entgegengesetzter Positionen sind Sir William Tarn, der sein Lebenswerk Alexander widmete und ihn letztlich als eine Art vorchristlichen Heiligen einstufte, und Ernst Badian, der vor dem Totalitarismus des 20. Jahrhunderts floh und Alexander für so etwas wie ein Urbild Hitlers hielt. Von seinen Nacheiferern bezeichnete Pompejus sich selbst als einen zweiten Alexander; Cäsar weinte, weil er im selben Alter nicht einen Bruchteil von Alexanders Leistungen vollbracht hatte; Augustus betete an seinem Grab; Trajan behauptete, ihn übertroffen zu haben; Napoleon meinte, das Studium von Alexanders Leben sei die beste militärische Ausbildung. Keiner seiner Nachahmer – nicht einmal Napoleon – kam ihm gleich oder auch nur nahe, wenn man das Ausmaß der Eroberungen betrachtet, und Tarns wie Badians Charakterisierungen sind Zerrbilder (wobei der Letztere nicht so weit von der Wahrheit entfernt ist wie der Erstere).

Alexanders Innenleben ist uns fast völlig unbekannt. Seine mündlichen und schriftlichen Äußerungen sind nirgends Wort für Wort festgehalten. Er hinterließ keine Gesetzessammlung, keine Kriegstheorie, keine Philosophie des Königtums. Auch führte er kein Tagebuch, und wenn er sein Inneres erforschte, so vertraute er es niemandem an. Alexander mag sich selbst kein Rätsel gewesen sein, uns ist er jedoch eines. Die einzigen Hinweise auf den Ursprung seiner Taten finden wir in den Schilderungen des Verhaltens, mit dem er die Macht über Menschen – seine Freunde, Gefolgsleute und Feinde – gewann, und in seiner skizzenhaften Selbstdarstellung vor der Welt.

Sein in erster Linie von gewaltsamem, ungestümem und anscheinend unreflektiertem Handeln geprägtes Verhalten war keineswegs nur impulsiv. Er war ein scharfsinniger Stratege, wie seine gründlichen logistischen Vorkehrungen (die man heute rekonstruiert hat) und die von Arrianos kolportierten Beratungen mit seinen Vertrauten erkennen lassen. Sein Heer führte er mit praktischem und psychologischem Geschick: Seine Männer wurden gut ernährt und pünktlich bezahlt; sie genossen Erholungspausen, Unterhaltung, Anerkennung, Belohnungen und Urlaub. Die Mutigsten erhielten Auszeichnungen, die Kranken wurden gepflegt, die Verwundeten gelobt und getröstet. Alexander strafte, wenn erforderlich, bestach, wenn nötig, und vergaß nie, dass er für das Heimweh und die Strapazen des Zölibats seiner Anhänger verantwortlich war. So übermenschlich er selbst zu wirken suchte, akzeptierte er doch voller Nachsicht die normalen menschlichen Schwächen seiner Soldaten.

Im Umgang mit seinen engsten Weggenossen konnte er nicht das majestätische Gebaren an den Tag legen, das er seinen Männern häufig präsentierte. Einige Gefährten kannten ihn von Kindheit an; alle speisten und tranken mit ihm in der Intimität der abendlichen Mahlzeit. Aber gerade weil sie ihn so gut kannten und so sehr um seine Aufmerksamkeit und Gunst wetteiferten, musste er sie manchmal kühler behandeln als die gemeinen Soldaten. Macht korrumpiert, wahre Korruption aber gedeiht bei denen, die ihr Dienste erweisen, sich um Rang und Würden bemühen, Konkurrenten anrempeln, Eifersüchteleien pflegen, Komplotte schmieden, mit Beförderungen prahlen und über die Erniedrigung eines in Ungnade gefallenen Günstlings frohlocken. Das Leben im Lager korrumpiert weniger als das Leben bei Hofe, denn in der Schlacht erweist sich der wirkliche Wert eines Mannes, was in der Politik unmöglich ist. Aber sogar in Alexanders Kriegerzirkel gärte Missgunst. Dreimal kam es deshalb zu Verschwörungen: 330 zu der von Parmenions Sohn Philotas; 328 zu jener der »Alten Gefährten« in Samarkand; und 327 zur Verschwörung der Pagen. In allen Fällen handelte Alexander mit brutaler Schnelligkeit, um seine Autorität zu wahren. Im Jahre 330 ließ er durch die Folter Geständnisse erpressen und die Verschwörer danach zu Tode steinigen; schließlich sandte er Agenten aus, die den Vater des Hauptverschwörers, seinen alten Reiterführer, ermordeten (da er diesen, wahrscheinlich zu Unrecht, der Mittäterschaft verdächtigte). 328 führte der Streit mit den »Alten Gefährten« zu der entsetzlichen Ermordung des Kleitos. Im Jahre 327 ließ Alexander die Pagen – von denen einer gegen eine öffentliche Züchtigung protestiert hatte – durch Steinigung hinrichten und seinen Hofhistoriker Kallisthenes als vermeintlichen Anstifter verhaften.

Bedeutsamerweise fanden alle drei Verschwörungen nach den großen Schlachten statt. Sie fielen in den Zeitraum, als Alexander nicht mehr dem Höhepunkt der Macht zustrebte, sondern ihn schon erreicht hatte. Als junger Feldherr brauchte er sich um Verschwörungen nicht zu sorgen. Damals waren aller Augen auf seine erstaunlichen Taten auf dem Schlachtfeld gerichtet; jeder wollte miterleben, wie er die Perser ein weiteres Mal demütigte. Sein Verhalten im Angesicht der Gefahr haben wir bereits geschildert. Erkundigungen und eine Beratung mit den Truppenführern gingen dem Marsch in die Schlacht voran. Dann sprach Alexander zu seinen Männern, manchmal zum ganzen Heer, manchmal nur zu den Unterführern. Und schließlich, wenn die leichten Truppen und die Reiterei die feindlichen Linien erreicht hatten, stürzte sich Alexander im auffälligen Kampfkostüm ins Getümmel. In jenem Moment entglitt ihm die Kontrolle über die Schlacht. Er verlor die eigenen Reihen aus den Augen, hatte keine Möglichkeit mehr, Befehle auszuteilen, und konnte nur daran denken, sein Leben zu retten und alle Feinde zu töten, die in Reichweite seines Schwertarms gerieten. Aber das Wissen, dass er seine Haut genauso riskierte wie die gemeinen Soldaten, genügte, um das ganze Heer anzuspornen, so dass es von da an mit einer Energie kämpfte, die der seinen ebenbürtig war. Das totale Risiko war sein Geheimnis des totalen Sieges.

Über längere Zeiträume hinweg verhielt er sich ganz genauso im Bereich der Belagerungstechnik (zumindest bis in die späteren Stadien, als Unrast Besonnenheit verdrängte). Im Verlauf der Belagerungen lässt sich seine Selbstdarstellung besser wahrnehmen als in den Schlachten. Alexander war zweifellos ein begnadeter Schauspieler. Seine höfische Erziehung, zuerst an der Seite seiner theatralischen Mutter, dann am Sattelknauf seines gleichermaßen auf Effekthascherei bedachten Vaters, kam einer vollständigen Bühnenausbildung gleich. Sie war von Aristoteles durch die Schulung in Rhetorik verfeinert und durch die unaufhörliche, aufmerksame Begutachtung seiner Manieren, Eigenarten und Reaktionen in den Jahren, da er als Thronfolger bei Hofe im Mittelpunkt stand, verstärkt worden. Alle Fürsten müssen lernen, ihre Zunge im Zaum zu halten und ihre Gefühle zu verhehlen. Mit

Schönheit, körperlicher Anmut und rascher Auffassungsgabe gesegnet, hatte Alexander das Glück, sich weniger verstellen zu müssen als die meisten anderen. Denn er war »fürstlich seinem Wesen nach«.

Das Gleiche gilt aber für Dutzende anderer Fürsten, die nicht ein Jota seiner Leistung vollbrachten. Seine ungestüme Energie war einer der Charakterzüge, die seine physischen und intellektuellen Gaben in praktische Fähigkeit umsetzten. Auch sein unerschütterlicher Mut gehörte zu diesen Gaben. Alexander besaß den Mut eines Mannes, der seine Sterblichkeit leugnete. Er verfügte über eine gottähnliche Gewissheit, dass er jegliche Gefahr überleben würde. In keiner der überlieferten Biografien ist die Rede davon, dass er jemals Furcht gezeigt oder verspürt hätte. Diese Furchtlosigkeit könnte aus seiner engen Identifikation mit den Göttern des griechischen Pantheons herrühren. Er behauptete, von Herakles, dem größten Gotthelden, abzustammen; nach der Pilgerfahrt nach Siwa reklamierte er die Verwandtschaft mit Zeus für sich; und nachdem er den Titel König von Asien übernommen hatte, gestattete und förderte er vielleicht sogar – das ist allerdings ein sehr umstrittener Punkt – seine Anbetung als Gott.

Wenn wir herauszufinden suchen, ob er sich im letzten Stadium seines Lebens tatsächlich für einen Gott hielt, so kehren wir abermals zu der Frage zurück, wer der »innere«, »essenzielle« oder »wirkliche« Alexander war. Diese Frage lässt sich vielleicht für keinen Menschen beantworten. Aber im Falle Alexanders ist sie besonders unangemessen. In seinem Leben verweben sich Privates und Öffentliches, Gedanke und Tat, Planung und Vollzug so eng und durchdringen einander, dass das eine nicht vom anderen zu lösen ist. Wie bei einem großen Schauspieler in einer großen Rolle verschmolzen Wesen und Darstellung in seiner Person. Er lebte sein Leben auf einer Bühne – der des Hofes, des Lagers und des Schlachtfelds –, und der Ablauf des Dramas, das er der Welt präsentierte, hing von dem Thema ab, das er für sein Leben gewählt hatte. Laut Arrianos sagte Alexander in Opis: »Jene, die Qualen und Nöte ertragen und den Gefahren trotzen, vollbringen glorreiche Taten. Wer aber gefallen ist, dem ist sein Tod zum Ruhme geworden.«

Doch die Perfektion seiner Darstellung sollte uns nicht den Blick auf sein sehr beschränktes Werk verstellen. Er zerstörte viel und schuf wenig oder nichts. Das Persische Reich – ein Ordnungsfaktor in der antiken Welt – überdauerte Alexanders Eroberung nicht. Nach seinem Tod wurde es durch die Streitigkeiten seiner Nachfolger, der Diadochen, innerhalb einer Generation zerstückelt. Die Eroberung selbst bescherte vielen unermessliches Leid – nicht nur den Persern, die sich dem makedonischen Einmarsch widersetzten, sondern auch den mannigfaltigen Völkern des Reiches, die auf die Zerrüttung ihres Lebens, von Alexanders Standpunkt aus betrachtet, mit Aufruhr und Rebellion reagierten.

Einer seiner scharfsichtigsten Biografen, N.E.L. Hammond, verzeichnet neben seinen guten auch seine schlechten Eigenschaften: »… seinen maßlosen Ehrgeiz, seinen gnadenlosen Willen, seine leidenschaftliche Hingabe an ungezügelte Emotionen, seine Bereitschaft, im Kampf, im Affekt und kaltblütig zu töten und rebellische Gemeinden zerstören zu lassen. Er hatte viele Eigenschaften des edlen Wilden.« Und das ist vielleicht der »wahre« Alexander, der sich hinter der Maske der Befehlsgewalt verbirgt. Er besaß den Edelmut, sich in seinem Leben selbst zu vergessen: er vergaß Gefahr, Erschöpfung, Hunger und Durst und Verwundungen. Aber er vergaß sie mit der Amnesie der Wildheit, der alle, die ihm Widerstand leisteten, ausgesetzt waren. Sein schreckliches Vermächtnis bestand darin, Wildheit im Namen des Ruhmes zu veredeln und ein Herrschaftsmodell zu hinterlassen, das in den kommenden Jahrhunderten zu viele ehrgeizige Männer zu verwirklichen suchten.

Wellington

Wellington, Gemälde von Sir Thomas Lawrence, 1814; die
»heroischen« Elemente der Komposition stechen hervor.

II   Wellington: der Antiheld

»In keiner Schlacht habe ich mir jemals so viel Mühe gegeben«, sagte Wellington nach Waterloo. Es war eine gewagte
Behauptung. Wellingtons Schlachten waren so zahlreich, dass
es im Jahre 1815 sogar ihm schwer gefallen sein dürfte, ein
Verzeichnis aufzustellen. Sechzehn Schlachten und acht Belagerungen als Befehlshaber, einige mehr als Untergebener – so
hätte die Zählung lauten können. Da er zum erstenmal am 15.
September 1794 in Holland angeschossen wurde, beläuft sich
die Rechnung auf durchschnittlich mehr als eine Schlacht
oder Belagerung pro Jahr; zieht man mehrere Jahre des Friedens oder der Generalstabsarbeit ab, fällt die Quote sogar
noch höher aus. 1811 hatte er allein im März vier kleine Gefechte geführt, 1812 zwei Belagerungen geleitet und den großen Sieg von Salamanca errungen, den jene, die Schlachten
gern mit solchen Wendungen bedenken, als sein »Meisterstück« betrachteten. Aber allein auf Waterloo kam es an – für
die Geschichte Europas, für seine Reputation, in seiner Erinnerung. »Es war die übelste Sache, mit der ich je zu tun hatte … [Ich] war nie so nahe daran geschlagen zu werden.«
    Wenn Wellington nicht geschlagen wurde, dann nicht zu-
letzt deshalb, weil er sich so viel Mühe gegeben hatte. Ebenso
legendär wie seine Energie waren sein Augenmerk auf Details,
sein Widerwille, Aufgaben zu delegieren, seine Fähigkeit,
ohne Schlaf oder Essen auszukommen, seine Missachtung
persönlicher Bequemlichkeit und seine Geringschätzung der
Gefahr. Doch in den vier Tagen des Waterloo-Feldzugs übertraf er sogar seine eigenen strengen Maßstäbe, was Mut und
Askese anging.
    Zum Beispiel schlief er fast nicht. Am Donnerstag, dem 15.
Juni, als er auf dem Ball der Herzogin von Richmond in Brüs-

sel die Nachricht von Napoleons Angriff auf seine preußischen Verbündeten erhielt, ging er nicht vor drei Uhr morgens zu Bett und stand bereits um fünf Uhr wieder auf. An jenem Abend, dem 16. Juni, legte er sich im Gasthaus Roi d'Espagne in Genappe um Mitternacht hin und war gegen drei Uhr erneut auf den Beinen. Am selben Abend begab er sich zwischen 23 und 24 Uhr in dem Dorf Waterloo zur Ruhe, doch am Sonntag, dem 18. Juni, dem Tag der Schlacht, schrieb er bis drei Uhr morgens Briefe. Abgesehen von einem Nickerchen am Morgen des 17. Juni schlief er also nur neun Stunden zwischen seinem zeitigen Erwachen am 15. Juni und seinem kurzen Schlummer ab Mitternacht vom 18. auf den 19. Juni, als er sich auf einer Pritsche in seinem Feldhauptquartier niederlegte, da er sein Bett einem seiner sterbenden Stabsoffiziere abgetreten hatte. Neun Stunden Schlaf in insgesamt neunzig Stunden; Wellingtons eigene Erklärung – einen Monat später gegenüber Lady Shelley – darüber, wie er die Belastung durchstand, muss genügen: »Im Getümmel bin ich zu sehr in Anspruch genommen, um etwas zu spüren.«

Wie sehr war er in Anspruch genommen? Ganz erheblich; seine erste Reaktion auf die Nachricht von Napoleons Vormarsch war, dass er den Herzog von Richmond in einem Moment, als dieser nicht von seinen Gastgeberpflichten abgelenkt wurde, fragte, ob es »eine gute Karte« im Hause gebe. Von der Karte schloss er auf die Gefahren der Situation (»Napoleon hat mich *übers Ohr gehauen*, bei Gott! Er hat mir 24 Marschstunden voraus.«) und kehrte eilig in seine Unterkunft zurück. Dort schlief er sofort ein. »Ich liege nicht gern wach, das ist unnütz. Ich achte darauf, nie wach zu liegen.« Aber seine Ruhepause war kurz. Um fünf Uhr wurde er durch eine Botschaft des preußischen Generals Blücher geweckt, auf dessen Hilfe er für den Erfolg angewiesen war, und um 5.30 Uhr erteilte er Befehle.

Gegen acht Uhr war er, an der Spitze seines Stabes von

vierzig oder fünfzig Stabsoffizieren und Kurieren, zur Kreuzung Quatre Bras an der Hauptstraße von Frankreich nach Brüssel unterwegs. Dort beabsichtigte er seine erste Stellung zu beziehen. Er traf um zehn Uhr ein, diktierte eine Nachricht an Blücher und beschloss am Mittag, ein persönliches Gespräch mit seinem Verbündeten zu führen. Der zehn Kilometer lange Ritt nach Ligny dauerte eine Stunde, das kurze Gespräch, währenddessen er von einer Windmühle aus die umliegende Landschaft mit einem Teleskop in Augenschein nahm, ein paar Minuten; darauf kehrte er nach Quatre Bras zurück, wo er um 14.20 Uhr eintraf.

Dort hatte sich bereits eine Schlacht angebahnt. Um 15 Uhr war sie in vollem Gange. In den nächsten beiden Stunden war er in nächster Nähe der Franzosen damit beschäftigt, seine Bataillone einzusetzen, hastig Verstärkungen vorzuschikken, nervösen Einheiten Mut zuzusprechen und seine Artilleriepositionen festzulegen. Einmal galoppierte er vor der französischen Kavallerie davon. Er gewann das Rennen knapp, setzte über die Bajonette der 92. Gordon Highlanders hinweg (»Zweiundneunzigste, hinlegen!«) und landete außerhalb der Reichweite der französischen Lanzen. Um 17 Uhr gab er seiner besten Infanterie Feuerbefehl, um einen konzentrierten Kavallerieangriff zurückzuschlagen, und um 18.30 Uhr begann er, frische Verstärkungen an die Front zu werfen. Kurz darauf konnte er den Vormarsch anordnen, und um 21 Uhr waren die Franzosen verschwunden, die ohnehin von Napoleon den Befehl erhalten hatten, das Schlachtfeld zu verlassen. Wellington war sechs Stunden lang unter Feuer gewesen und ständig an einer etwa drei Kilometer langen Front hin und her geritten, um stets dort zu sein, wo das Kampfesgeschehen seine Anwesenheit verlangte. Es war ein physisch aufreibender Nachmittag gewesen, von nervöser Erschöpfung ganz zu schweigen.

Ihm sollte jedoch kaum Ruhe vergönnt sein. Sobald die

letzten Schüsse gefallen waren, ritt er zusammen mit seinem Stab die fünf Kilometer zum Roi d'Espagne zurück, aß zu Abend und lag um Mitternacht im Bett. Um 3 Uhr erhob er sich, und um 4.30 Uhr stand er wieder bei Quatre Bras im Feld. Um sechs Uhr wartete er in einer kleinen, aus Ästen gefertigten Hütte, neben der die 92. Highlanders ihm ein Feuer angezündet hatten, auf Nachrichten von den Preußen. Als er von der Niederlage der Preußen am Vortag bei Ligny erfuhr, war ihm klar, dass er zurückweichen musste. Eine halbe Stunde lang studierte er seine Karte. Danach, zwischen 8 und 9 Uhr, ging er – die »vierzig Schritte«, die er seit seinen Jahren in Indien zur Ertüchtigung machte – vor seiner Hütte auf und ab; eine Hand lag auf dem Rücken, die andere schwenkte eine Reitpeitsche, an der er, wie ein Highlander bemerkte, ab und zu »grüblerisch kaute«.

Um 10 Uhr trafen von den Preußen schlechtere Nachrichten ein, und Wellington gab Befehl, das Heer, 13 Kilometer weiter hinten, bei Waterloo, in Stellung gehen zu lassen. Während seine Nachhut abmarschierte, ritt er hin und wieder nach vorn, um die französische Vormarschlinie im Auge zu behalten. Dazwischen las er die Zeitungen, lachte über den Londoner Klatsch und hielt einmal, ein Exemplar der *Sun* über sein Gesicht gebreitet, ein Schläfchen auf dem Boden. Handelte es sich um bewusste Kaltblütigkeit oder um angeborenen Gleichmut?

Gegen 14 Uhr hatte er sich dem Rückzug angeschlossen. Dieser war plötzlich zu einer mühseligen Angelegenheit geworden; strömender Regen folgte auf ein heftiges Gewitter und verwandelte die ohnehin schlechten Straßen in Bäche. Wellington suchte vor der Nässe Zuflucht im Roi d'Espagne, wo er wiederum eine Mahlzeit einnahm, und ritt dann an dem Gehöft Belle Alliance vorbei (wo er sich nach der Schlacht mit Blücher treffen sollte, das jedoch während der Schlacht Napoleons Hauptquartier war) und zu dem Hügelrücken hinauf, den er als Verteidigungslinie des britischen Heeres ausgewählt hatte. Der Weg führte ihn an dem Baum (»Wellingtons Ulme«) vorbei, wo er am nächsten Tag seinen Aussichtspunkt einrichtete, und drei Kilometer weiter zu dem Dorf Waterloo, wo er sich anschickte, die Nacht in einem bescheidenen Haus an der Hauptstraße zu verbringen.

Er ging zwischen 23 Uhr und Mitternacht zu Bett, war jedoch um 3 Uhr, am Sonntagmorgen, dem 18. Juni, bereits wieder wach und schrieb Briefe an Personen in Brüssel: einen an den britischen Botschafter, einen weiteren an den Herzog von Berry und einen dritten an eine englische Freundin (»Ich werde dich so rasch wie möglich über jegliche Gefahr unterrichten, von der mir Mitteilung gemacht wird; gegenwärtig weiß ich von keiner.«). Vor 6 Uhr bemerkte ihn ein Offizier der Inniskillings am Fenster, von wo aus er an die Front marschierende Regimenter musterte. Um sechs war er wieder unterwegs und ritt mit dem Stab hinaus, um die Anordnung seiner Front zu überwachen. Er saß auf Copenhagen, dem Braunen, der ihn bereits in Vitoria, in den Pyrenäen und in Toulouse getragen hatte. (Copenhagen war der Enkel von Eclipse, einem der berühmtesten Pferde des 18. Jahrhunderts – »Eclipse Erster, die anderen weit abgeschlagen!«)

Wellingtons Schlachtlinie, die er gegen sieben Uhr erreichte, war dreieinhalb Kilometer lang und gliederte sich den natürlichen Gegebenheiten entsprechend in drei Abschnitte. Östlich der Straße nach Brüssel wurde sie von mehreren kleinen Dörfern, welche die Hannoveraner besetzt hatten, gehalten. Jenen Abschnitt suchte er während der Schlacht nicht auf. Unweit der Preußen, die, wenn nötig, Entsatz schicken würden, war dieser Bereich leicht zu verteidigen und wenig interessant für Napoleon. Westlich der Straße nach Brüssel öffnet sich das Feld und senkt sich zu dem Kamm hin ab, auf dem das französische Heer aufgezogen war. Sobald er auf der Höhe seines Hügelrückens eintraf, konnte Wellington zwei-

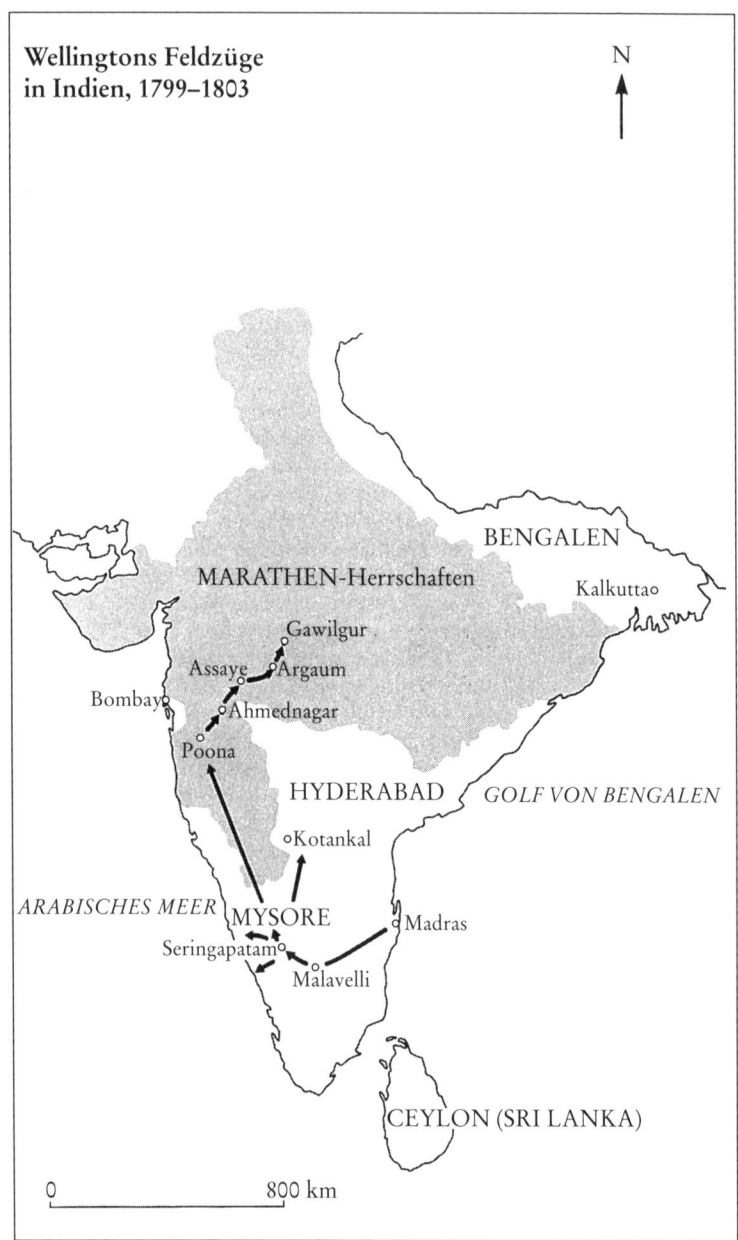

Wellingtons Feldzüge
in Indien, 1799–1803

N

BENGALEN

MARATHEN-Herrschaften

Kalkutta○

○Gawilgur

Assaye ○Argaum

Bombay○

○Ahmednagar

Poona○

HYDERABAD   *GOLF VON BENGALEN*

○Kotankal

ARABISCHES MEER MYSORE

Seringapatam○   Madras○

Malavelli○

0   800 km

CEYLON (SRI LANKA)

fellos die zu Napoleons Inspektion in Paradeordnung angetretenen Franzosen sehen. Und am anderen Ende lief der Hügelzug in Obstgärten aus, die ihn mit den vorgeschobenen
Befestigungen des Schlosses Hougoumont verbanden.

Sein Aktionsradius während der Schlacht sollte vom Ende
des Hügels bei Hougoumont einerseits und von dem Punkt,
wo der Feldweg die Straße nach Brüssel kreuzte, andererseits
bestimmt werden. Diese etwa 1200 Meter lange Strecke sollte
er den ganzen Tag hindurch immer wieder abreiten. Die
Wucht des französischen Angriffs trieb ihn stets dorthin, wo
die größte Gefahr drohte – also auch der Kugelhagel am dich-
testen war.

Die ersten Schüsse, die er an jenem Tag hörte, stammten
jedoch von »Freunden«. Einige mit ihm verbündete Truppen,
Nassauer, die sich nicht gern beim Frühstück stören ließen
und in die Linie gejagt werden mussten, hatten sie abgefeuert.
Als sich Wellington den Wäldern hinter Hougoumont näherte, rannten sie los und manche feuerten ihre Musketen ab, um
ihren Ungehorsam zu demonstrieren. »Haben Sie die Kerle
rennen sehen?« fragte Wellington seinen österreichischen At-
taché mit freundlicher Verachtung. Da er wusste, wie viele
seiner alliierten Regimenter kampfunwillig waren, hatte er
die schwächsten mit den besten seiner Briten und Hannoveraner vermischt und gute und schlechte Elemente in einer
Brigade zusammengeschlossen. Die vor den Nassauern stehenden britischen Garderegimenter waren ausgezeichnet.
Wellington verbrachte einige Zeit damit, ihre Verteidigungs-
anstalten im Schloss Hougoumont zu beaufsichtigen, nachdem er zusätzliche Schießscharten in die Mauer des Obstgar-
tens hatte schlagen lassen. (Die Spuren sind noch heute zu
erkennen.)

Es war nun etwa 10 Uhr. Fast das ganze Heer hatte Wellington gesehen, als er den Hügelrücken entlangritt. Kincaid
von der Schützenbrigade hatte ihm eine Tasse gesüßten Tees

geschickt, den er in der Nähe der Kreuzung in einem Kessel braute – vielleicht die einzige Stärkung, die der Oberbefehlshaber während der gesamten Schlacht zu sich nahm. Gronow, ein Gardist, war verblüfft über die Gelassenheit von Wellingtons Gefolgschaft: »Sie alle wirkten so fröhlich und unbesorgt, als ritten sie den Hunden in einer ruhigen englischen Grafschaft entgegen.« Auch der Chirurg James von der Household Cavalry hatte den Eindruck, dass sie »zum Vergnügen ausritten«.

Der 18. Juni 1815 war von häufigen Schauern unterbrochen. Schauer und Nebel sorgten für schlechte Sicht, die noch unzureichender wurde, sobald Kanonen und Musketen die windstille Luft mit dichten, weißen Rauchwolken füllten. Am frühen Abend konnte Wellington, inzwischen an seiner Ulme, das nur 225 Meter vor ihm liegende Gehöft La Haye Sainte nicht mehr erkennen. Am frühen Morgen hatte er noch über das Tal hinweg zu dem von den Franzosen besetzten Hügelzug hinüberblicken können. Später bestritt er, Napoleon gesehen zu haben, wie es einige britische Offiziere von sich behaupteten, aber er konnte den Beginn des französischen Angriffs deutlich ausmachen, der um 11.30 Uhr vor ihm über den Hang nach Hougoumont hinwegrollte.

Dem Angriff ging eine schwere Kanonade der 100 Geschütze von Napoleons »Großer Batterie« voraus, und etliche Schüsse pfiffen an Wellington vorbei, der sein Pferd auf den Hügelrücken hinter dem Schloss gelenkt hatte. Er blieb in den nächsten beiden Stunden dort, beobachtete den Verlauf der Kämpfe von den Gebäuden aus und schickte, wenn er es für richtig hielt, Verstärkungen vor. Der sparsame Umgang mit seinen wenigen Reserven stellte den ganzen Tag über seine Hauptarbeit dar. Als er sah, dass der Obstgarten eingenommen wurde, sandte er vier Kompanien Coldstreamers hinunter, die den Garten zurückeroberten. Nachdem die Franzosen in den Schlosshof vorgedrungen waren, schickte er weitere vier Kompanien aus, die sich dem schrecklichen Kampf innerhalb der Mauern anschlossen. Außer einem Trommlerknaben fanden alle Franzosen den Tod.

Hougoumont schien sicher zu sein, doch dann landete ein französisches Geschoss im Innenhof und setzte die Gebäude in Brand. Bald stand ein großer Teil des Schlosses in Flammen, und die Feuersbrunst drohte die britischen Verteidiger aufs offene Feld zu treiben. Es war ungefähr 13 Uhr. Wellington, der noch immer von der Höhe im Hintergrund zuschaute, obwohl die Kampfhandlung nun unweit der Kreuzung zunahm, war überaus besorgt. Er zog eines der gefalteten Pergamentblätter hervor, die er in den Knopflöchern seiner Weste verwahrte, und schrieb mit Bleistift folgende Notiz, die heute in einem Schaukasten in seinem Londoner Wohnsitz, Apsley House, ausgestellt ist: »Ich sehe, dass das Feuer vom Heuschober auf das Schlossdach übergegriffen hat. Sie müssen jedoch Ihre Männer noch in jenen Teilen zurückhalten, die das Feuer nicht erreicht. Achten Sie darauf, dass keine Männer durch das Einstürzen des Daches oder der Fußböden verloren gehen. Nachdem diese eingestürzt sind, besetzen Sie die zerstörten Mauern innerhalb des Gartens, zumal wenn es dem Feind möglich sein sollte, durch die Glut ins Hausinnere vorzudringen.«

Wellington war berühmt für seinen klaren Intellekt und seine präzise Ausdrucksweise. Die Tatsache, dass er – zu Pferde, unter dem Beschuss des Feindes, mitten in einer militärischen Entscheidungssituation – so zielbewusste und akkurate Prosa schreiben konnte, deutet auf ganz außergewöhnliche Geistesgaben und Selbstbeherrschung hin. Kurz nachdem er einen Kurier mit der Notiz losgeschickt hatte, wendete er sein Pferd und ritt die 1200 Meter zurück zur Kreuzung, wo dichte Kolonnen französischer Infanterie einen Angriff auf das Zentrum seiner Front einleiteten.

Er traf kurz nach 13.30 Uhr an seinem Baum ein, ritt nach

vorn zu einer Sandgrube an der Brüsseler Straße, die von der Schützenbrigade gehalten wurde, um sich ein genaueres Bild von den anrückenden französischen Kolonnen zu machen: 18 000 Mann marschierten durch das 900 Meter breite Tal auf seinen Hügel zu und kehrte dann zu der Kreuzung zurück, um die Verteidigung zu leiten. Eine belgische Brigade, die ihr Kommandeur direktem französischen Kanonenbeschuss ausgesetzt hatte, war fast aufgerieben worden. Wellington beorderte Verstärkungen heran, um die Kampflinie wiederaufzufüllen, und wartete dann ab – ihm blieb nichts anderes übrig –, ob die Feuerkraft seiner britischen Bataillone die Wucht des französischen Angriffs auffangen konnte.

In einem entsetzlichen Austausch von Opfern rettete die Feuerkraft die Front. Einmal allerdings schaltete sich der Herzog ein, um ein Hannoveraner Bataillon, das von einer überraschenden französischen Kavallerieattacke niedergemacht worden war, durch frische Brigaden zu ersetzen. Auch musste er machtlos mit ansehen, wie Uxbridge, der seiner Kavallerie befahl, auf eigene Faust zum Gegenangriff überzugehen, in der Talmulde scheiterte. Während die Überlebenden zurückstrauchelten, ritt Wellington zur Sandgrube vor, welche die Schützenbrigade kurzfristig verloren, aber zurückerobert hatte, inspizierte ihre Stellungen und ließ des Königs Deutscher Legion in La Haye Sainte den Befehl zugehen, die direkt vor ihr liegenden Gebäude des Gehöfts stärker zu verbarrikadieren.

Mittlerweile war es etwa 15 Uhr. Wellington holte Infanterie und Artillerieverstärkungen heran, die hinter seinem rechten und linken Flügel Stellung bezogen, doch sein rechtes Zentrum bereitete ihm größere Sorgen. Dort, zwischen Hougoumont und der Kreuzung, wurde der Hügelrücken von einer Reihe unerfahrener britischer Bataillone gehalten, die ein vorzügliches Ziel für einen massierten französischen Kavallerieangriff abgaben. Nun ritt der Herzog zu diesem Abschnitt.

Die Zeit wurde knapp. An seinem Baum hatte er die preußische Vorhut erblickt, die aus Wavre, wohin Blücher sich nach Ligny zurückgezogen hatte, zu seiner Unterstützung herankam. Das Eintreffen der Preußen bedeutete die Rettung. Aber, wie er Sir John Jones Jahre später mitteilte: »Die Zeit, die sie zum Herannahen brauchten, schien endlos zu sein. Es war, als stünden sie und meine Uhr still.«

Während sich die Preußen heranschoben, hätte der Sturmangriff der französischen Kavallerieabteilungen Wellingtons sorgfältige Verteidigung zunichte machen und Napoleon den Sieg bescheren können. Der Kaiser hatte beschlossen, sich nicht an den taktischen Gefechten zu beteiligen. Er beobachtete die Schlacht von der Anhöhe auf der anderen Seite des Tales. Wellington dagegen blieb in nächster Nähe seiner Infanterie, ritt zwischen seinen Männern hindurch, verteilte kurze Worte der Ermunterung und suchte, wenn die französische Kavallerie um ihn herum wimmelte, gelegentlich Zuflucht in einem Karree.

Um 16.20 Uhr fragte er einen Adjutanten nach der Uhrzeit. Die französischen Kavallerieattacken ließen nach, und Wellington hoffte, bis zum Eintreffen der Preußen auszuhalten. Nun führte er eine der letzten und besten Brigaden, die er noch in Reserve hatte, ins Feld; er stellte sie zwischen den unerfahrenen britischen Bataillonen – die sich nun als Veteranen bezeichnen konnten – und Hougoumont auf. Es war eine vorzüglich durchdachte Entscheidung, wie der »Wendepunkt von Waterloo« erweisen sollte.

Bevor es zum »Wendepunkt« kam und während sich die französischen Kavallerieattacken gegen 17.30 Uhr totliefen, musste er sich jedoch einer gefährlichen Lage an anderer Stelle zuwenden. Erneute Infanteriekämpfe um Hougoumont hatten ihn gezwungen, dort Reserven einzusetzen, die er einem der Generale versagen musste, dessen Männer dem Ansturm der Kavallerie nur knapp entkommen waren. »Teilen

Sie ihm mit, dass sich seine Wünsche nicht erfüllen lassen«, sagte er. »Er und ich und jeder Engländer auf dem Feld müssen da sterben, wo wir gerade stehen.« Während er seine Verweigerung aussprach, erhielt er die Nachricht, dass La Haye Sainte gefallen war.

Sofort erteilte er einen weiteren seiner perfekt formulierten und präzisen Befehle: »Ich werde die Braunschweiger hinter Maitland und zudem weitere Truppen zu der Stelle beordern. Gehen Sie und schaffen Sie so viele deutsche Truppen der Division wie möglich sowie sämtliche Kanonen, die Sie finden können, zu der Stelle.« Nach seinem Befehl machte er auf dem Absatz kehrt, um einige Braunschweiger, die hinter La Haye Sainte auf der Flucht waren, zu sammeln, und brachte sie zurück an die Front; Cathcart, einer seiner Adjutanten, erinnerte sich, dass Wellington zu jenem Zeitpunkt »sehr verärgert« aussah. Vielleicht war er erbittert über das leichte Bataillon der Deutschen Legion, weil es den Bauernhof verloren hatte, oder über sich selbst, weil er es nicht ausreichend mit Munition versorgt hatte.

Aber diese vorübergehend bewältigte geringere Gefahr wurde nun von einer größeren abgelöst. Etwa zu dieser Zeit soll ihm ein französischer Deserteur die Nachricht überbracht haben, Napoleon wolle die *Garde impériale* einsetzen. Ob Wellington gewarnt worden war oder nicht, bald hatte er den Beweis selbst vor Augen. Nachdem er sich um den Rückschlag bei La Haye Sainte gekümmert hatte, war er an der Kampflinie entlang zurück nach Hougoumont geritten und hatte Infanterie- und Artilleriereserven nach vorn beordert, überall dorthin, wo er Lücken oder Schwächen entdeckte. Um 19 Uhr befand er sich oberhalb des Schlosses und hatte die Gardeinfanterie sowie die 52. Leichte Infanterie vor sich. Durch sein Teleskop (ein Beobachter hatte gesehen, wie er das Rohr geistesabwesend heraus- und hineinschob) sah er nun die französischen Gardisten in dichten Kolonnen unter

Trommelwirbel den Hang hinab vorrücken. Sie waren in keiner Schlacht besiegt worden.

Wellington hatte dem britischen Garderegiment befohlen, sich hinzulegen. Als die Franzosen in Reichweite der Musketen gerieten, rief er: »Garden, aufstehen. Macht euch schussbereit. Feuer frei!« Die Salve traf die Spitze der französischen Kolonne mit solcher Wucht, dass sie, wie ein Beobachter anmerkte, zurückgeworfen wurde. Einige Franzosen schafften es, das Feuer zu erwidern. Aber dann rückten die Briten mit Bajonetten vor, während die 52. Leichte Infanterie von der Flanke her feuerte. Die Kolonne der *Garde impériale* begann sich von hinten her aufzulösen, und bald strömte sie zu ihrem Ausgangspunkt zurück. Wellington, der zu der 52. hinübergeritten war, gab ihrem Oberst einen letzten Befehl: »Weiter, weiter. Gebt ihnen keine Zeit, sich zu sammeln. Sie werden nicht standhalten.«

Dann gab er Copenhagen die Sporen und sprengte zurück zur Kreuzung, wo er kurz darauf durch sein Fernrohr unmissverständliche Zeichen dafür ausmachte, dass die Preußen die französische Hauptmacht auf der gegenüberliegenden Hügelkuppe mit aller Gewalt angriffen. Ein Highlander sah, wie er mit einem »fast übermenschlichen« Gesichtsausdruck in den Steigbügeln stand. »Oh, verdammt noch mal«, hörte man ihn vor sich hinmurmeln. »Wer A sagt, muss auch B sagen.« Er nahm seinen Hut ab und winkte damit dreimal in Richtung der Franzosen zum Zeichen für den allgemeinen Vormarsch.

In der Düsternis – teils Rauch, teils Nebel –, die nun über dem Schlachtfeld lag, ritt der Herzog mit seinen Truppen voran, durch unbeschreibliche Szenen hindurch. 40 000 Soldaten und mehrere tausend Pferde waren in den vorangegangenen zehn Stunden getötet oder verwundet worden, und ihre Leiber bedeckten eine kaum mehr als 2,5 Quadratkilometer große Fläche. Die Lebenden stiegen, während sie auf dem

Schlachtfeld hin und her geworfen wurden, buchstäblich über die Sterbenden und die Toten hinweg. Nun riss ein Kanonenschuss Uxbridge an Wellingtons Seite ein Bein weg. Die Kugel flog an Copenhagens Hals vorbei. Wellington stützte seinen stellvertretenden Kommandeur, bis andere ihn forttrugen, ritt dann weiter vorwärts und rief Befehle: »Bildet Kompanien und rückt sofort weiter vor« – »Ihr müsst diese Burschen aus der Stellung werfen« – »Geradeaus weiter«.

Während er immer näher an den zurückweichenden Feind heranrückte, bat ein Mitglied seines Stabes ihn, kein Risiko mehr einzugehen. »Das ist gleichgültig«, erwiderte Wellington. »Sollen sie doch schießen. Die Schlacht ist gewonnen. Auf mein Leben kommt es jetzt nicht mehr an.« Gegen 22 Uhr führte ihn sein Vorrücken über das Schlachtfeld hinweg in die Nähe von Belle Alliance. Dort wartete Blücher, um ihn in die Arme zu schließen. »Mein lieber Kamerad«, rief er. »*Quelle affaire.*« Die wenigen französischen Worte des alten Preußen waren die einzige Sprache, die sie gemeinsam hatten.

Es war nun fast dunkel, als Wellington wendete, um auf dem Weg zu seiner Unterkunft noch einmal über das Schlachtfeld zu reiten. Der Heimweg war nicht so unbekümmert wie der Ausritt an jenem Morgen. Seine kläglich geschrumpfte Gruppe bewegte sich im Schritttempo, und »während des Rückritts«, verzeichnete ein Teilnehmer, »bemerkte ich nicht, dass der Herzog mit irgend jemandem aus seinem kleinen Gefolge sprach; nein, er war offensichtlich betrübt und niedergeschlagen … Auch die wenigen, die ihn begleiteten, erweckten eher den Eindruck eines kleinen Trauerzuges als den von Siegern in einer der bedeutendsten Schlachten, die jemals geschlagen wurden.«

In Waterloo stieg er vom Pferd, gab Copenhagen einen Klaps, den das Vollblut mit einem fast verkrüppelnden Tritt beantwortete, und begab sich dann hinein zum Abendessen, das sein französischer Koch bereithielt. Es war ungefähr 23

Uhr. Er aß schweigend. Die Belastung des Tages und die Greuel des Schlachtfeldes machten ihm vielleicht weniger zu schaffen als der Verlust ihm nahestehender Untergebener. »Gott sei Dank, dass ich ihn gesehen habe«, wiederholte er, während einer der Überlebenden nach dem anderen den Kopf durch die Tür steckte. Er trank mit seinem Gefährten ein Glas Wein »zum Gedenken an den Krieg auf der Pyrenäenhalbinsel«, hob dann »in einer flehenden Geste« beide Hände und rief: »Die Hand Gottes des Allmächtigen hat heute auf mir geruht.« Danach sprang er auf, legte sich auf eine Couch und schlief sofort ein.

Er sollte nur ein paar Stunden Ruhe haben. Um 3 Uhr weckte ihn der Chirurg Hume mit der Nachricht, dass Gordon, dessen Bein er amputiert hatte, gerade in seinen Armen gestorben sei. Der Herzog war sogleich hellwach. »Er hatte wie üblich all seine Kleidung abgelegt«, schrieb Hume, »sich aber nicht gewaschen [eine fast einzigartige Unterlassung, da Wellington äußersten Wert auf Sauberkeit legte]. Als ich das Zimmer betrat, setzte er sich auf – sein Gesicht war vom Schweiß und Staub des Vortags bedeckt – und reichte mir seine Hand, die ich nahm und festhielt, während ich ihm von Gordons Tod erzählte und ihm die Verluste, von denen ich erfahren hatte, berichtete. Er war sehr gerührt. Ich spürte, wie seine Tränen auf meine Hände tropften, und als ich ihn anschaute, sah ich, wie sie in Rinnsalen über seine staubigen Wangen strömten.«

Aber wie gerührt der Herzog auch sein mochte, er war nun wach und hatte sich den Aufgaben des neuen Tages zu stellen. Er stand auf, wusch und rasierte sich, zog sich an, trank eine Tasse Tee und aß etwas Toast; dann setzte er sich hin, um seinen Waterloo-Bericht zu verfassen. Als dieser vier Tage später in der Londoner *Times* veröffentlicht wurde, nahm er vier Spalten ein. Die Nachrichten über die Verluste gingen Wellington so nahe, dass er seine Arbeit um 5 Uhr abbrach, doch später am selben Tag beendete er den Bericht in Brüssel. Während er dort mit der Feder in der Hand an einem Hotelfenster saß, erkannte er den Tagebuchschreiber Creevey unten auf der Straße und rief ihn hinauf in sein Zimmer. »Es war eine verflucht ernsthafte Angelegenheit«, erklärte er auf und ab schreitend. »Blücher und ich haben 30 000 Mann verloren [die wirkliche Zahl war viel höher]. Es war eine verflucht heikle Sache – sie hing an seidenem Faden.« Und dann, immer noch hin und her gehend, platzte er heraus: »Mein Gott! Ich glaube, es hätte nicht geklappt, wenn ich nicht dort gewesen wäre!«

Der Mann Wellington

Was hatte diesen außergewöhnlichen Mann auf die geistige, moralische und physische Prüfung der vier Tage von Waterloo vorbereitet? Vier Tage, in denen jene, die lediglich gekämpft hatten – ohne die Bürde des Befehls, die Wellington getragen hatte, und vielleicht unter geringerer Gefahr –, durch das grauenhafte Gemetzel blass und stumm, durch Erschöpfung benommen und durch das Getöse der aus nächster Nähe abgefeuerten Musketen taub geworden waren. Dass Wellington größere Gefahren auf sich genommen hatte als seine Untergebenen, ist unbestreitbar. Wann immer die Wucht des Angriffs von einem Frontabschnitt auf den anderen übergegangen war, folgte er ihr und gönnte den Einheiten, die er gerade noch dirigiert hatte, eine Atempause, die ihm selbst versagt blieb. Als er seiner Schwägerin einen Tag später mitteilte: »Den ganzen Tag über hat Gott seine schützende Hand über mich gehalten – nichts anderes hätte mich retten können«, dürfte er der Wahrheit nahe gekommen sein.

»›Ein Adelssprössling‹, der eher zur Zierde als zum Nutzen

in die Armee eintrat« – so charakterisierte dieser von Gott behütete Mann seinen Ruf zu Beginn seiner militärischen Laufbahn. »Sie [seine Offizierskameraden] betrachteten mich mit einer gewissen Eifersucht, da ich der Sohn eines Lords war.« Wenn sie ihn so einschätzten, so verrät uns dieser Umstand mehr über den begrenzten gesellschaftlichen Horizont britischer Offiziere der Jahre um 1790 – ihrerseits Söhne von Offizieren oder Geistlichen oder kleinen Grundbesitzern – als über Wellington. Denn sein Vater war ein unbedeutender Lord, einer der Peers im irischen Parlament und wie die meisten von ihnen kaum mit Geld, Gütern oder einer Familientradition gesegnet. Als jüngster Sohn konnte Arthur Wesley (die Schreibung wurde später in Wellesley geändert) zudem kein Vermächtnis aus dem Nachlass seines Vaters erwarten. Wenn er von einem Erbe profitierte, dann davon, dass sein Bruder Richard, der älteste Sohn, mit hervorragenden politischen Qualitäten – vor allem mit Selbstachtung – ausgestattet war. Richards Aufstieg, zuerst als Generalgouverneur von Bengalen unter der Ostindischen Handelskompanie, ermöglichte Arthur den Eintritt ins Berufsleben.

Zu Hause oder in der Schule hatte er gewiss keine Vorteile. Wenn wir Alexander bewerten und dabei seine Intelligenz, seine Kraft und Schönheit und seinen »ungestümen« Charakter ins Auge fassen, müssen wir einräumen, dass sich seine höfische Erziehung als Thronfolger – oder zumindest mutmaßlicher Thronfolger – eines Königs und Eroberers entscheidend auf die Entwicklung seiner Persönlichkeit auswirkte. Alexander erfreute sich zuerst der ungeteilten und liebevollen Fürsorge einer temperamentvollen Mutter und später der beispielhaften Zuwendung eines überaus majestätischen Vaters. Anschließend wurde er in einem Alter, da die Gefälligkeiten Gleichaltriger lebenslange Wirkung zeigen, der Mittelpunkt einer Gruppe lebhafter, intelligenter und athletischer Altersgenossen, die bereitwillig all seinen Vorgaben folgten. Wer sich in solcher Gesellschaft hervortut – und Alexanders angeborenes Streben nach Vortrefflichkeit, das alle Beobachter bezeugen, wäre von Aristoteles begrüßt worden –, hegt Erwartungen, die im späteren Leben nur der Erfolg befriedigen kann. Sämtliche elitären Institutionen beruhen auf diesem Prinzip. Wellington, der mit zwölf Jahren nach Eton kam, war Zögling einer solchen Eliteanstalt, doch sie hatte keine vergleichbare Wirkung auf ihn wie Philipps kleine Prinzenschule auf Alexander. Ein viktorianischer Biograf schrieb: »Seine Gewohnheiten waren die eines verträumten, müßigen und scheuen Jungen … Er ging meistens allein spazieren, badete oft allein und nahm selten an den Kricketspielen oder den ›Bootsrennen‹ teil.« Das Eton des 18. Jahrhunderts hatte natürlich kaum etwas mit der Akademie des Aristoteles gemein. Es gab keine begeisternde Großwildjagd, keinen Nacktheits- und Körperkult, der Alexander von jeglicher falschen Scham im sportlichen Wettstreit befreite und seine taktische Führung auf dem Schlachtfeld so dynamisch werden ließ, keine enge Vertrautheit mit den Lehrern, kein herzliches Lob für geistige und athletische Leistungen. Wellingtons Eton war zu straff und autoritär, als dass es die Persönlichkeit anderer als der robustesten Schüler hätte erweitern können. Und der junge Wellington war alles andere als robust.

Also glänzte er weder in Eton noch an den französischen Schulen, die er anscheinend besuchte und genauso wenig als junger Soldat. Seine frühe Militärkarriere folgte dem üblichen Muster rangjüngerer Offiziere, die gerade genug Geld hatten, um »Rangstufen« – wie gekaufte Offizierspatente damals hießen – in Regimentern mit offenen Stellen oder guten Kommandopositionen zu erstehen. Er diente erfolgreich als Fähnrich im 73. Infanterieregiment, als Leutnant im 76. und 41., als Hauptmann im 58., als Hauptmann bei den 18. Leichten Dragonern, schließlich als Major und dann als Oberstleutnant im

33. Regiment – und zwar in der Zeit von 1787 bis 1793. Als Oberstleutnant des 33. Regiments kämpfte er in den frühen Kriegen der Französischen Revolution in Flandern und sammelte dort als Brigadekommandeur seine ersten strategischen Erfahrungen. Außerdem lernte er die Politik kennen, da er den Familiensitz Trim im irischen Parlament als Abgeordneter vertrat.

Aber nichts hob ihn über Dutzende anderer »Adelssprösslinge« hinaus, bevor er sich 1796 mit dem 33. Infanterieregiment nach Indien einschiffte. Seine Entscheidung, das Risiko einer langen Abwesenheit – er sollte acht Jahre in Indien weilen – auf sich zu nehmen, war ausschlaggebend. Sie brachte große persönliche und berufliche Gefahren mit sich. Das Indien des 18. Jahrhunderts war ein Friedhof für Europäer. Es war auch ein Friedhof für Ambitionen, denn der Dienst dort entzog einen Offizier dem Augenmerk derjenigen, die Protektion erteilten und Beförderungen aussprachen. Er hatte jedoch das Glück, zu einem Zeitpunkt einzutreffen, als Indien plötzlich Aufstiegschancen verhieß statt sie zunichte zu machen. Dreißig Jahre lang hatte die britische Macht in Indien stagniert: Seit 1763 und dem Ende des Siebenjährigen Krieges lieferten sich die Vasallen des todgeweihten Mogulhofes Scharmützel mit der Ostindischen Handelskompanie, wobei sie zuweilen kleine Gebiete aufgaben, doch die Briten im Allgemeinen gegen die Franzosen ausspielten. Der Ausbruch der Französischen Revolutionskriege in Europa verlieh diesen fernen Streitigkeiten nun strategische Bedeutung. Die Briten beschlossen, den französischen Einfluss überall auf dem Subkontinent zu verdrängen. Damit war der Ruf von Soldaten gesichert, die das nötige Geschick besaßen, unter indischen Bedingungen – schlechte Straßen, sporadischer Nachschub, Epidemien, ein schreckliches Klima – Heere zu führen und, wenn der Feind zum Kampf gestellt werden konnte, Schlachten zu gewinnen. Die Herausforderung, der sich Wellington gegenübersah, sollte zeigen, dass er ein Soldat aus solchem Holz war.

Er wuchs an dieser Aufgabe, als wäre sein bisheriges Leben eine Vorbereitung für nichts anderes gewesen. George Elers, ein Cousin der Feministin Maria Edgeworth und ein Zeitgenosse in Kalkutta, beschreibt den Eindruck, den Wellington bei seiner Ankunft machte: »Er sprühte von Leben und Begeisterung. Etwa 1,68 Meter [in Wirklichkeit eher 1,75 Meter] groß, hatte er ein langes, bleiches Gesicht, eine auffallend große Adlernase, klare blaue Augen und den schwärzesten Bart, den ich je gesehen hatte. Er war bemerkenswert reinlich, und ich habe erlebt, dass er sich zweimal am Tag rasierte, was er anscheinend ständig zu tun pflegte. Er sprach damals verblüffend rasch mit, glaube ich, einem ganz leichten Lispeln. Seine Kieferknochen waren sehr schmal, und seine Ohren wiesen eine Besonderheit auf, die ich nur an einem einzigen anderen Menschen, nämlich an Lord Byron, bemerkt habe: Das Ohrläppchen war mit der Wange verwachsen. Wenn er erfreut war, schürzte er seine Lippen auf merkwürdige Art. Das fiel mir oft auf, wenn er in Gedanken versunken war.«

Wellington muss in Indien sehr häufig seinen Gedanken nachgehangen haben, denn die Feldzüge, die er nun führte, waren überaus komplex. Großbritannien, das seine indischen Besitzungen mit Hilfe der Ostindischen Handelskompanie regierte, kontrollierte nur die drei Enklaven, die um die Handelsniederlassungen der Kompanie in Kalkutta, Bombay und Madras – also in Ost-, West- und Südindien – entstanden waren. Die Enklave von Kalkutta war durch Eroberungen beträchtlich gewachsen, während die anderen reine Stützpunkte blieben. Das strategische Problem Großbritanniens ähnelte daher in mancher Hinsicht denen Alexanders, bevor er sich zur Eroberung Kleinasiens aufmachte. Wie ihm die griechischen Städte an den Rändern des Persischen Reiches die Möglichkeit gaben, hier und dort von einem festen Stützpunkt aus

Wellingtons Feldzüge auf der Pyrenäenhalbinsel, 1804–1814

N

GOLF VON BISCAYA

FRANKREICH

Toulouse

Orthez
Bayonne
Nivelle
Nive
San Sebastián
Santander
Sorauren
Corunna
Vitoria
Pamplona

Burgos

Doero

SPANIEN

Oporto *Douro*

Salamanca
Almeida
Ciudad Rodrigo   Madrid
Bussaco   El Bodon
Mondego
PORTUGAL   Fuentes de Onoro
Tejo
Rolića   *Tejo*   Almaraz   Talavera   *Tajo*
Santarem   Arroyomolinos
Vimeiro   *Guadjana*
Sobral
Lissabon   Badajoz
Albuera
Torres Vedras

Guadiana

ATLANTISCHER
OZEAN   MITTELMEER

0   100 km

zu operieren, so verschafften Handelsfestungen und ihr Hinterland den Briten einen vergleichbaren Vorteil. Und wie Alexander standen die Briten einer imperialen Präsenz – der Moguldynastie – gegenüber, deren Macht bereits im Schwinden begriffen war. Doch viel weiter reicht die Analogie nicht. Bei aller Stärke der Royal Navy agierten die Briten um vieles entfernter von der Heimat als Alexander. Und ihre Streitkräfte, die nur zu einem Bruchteil aus europäischen Soldaten bestanden, waren ein viel schwächeres Instrument als Alexanders homogenes makedonisch-griechisches Heer.

Das Einzige, was für Wellington oder jeden anderen am Feldzug beteiligten britischen General sprach, war die Uneinigkeit der Feinde. Die Franzosen hatten sich bemüht, die durch Teilung entstandenen Fürstentümer, die den Moguln Untertanentreue schuldeten, mit einem Bündnisnetz zu überziehen, doch alle hatten zu ausgiebig von den Freuden der Autonomie gekostet, um verlässlich miteinander zu kooperieren. Dadurch bot sich den Briten die Gelegenheit, die Fürstentümer nacheinander niederzuwerfen, und genau dazu schickten sie sich an. 1799 wirkte Wellington in Seringapatam am Sturz des führenden südlichen Herrschers Tippu Sultan mit, und im folgenden Jahr, als er ein eigenes Kommando übernommen hatte, brachte er Dhundia Wagh zur Strecke, einen örtlichen Kriegsherrn, der Tippus früheres Reich in Schrecken versetzt hatte.

Die indischen Operationen kamen dann drei Jahre lang zum Erliegen, bis 1803 mit neuerlicher Intensität ein Krieg im Marathenbund ausbrach. Die Kämpfe in jenen Mogul-Schutzgebieten sollten Wellington die größte Chance bieten, sich einen Namen zu machen (zumindest als »Sepoy-General«). Die Vorgänge spielten sich in zwei Phasen ab. Zuerst besiegte er den bedeutenden Marathenfürsten Sindhia in der Schlacht von Assaye – eine wütende Auseinandersetzung, bei der zwei Pferde unter ihm getroffen wurden. In der zweiten

Phase ging er gegen Sindhias Verbündeten Holkar vor, bis sein Bruder, der Generalgouverneur, ihn zurückrief, dem er in der Endphase des Krieges als Militärberater diente. Der Krieg stellte eine wichtige Etappe in der britischen Eroberung des gesamten Subkontinents dar.

Da Wellington sich nun einen Namen gemacht und dank Prämiengeldern eine gewisse finanzielle Unabhängigkeit genoss, trat er im Jahre 1805 die Heimreise an. Zum Ritter geschlagen und im Rang eines Generalmajors, traf er in der Heimat ein und heiratete im Jahre 1806. Er brannte darauf, seine politische Tätigkeit wieder aufzunehmen, um die Reputation seines Bruders zu verteidigen; dieser war das Opfer von Skandalgeschichten geworden, die der indischen Regierung damals zusetzten. Wellingtons Rückkehr ins Parlament (in Westminster, nicht in Dublin, da man das irische Unterhaus im Jahre 1800 abgeschafft hatte) bewirkte aber vor allem, dass der damalige Kriegsminister auf seine Begabung aufmerksam wurde. Castlereagh imponierten die Schärfe seines Geistes und seine Ausdrucksfähigkeit; bald zog der Minister den jungen General (1807 war Wellington 37 Jahre alt) bei einem militärischen Plan nach dem anderen zu Rate.

Zweck dieser Pläne war es, der Ausbreitung von Napoleons Macht Einhalt zu gebieten, die sich zu jenem Zeitpunkt, nach seiner Unterwerfung Spaniens und Preußens, von der Ostseeküste bis an die Küste Südamerikas erstreckte. In den Jahren 1806 und 1807 nahm Wellington sogar an zwei kleinen Landungsunternehmungen in Nordeuropa teil; die zweite, in Dänemark, verlief ebenso zügig wie erfolgreich.

Beide waren für Napoleon nur Nadelstiche. Aufstände in Portugal und Spanien boten den Briten im Jahre 1808 erstmals Gelegenheit, ihn empfindlich zu treffen. Zwei frühe Versuche, die spätere »offene Wunde« des Krieges auf der Pyrenäenhalbinsel aufzureißen, endeten in einem Fiasko, obwohl es Wellington bei der ersten Operation gelang, ein kleines französisches Heer in der Schlacht von Vimeiro (21. August 1808) zu besiegen. Im folgenden Jahr fand Großbritannien jedoch den Schlüssel zu einer wirksamen Strategie. Das war Wellingtons Verdienst. Im März 1809 schrieb er an Castlereagh: »Ich bin stets der Meinung gewesen, dass Portugal ungeachtet des Kriegsausgangs in Spanien verteidigt werden könnte.« Das Mittel dazu sollte die Flotte sein. Mit Hilfe der Marine könne man an der Mündung des Tejo einen sicheren Stützpunkt einrichten und mit Nachschub versorgen; von dort aus habe ein britisches Heer die Möglichkeit, im Schutzgürtel der portugiesischen Gebirgsgrenzen gefahrlos zu operieren. Die fünf Zugänge durch die Berge nach Spanien erlaubten den Briten, nach Belieben strategische Vorstöße zu unternehmen; sollten die Franzosen zu einem Gegenschlag nachsetzen, könnten sie in einer für die Verteidigung besonders günstigen Gegend gestoppt und besiegt werden. Nicht nur akzeptierte Castlereagh die Logik von Wellingtons Darlegung, er beschloss auch, den Plan in die Praxis umzusetzen und Wellington den Befehl über die Expeditionsstreitmacht zu übertragen.

So begann Wellingtons – und des britischen Heeres – Abenteuer auf der Pyrenäenhalbinsel, das sich bis zum Frühjahr 1814 hinzog. Es zerfiel in sechs Phasen. Im Jahre 1809 errichtete Wellington seinen Stützpunkt unweit Lissabon an der Mündung des Tejo, gewann die Schlacht von Oporto, vertrieb die Franzosen aus Portugal, folgte ihnen nach Spanien und gewann die Schlacht bei Talavera. Im Jahre 1810 wurde er in die Defensive gedrängt, er umgab Lissabon mit einem Befestigungssystem – der Torres-Vedras-Linie – das die Stadt uneinnehmbar machte, und deckte mit der Schlacht von Bussaco seinen Rückzug hinter die Linie. Der Hunger trieb die Franzosen über die spanische Grenze zurück, an der die Heere das ganze Jahr 1811 hindurch ergebnislos gegeneinander kämpften. Wellington war durch die Siege von Fuentes de

Onoro und Albuera (das Verdienst seines Untergebenen Beresford) in einer strategisch besseren Position.

Nach der Einnahme der Grenzfestungen Ciudad Rodrigo und Badajoz drang er 1812 im Laufe des Feldzugs nach Spanien vor, führte die brillante Manöverschlacht von Salamanca und marschierte im August in Madrid ein. Aber er hatte sich übernommen – die ihm zahlenmäßig stets überlegenen Franzosen konzentrierten ihre Kräfte zu einer Übermacht – und musste an die portugiesische Grenze zurückweichen, wo er überwinterte. Im Frühjahr 1813 erlaubten ihm seine Verstärkungen, wieder in die Offensive zu gehen, Madrid von neuem zu erobern, die Siege von Vitoria und Sorauren zu erringen und dadurch den Gegner über die Pyrenäen nach Frankreich zu treiben. Im Frühjahr 1814, als Napoleons Stern in der Heimat sank, gewann Wellington die Schlachten von Orthez und Toulouse; damit vernichtete er die Militärmacht des Kaisers in Südfrankreich. Vier Tage vor Toulouse – so langsam wurden Nachrichten in jenen Tagen weitergegeben – hatte seine hoffnungslose Situation Napoleon zur Abdankung gezwungen.

Wellington war nun eine Gestalt von europäischem Format. Seine Siege auf der Pyrenäenhalbinsel trugen ihm in wachsender Zahl Ehrungen ein: 1809 die Baronie und Vicomte-Würde (als Vicomte Wellington, von jenem Zeitpunkt an trug er diesen Namen), 1812 das Marquisat, 1813 den Hosenbandorden und den Feldmarschallsstab und im Mai 1814 ein Herzogtum. Außerdem wurde er mit portugiesischen und spanischen Ehrungen überhäuft: mit Herzogtümern und der Ernennung zum Marschall, mit dem Orden Goldenes Vlies und dem Titel des Generalissimus der spanischen Armee. Aber genauso wichtig wie sein Ruf war sein Image. Seine Soldaten nannten ihn »den langnasigen Hundesohn, der die Franzosen schlägt«; jene, auf die es in Großbritannien und bei den europäischen Verbündeten ankam, zeigten sich von

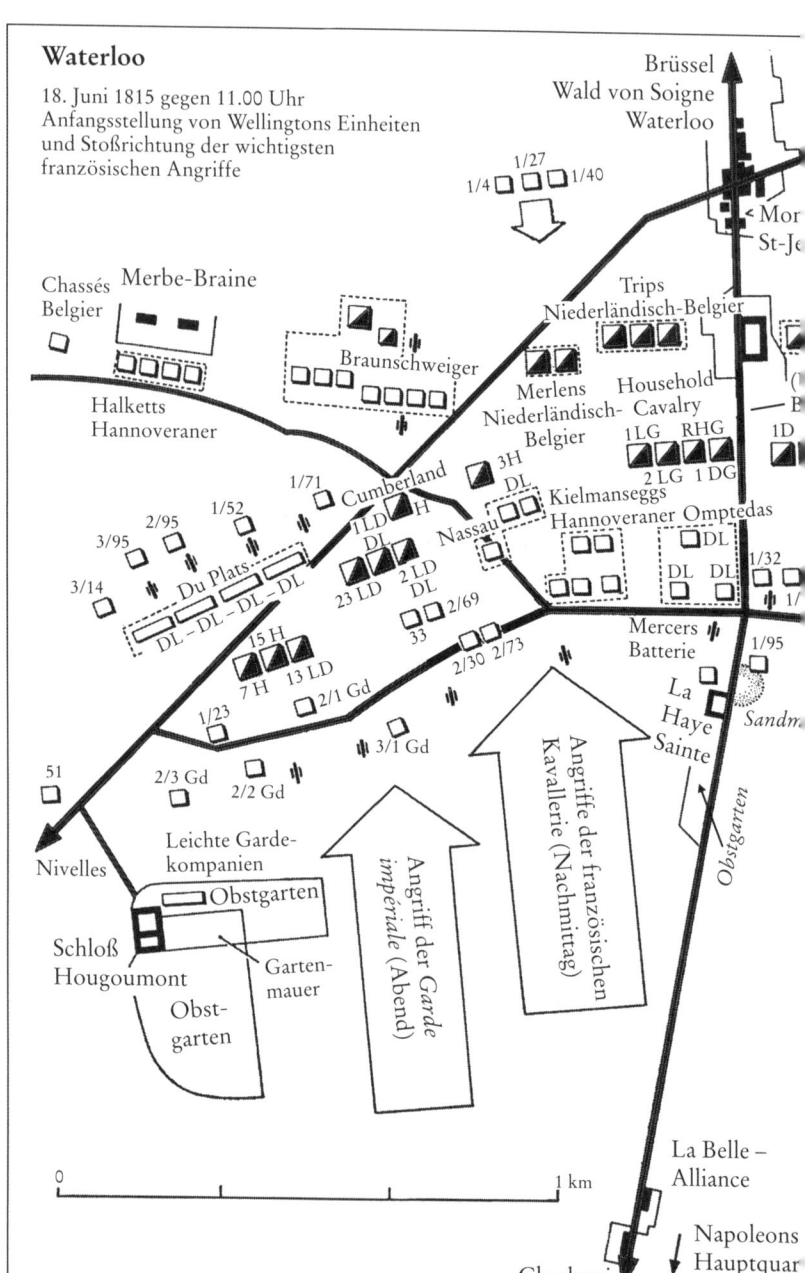

Waterloo

18. Juni 1815 gegen 11.00 Uhr
Anfangsstellung von Wellingtons Einheiten
und Stoßrichtung der wichtigsten
französischen Angriffe

Brüssel
Wald von Soigne
Waterloo

Mor
St-Je

1/4 1/27 1/40

Chassés
Belgier

Merbe-Braine

Trips
Niederländisch-Belgier

Halketts
Hannoveraner

Braunschweiger

Merlens
Niederländisch-Belgier

Household
Cavalry

1LG RHG

2 LG 1 DG

1D

1/71

Cumberland

3H
DL

Kielmanseggs
Hannoveraner

Omptedas

1/52

1LD H
DL

Nassau

DL

3H

2/95

3/95

23 LD

2 LD
DL

2/69

1/32

3/14

Du Plats

DL

33

2/30 2/73

DL

DL

Mercers
Batterie

1/95

3/14

DL – DL – DL – DL

15 H
7 H 13 LD

2/1 Gd

La
Haye
Sainte

Sandm

1/23

3/1 Gd

Obstgarten

51

2/3 Gd

2/2 Gd

Nivelles

Leichte Garde-
kompanien

Obstgarten

Schloß
Hougoumont

Garten-
mauer

Obst-
garten

Angriff der Garde
impériale (Abend)

Angriffe der französischen
Kavallerie (Nachmittag)

0   1 km

La Belle –
Alliance

Napoleons
Hauptquar

Charleroi

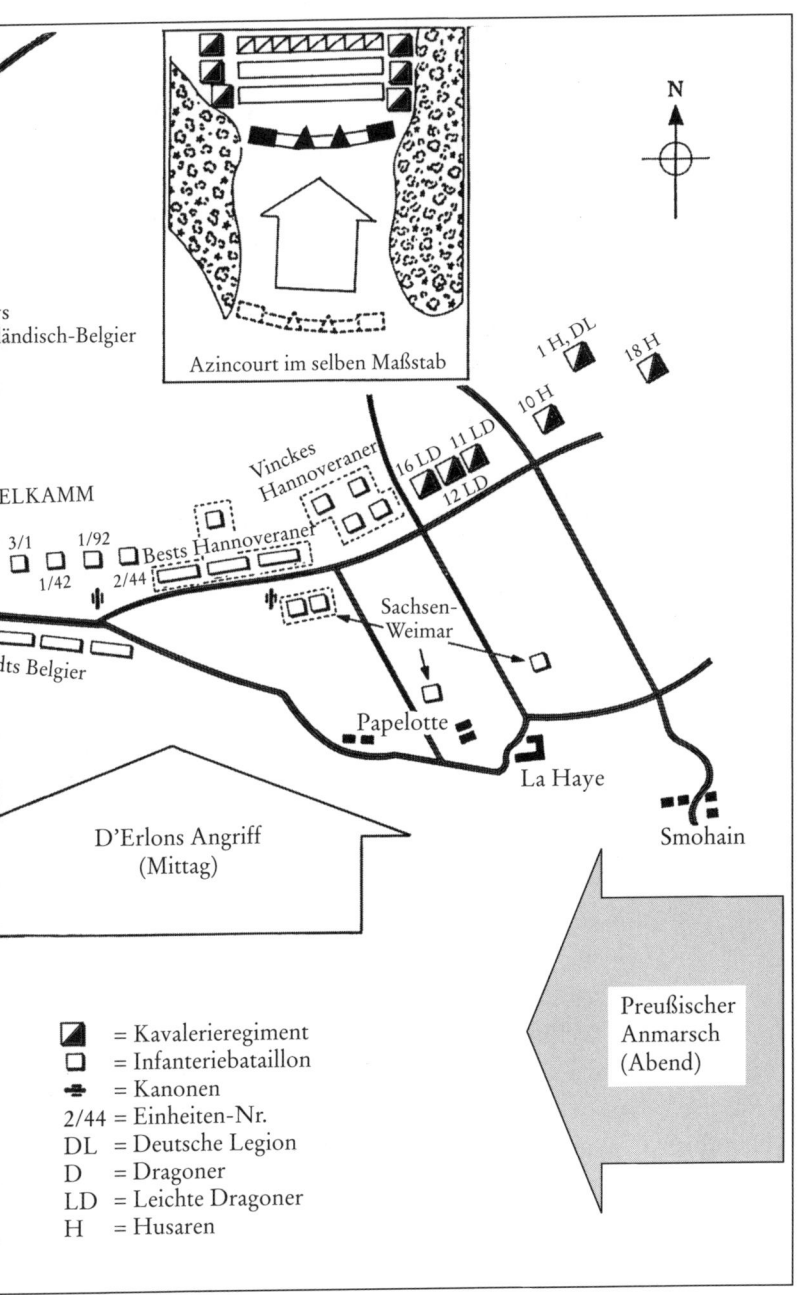

Azincourt im selben Maßstab

N

's
ländisch-Belgier

1 H, DL

18 H

10 H

Vinckes
Hannoveraner

16 LD 11 LD

12 LD

ELKAMM

3/1   1/92
1/42   2/44   Bests Hannoveraner

Sachsen-
Weimar

dts Belgier

Papelotte

La Haye

D'Erlons Angriff
(Mittag)

Smohain

Preußischer
Anmarsch
(Abend)

= Kavalerieregiment
= Infanteriebataillon
= Kanonen
2/44 = Einheiten-Nr.
DL   = Deutsche Legion
D   = Dragoner
LD   = Leichte Dragoner
H   = Husaren

seiner erstaunlichen Unverwüstlichkeit, seiner kühlen Arroganz – die nichts mit dem Wellington, den seine Vertrauten nach Waterloo Tränen vergießen sahen, gemein hatte – und von seiner unerschöpflichen strategischen Vielseitigkeit beeindruckt. Gewiss, der österreichische Erzherzog Karl hatte Napoleon 1809 bei Aspern-Essling besiegt; der Preuße Blücher und der Österreicher Schwarzenberg hatten ihm 1813 bei Leipzig ein Unentschieden abgetrotzt. Aber das waren Einzelerfolge. Wellington war zwar nie mit dem Kaiser persönlich konfrontiert gewesen, doch er hatte sich den besten Marschällen Napoleons – Soult, Junot, Masséna – gestellt und sie immer wieder geschlagen. Nach seinem Sieg am gleichnamigen Ort hatten ihn die Portugiesen zum Herzog von Vitoria ernannt, und genau das war er: ein Herzog des Sieges.

Kein Wunder also, dass Wellington zu Beginn des Friedens zum Botschafter in Paris (er wäre in die englische Politik zurückgekehrt, wenn sich sein Bruder nicht mit Castlereagh entzweit hätte) und dann zum britischen Bevollmächtigten auf dem Wiener Kongress berufen wurde, auf dem der Schaden, den Napoleon Europa zugefügt hatte, behoben werden sollte. Als der »Menschenfresser« im März 1815 aus seinem Exil auf Elba wieder auftauchte, war die nächste Ernennung des Herzogs fällig. Der Kongress verfügte: »Dadurch, dass Napoleon Bonaparte, neuerlich Verwirrung und Chaos planend, wieder in Frankreich erschienen ist, hat er sich außerhalb des Gesetzes gestellt und sich der öffentlichen Rache preisgegeben.« Wellington, einer der Unterzeichner, wurde zum Oberbefehlshaber der britischen und niederländisch-belgischen Truppen in Flandern ernannt, wohin er am 28. März abreiste. Am 4. April weilte er in Brüssel. Diesen Monat und den Mai hindurch sammelte er mühsam Soldaten – zu wenige hatten Kampferfahrung – und koordinierte seine Pläne mit Blücher und seinem Mitbefehlshaber, dem Prinzen von Oranien. Anfang Juni wartete er gespannt auf ein Zeichen, dass Napoleon gegen ihn vorrückte. Am Abend des 15. Juni, während er vor dem Ball der Herzogin von Richmond zu Abend aß, traf das Zeichen ein. Die Konsequenzen kennen wir.

Wellington und die westliche Militärgesellschaft

Wellingtons Verhalten in den folgenden vier Tagen – so ungewöhnlich es sogar nach den herrschenden Maßstäben der Feldherrnkunst war – verrät uns eine Menge über die Art der Befehlsgewalt im ausgehenden Zeitalter der Schießpulverschlachten. Sein Verhalten war in einem wahrhaft Alexander'schen Sinne heroisch. Dieser Vergleich mag sich – selbst in einem Buch der Vergleiche – überzogen anhören. Zwischen Gaugamela und Waterloo hatte sich so viel Verwirrendes abgespielt, das die Ausrüstung von Heeren veränderte, und vieles hatte dazu beigetragen, die Heere in ihrer Art und Zusammensetzung umzugestalten. Auch das Terrain, auf dem sie operierten, hatte sich geändert: Straßennetze und Brücken wurden errichtet, Knotenpunkte befestigt, Städte vergrößert, Magazine und Nachschubdepots angelegt, die Militärproduktion zentralisiert und teilweise industrialisiert – alles, was mit dem Begriff »Infrastruktur« in seinem militärischen Sinne beschrieben wird. Kann in Anbetracht dieses militärischen Wandels – gar nicht zu reden von den größeren gesellschaftlichen Entwicklungen, die der Wandel hervorbrachte und die ihn wiederum beeinflussten – wirklich mit einiger Sicherheit behauptet werden, dass dies Gründe sind, Vergleiche zwischen Alexander und Wellington zu ziehen?

Ich glaube, man kann so etwas behaupten. Denn in diesem

Buch geht es nicht um die Evolution der Kriegführung, sondern um Technik und Ethos von Führerschaft und Befehlsgewalt. Und in diesen Bereichen waren Tempo und Intensität des Wandels viel weniger ausgeprägt als in der Kriegführung im allgemeinen – so dass, was die Technik und vielleicht auch das Ethos angeht, kaum von einem Wandel gesprochen werden kann.

Man betrachte zum Beispiel die kritische Frage der Distanz, die Alexander und Wellington auf dem Schlachtfeld zwischen sich und den Feind legten. Alexander, dem heroischen Ideal verpflichtet und von ihm beflügelt, hielt sich anfangs sehr nahe an der Schlachtlinie und schließlich in vorderster Front auf. Auch Wellington führte den Befehl dicht am Kampfgeschehen, wobei er die zeitgenössischen Erwartungen im Hinblick auf ein vertretbares Risiko vermutlich übertraf. Er erlitt jedoch nichts, was mit Alexanders Serie von Verwundungen vergleichbar gewesen wäre, denn er wurde überhaupt nur einmal, 1814 bei Orthez, verletzt.

Vielfach aus den gleichen Gründen wie Alexander musste Wellington das Kommando wohl oder übel aus der Nähe des Geschehens führen: Nur wenn er sich unweit des Schlachtgetümmels aufhielt, konnte er die Ereignisse beobachten und rechtzeitig auf sie reagieren, denn seine Kommunikationsmittel auf dem Schlachtfeld – berittene Boten und Trompetenstöße – waren nicht effektiver als die 2000 Jahre zuvor verwendeten. Natürlich entsandte Wellington hin und wieder schriftliche Befehle, worauf Alexander wahrscheinlich verzichtete, und seine Befehlskette könnte dichter gewesen sein als die Alexanders, aber auch das steht nicht unbedingt fest. Die Sichtverhältnisse wirkten sich sogar zu seinen Ungunsten aus: Obwohl General J.F.C. Fuller, der in den staubigen Ebenen Indiens bei der Kavallerie gedient hat, behauptet, Alexander habe den Befehl häufig in einer bis auf wenige Meter im Umkreis undurchdringlichen Dunstwolke geführt, kann der von Pferdehufen aufgewirbelte Staub die Sicht nicht im gleichen Maße einschränken wie Pulverdampf, der die Kämpfer oft voreinander verbarg, als befänden sie sich in der Londoner »Waschküche«.

Auch die strategischen Entfernungen waren für Wellington nicht größer als für Alexander. In Indien war er weiter von der Heimat entfernt, als es Alexander jemals war, allerdings stellte dort nicht London, sondern Kalkutta seine eigentliche Basis dar. In Spanien war London nicht so unerreichbar für ihn wie Makedonien für Alexander in Babylon. Und als Alexander in Afghanistan Krieg führte, erreichten seine Verbindungswege eine solche Ausdehnung, wie Wellington sie nie zu bewältigen hatte. Wellingtons Nachschub auf dem Seeweg – mit Schiffen, die Hunderte, nicht nur Dutzende von Tonnen beförderten – könnte besser gewesen sein als der Alexanders. Abseits des Umschlaghafens aber waren beide von genau den gleichen Verkehrsmitteln abhängig. In seinen Berichten aus Indien und Spanien erwähnt Wellington immer wieder die vierfüßigen Lasttiere, die er, ebenso wie Alexanders Übersetzer, Ochsen nannte. Als er im August 1804 aus Madras schrieb, dass »rasche Bewegungen ohne gutes, geschickt gelenktes und einwandfrei versorgtes Vieh unmöglich sind«, brachte er einen Gedanken zum Ausdruck, der Alexander genauso wie ihm am Herzen gelegen haben musste.

Früher hatte er geschrieben: »Der Erfolg militärischer Operationen [in Indien] hängt vom Nachschub ab; der Kampf bereitet nicht mehr Schwierigkeiten, als Mittel und Wege zu finden, den Feind mit oder ohne Verluste zu schlagen. Um das Ziel zu erreichen, braucht man aber Lebensmittel.« Wellington wie Alexander gelang es meisterhaft, ihre Soldaten zu ernähren, und zwar mit Methoden, die sich seit 2000 Jahren kaum geändert hatten. Weniger deutlich wird dem heutigen Betrachter, dass auch ihre »Mittel, den Feind mit oder ohne Verluste zu schlagen«, bemerkenswert deckungsgleich waren. Denn obwohl die europäischen Heere um 1800 allgemein Feuerwaffen benutzten, war die Leistung des Schießpulvers immer noch so schwach, dass die Entfernung zwischen den gegnerischen Armeen kaum größer war als in den vorangegangenen 3 000 Jahren des mit Hiebwaffen ausgetragenen Kampfes. Kanonen konnten durchaus über anderthalb Kilometer hinweg tödlich sein. Aber sogar im Jahre 1800 waren selten mehr als zwei oder drei pro tausend Mann auf dem Schlachtfeld zu finden. Die Muskete stellte das gängige Tötungswerkzeug dar, wenn ihre Wirkung auch durch Raum und Zeit stark eingeschränkt wurde. Über 45 Meter hinaus war ihr Ziel kaum berechenbar, und bei etwa 135 Metern wurde die Waffe mehr oder weniger unzuverlässig. Auch die bestgedrillten Bataillone konnten sie nicht mehr als dreimal pro Minute abfeuern. Da ein Mann in zwanzig Sekunden – das Neuladeintervall zwischen Musketensalven – 135 Meter zurücklegt, konnten mutige, austrainierte und gutgeführte Infanteristen nach einem ersten Austausch von Salven mit dem Bajonett vorstürmen und den Feind vom Schlachtfeld treiben. Am »Wendepunkt« von Waterloo waren die britischen Garderegimenter und die 52. Leichte Infanterie auf ähnliche Art gegen die *Garde impériale* vorgegangen. Gut ausgebildete Kavalleristen, die auf schwache und unschlüssige Infanteristen einstürmten, konnten noch bessere Ergebnisse erzielen. Wenn sie nach der Eröffnungssalve keine schweren Verluste an Pferden erlitten hatten, konnten sie die Fußsoldaten innerhalb weniger Sekunden überrennen. Solche Ereignisse waren ebenso selten wie entscheidend.

Eine Schlacht wie die von Waterloo unterschied sich mithin in der Gegenüberstellung der wesentlichen Kräfte nicht allzu sehr von der Auseinandersetzung bei Gaugamela. Alexanders Soldaten hatten viel weniger Verluste durch Geschosse hinnehmen müssen als Wellingtons Streitmacht. Dafür hatten sie umso mehr Muskelkraft verbraucht, denn sie hieben und stachen mit einer Verzweiflung auf ihre Gegner ein, die bei Waterloo kaum jemand verspürte. Gleichwohl waren die Kampferfahrungen in beiden Fällen sehr ähnlich. Beide Gefechte wurden in engem, fast intimem Kontakt geführt; sie waren laut, erschöpfend für Körper und Nerven und infolge dieser Belastung von kurzer Dauer.

Setzen wir die Bestandteile der individuellen Kampferfahrung in die Befehlshaber einengende Faktoren um, so dürfte klarer werden, wie viele Schwierigkeiten ihnen gemeinsam waren. Sowohl Alexander als auch Wellington mussten ihr Heer über eine möglichst lange Front ausdehnen, denn nur wenn sie dem Feind fast Mann gegen Mann gegenübertraten, konnten die Nahkampfwaffen effektiv zum Einsatz kommen. Beide mussten die Gefahr vermeiden, dass das Ende der Linie »gedreht« – das heißt vom Feind umgangen – wurde, denn dadurch wären etliche Männer, die in die falsche Richtung blickten, dem Angriff vieler, die in Kampfrichtung schauten, ausgesetzt gewesen. Beide bemühten sich, die Flanke des Feindes zu umgehen. Falls das nicht gelang, konnten beide nur hoffen, durch überlegene Brutalität irgendwo in die feindliche Linie eine Bresche zu schlagen. Alexander durchbrach die Front des Dareios bei Gaugamela mit seinem ungestümen Reiterangriff, während Wellington Napoleons Front bei Waterloo mit den heftigen Salven der Garderegimenter, gefolgt von einer Bajonettattacke, ins Wanken brachte. In beiden Fällen wurde der entscheidende Schlag aus allernächster Nähe geführt, und in beiden Fällen waren auch die Befehlshaber dem Feind so nahe, dass ihr Leben auf dem Spiel stand.

Aus den Ähnlichkeiten zwischen Gaugamela und Waterloo könnte vielleicht gefolgert werden, Letzteres sei eine militärische Verirrung oder ein Anachronismus gewesen. Zweifellos nahm Wellington ein viel größeres Risiko auf sich als damals üblich, und es stimmt auch, dass die Schlacht von Waterloo, wenn man die Zahl der beteiligten Soldaten berücksichtigt, sowohl räumlich als auch zeitlich ungewöhnlich komprimiert war. Immer noch fielen Generale häufig im Kampf, was bis nach dem amerikanischen Bürgerkrieg der Fall sein sollte. Wir wissen zum Beispiel, dass in Napoleons Heer bei Austerlitz ein General getötet und 13 verwundet, bei Eylau acht getötet und 15 verwundet, bei Borodino zwölf getötet und 37 verwundet und bei Leipzig 16 getötet und 50 verwundet wurden. Wie auch hätten Generale, die zu siegen hofften, solche Gefahren vermeiden können, solange Nahkampfwaffen den von ihnen befehligten Heeren eine Lineartaktik auferlegten?

Besäße der Militärhistoriker eine Zeitmaschine, mit der er von Waterloo nach Gaugamela zurückreisen und auf jedem beliebigen Schlachtfeld Halt machen könnte, um den Gefechtsverlauf zu betrachten (eine gespenstische Reise, aber worum geht es in der Militärgeschichte denn sonst?), so fielen ihm in erster Linie die geringen Unterschiede zwischen Alexanders und Wellingtons Befehlsstil und dem jedes anderen fähigen Feldherrn in den Jahrhunderten dazwischen auf. Die römische Taktik war streng linear, und die römischen Befehlshaber zeigten sich bemerkenswert interventionistisch: Zum Beispiel ergriff Cäsar 57 v. Chr. im entscheidenden Augenblick der Schlacht gegen die Nervier an der Sambre den Schild eines Legionärs und eilte, umweht von seinem auffälligen roten Umhang, in die vorderste Linie, um seine ermattenden Soldaten anzufeuern. Die Taktik der Armeen des frühen Mittelalters bleibt uns verborgen, doch die hochmittelalterliche Taktik war linear und das vorherrschende Befehlsethos überaus heroisch; die Entstehung des ritterlichen Ideals verstärkte diese Eigenschaft noch. Wir brauchen nur an geachtete Herrscher wie Harold von England zu denken, der bei Hastings unter seinen Leibwächtern starb, an den Tod Malcolms III. von Schottland bei Alnwick oder an das freiwillige Ende Johanns von Böhmen bei Crécy, um zu erkennen, wie »vorwärtsgerichtet« der Führungsstil von Kriegern blieb, die gewiss niemals die *Ilias* gelesen und vielleicht nicht einmal von Alexander gehört hatten.

Schauen wir uns allerdings die einzige vor dem Industriezeitalter im militärischen Repertoire erobernder Völker mit der Lineartaktik konkurrierende Methode der Kriegführung an – die leicht bewaffneten Reiterscharen der Araber in der Ära Mohammeds und später der Mongolen, Tataren und Türken –, so stoßen wir auf einen anderen Befehlsstil. In jenen muslimischen und heidnischen Heeren, die ihre Feinde durch berittene Bogenschützen, Zermürbung und Terror überwältigten, kämpften die Anführer normalerweise nicht in der Vorhut. Sie bezogen auf den Flügeln oder hinter dem Zentrum Position. Da aber die bevorzugte Methode jener Heere darin bestand, ihre Feinde durch Stippangriffe, Finten und Umzingelung – je nach Wendigkeit ihrer zahlreichen, häufig ausgewechselten Pferde – zu erschöpfen, war beispielhafte Führerschaft nicht so notwendig wie in der brutalen, direkten, vernichtenden Kriegführung von Griechen, Persern, Römern und ihren europäischen Nachfolgern.

Dschingis-Khan beispielsweise scheint seine Stammeshorde (das aus dem Türkischen abgeleitete Wort »Horde« bezeichnet eine Organisationsform, nicht eine gewaltige Zahl, denn die Steppenheere waren recht klein) fast wie ein postnapoleonischer Befehlshaber gegliedert zu haben. Er hielt sich aus der Schlacht heraus, übermittelte und empfing Informationen durch ein höchst leistungsfähiges System von Kurieren, Kundschaftern und Spionen und setzte seinen Willen mit grausamer Disziplin durch. Die muslimischen Herrscher, die vom neunten Jahrhundert an Angehörige von Steppenvölkern für ihre Armeen zu rekrutieren begannen, wichen den Anforderungen der direkten Führerschaft aus; sie machten ihre Soldaten zu Sklaven. Dieses Mamlukensystem, eine einzigartige militärische Einrichtung, erlaubte dem Islam, das religiöse Tabu zu vermeiden, das Muslimen ursprünglich sich gegenseitig zu bekämpfen verbot. Und obwohl es sich auf lange Sicht selbst ad absurdum führte, als Sklavensoldaten die angemessenen Schlussfolgerungen aus ihrer Machtausübung zogen und die Herrschaft im Irak und in Ägypten an sich rissen, erwies es sich kurzfristig als so effektiv wie Dschingis-Khans späteres Verfahren, politische Herrscher der direkten militärischen Führerschaft zu entheben.

So ungestüm die Heere der Steppe und des Islam waren, sie konnten die Macht ihrer leichten Kavallerie, die in den halbgemäßigten Zonen und Wüstenregionen blühte, letztlich nicht in die niederschlagsreichen westeuropäischen Gebiete verlagern. Wann immer sie auf fremdem Territorium auf Völker stießen, die von intensiver Landwirtschaft lebten und Lebensmittelüberschüsse ansammelten, dank denen diese Feldzüge viel länger durchstehen konnten als die auf Plünderungen angewiesenen Nomaden, mussten Letztere ihre Niederlage eingestehen; außerdem konnten diese Völker auf ihren üppigen Weiden Pferde züchten, die den Ponys der Nomaden in der Schlacht überlegen waren. Die Reitervölker wurden mit der Zeit entweder in die trockene Umgebung zurückgedrängt, wo das Nomadentum gedieh, – wie an den Grenzen Westeuropas, oder, wie in China, von der Agrarzivilisation korrumpiert und ihr einverleibt.

Auf lange Sicht sollten die Europäer die einzigen Krieger sein, denen es gelang, ihre Macht zu festigen, ihre militärischen Richtlinien in stabilen Staaten festzulegen und, als sie das Geschick zu überseeischen Expeditionen erworben hatten, zu Eroberungen in ferne Länder aufzubrechen. Ihr Erfolg wurde gleichermaßen von materiellen und zeitlichen Faktoren bestimmt. Wie begünstigt von Boden und Klima, wie reich an leicht zugänglichen Bodenschätzen und Fertigkeit, sie zu verarbeiten, wie geeint durch gesellschaftliche Tradition, wie beschlagen in Wort und Schrift sowie der Rechenkunst Völker auch sein mögen, sie bedürfen der Führerschaft, wenn ihre Überlegenheit und Qualitäten der Eroberung dienen sollen. Entscheidend für die europäische Weltherrschaft war, dass die Kultur des Kontinents Führer wie Alexander und Wellington hervorbrachte, die zwar zeitlich weit auseinander liegen, in ihren Motiven und Methoden aber viele Gemeinsamkeiten aufweisen.

Obwohl die Kultur den typischen Führungsstil Europas wesentlich prägte, konnte sie über 2 000 Jahre hinweg keine einheitliche Wirkung entfalten. Der Historiker in seiner Zeitmaschine könnte in gewissen Abständen Halt machen, um zu beobachten, wie sich Napoleon 1796 bei Lodi verhielt (er führte einen Bajonettangriff über die Addabrücke hinweg) oder Gustav Adolf 1632 bei Lützen (er starb an der Spitze einer Kavallerieattacke), Heinrich V. 1415 bei Azincourt (er stieß mit seinen gepanzerten Rittern tief in die französische Linie vor), der römische Kaiser Valens 378 bei Adrianopel (er erlag den Verwundungen, die ihm die Goten zugefügt hatten) oder Cäsar 48 v. Chr. bei Pharsalus (er führte eine Legion gegen die Flanke des Heeres von Pompejus). Aus diesen Beobachtungen könnte der Zeitreisende den Schluss ziehen, er habe ein gleichbleibendes, allein durch die Entschlossenheit des führenden Akteurs gekennzeichnetes Ereignis gesehen, da dieser auf der einen oder anderen Seite leibhaftig zwischen den Feind und die vorderen Reihen derjenigen trat, die bei Gefahr ein gutes Beispiel von ihm erwarteten.

Eine solche Folgerung träfe nur oberflächlich zu. Das Ethos des Vorbildes bliebe in der Tat über die Jahrhunderte zwischen Gaugamela und Waterloo hinweg erhalten. Aber das »Wenn« und »Wie« des Vorbildes hatten, wie sich bei näherer Betrachtung herausstellen würde, in jener Periode eine fast unmerkliche, doch wichtige Verlagerung erfahren. Immer an der Spitze? Manchmal an der Spitze? Niemals an der Spitze? Das waren die Schlüsselfragen. Schon die Griechen, um zu Alexander zurückzukehren, waren sich dieser Fragen zutiefst bewusst und hatten in ihrer Epoche begonnen, Antworten zu formulieren.

Die *Ilias* – so einflussreich für die Unterweisung Alexanders darin, wie sich ein König der Griechen in der Schlacht zu benehmen habe – lässt nicht den geringsten Zweifel an der Rolle des Führers im Krieg aufkommen.

Alexander führte seine Männer sowohl am Granikos als auch bei Gaugamela, indem er sich mit dem Speer in der Hand an die Spitze seines Heeres setzte. Von ihm verlangte die Stimme des Sieges, jeglichen Rat zur Vorsicht und Delegierung von Aufgaben zu verdrängen. Aber noch bevor er zu seinem Feldzug aufbrach, hatte Xenophon – ebenfalls ein Grieche, der die Perser geschlagen hatte – begonnen, die Vorzüge einer Modifizierung des heroischen Stils zu erörtern. »Er fragte sich«, schreibt Yvon Garlan, »ob Mut, wie man in alten Zeiten dachte, die wichtigste Eigenschaft eines Generals sei oder vielmehr Reflexion, die dem Schwächeren gestatten könne, über den Stärkeren zu triumphieren … Hin und her gerissen zwischen seiner Bindung an die Tradition und seinem Gefühl für Neuentwicklungen, gelangte er zwangsläufig zu einem Kompromiss: Seine Antwort lautet, es empfehle sich, mutig – weil dadurch ein Beispiel gesetzt werde –, aber nicht voreilig zu sein, damit die allgemeine Sicherheit nicht um des persönlichen Ruhmes willen gefährdet werde. Auf diese Weise sei der Befehlshaber in der Lage, die Umstände optimal zu nutzen.«

Die »Neuentwicklungen«, auf die Garlan hinweist, sind insbesondere verstärkter Drill und die Entstehung von Reserveeinheiten. Die erste, neuerdings mit Philipp in Verbindung gebrachte, erwuchs wahrscheinlich aus der größeren Verfügbarkeit von Metallen – und damit von Panzerungen – seit etwa dem achten Jahrhundert v. Chr. Dadurch wurde es möglich, eine Vielzahl Männer einheitlich auszustatten, und es lohnte sich, sie im Umgang mit den Waffen zu schulen. Die zweite Entwicklung ging aus der ersten hervor: Als die Heere größer wurden, entdeckten Feldherrn, dass nicht alle Männer in einer einzigen Schlachtlinie eingesetzt zu werden brauchten; man konnte einige zurückhalten, um sie an einer Schwachstelle einzusetzen oder um einen Erfolg zu nutzen.

Philon von Byzanz, der 200 Jahre nach Xenophon von den gleichen Voraussetzungen ausging, vermied dessen Kompromiss. Dafür könnten gesellschaftliche Gründe maßgebend gewesen sein. Die Stadtstaaten – grundlegende Ordnung für Xenophons Glauben an die persönliche Verantwortung und damit an die Vorbildrolle des Feldherrn – waren im zweiten Jahrhundert v. Chr. unaufhaltsam im Niedergang begriffen. Die sie verdrängenden größeren Gemeinwesen waren unfrei, und mit dem Verlust der politischen Freiheit entfiel auch das Recht des Bürgersoldaten, statt befehligt geführt zu werden. Philons Ratschlag an einen Feldherrn des zweiten Jahrhunderts macht diese Umwertung des Kriegertums unmissverständlich klar: »Es ist deine Pflicht, dich nicht an der Schlacht zu beteiligen, denn was immer du durch das Vergießen deines Blutes bewirken magst, steht in keinem Verhältnis zu dem Schaden, den deine Interessen insgesamt nähmen, wenn dir etwas zustieße ... Während du dich außerhalb der Reichweite von Geschossen hältst oder, ohne dich zu exponieren, dich entlang der Linie bewegst, solltest du die Soldaten ermahnen, denen, die Mut beweisen, Lob und Ehre zukommen lassen sowie Feiglinge schelten und bestrafen; auf diese Weise werden sich all deine Soldaten der Gefahr so gut wie möglich stellen.«

Dass Philon nicht bloß einen Ratschlag erteilte, sondern die bereits erwähnte »Verlagerung« des Führungsstils genau beschrieb, bestätigt der Bericht des Polybios – fast ein Zeitgenosse Philons – über das Verhalten des Scipio Africanus bei der Belagerung von Karthago im Jahre 202 v. Chr.: »Obwohl er sich energisch in den Kampf warf, traf er alle möglichen

Maßnahmen, um sein Leben zu schützen. Er hatte drei Männer bei sich, die große Schilde derart vor ihn hielten, dass er von der Mauer her völlig geschützt war; und so ging er die Linien entlang oder stieg auf eine Erhebung und trug wesentlich zum Erfolg des Tages bei.«

Dies sind, in der Schlacht wie in der Belagerung, Beschreibungen der Feldherrnkunst, die sich beträchtlich von Alexanders Stil unterscheiden. Etwas Bedeutsames musste zwischen dem vierten und dem zweiten Jahrhundert der vorchristlichen Zeit geschehen sein. Die Methoden und Materialien der Kriegführung hatten sich um keinen Deut geändert. Aber die Schlüsselfragen – immer an der Spitze, manchmal oder nie? –, auf die Alexander »immer« erwidert hätte, beantworteten seine Nachfolger nur 200 Jahre später mit »manchmal«, wenn sie nicht sogar die Versuchung verspürten, »nie« zu sagen.

»Nie« könnte die Antwort in den ägyptischen Theokratien des Alten Reiches, des Chinas der Sung-Dynastie, des abbasidischen Arabien und der osmanischen Türkei gelautet haben. Dort verhinderte die religiöse Rolle der Herrscher, dass sie sich die Hände mit Blut besudelten oder auch nur sahen, wie es vergossen wurde. Die ehrerbietige Isolierung der japanischen Kaiser in der Epoche des Schogunats, vom 13. bis zum 19. Jahrhundert, ist ein extremes Beispiel für diese Haltung. Aber die Antwort »nie« war die Ausnahme, nicht die Regel. Die Vorstellung, dass die souveräne Autorität der militärischen Rechtfertigung bedürfe, schwindet gewöhnlich mit zunehmender politischer Reife, der Gedanke aber, dass sich der militärische Vertreter des Souveräns von den Gefahren der Führerschaft befreien, einen reinen *Kommando*stil pflegen und statt sich »an die Spitze« zu setzen »hinten« aufhalten könne, war tüchtigen Soldaten weniger leicht klar zu machen. Zeitlich voneinander so weit entfernte Feldherrn wie Cäsar (lediglich ein römischer Konsul, als er Gallien eroberte), Gaston de Foix (der 1512 in der Schlacht von Ravenna an der

Spitze des französischen Heeres fiel), Tilly (Generalissimus des Habsburger Kaisers, der 1632 im Kampf gegen Gustav Adolf umkam), Seydlitz (unter Friedrich dem Großen Oberbefehlshaber der preußischen Kavallerie, an deren Spitze er zweimal, 1757 und 1759, schwer verwundet wurde) und, wie wir gehört haben, Wellington waren allesamt von einem immer noch stark heroisch geprägten Ethos getrieben, die missliche Lage des gemeinen Soldaten zu teilen, und sich, wenn Kugel oder Klinge trafen, auch in das Schicksal zu fügen.

Wir haben es also mit der Anpassung, nicht mit der Ersetzung eines Wertesystems zu tun. Wie für Alexander war auch für Wellington der Heroismus Ansporn; aber er erlag nicht ständig seinem Diktat, und wenn, dann auf andere Weise. Was hatte sich auf dem Schlachtfeld geändert, dass sich das Erfordernis zur Konfrontation mit dem Feind von »immer« in »manchmal« verwandelte und sich der Standort des Feldherrn von der Angriffsspitze auf einen Platz lediglich nahe der Gefahr verlagerte?

Wir können zwei Faktoren ausmachen: einen Wandel im Charakter und in der Zusammensetzung von Heeren und einen Wandel im Verhältnis der Heere zur souveränen Autorität. Betrachten wir den zweiten zuerst. Alexander und seine Makedonen gehörten einer Kriegergesellschaft an. Natürlich betätigten sich nicht sämtliche Makedonen als Krieger; Alter, Gesundheit und Vermögen bestimmten, wer Waffen tragen konnte und wer nicht. Die Alten waren freigestellt; Besitzlose, die weder über die Zeit und das Auskommen, noch über die Ausrüstung für den Dienst verfügten, waren dienstuntauglich. Diese entscheidenden Faktoren sind in allen Gesellschaften des Kriegertyps zu finden. Dazu gehörten die teutonischen Kriegerscharen, welche die Verteidigungsstellungen des Weströmischen Reiches im fünften Jahrhundert n. Chr. überrannten, ihre merowingischen und karolingischen Nachfolger, die europäischen Ritterkönigreiche des Hochmittelalters und, von den Kerngebieten der Kriegerschaft weiter entfernt, Völker wie die Aschanti und Haussa in Westafrika, die amharischsprachigen Stämme des äthiopischen Hochlands, die muslimischen Sudanesen, die Radschputen von Nordwestindien und ihre marathischen Verbündeten (beide Abkömmlinge der ursprünglichen arischen Eroberer), die Sikhs des Pandschab, die Pathanen von Afghanistan und die Gurkhas von Nepal.

Solche Gesellschaften können das Kriegertum allmählich herausbilden oder jählings erreichen. Der evolutive Prozess ist unklar – im Gegensatz zum jähen, der häufig mit der Übernahme oder der Erweckung einer dynamischen ethischen oder religiösen Überzeugung einhergeht, deren Anhänger sich für erwählte Missionare halten. Der Ausbruch des Mahdismus im Sudan des 19. Jahrhunderts und die Militarisierung der Sikhs im Pandschab des 18. Jahrhunderts belegen beispielhaft den Effekt des »auserwählten Volkes«. Aber ob sich das Kriegertum nun evolutiv oder jäh herausbildet, die Führerschaft spielt in ihm stets eine Schlüsselrolle. Eine solche Führerschaft bezeichnet man gemeinhin als »charismatisch« – ein Wort, das soviel wie – gewöhnlich von Gott oder den Göttern – »ausgezeichnet« oder »begünstigt« bedeutet. Die religiöse Führerschaft segnet den Träger des Charismas mit der Kraft außerordentlicher Tugenden: der Versuchung zu widerstehen, frei von körperlichen Bedürfnissen nach Essen, Trinken und Schlaf sowie augenscheinlich gegen körperlichen Schmerz und psychisches Leid gefeit zu sein. Die säkulare Führerschaft wertet diese Qualitäten um: Sie treten als die »militärischen Tugenden« Mut und Zähigkeit hervor. Wenn, was in Kriegergesellschaften oft der Fall ist, religiöse und säkulare Führerschaft ein und der selben Person – etwa der Alexanders – eigen ist, ergänzen und verstärken die beiden Manifestationen der Tugend einander.

Vielleicht lässt sich nun begreifen, weshalb ein Führer wie

Alexander die Frage »Immer an der Spitze?« automatisch mit »ja« beantwortet hätte. Denn so notwendig sein Überleben für die effektive Regierung des Königreichs Makedonien auch erscheinen mochte, ein guter, doch vorsichtiger König wäre für ihn wie für seine Gefolgsleute ein Widerspruch in sich selbst gewesen. Sein Hauptquartier mag als Regierungssitz gedient haben, aber welcher Makedone, der dieses Namens würdig war, hätte von einem König regiert werden wollen, der das Risiko einer Schlacht scheute? Schon die Methode, mit der die Makedonen die Thronfolge eines neuen Königs bestätigten, war militärischer Art: Seine Anhänger legten ihren Brustharnisch an und stellten sich neben dem Kandidaten auf. Wenn ihre Zahl eine klare Mehrheit ausmachte, brachte die Versammlung ihr Einverständnis zum Ausdruck, indem sie mit den Speeren an die Schilde schlug. Das Königtum erlangte Rechtswirksamkeit mithin durch Militärgewalt; aber der König war fortan verpflichtet, seine Autorität durch den fortlaufenden Beweis militärischer Tugend zu bekräftigen.

Von Alexanders Zeit bis zum Aufkommen des Nationalstaats im 17. Jahrhundert sollte in der westlichen Welt und ihren Randgebieten die Herrschaft des Kriegers fortbestehen oder immer wieder auftauchen. Bereits in Alexanders Tagen aber hatte sich die heroische Gesellschaft ein wichtiges Wettbewerbsmodell zugelegt: das politische System, in dem die Herrscher andere als theokratische Mittel und Wege fanden, sich dem Befehl »Immer an der Spitze« durch die Trennung von militärischen und politischen Funktionen zu entziehen. Diese Möglichkeit bestand im Grunde bereits in Philipps Armee, aber er hatte keine entsprechenden Schlüsse daraus gezogen – ebenso wenig tat es Alexander. Kurz darauf sollten diese Mittel jedoch eine der bedeutendsten politischen Revolutionen der Weltgeschichte einleiten.

Die Mittel waren die Militärhierarchie und das militärische

Manöver, die sich in den Heeren der griechischen Stadtstaaten entwickelten. Deren Streitkräfte waren bekanntlich Versammlungen freier, besitzender Wähler, die als Gleichberechtigte in den Krieg zogen. Das vermehrte Metallaufkommen im letzten Jahrtausend v. Chr. brachte dann Bürgerheere hervor, da nun das, was früher nur der Minderheit (insbesondere den Kampfwagenaristokratien des Jahrtausends zuvor) zur Verfügung gestanden hatte, für die Mehrheit erschwinglich war. Aufgrund dieser unerbittlichen Logik vergrößerten sich die Heere so weit, dass das Ethos der Gleichheit ihren Zweck behinderte. Wie alle überschaubaren Organisationen können kleine Heere auf Geheiß eines einzigen, von allen gewählten Führers effektiv funktionieren. Große Heere bedürfen der Gliederung durch eine Befehlspyramide, die der Führer letzten Endes selbst aufbauen muss. Dies wird um so notwendiger, sobald man entdeckt, dass große Armeen angesichts des Feindes komplexe Manöver vollziehen können und sollen.

Das erste militärische Ereignis, bei dem man anscheinend komplexe Manöver in Angriff nahm, fand, wie oben ausgeführt, 371 v. Chr. bei Leuktra statt, als griechische Verbündete unter dem thebanischen General Epameinondas das seit langem übermächtige Heer von Sparta besiegten. Die Spartaner waren ein Volk, das die Prinzipien des Stadtstaates auf die Spitze trieb, indem es das Bürgertum auf eine waffentragende Elite beschränkte. Sie hatten ihre Nachbarn seit langem terrorisiert. Im Jahre 418 v. Chr. war ihnen bei Mantinea ein beispielloser Sieg gelungen, indem sie den linken Flügel der Feinde aufrollten. Aber es handelte sich um eine zufällige Aktion, die von der Tendenz der Schildträger verursacht wurde, Zuflucht vor den Männern an ihrer ungeschützten Rechten zu suchen. Doch in den Schlachten von Nemea und Koroneia (beide 394) wiederholten die Spartaner ihren Erfolg, nachdem sie bei Militärübungen, dem Hauptzeitvertreib freier spartanischer Bürger, die Massierung des rechten Flügels einstudiert hatten. Der Drill war unerlässlich für die spartanische Gesellschaft, denn er sicherte die Herrschaft der Militärschicht über die viel größere und vorwiegend unzufriedene Sklavenbevölkerung. Aber diese Methode konnte nicht für immer ihr Geheimnis bleiben. Die Thebaner, die bei Koroneia standgehalten hatten, nachdem ihre desorganisierten Verbündeten geflohen waren, zogen aus dem Schlachtverlauf den Schluss, dass ihnen nichts anderes übrig blieb, als ebenfalls zu exerzieren. Als sie den Spartanern bei Leuktra wiederum gegenüberstanden, überwältigte ihre gedrillte Phalanx den rechten Flügel der Spartaner und trug den Sieg davon.

Auf diese Weise setzten sich die Prinzipien von Drill und Manöver in der gesamten griechischen Welt durch. Aber es gab noch einen anderen Faktor: die Hierarchie. Kein Spartaner hatte – im Gegensatz zu anderen Griechen – Einwände gegen die übergeordnete Rolle von Führern, denn deren Aufgabe war rein militärischer Art. Sie führten eine Reihe von fünf oder sechs Mann, aus denen Abteilungen, Züge, Kompanien und Regimenter zusammengestellt wurden. Eine Gruppe von Reihen scheint normalerweise laut spartanischer Verfassung auch eine Wählereinheit dargestellt zu haben. Und da zu Wahlzwecken alle gleichberechtigt waren, fühlte sich niemand dem Mann untergeordnet, der in der militärischen Formation an der Spitze stand und Befehle von oben weiterleitete.

Sobald Drill und Manöver auch außerhalb der egalitären Armee von Sparta üblich wurden, erhielt der Rang des Gruppenführers einen anderen Status. Er personifizierte nicht mehr den Willen der Mannschaften, Autorität für einen gemeinsamen Zweck zu akzeptieren, sondern wurde beispielhaft dafür, dass sich die gemeinen Soldaten der Macht Höhergestellter unterordneten. Anderswo in der Mittelmeerwelt, vornehmlich in der Römischen Republik, wurde das Befehlswesen bereits mit wirtschaftlichem Status verknüpft. Obwohl theoretisch eine Bürgermiliz, war das römische Heer seit dem fünften Jahrhundert v. Chr. von Aristokraten geleitet worden. Dieser Trend verstärkte sich in der späteren Republik ebenso wie die Tendenz der Wohlhabenden, einen geringeren Teil militärischer Pflichten zu übernehmen, bis das römische Heer aus Berufssoldaten bestand und damit, wenn auch nicht dem Namen nach, zu einer Söldnertruppe geworden war. Der Söldner war in der militärischen Welt Griechenlands von alters her eine vertraute Gestalt und zu Alexanders Zeiten sowohl eine Stütze seines eigenen als auch des persischen Heeres. Definitionsgemäß hatte der Söldner Gehorsam zu leisten. Seine Loyalität wurde erkauft und konnte so lange als sicher gelten, wie er bezahlt wurde, doch seine Unterordnung unter den Söldnerkommandeur war erzwungen. Von seinem Hauptmann erhielt der gemeine Soldat Sold und Verpflegung; ihm schuldete er die normalen Dienstleistungen jedes Beschäftigten, was bei Ungehorsam, je nach Schwere seines Verbrechens, durch militärische Sanktionen wie Geldstrafen, Auspeitschung, Inhaftierung oder Hinrichtung bekräftigt wurde. Im Söldner, einem Meister des Drills und des Manövers (Alexander schätzte sie unter seinen Gegnern stets am höchsten ein), der gleichzeitig ein Instrument der reinen Militärhierarchie ist, zeigt sich die Trennung von Bürger- und Kriegertum in ihrer extremsten Form.

Mit dem Aufkommen des Söldners – und des eng mit ihm verwandten Berufssoldaten – fand die Umwandlung der antiken Heere – sowohl ihres Charakters als auch ihres Verhältnisses zum Staat – ihren Abschluss. Zudem nahmen sie bereits die identischen Wandlungen vorweg, welche die Heere Westeuropas durchmachen sollten, als diese am Ende des Mittelalters aus dem Kriegertum auftauchten und zum zweitenmal das heroische Stadium durchliefen, das nach der Herrschaft der römischen Kaiser wiedererstanden war. Die europäischen Armeen der frühen Neuzeit sollten genau jene

Mischungen von Soldatentypen aufweisen, welche die Heere der Mittelmeerwelt kennzeichneten, bevor die römische Macht sie alle auf ihrem Legionärsamboss in die gleiche Form hämmerte. Von Kriegeraristokraten geführte Söldner und Berufssoldaten bildeten das Rückgrat der französischen und Habsburger Armeen vom 16. bis zum 18. Jahrhundert. Stadtmilizen, die den Heeren der griechischen Stadtstaaten entsprachen, konnten sich etwa im gleichen Zeitraum halten. Erst in den neunziger Jahren des 18. Jahrhunderts sollten diese vielgestaltigen Organisationen auf ein militärisches Modell – nämlich auf die Wehrpflichtigenarmeen der Revolution – stoßen, das sie zunächst herausforderte und dann verdrängte. Wellington sollte sich als einer der wenigen Offiziere des *ancien régime* erweisen, die Revolutionsarmeen ebenbürtig gegenüberzutreten und sie in der Schlacht zu besiegen verstanden. Sein Instrument war das britische Heer. Wie sah es aus?

Wellingtons Heer

Zwei Wochen vor Waterloo saß Wellington in einem Park in Brüssel und beantwortete Creeveys Frage, wie er die Erfolgsaussichten des kommenden Feldzugs einschätze: »Sehen Sie hin! Von diesem ›Artikel‹ da hängt es ab, ob wir das Geschäft zum Abschluss bringen oder nicht.« Er deutete auf einen gemeinen Soldaten eines Infanterieregiments, der sich die Statuen im Park ansah. »Geben Sie mir genügend davon und ich bin meiner Sache sicher.«

Wellingtons Meinung über seine Soldaten war, wie man gemeinhin annimmt, eine völlig andere. »Der Abschaum der Erde – nichts als der Abschaum der Erde«, ist eines jener seltenen Zitate, bei denen man Sprecher und Gegenstand sofort erkennt. Fast genauso geläufig ist die Fortsetzung des Urteils: »Wunderbar ist nur, dass wir danach in der Lage sind, so viel aus ihnen zu machen. Die englischen Soldaten haben sich alle des Alkohols wegen anwerben lassen – das liegt auf der Hand –, sie haben sich alle des Alkohols wegen anwerben lassen.« Diese Worte äußerte er 1831 Lord Mahon gegenüber. Im Gespräch mit seinem Vertrauten Lord Stanhope sinnierte er 1840, sein Heer bei Waterloo sei »überaus schlecht« gewesen. »Und der Feind wusste Bescheid. Und trotzdem wurde er geschlagen.« Er selbst kannte den »Unterschied in der Zusammensetzung des französischen und unseres Heeres [und] deshalb die Gefühle beider. Das französische Wehrpflichtsystem sorgt für eine gute Auswahl aus allen Schichten; unser [Heer] besteht aus dem reinen Abschaum der Erde«, und so weiter.

Das ist die Stimme des Eisernen Herzogs, wie sie die Welt kennt: eisig, distanziert, überlegen verachtungsvoll, die Stimme eines Mannes, der über eine unüberbrückbare Kluft zwischen sich und den Ungebildeten hinweg spricht. Sogar der Anflug von Anerkennung im Brüsseler Park wirkt distanziert und unpersönlich: »Von diesem ›Artikel‹ da … Geben Sie mir genug davon …« Wellington schien seine Soldaten wirklich nicht zu lieben oder sie vielleicht nicht einmal zu kennen.

Wir sollten aufgrund so dürftigen Beweismaterials keine voreiligen Schlüsse ziehen. Fast alle diese Urteile können im Kontext freundlicher interpretiert werden. Zum Beispiel »ein überaus schlechtes Heer«: Dieser Kommentar galt nicht dem britischen Heer, nicht einmal allen britischen Soldaten bei Waterloo, sondern den neu rekrutierten Regimentern und ihren Pendants bei den Verbündeten. Seine Spanienveteranen nahm er bewusst aus. »Es gibt keine Männer in Europa, die wie [sie] kämpfen können … [sie] und ich kennen einander genau. Wir vertrauen einander und sind nie enttäuscht.« Es war die Beimischung von unerfahrenen Briten, Niederländern und Belgiern, die das Waterloo-Heer »überaus schlecht«

werden ließ. Aber »ich hatte das Geheimnis entdeckt, sie miteinander zu vermischen. Hätte ich sie in separaten Korps eingesetzt, wäre die Schlacht verlorengegangen.«

Auch die Wendung, dass sich die englischen Soldaten »des Alkohols wegen« anwerben ließen, bedarf einer Interpretation, die Wellington liefert. Sein Tadel war in Wirklichkeit ausführlicher. »Es heißt, sie hätten sich ihrer edlen militärischen Gefühle wegen anwerben lassen – alles dummes Zeug, davon kann keine Rede sein. Einige unserer Männer lassen sich anwerben, weil sie uneheliche Kinder haben – andere wegen geringfügiger Vergehen ... Man kann sich kaum vorstellen, was für eine Gruppe da zusammenkommt.« Hingegen hatte er eine durchaus vernünftige Erklärung dafür, weshalb sich solche Männer für die reguläre Armee entschieden, und eine noch klügere Lösung. »Es wird erwartet, dass Männer Frontsoldaten werden« (und deshalb zum Dienst im Ausland verpflichtet waren) und »ihre Familien dem Hunger überlassen, während ihre Familien, wenn sie Soldaten in der [Heimwehr-]Miliz werden, versorgt sind ... Die Folge ist, dass nur die übelsten Elemente in den regulären Dienst eintreten.« Die Lösung bestand, wie er hervorhob, darin, den Zuschuss, den die Milizangehörigen erhielten, auf die Familien der regulären Soldaten zu übertragen.

Ungeachtet ihrer sonstigen Niedertracht konnte er die Qualität seiner Soldaten aufrichtig loben, sobald sie ausgebildet waren – vorausgesetzt, sie verhielten sich diszipliniert und wurden angemessen geführt. Im Jahre 1805 schrieb er aus St. Helena (auf der Heimreise aus Indien hatte er an Napoleons späterem Exilort Station gemacht): »Mut ist das Kennzeichen des britischen Heeres in allen Teilen der Welt. Es kennt nicht einen Fall von Fehlverhalten auf dem Schlachtfeld; und besonders jene, die einige Zeit [in Indien] gewesen sind, können jedem Dienst, wie gefährlich oder mühsam er auch sein mag, zugeordnet werden, und sie führen ihn nicht nur mutig, sondern mit solchem Geschick aus, wie es an Personen ihres Charakters in anderen Teilen der Welt nicht häufig zu beobachten ist.« Zucht war seiner Meinung nach unerlässlich, und sie hatte eingedenk des »Charakters« seiner Soldaten streng zu sein. Er war ein entschiedener Verfechter der Peitsche. 1831 fragte er rhetorisch: »Wer würde die Kasernierung ertragen [wie etwa die Gardisten], wenn er keine schärfere Strafe zu fürchten hätte?« Die Soldaten würden die Schildwache niederschlagen und sich davonmachen. Mit der »schärferen Strafe« war natürlich die neunschwänzige Katze gemeint, die in der britischen Armee mit Unterstützung starker Parlamentsmehrheiten bis 1881 (ein Jahrhundert nachdem sie in Frankreich, Preußen und Österreich abgeschafft worden war) in Gebrauch blieb. Die Soldaten in Wellingtons Heeren in Spanien wie in Flandern wurden ausgiebig gepeitscht; noch 1834 argumentierte er: »Ich verstehe nicht, wie man überhaupt ein Heer haben kann, wenn man es nicht in der Zucht hält, oder wie man ohne jede Bestrafung Zucht halten kann … Einzig die Prügelstrafe macht Eindruck.«

Außerdem ließ er Männer aufhängen und erschießen. Wie jedes Heer, über das wir vom 16. Jahrhundert an Aufzeichnungen haben, besaß Wellingtons Armee eine Gruppe von Scharfrichtern. Während des Spanienkrieges erschossen oder henkten sie 52 britische und 28 nichtbritische Soldaten. Larpent, sein Chef der Militärjustiz, schätzte, dass zwischen November 1811 und Februar 1813 41 Mann hingerichtet wurden. Für ein Heer, das gewöhnlich nicht weniger als 100 000 Mann umfasste – zumal es bei den betreffenden Verbrechen um Desertion zum Feind, gewalttätige Rebellion oder bewaffneten Raub ging –, waren diese Zahlen vielleicht nicht hoch. Die Furcht vor der Auspeitschung zwang die gemeinen Soldaten zum Gehorsam – was sie jedoch nicht daran hinderte, sich sinnlos zu betrinken, wenn sich die Gelegenheit bot. »Ich erinnere mich, dass ich bei Badajoz einmal einen Keller betrat«, schrieb Wellington über das Ende jener schrecklichen Belagerung, »und mehrere Soldaten sah, die so sturzbetrunken waren, dass der Wein ihnen buchstäblich aus den Mündern floss! Noch andere kamen nicht im Geringsten angewidert herein ... und schickten sich an, das Gleiche zu tun. Unsere Soldaten konnten dem Wein nicht widerstehen.«

Ebenso wenig konnten seine Offiziere Zeitverschwendung, Müßiggang und Frivolität widerstehen. Ihre Gewohnheiten ließen ihren pünktlichen, geschäftsmäßigen, gründlichen Oberbefehlshaber außer sich geraten. »Muss ich alles selbst machen?« ist das rhetorische Leitmotiv eines großen Teils seiner Korrespondenz von der Pyrenäenhalbinsel – rhetorisch nur deshalb, weil sich wenigstens einige seiner Stabsoffiziere, sofern sie nicht krank oder abwesend waren, als willige Diener seines unerbittlich rationellen Geistes erwiesen. »Wir mögen die größten Siege erringen«, beklagte er sich im Juni 1813 bei Lord Bathurst, »aber wir werden nichts Gutes bewirken, bevor wir unser System nicht dahingehend ändern, dass wir die Offiziere der niederen Ränge in die Pflicht zwingen, und bevor wir über keine Handhabe verfügen, sie für ihre Nachlässigkeit zu bestrafen.« Zwei Wochen später schrieb er zum selben Thema: »Niemand denkt daran, einem Befehl zu gehorchen; sämtliche Vorschriften ... des Kriegsministeriums und alle Befehle des Heeres, die sich auf diesen merkwürdigen Dienst beziehen, sind nichts als Makulatur.« Schlimmer noch, manche Offiziere trotzten seiner Autorität ganz bewusst. Ponsonby, einer von Wellingtons vertrauten Untergebenen, beschrieb die Übeltäter als »Schwarzseher ... Gentlemen, die ihre Bequemlichkeit und ihren Luxus lieben ... sie übertreiben die Zahlen des französischen Heeres und verringern unsere eigenen.« Wellington selbst beschwerte sich im Jahre 1810, »es gibt ein System der Schwarzseherei im Heer«. Er machte dafür besonders jene hochrangigen Offiziere verantwortlich, die »ihre Meinung für sich behalten sollten«. Über viele seiner Generale fällte er ein vernichtendes Urteil: »Wenn ich über den Charakter oder die Leistungen einiger Generale dieses Heeres nachdenke, dann zittere ich bei der Vorstellung, dass ich von diesen Personen erwarte, meine Kolonnen gegen die französischen Generale zu führen und meine Anweisungen umzusetzen.«

Kein Wunder, dass Wellington von solchen Offizieren, die er ihrer Drückebergerei wegen verachtete, nur zu gern die Entschuldigung akzeptierte, sie müssten sich an den heimischen Herd begeben. McGrigor, Wellingtons Chefchirurg, beschreibt eine Morgenaudienz in Spanien im Jahre 1812: »Ein Offizier im Generalsrang, aus vornehmer Familie, … trat als nächster vor und sagte: ›Mylord, ich leide in letzter Zeit an Rheumatismus …‹ Ohne ihn fortfahren zu lassen, warf Lord Wellington rasch ein: ›Und Sie müssen nach England reisen, um sich kurieren zu lassen. Auf jeden Fall. Brechen Sie sofort auf.‹« Aber die wenigsten seiner schlechten Offiziere empfahlen sich aus eigenem Antrieb. Die von ihnen gekauften Offizierspatente waren ihr Lebensunterhalt. Als Privateigentum bildeten die Patente gleichzeitig einen Schutz gegen das Missfallen von Vorgesetzten. Daher rührte Wellingtons Zorn über die »völlige Unfähigkeit einiger Offiziere an der Spitze von Regimentern, ihren persönlichen Pflichten nachzukommen, und [über] die Apathie und den Widerwillen anderer«.

Wellingtons Gefühl der Ohnmacht war unvermeidlich, solange die englische Gesellschaft die Ansprüche der besitzenden Schichten auf die Monopolisierung militärischer Ämter erfüllte, genau wie die Besitzenden in der hellenistischen Welt und im spätrepublikanischen Rom begünstigt worden waren. Aber seine Unzufriedenheit verflog, sobald er seine Nichtstuer in Reichweite der französischen Musketen brachte. Dann bestätigte sich ihr aristokratisches Pflichtgefühl – gleichgültig, ob sie wirkliche oder nur vermeintliche Aristokraten waren – auf heroische Weise. »Es ist nicht sonderlich schwer«, schrieb Wellington 1814, »ein britisches Heer ins allgemeine Gefecht zu schicken oder Offiziere und Mannschaften dazu zu bringen, im Kampf ihre Pflicht zu tun. Die Schwierigkeit besteht darin, sie so zu motivieren, dass das Gefecht ausgetragen werden kann.«

Aus all seinem Geschimpfe ist der »Adelssprössling« herauszuhören, der mit eiserner Disziplin die schlechten geistigen und körperlichen Gewohnheiten überwunden hatte, in die, wie er wusste, ein Leutnant oder Hauptmann so leicht verfallen konnte, dessen Rang solange garantiert war, wie er nicht vor dem Feind die Flucht ergriff. Er schalt auch ständig die Kurzsichtigkeit des Staates, der den Soldaten zu wenig zahle, um Nüchternheit zu fördern, und den Unteroffizieren nicht genug, um auf ihren Rang stolz sein zu können: »Sie sind so schlimm wie die Männer und ihnen zu nahe, was Sold und Stellung angeht …, als dass wir von ihnen irgendwelche Anstalten zur Zügelung ihrer Männer erwarten könnten.«

Doch nie beklagte er sich über den Kampfwillen oder die Gefechtsfähigkeit seines Heeres. Was für ein militärisches Instrument stellte es dar, und warum war es so wirksam in der Schlacht? Das Geheimnis lag – und liegt noch heute – im britischen Regimentssystem. Wellingtons Heer war wie das Napoleons im Jahre 1815 in Brigaden und Divisionen gegliedert. Die wichtigste Einheit aber bildete das Infanteriebataillon oder das Kavallerieregiment von 500 bis 1000 Mann Stärke. Das französische Heer hatte diese Organisationsform hinter sich gelassen, die sich aus den Söldnerscharen des Spätmittelalters herleitete. Einige britische Regimenter hatten sogar als Söldnereinheiten begonnen; die Royal Scots dienten den französischen und schwedischen Königen, bevor sie sich dem Heer Karls II. anschlossen – ein Beschäftigungsmuster, mit dem Alexander der Große völlig vertraut gewesen wäre.

Während Regimentsoffiziere durch den Kauf von Patenten von einem Regiment ins andere überwechselten, folgten gemeine Soldaten und Unteroffiziere diesem Beispiel selten oder nie. Mehr noch, für Soldaten war es ungewöhnlich, innerhalb der zehn Kompanien oder vier Schwadronen, die in die Infanterie- beziehungsweise Kavallerieeinheiten gegliedert waren, versetzt zu werden. Diese Praxis bewirkte einen hohen Grad an »Kleinverbandszusammenhalt«, wie man heute sagt. Die Männer kannten einander gut, ihre Führer wussten um ihre Stärken und Schwächen und umgekehrt, und alle bemühten sich, den Makel der Feigheit zu vermeiden, der Drückebergern in so intimen Gruppen sofort anhaftete. Die Motivation wurde durch Drill verstärkt. Infanterie und Kavallerie kämpften in dicht geschlossenen Reihen – in »Tuchfühlung« – unter strenger Aufsicht und nach dem Takt endlos wiederholter Befehle.

Die Befehle bezweckten zweierlei: zum einen, das galt besonders für die Infanterie, in stetigen Intervallen und nahe am Feind mächtige Salven gutgezielter Musketenschüsse abzufeuern; zum andern die geordnete und einheitliche Bewegung der Reihen, wenn nötig mit hoher Geschwindigkeit, rückwärts, vorwärts, an eine Flanke oder in eine festgelegte Formation – für die Infanterie vornehmlich in das sich selbst verteidigende Karree. Ein vorzüglich gedrilltes, einigermaßen gegen die Schrecken des Schlachtfeldes abgehärtetes Infanteriebataillon (eine Schlacht reichte gewöhnlich aus) wurde – im Verein mit anderen und unter einem energischen und entschlossenen Befehlshaber wie Wellington – in seinem Aktionsbereich zu einer tödlichen Waffe. Wenn es zur Verteidigung ein Karree bildete, konnte keine feindliche Kavallerie es durchbrechen, und keine feindliche Infanterieeinheit konnte sich ihm auf weniger als neunzig Meter nähern, ohne schwerste Verluste zu erleiden; im Angriff, nach der geeigneten Vorbereitung durch Musketen oder Artillerie, konnte es mit gefällten Bajonetten mehrere hundert Meter voranstürmen. Die Kavallerie – eine Angriffstruppe, es sei denn, sie wurde hinter der Infanterie aufgestellt, um diese an der Flucht zu hindern – war schwerer zu lenken. So war es der britischen Kavallerie nicht auszutreiben – die Union Brigade bei Waterloo lieferte ein Beispiel –, zu rasch und weit voranzustürmen, um sich neu gruppieren zu können. Dies schrieb Wellington der Tatsache zu, dass die Briten bessere Pferde als die Franzosen besaßen.

Die Artillerie, von der Wellington nie genug hatte, war der einzige Teil seines Heeres, der die Schlagkraft über das zu Alexanders Zeiten verfügbare Maß hinaus erhöhte. Nichtsdestoweniger war ihre Reichweite gering – im Extremfall 900 Meter –, und ihre Wirkung konnte zunichte gemacht werden, wenn sich die Infanteristen, möglichst an einem dem Feuer abgewandten Hang, zu Boden warfen – das von Wellington bevorzugte Verfahren. Die Feldartillerie war noch nicht stark genug, um die weiterhin streng lineare Taktik zu beeinflussen. Wie in Alexanders Tagen zielte die Taktik darauf ab, entweder einen Flügel »umzudrehen« oder die Front des Feindes zu durchbrechen. Hauptaufgabe der Kavallerie war es, einem geschlagenen Feind, zumeist bei dessen Verfolgung, Verluste zuzufügen. Allerdings erhoben Kavallerieoffiziere weitergehende Ansprüche für ihre Truppe, die sie mit häufig katastrophalen Ergebnissen zu verwirklichen suchten.

Das also waren die Mittel, mit denen Wellingtons Männer ihre »Pflicht im Kampf« erfüllten. Vieles davon beruhte wie zu Alexanders Zeiten immer noch auf Muskelkraft, wenngleich chemische Energie die Geschosswirkung vereinfachte. Aber die wirkliche Schwierigkeit lag darin, wie Wellington stets betonte, das Instrument »so zu motivieren, dass das Gefecht ausgetragen werden kann«. Wie bewerkstelligte er das?

Wellingtons Stab

Laut Wellingtons Erinnerung an ein Gespräch mit einem Gefolgsmann Napoleons hatte der Kaiser nie einen Feldzugsplan. »Seine Entscheidungen hingen stets von den jeweiligen Umständen ab. ›Sein Ziel war immer‹, fügte der Herzog hinzu, ›eine große Schlacht auszufechten; mein Ziel dagegen war es in der Regel, eine große Schlacht zu vermeiden.‹« Hier tut Wellington sowohl Napoleon als auch sich selbst Unrecht. In Indien hatte der junge Wellington die Schlacht mit der Zielstrebigkeit des jungen Alexander gesucht (und mehr oder weniger aus dem gleichen Grund): Da er mit einem kleinen Eliteheer gegen eine große, uneinheitliche Streitmacht kämpfte, blieb ihm nichts anderes übrig, als anzugreifen. Napoleon hingegen griff an, weil er meistens genug Soldaten besaß, um sich den Sieg zu sichern. »Es gibt in Europa viele gute Generale, aber sie sehen zu viele Dinge gleichzeitig«, erklärte er. »Ich sehe nur eines, nämlich die Hauptmasse des Feindes. Und ich versuche, sie zu zermalmen.« So betrachtet, waren seine Pläne in der Tat einfach. Aber das eine zu finden, das er sehen wollte, erforderte Überlegung und Zeit. Einen großen Teil dieser Zeit verbrachte er mit seinem Einsatzoffizier Bacler d'Albe, wobei er über eine auf dem Boden seines Zeltes ausgebreitete große Karte kroch und die Ziele des folgenden Tages mit Nadeln markierte.

Wellingtons und Napoleons Methoden, wenn auch nicht ihre Absichten, waren einander mithin ähnlicher, als beide zugegeben hätten. Beide machten Pläne, Wellington allerdings behutsamer und mit weniger Unterstützung durch andere. »Ich habe wirklich keine Hilfe«, teilte er seinem Bruder William im September 1810 verzweifelt mit. »Ich bin ganz und gar mir selbst, meinen Anstrengungen, meiner Ausführung, der Ausführungsmethode, sogar der Beaufsichtigung jener Methode überlassen.« Skizzen von Wellington, der allein am Eingang seines Zeltes sitzt und unaufhörlich schreibt, sind unzweifelhaft Hauptgegenstand der Spanien-Memoiren. Er schrieb vorzüglich und war sich dessen bewusst. »Sie sind genau so gut, wie ich sie heute zu Papier bringen könnte«, ließ er die Marquise von Salisbury 1834 zum Thema seiner Kriegsberichte wissen. »Sie zeigen die gleiche Aufmerksamkeit für Details – für die Anwendung aller, auch der kleinsten Mittel, die zum Erfolg beitragen konnten.« Das Gefühl, alles selbst tun zu müssen, gehörte zu seinen wenigen Eitelkeiten, die er mit aufgeblasenen, ihm sonst völlig unähnlichen Pedanten teilte. Obwohl er häufig von Nichtskönnern und Nervensägen geplagt wurde, konnte er sich im Allgemeinen auf die Hilfe intelligenter und tüchtiger Untergebener verlassen. Hudson Lowe, Napoleons zukünftiger Kerkermeister, gehörte allerdings nicht dazu. 1815 in Flandern zum Stabschef ernannt, entledigte sich Wellington seiner sehr bald. Hingegen erfreuten sich Murray, sein Generalquartiermeister und eigentlicher Stabschef, und in geringerem Maße Stewart, sein Generaladjutant, Wellingtons Wertschätzung. Viele ihrer Untergebenen, insbesondere Gordon und de Lancey, waren ebenfalls fähige, gewissenhafte und kompetente Stabsoffiziere. Sie hatten jedoch persönliche Mängel: Stewart war »schwierig«, Gordon aufdringlich, de Lancey langatmig. Die drei besaßen nicht die Qualitäten des »perfekten« Stabsoffiziers Murray, doch sie waren ihrer Aufgabe gewachsen.

Gleichwohl gab es zu wenige von ihnen. Damals besaß noch keine Armee eine moderne Akademie, die, wie heutzutage, alljährlich sorgfältig ausgewählte und gründlich ausgebildete Militärbürokraten gestellt hätte. Das kurz zuvor gegründete Senior Department des Royal Military College, dessen Abgänger Wellington als »Stutzer und Kleinigkeitskrämer« schmähte, obwohl zwanzig in seinem Stab dienten, brachte nur eine winzige Schar Experten hervor. In seinem Hauptquartier in Spanien hatte er selten mehr als zwölf Stabsoffiziere – im Unterschied zu »Lakaien, Stallburschen, Köchen, Assistenten, Ziegenhirten, Mechanikern, Jägern, Putzern, Maultiertreibern und Hufschmieden«. Zu den Stabsoffizieren gehörten der Kommandant seines persönlichen Hauptquartiers und der Militärsekretär, der Generaladjutant und sechs Stellvertreter, der Generalquartiermeister, dessen Assistent und ein Kartenoffizier. Ihnen standen 18 Adjutanten, spanische Verbindungsoffiziere und Dolmetscher zur Verfügung. Außerdem gab es neun Offiziere im Sanitätsbereich, drei Zahlmeister und zwanzig Offiziere der Verpflegungsstelle, der Militärpolizei und der Militärjustiz. Die meisten waren Wellington persönlich zugeordnet, und mit Ausnahme der Verpflegungsoffiziere und der Zahlmeister verrichteten sie nur Büroarbeit – »diese unbedeutende Buchhalterei« laut Edward Pakenham, dem Schwager des Herzogs.

Diese Unterbesetzung – das Ergebnis mangelnder Ausbildung und Erfahrung der Untergebenen Wellingtons – hatte zur Folge, dass er in der Tat zumeist als sein eigener Stabsoffizier fungieren musste. Natürlich gab es Routineangelegenheiten, die er Untergebenen überließ: Finanzen und Offiziersernennungen (deren Auswahl er selbst traf) dem Militärsekretär, Nachschub (dessen Bedarf er selbst festlegte) dem Generalkommissar, Personalfragen dem Generaladjutanten und so weiter. Um die wesentlichen Dinge aber, um Bewegung, Nachrichtendienst und Operationen, kümmerte er sich persönlich.

Bewegung hatte mit Tieren und Nahrungsmitteln zu tun. Wir haben bereits von Wellingtons Eifer gehört, Zug- und Packtiere zu erwerben und sie bei guter Gesundheit zu halten. Die Beschaffung von Nahrungsmitteln erforderte Geld. Im Gegensatz zu den Franzosen versorgten sich die Briten nicht aus dem Land – aus zwei Gründen: Wellington erklärte, seine Soldaten könnten »sich nicht selbst weiterhelfen«, denn ihre Fourageunternehmungen würden stets zu trunkenen

Akten der Zerstörung. Außerdem bemühte er sich in Indien wie auf der Iberischen Halbinsel um ein gutes Verhältnis zur einheimischen Bevölkerung. Deshalb requirierte er keine Waren, sondern kaufte sie, um wie ein viktorianischer Imperialist örtliche Märkte entstehen zu lassen. Plünderei zeitigt unter anderem die Folge, wie er in einem Generalbefehl von 1809 bemängelte, dass »die Menschen des Landes aus ihren Behausungen fliehen, dass kein Markt geöffnet ist und die Soldaten jeden Komfort und jede Lebensnotwendigkeit entbehren müssen«. Vier Jahre später war der Erfolg seiner Maßnahmen in St.-Jean de Luz klar zu erkennen. »Das Städtchen ist nun ganz und gar ein Markt oder ein Geschäftsplatz«, schrieb Larpent. »Die französischen Bauern sind ständig zwischen diesem Ort und Bayonne unterwegs, sie bringen Geflügel herein und schmuggeln Zucker in Säcken auf ihren Köpfen heraus.« Die Preise waren hoch, doch das Angebot üppig.

Nachrichtendienstliche Informationen konnten nicht immer gekauft werden und waren deshalb schwerer zu erlangen als Lebensmittel. In Indien wie auf der Iberischen Halbinsel kämpfte Wellington in kartenlosen Gebieten – fast so kartenlos wie Alexanders Kleinasien. In Portugal und Spanien sollte er einen eigenen kartographischen Dienst einrichten. In Indien verhinderten die knappe Zeit und die ausgedehnten Gebiete, in denen sich sein Heer aufhielt, ein solches Unterfangen. Er musste so vorgehen wie Alexander: er befragte Einheimische und sandte Spione und Spähtrupps aus.

Möglicherweise vermisste er die Karten weniger, als wir glauben. Gute Karten bringen auch Nachteile mit sich, da sie den Benutzern zu viele Informationen liefern. Um sich leichter einen Überblick zu verschaffen, bedarf es der direkten Erforschung des Geländes, die ein Befehlshaber selbst oder durch Befragung von Augenzeugen vornehmen kann. Auf diese Weise erstellt er sich eine geistige Karte der Schlüsselpunkte und ihrer Verbindungslinien – etwa so, wie ein

Schachmeister die Knotenpunkte auf seinem Brett zu einem Bild zusammenfügt. Alexander, auf dessen geistiger Karte des Perserreiches wahrscheinlich die Königsstraße die zentrale Linie bildete, verließ sich unzweifelhaft auf eine Vision. Das Gleiche muss Wellington im Kampf gegen Tippu und die Marathen getan haben.

In Portugal und Spanien war er – wenngleich nicht viel – besser ausgerüstet. Die wenigen Karten waren unvollständig und oft sehr ungenau. Zum Glück besaß das britische Heer hervorragende kartographische Fertigkeiten, die es bei der Erstellung der Generalstabskarte von England (die erste Ausgabe erschien 1801) erworben hatte. Gewöhnlich hielten sich wenigstens sechs ausgebildete Kartographie-Offiziere im Feld auf und fertigten Karten im Maßstab 4 Zoll:1 Meile an. Andere wurden sogar weit hinter die französischen Linien geschmuggelt, wo sie Karten zeichneten und Kontakt zu einem breiten Netz spanischer Informanten hielten. In Indien hatte sich Wellington des uralten Systems professioneller Doppelagenten (*hircarrahs*) bedient, um grundlegende Informationen zu erhalten. In Spanien, wo die Franzosen verhasst waren, trafen solche Nachrichten zügig und überreichlich ein, um erst, wenn Wellington sie sortiert und bewertet hatte, zu einem nützlichen »Produkt« zu werden.

Und letztlich pflegte er sich mit eigenen Augen zu überzeugen. Der unermüdliche, kühne und geschickte Reiter legte auf einem guten Pferd gewöhnlich viele Dutzend Kilometer am Tag zurück: siebzig vor Assaye, als er entdeckte, dass die Furt den Schlüssel zur Gefechtsposition lieferte. Wir haben Wellingtons Bericht über die Erkundung vor Assaye. Seine indischen Führer bestritten, dass es eine Passage gebe, doch er bestand darauf, sich selbst zu überzeugen. Zu diesem Schluss veranlasste ihn die Lage zweier Dörfer: »Ich sagte mir sofort, dass man zwei Dörfer nicht so nahe beieinander an gegenüberliegenden Ufern eines Flusses gebaut hätte, wenn nicht eine Verbindung, entweder durch Boote oder eine Furt – höchstwahrscheinlich das Letztere – zwischen ihnen bestand.« Sein Urteil erwies sich als korrekt und brachte ihm den Sieg.

Die gesammelten Informationen ergänzten auch Wellingtons Nachrichtendienst. Nach Indien wie nach Spanien nahm er eine Handbibliothek topografischer und historischer Werke mit, die er im Lande erweiterte; auf der Reise nach Spanien erwarb er mit der Lektüre des Neuen Testaments auf Spanisch Grundkenntnisse der Landessprache (auf diese Weise sollte auch Macaulay sein linguistisches Repertoire erweitern). Bei der Landung war er erfreut, eine Begrüßungsrede zu hören, von der er »zu seiner eigenen Überraschung jedes Wort verstand« (in Indien hatte er auch Urdu gelernt). Wellington konnte sich vielleicht nicht mit dem Intellekt eines Napoleon messen. So methodisch er war, ersann er doch niemals ein System zur Speicherung wesentlicher Informationen, das mit jenem des Kaisers vergleichbar gewesen wäre. Napoleon reiste mit einem Aktenschrank, an Hand dessen er sich fast so schnell über Entwicklungen auf dem Laufenden hielt wie mit einem modernen Datenspeicherungssystem. Wellingtons Stärke hingegen lag sowohl in der Aufnahme als auch in der Darlegung von Einzelheiten. Seinem Freund Stanhope gegenüber beschrieb er, wie sein Verstand funktionierte: »›Manchmal verspüre ich etwas Merkwürdiges. Wenn ich über ein Thema nachsinne, erscheint plötzlich ein ganzer Gedankengang blitzartig vor meinem inneren Auge. Ich sehe alles‹, fuhr er mit leuchtenden Augen fort und bewegte die Hand, als wäre etwas vor ihm aufgetaucht, ›aber ich brauche vielleicht zwei Stunden, um das, was mein Geist in einer Sekunde erfasst hat, zu Papier zu bringen. Jeder Teil des Themas, der Einfluss sämtlicher Teile aufeinander und alle Konsequenzen stehen vor mir.‹«

Das ist kein Selbstlob. Der enorme Umfang von Wellingtons Papieren, die er nur mit größter Geschwindigkeit verfasst haben kann, bestätigt die Wahrheit seiner Worte. In seinem späteren Leben entwarf er häufig Antworten, die von jemand anderem ins Reine geschrieben wurden – die Entwürfe wurden nach damaliger Gewohnheit auf den zu beantwortenden Brief übertragen oder in etwaige Lücken eingefügt. In Indien scheint er alles eigenhändig niedergeschrieben zu haben, während er sich auf der Pyrenäenhalbinsel unterschiedlicher Methoden bediente. Zuweilen schrieb er, bei anderen Gelegenheiten hielt er einen Vortrag und erwartete, dass die Offiziere seine Worte schriftlich festhielten. Das hing von der verfügbaren Zeit ab.

Bei der Lenkung von Operationen verblieb ihm sehr wenig Zeit; sowohl die Bewegung des Heeres als auch die nachrichtendienstlichen Aktivitäten mündeten letztlich in die Operationen ein. Sie waren kein Selbstzweck. Wellington quälte sich häufig lange mit der Entscheidung, ob er handeln sollte oder nicht; er selbst sprach von seinem »vorsichtigen System«, als ihn während der portugiesischen Periode seine zahlenmäßige Unterlegenheit zwang, fast drei Jahre in der Defensive zu bleiben. Wochenlang zögerte er vor Salamanca. Dann, so besagt die Legende, während er an einem Hühnerbein kaute, traf er die Entscheidung zum Angriff. Er warf den Knochen plötzlich über die Schulter, betrachtete durch sein Fernrohr die französische Position und verkündete: »Bei Gott! Das genügt.« Er hatte gesehen, dass sich in der französischen Stellung eine Lücke öffnete, in die er Pakenhams Division beorderte.

Salamanca bot eine ungewöhnliche Gelegenheit. In der Regel verliefen die Diskussionen mit seinem Stab bedächtiger. Wir haben einen Augenzeugenbericht aus seiner »Befehlsgruppe« vor der Schlacht von Nivelle im Oktober 1813; der Berichterstatter ist der berühmte Harry Smith von der Schützenbrigade, damals Divisionsstabsoffizier:

Der Herzog hatte sich hingelegt (eine Lieblingshaltung) und begann ein sehr ernstes Gespräch. [Wir] schickten uns an, den Herzog zu verlassen, als er sagte: »Oh, bleibt ruhig.« Nachdem er sich einige Zeit mit Sir G. Murray (dem Stabschef) beratschlagt hatte, nahm Murray sein Schreibzeug aus der Säbeltasche und fing an, den Angriffsplan für das gesamte Heer zu skizzieren. Als er fertig war, strich er, glaube ich, kein einziges Wort durch, so klar hatte er den Herzog verstanden. Er sagte: »Mylord, ist das Ihr Wunsch?« Es war eine der interessantesten Szenen, die ich je miterlebt habe. Während Murray vorlas, blickte der Herzog durch sein Fernrohr auf die betreffende Stelle. Er stellte Sir G. Murray nicht eine Frage, doch seine Gesichtsmuskeln verrieten tiefste Nachdenklichkeit. Als Sir G. Murray geendet hatte, lächelte der Herzog und sagte: »Ah, Murray, dadurch werden wir die Linien der Burschen in Besitz nehmen. Werden wir morgen bereit sein?« »Ich fürchte nicht, Mylord, aber übermorgen.«

Die Szene ist in der Tat von größtem Interesse, enthüllt sie doch die Arbeitsteilung in Wellingtons Gefolgschaft ganz genau. Er entscheidet; sein Hauptberater bringt die Entscheidung zu Papier und fällt ein technisches Urteil, aus dem die Aktion hervorgeht. Das Fernrohr bändigt Wellingtons nervöse Energie, während er nachdenkt. Fernrohre, die Alexander unbekannt waren, mögen als wichtige Ergänzung der Gerätschaften des Befehlshabers erscheinen, doch ihre Vergrößerungsstärke war so gering – allenfalls drei- bis vierfach –, dass sie seine Sichtweite nicht erheblich ausdehnten.[*]

---

[*] Aber Fernrohre dürften präzise Distanzberechnungen auf dem Schlachtfeld erleichtert haben. Das war von Bedeutung, da Einheiten in mathematischen Intervallen voneinander aufgestellt wurden und sich mit bekannter Geschwindigkeit bewegten.

Der wahre Befehlshaber unterschied sich vom Militärfunktionär nicht durch irgendwelche Hilfsmittel, sondern durch seine geistigen Fähigkeiten.

Wellingtons Routine

Die Operationen machten nur ein paar Tage in jedem von Wellingtons Feldzugjahren aus. In Schlachten und bei Belagerungen schlug er die Routine in den Wind. Aber der tägliche Trott – er sagte »Methode« – war für den Erfolg der Operationen unerlässlich. Er blieb fast immer gleich. Wie teilte er seinen Tag und die Umgebung ein, in der er ihn verbrachte?

Das Klima wirkte sich auf die Routine aus. Auf seinen Feldzügen in Südindien, wo sogar während der Regenzeit große Hitze herrscht, musste er die Tagesgeschäfte früh abwickeln (»Ich erledige die Tagesgeschäfte immer im Laufe des Tages«). Auf der Iberischen Halbinsel hingegen, wo die Winter im hochgelegenen Landesinnern arktisch und sogar die Sommer manchmal eiskalt sein können (»Ich litt nie mehr unter der Kälte als während der Manöver, die Salamanca vorausgingen«), blieb er seiner Gewohnheit, früh aufzustehen und sich sofort an die Arbeit zu machen, treu: »Wenn man sich noch einmal im Bett umdrehen möchte, ist es Zeit aufzustehen.« Wellington stand jeden Tag um 6 Uhr auf, schrieb bis zum Frühstück um 9 – Tee und Toast wie zeit seines Lebens –, dann ließ er seine Abteilungsleiter einen nach dem anderen vorsprechen, was sich bis 14 oder 15 Uhr hinzog. Dabei handelte es sich um den Generaladjutanten, den Generalquartiermeister, den Nachrichtendienstoffizier, den Generalkommissar, den Generalinspekteur der Lazarette, die Artillerie- und Pionierbefehlshaber und, wenn nötig, auch um den Generalzahlmeister und den Chef der Militärjustiz.

McGrigor, sein Generalinspekteur der Lazarette, ein genauer Beobachter, beschreibt die Begegnung: »Zuerst pflegte ich Lord Wellington mit einem Papier in der Hand aufzusuchen, auf dem ich die Tagesordnungspunkte notiert hatte, zu denen ich von ihm Befehle zu empfangen oder die ich ihm vorzulegen wünschte. Aber ich entdeckte bald, dass es ihm missfiel, wenn ich mit einem Schriftstück kam; er war zappelig und sichtbar unzufrieden, wenn ich auf meine Notizen blickte. Deshalb hörte ich damit auf, prägte mir die Tagungsordnungspunkte ein und besprach sie mit ihm, nachdem ich ihm den Zustand der Lazarette geschildert hatte.«

Larpent, dem Chef der Militärjustiz, könnte Wellingtons Ungeduld gegenüber Untergebenen, die Fakten nicht genauso zügig einzuordnen vermochten wie er selbst, entgangen sein. »Er ist sehr gewandt und entschlossen und höflich, doch manche beschweren sich hin und wieder ein wenig und haben große Angst vor ihm. Wenn ich ihn mit meinen Anklageschriften und Papieren aufsuche, um Anweisungen zu erhalten, fühle ich mich wie ein Schuljunge.«

Ein französischer Botschafter, der während Wellingtons Zeit als Premierminister in London akkreditiert war, teilte später einem Bekannten mit, er habe mit dem Herzog in dreißig Minuten soviel Geschäftliches erledigen können wie mit einem französischen Minister in dreißig Stunden. Napoleon zeichnete sich durch die gleiche Beherrschung der anstehenden Themen aus. Er war, wie man weiß, mathematisch ungewöhnlich begabt, was auf große analytische Fähigkeiten hindeutet. Wellington war musikalisch und interessierte sich sehr für Mechanik und Astronomie, die ebenfalls logisches Denken verlangen. Keiner der beiden hatte jedoch eine Universitätsausbildung genossen – ein Mangel, den Wellington stets bedauerte. In Anbetracht ihrer ganz ungewöhnlichen Fähigkeit, Informationen aufzunehmen und zu ordnen, liegt die Vermutung nahe, beide könnten mit der Technik des »Gedächtnistheaters« in Berührung gekommen sein, die im Europa der neu erblühten klassischen Gelehrsamkeit großen Einfluss ausübte.

Wie auch immer Wellington die Angelegenheiten seiner Untergebenen lenkte, die Arbeit war rasch getan. Um 14 Uhr – und auf keinen Fall später als 16 Uhr – ritt er aus, um sich Bewegung zu verschaffen und um sein Heer aus nächster Nähe zu inspizieren. Um 21 Uhr zog er sich wieder zum Schreiben zurück, und um Mitternacht ging er zu Bett. Zwischendurch ließ er sich manchmal beim Abendessen Gesellschaft leisten. Seine Offiziersmesse war alles andere als luxuriös. Wellington aß wenig und verlangte zu fast allen Mahlzeiten Reis. Davon hatte er in Indien drei Jahre lang weitgehend gelebt, »und jene, die seine Gewohnheiten kannten, hielten Reis bereit, wenn er auswärts dinierte«. Er trank mäßig und im Laufe der Zeit immer weniger: in Indien »vier oder fünf Gläser beim Abendessen in Gesellschaft und danach ungefähr einen halben Liter Rotwein«, in Spanien »keinen Portwein, nur dünnen Rotwein und die Landweine sowie Brandy«. Er mochte 28 Personen zum Abendessen empfangen, aber »die Konversation ist alltäglich …, er selbst sprach mit offenkundiger Freimütigkeit … Alle schienen sich jedoch unnötigerweise vor dem großen Mann zu fürchten.« Kein Vergleich mit den Gelagen, die Alexander mit seinen Gefährten veranstaltete. Man blieb nüchtern und verabschiedete sich zur Schlafenszeit des Herzogs.

Sein Hauptquartier wurde häufig verlegt und dort eingerichtet, wo gerade eine Unterkunft zu finden war. Die Quartiermeister reisten voraus und schrieben mit Kreide Namen an die Türen geeigneter Behausungen (Saint-Simon beschreibt ein identisches Verfahren, wann immer Ludwig XIV. in den Krieg zog). In Bussaco wurde Wellington 1810 in einem Kloster untergebracht. Der Abt hielt fest, dass »wir ihm sein Zimmer zeigten. Obwohl es das beste war, gefiel es ihm nicht, da es nur eine einzige Tür hatte. Er wählte ein anderes, sichereres aus, denn es besaß zwei Türen. Er befahl uns, das Zimmer durchzuwischen und ein Feuer anzuzünden, um es zu trocknen.« Der Stab verteilte sich, je nachdem wo eine Behausung gefunden wurde, manchmal in einem anderen Dorf. Die Bedingungen waren meist notdürftig. Freneda, wo sich das Hauptquartier in den Jahren 1811 und 1812 befand, war »verfallen und schmutzig, mit riesigen Steinhaufen auf den Straßen, überall Löcher und Kot und Häuser wie Bauernhofküchen mit dem Unterschied, dass darunter Ställe liegen«. Wellington spazierte häufig auf dem Marktplatz umher und unterhielt sich mit seinem Stab. Sergeant Costello, der Wachdienst hatte beobachtet, »wie der Herzog, ein kleines spanisches Mädchen von vielleicht fünf oder sechs Jahren an der Hand, über den Marktplatz ging, eine kurze Melodie summte oder trocken flötete und gelegentlich auf Bitten des Kindes kleine Süßigkeiten von den *paysannes* an den Ständen kaufte«. Sogar Wellington – »Es gibt nur einen Weg, nämlich das zu tun, was ich getan habe, mit einer HAND AUS EISEN zuzuschlagen« – hatte manchmal das Bedürfnis nach einfacher Zuneigung.

Wellington und die Selbstdarstellung

Die Vignette aus Freneda deutet auf Wellingtons völlige Gleichgültigkeit, sich vor der Welt in Szene zu setzen, hin, und sie stimmt mit den Beobachtungen anderer überein. Er erstarrte bei dem Gedanken, sich selbst zu dramatisieren. Alexander war ein Meister des Theaters gewesen. Napoleon imitierte seine Kunst, die Wellington verachtete. Er sagte, die Fähigkeit des Kaisers, seine Soldaten beim Namen zu nennen, habe auf einem Kunstgriff beruht; ein Stabsoffizier habe ihm eine Liste geliefert, Napoleon habe die Namen aufgerufen und vorgetäuscht, die Genannten, sobald sie vortraten, zu erkennen. Der Herzog hätte sich niemals zu solchen Tricks herabgelassen.

Wellingtons Zeitgenossen bestätigen sein ganz und gar untheatralisches Verhalten. Einer von ihnen hob den auffallenden Gegensatz zwischen dem Herzog und seinem Bruder, dem Generalgouverneur, hervor: »Der Erstere verschmähte jegliche Zurschaustellung, der Letztere lebte für nichts anderes.« Wellington selbst verwarf den Reiz der Rhetorik und missbilligte alles Protzige.

Allerdings war sich Wellington seiner Erscheinung durchaus bewusst, und verwandte viel Mühe auf sie. Seine Offizierskameraden in Spanien nannten ihn »den Beau« oder »den Peer« – ein hohes Kompliment, da viele von ihnen ebenfalls Lords waren. Die Bezeichnung entsprach Lord Ribblesdales Spitznamen »der Ahnherr« in der Gesellschaft zur Zeit Edwards. Wellington war, wie wir erfahren haben, überaus reinlich; er wusch und rasierte sich mit fast obsessiver Häufigkeit. Er war stolz auf seine Figur, die bis ins hohe Alter drahtig und muskulös blieb. Und er kleidete sich bewusst zurückhaltend. In seiner Jugend trug er die Regimentsuniform mit dem scharlachroten Rock und dem schweren Säbel. Mit zunehmendem Alter – ein relativer Begriff, da er bereits mit 44 Jahren zum Feldmarschall befördert wurde –, als man ihn mit Ehrungen überhäufte, schien er Wert darauf zu legen, sie nicht zur Schau zu tragen. Der Chirurg Burroughs erinnert sich an seinen Anblick in Salamanca: »… die elektrisierende Wirkung der Worte ›Da kommt er‹, die von Mund zu Mund gingen … [Er] ritt an unseren zur Parade angetretenen Kolonnen vorbei, wie gewöhnlich hatte er kein Glanz- oder Ehrenzeichen angelegt; sein langer Reitumhang verbarg die Kleidung darunter; sein Dreispitz war vom Regen durchnässt und verbeult.« Ein Offizier der Leichten Division beschreibt

Wellingtons normale Runde: »Wir erkennen Lord Wellington aus großer Entfernung an seinem kleinen, flachen Dreispitz, den er genau im rechten Winkel zu seinem Körper trägt; er sitzt sehr aufrecht in seinem Husarensattel, der nur von einer schlichten blauen Schabracke bedeckt ist … Im letzten Jahr hat er sich angewöhnt, ein weißes anstelle unseres vorschriftsmäßigen schwarzen Halstuchs und bei schlechtem Wetter den gleichfarbigen Umhang eines gemeinen französischen Dragoners zu tragen … Oft reitet er in Gedanken versunken vorbei oder erwidert nur den Gruß der Offiziere auf ihren Posten; aber manchmal bedenkt er jene, die er kennt, mit einem hastigen ›Oh, wie geht's?‹ oder stellt denen, die ihm vertraut sind, gut gelaunt Fragen. Seine Stabsoffiziere rasseln hinter ihm her oder halten an und plaudern ein paar Minuten mit Bekannten; den Schluss des Gefolges bildet der Bursche seiner Lordschaft, ein alter Husar der Ersten Deutschen, der den ganzen Spanienkrieg hindurch bei ihm gewesen ist.«

Der Offiziersbursche hieß Bleckermann; zwischen ihm und Wellington herrschte ein liebevoll-barscher Umgangston.

Mit den Jahren und mit höherem Rang wurde Wellington immer schweigsamer. Als junger Offizier war er ein nicht zu bremsender Gesprächspartner gewesen (der er gegenüber Freunden im privaten Kreis zeit seines Lebens bleiben sollte), voller Ideen, die er bei seiner umfassenden Lektüre aufgriff. Das Oberkommando verdrängte seine Redseligkeit.

Wellingtons Wissen um sein aufbrausendes Wesen verstärkte noch seine Reserve. Einmal trieb er seinen Generaladjutanten Steward so weit, dass dieser in Tränen ausbrach, und bei anderer Gelegenheit klammerte sich ein spanischer General, erschreckt über einen von Wellingtons Ausfällen, am Treppengeländer fest; seine Ungeduld all jenen gegenüber, die seinen hohen Ansprüchen nicht genügten, war sprichwörtlich. Hill war der einzige General unter den Divisionskommandeuren, den er mündlich und schriftlich mit offenen Worten bedachte. Im tiefsten Grunde hatte sein Schweigen vielleicht damit zu tun, dass er so wenigen begegnete, die ihm geistig ebenbürtig waren. »Ich ziehe es vor, Menschen zu überzeugen, statt mich auf bloße Autorität zu verlassen«, sagte er einmal.

Daher seine Verachtung des Theatralischen und der Rhetorik, die Alexander so leicht fielen; dieser hatte keine Bedenken, »bloße Autorität« ins Spiel zu bringen. Alexander war ein König, Wellington ein Gentleman – vielleicht die vollkommenste Verkörperung des Gentleman-Ideals, die England je hervorgebracht hat. Dazu gab es kein Gegenstück in der griechischen Welt, denn die Werte, auf denen es beruhte – Zurückhaltung, Sensibilität, uneigennützige persönliche Disziplin und Nüchternheit in Bekleidung, Benehmen und Ausdrucksweise, das alles im Verein mit totaler Selbstsicherheit –, standen im extremen Widerspruch zum extrovertierten Stil des Helden. Nur im Ethos des *noblesse oblige* überschneidet sich der Kodex des Gentleman mit dem des Helden. Der *noblesse* fühlte sich Wellington sehr verpflichtet, aber fast alles andere an Alexanders Persönlichkeit – dessen Leutseligkeit, Vertraulichkeit, Prahlerei, Pomp, Schlauheit (all die Eigenschaften, die Napoleon nachahmte) – hätte ihn abgeschreckt. Wellington verachtete Napoleons falsches Heldentum. Dessen Geist sei »in seinen Details niedrig und nicht gentlemanlike. Vermutlich blieb er der Enge seiner frühen Sichtweisen und Gewohnheiten verhaftet. Das, was wir für die Gefühle eines Gentleman halten, war ihm völlig fremd. Er schien nie ausgeglichen zu sein, und selbst seine kühnsten Unternehmungen enthielten eine Mischung aus Furcht und Niedertracht.« Napoleons »Tiraden« seinen Soldaten gegenüber galt Wellingtons besondere Geringschätzung.

Er selbst sprach, soviel wir wissen, nie zu seinen Männern und hielt solche Anstalten für sinnlos. »Was die Reden betrifft – welche Wirkung auf das ganze Heer kann eine Rede haben, da sie kaum mehr als tausend Mann in der Umgebung vernehmen können?« Aber seine Verachtung der Rhetorik – einer seiner wenigen schweren Mängel als Politiker im späteren Leben – hatte tiefere Wurzeln als sein Glaube an ihre Zwecklosigkeit. Lange bevor die Politik sein Lebensinhalt wurde, besaß er bereits eine hochentwickelte politische Philosophie, welche die strenge Persönlichkeit, die er so mühsam aufgebaut hatte, exakt ergänzte.

Wellington akzeptierte rückhaltlos jene Trennung von Gefühl und Funktion, die den modernen Staat hervorgebracht hatte. Alexanders System gedieh kraft Gefühlen; sein Königtum hatte genauso viel mit Emotionen wie mit Taten zu tun – diese Gleichsetzung erklärte, weshalb »immer an der Spitze« seine automatische Antwort auf die ungestellte Frage nach der Position des Führers war. Wie seine Gefolgsleute war er der Ansicht, dass er selbst stets das größte Risiko einzugehen habe, weil dies seine Herrschaft rechtfertige. Wellington lehnte Gefühle ab; erst durch die Trennung vom Regierungsakt seien Gerechtigkeit und Respekt vor dem Gesetz – die Antithese des unter dem heroischen Königtum herrschenden Systems – etabliert worden und aufrechtzuerhalten. Diesen Zusammenhang hatte Wellington bereits in Indien klar gesehen. »Bengalen«, schrieb er im Jahre 1804, »genießt den Vorteil einer Zivilregierung [unter britischer Herrschaft] und benötigt seine Streitkräfte nur zum Schutz vor ausländischen Feinden. All die anderen barbarischen Institutionen, die sich Regierung nennen [die »heroischen« Reiche der marathischen Kriegsherren] verfügen allein über die Macht des Schwertes. Entzieht man ihnen die Ausübung jener Macht …, können sie keine Steuern einnehmen, keinen Schutz gewähren und keine Regierungsgeschäfte führen.« Seine Abneigung gegen die Revolution in Europa gründete sich auf genau die gleiche Analyse: auf den für ihn beklagenswerten Effekt der Vermischung von Emotionen und Politik. 1811 schrieb er in einem seiner brillantesten Briefe, den er hastig in seinem schäbigen Hauptquartier in Freneda zu Papier brachte, an Bentinck: »Die Begeisterung des Volkes ist sehr schön und sieht im Druck vorzüglich aus, aber ich habe nie erlebt, dass sie etwas anderes als Verwirrung erzeugt hätte. In Frankreich war der sogenannte Enthusiasmus nichts als Macht und Tyrannei, ausgeübt durch das Medium von Volksvereinigungen, die im Umsturz Europas gipfelten und die mächtigste und schrecklichste Tyrannei der Geschichte geschaffen haben … Ich rate Ihnen daher dringend, wohin Sie auch gehen, dem Enthusiasmus des Volkes nicht im Geringsten zu trauen. Man gebe ihm eine starke und gerechte und, wenn möglich, gute Regierung, aber vor allem eine starke, die es zwingt, seine Pflicht sich selbst und seinem Land gegenüber zu tun.«

Eine gute Regierung war laut Wellington eine von Gentlemen geleitete Regierung. Nicht von ihm selbst: »Ich bin nicht sehr ehrgeizig«, schrieb er 1805 ein wenig unaufrichtig; 1801 gestand er, es sei sein »höchster Ehrgeiz, Generalmajor im Dienste Seiner Majestät« zu sein. Nichtsdestoweniger hatte er sich auf die Ausübung von Macht vorbereitet. Nachdem er viele Jahre lang seine Instinkte verleugnet hatte, heiratete er aus Pflichtgefühl schließlich eine Frau, die, wie sich bei näherer Bekanntschaft herausstellte, weit von seinem Ideal der gleichberechtigten Gefährtin entfernt war. Er achtete sorgsam auf seine Gesundheit, hielt in Spanien Jagdhunde, um sich auf angenehme Weise Bewegung zu verschaffen, aß und trank mäßig; zwar war er manchmal erschöpft – 1813 musste er in Lesaca mehrere Tage lang das Bett hüten, nachdem er seine Pferde bei der Belagerung von San Sebastián bis zur Ermattung geritten hatte –, doch auf seinen Feldzügen zog er sich lediglich Fieber und »Malabar-Jucken« in Indien sowie Rheumatismus in Spanien zu. Er suchte nie um Beförderung oder Ehrungen nach (»ungeachtet der zahlreichen Vergünstigungen, die mir von der Krone zuteil geworden sind, habe ich mich um keine einzige bemüht … Ich empfehle Ihnen das gleiche Verhalten und die gleiche Geduld an«, schrieb er einem Streber im Jahre 1813). Er hatte eine fundierte Meinung von seinen Talenten. »Ich war die geeignete Person für die Ernennung«, schrieb er, als er 1801 (von seinem Bruder) für das Kommando über die Expedition nach Ägypten übergangen wurde; und 1808: »Keiner außer mir kann mit den Schwierigkeiten der Armee fertig werden.« Er schätzte finanzielle Unabhängigkeit sehr hoch ein und hatte sich bemüht, sie mit ehrlichen Mitteln zu erwerben. Aus Indien brachte er seinen legitimen Anteil an Prämien, etwa 43 000 Pfund, mit, die ihn »von allen Ämtern und Posten unabhängig« machten. Die Bekanntschaft maßgeblicher Personen beurteilte er realistisch: »Ich glaube, man hätte mich kaum gekannt und ich wäre nicht das, was ich bin, wenn ich nicht ins Parlament gegangen wäre«, schrieb er Malcolm, einem Mann, den er bewunderte, im Jahre 1813.

Der Sieg über die napoleonische Tyrannei war zu dem Zeitpunkt, als sich Wellington auf die Pyrenäenhalbinsel begab, sein einziges Ziel. »Mein Würfel ist gefallen«, sagte er kurz vor seiner Abreise. »Sie mögen mich überwältigen, aber ich glaube nicht, dass sie mich ausmanövrieren werden … Ich vermute, dass sämtliche Kontinentalheere schon vor der Schlacht mehr als halb geschlagen waren – ich wenigstens werde mich nicht im Vorhinein einschüchtern lassen.« Die Franzosen herauszufordern würde, wie er erkannte, zuweilen ein heroisches Gebaren verlangen, vor dem er auf jedem anderen Gebiet instinktiv zurückschauderte. Aber er war bereit, diese Notwendigkeit auf sich zu nehmen.

Wellington in der Schlacht

Was brachte Wellington neben dem Bewusstsein, sich der Gefahr auszusetzen, in das Unternehmen zur Niederwerfung der Franzosen ein?

Er war natürlich ein Meister der militärischen Bewegung und des militärischen Nachschubs. Obwohl ein Feldzug durch schlechte Logistik verloren gehen kann, reicht gute Logistik für den Sieg in der Schlacht noch keineswegs aus. Im Jahre 1808 wusste Wellington bereits, wie man Schlachten gewinnt – jedenfalls gegen die Art von Feinden, auf die er in Indien gestoßen war: »Wir müssen auf die ersten Burschen, die vor uns auftauchen, einstürmen«, schrieb er an seinen Kameraden Stevenson, »und der Feldzug ist unser. Ein langer Defensivkrieg wird uns ruinieren.« Sowohl bei Assaye als auch bei Argaum, seinen beiden großen Siegen unter eigenständigem Kommando, hat er genau das getan.

Bei Assaye, einem unbedeutenden Dorf, 320 Kilometer landeinwärts von Bombay, holte seine Armee im September 1803 jene von Sindhia und Berar ein – zwei der mächtigsten marathischen Kriegsherren. Das Missverhältnis zwischen den Streitkräften war entmutigend. Wenigstens 200 000 Marathen lagerten am Kaitna-Fluss; Wellington, der auf Verstärkungen von Stevenson wartete, hatte nur 7 000 Mann unter seinem Kommando. Trotzdem beschloss er, nicht zu warten. Die große Mehrheit des Marathenheeres bestand aus leichten Kavalleristen, irregulärer Infanterie und Marketendern. Letztere behinderten die leichten Kavalleristen und Irregulären, die wiederum den einzigen schlagkräftigen Teil des Marathenheeres belasteten: die disziplinierten Infanteriebataillone und Artilleriebatterien unter dem Kommando europäischer Söldneroffiziere. Sie zählten nicht mehr als 15 000 Mann, und obwohl sie achtzig Kanonen gegenüber seinen zwanzig besaßen, bildete Wellingtons Armee – im Gegensatz, wie er annahm, zu jener der Marathen – eine geschlossene und selbstbewusste Einheit.

Die Konfrontation ähnelte der Alexanders mit Dareios am Issos, und Wellington plante, sich genauso durchzusetzen wie Alexander: mit einem Sturmangriff auf die feindliche Front. Zuerst musste er jedoch sehen, dass sein Heer nicht von zahlenmäßiger Überlegenheit ausgeschaltet wurde. Deshalb war seine Entdeckung der Furt über die Kaitna entscheidend. Indem er an jener Stelle unvermutet den Fluss überquerte, konnte er die Flanken seines Heeres zwischen die Kaitna und die Juah, ihren Nebenfluss, schieben. So geschützt, würde seine Streitmacht wie in einem Korridor voraneilen und den tödlichen Schlag versetzen.

Alles spielte sich wie vorausgeplant ab. Wellington entdeckte die Furt kurz nach elf Uhr am Morgen des 23. September. Er schätzte, dass ihm bis zur Schlacht drei Stunden Zeit blieben. Nun galoppierte er zu seinem Heer zurück – er ritt Diomed, einen Araber, den er ebenso liebte wie später Copenhagen – und führte es zu der Furt, in die er als erster hineinsprang. Wellington spornte sein Pferd an, um sich zu weiteren Erkundungen aufzumachen; nachdem er alles Nötige gesehen hatte, erteilte er seiner Streitmacht den Befehl, zwischen den beiden Flüssen Stellung zu beziehen. Dazu musste er von einem Befehlshaber jedes seiner sechs Bataillone – zwei britischer und vier indischer – zum anderen reiten.

Während seine Männer vorrückten, bezog er zur Rechten Position – auf gleicher Höhe mit den Angreifern und ungeschützt dem feindlichen Feuer ausgesetzt. Dieses forderte schwere Verluste, doch Wellington blieb, anders als sein Pferd, unversehrt. Als sich der Feind zurückzog, erfuhr er jedoch, dass ein Sicherungstrupp, den er weiter rechts postiert hatte, in dem Dorf Assaye (das nicht zu seinem Plan gehörte) in Schwierigkeiten geraten war und aufgerieben zu werden drohte. Ein selbstständiges Eingreifen seiner Kavallerie kämpfte ihn frei, doch der Schwung des Angriffs war verloren. Überdies feuerten einige marathische Artilleristen, die, nachdem sie überrannt worden waren, zu ihren Kanonen zurückkehrten, von neuem. Um den Schaden einzudämmen, ritt Wellington zu der einzigen Kavallerieeinheit, die noch nicht in den Kampf eingegriffen hatte, führte sie nach vorn und beteiligte sich am Handgemenge. Hier durchstieß ein Speer Diomed die Lunge, und der Befehlshaber musste auf sein drittes Pferd des Tages umsteigen.

Die Schlacht war nun fast beendet. Er brauchte nur noch seine Infanterie gegen die Reste der marathischen Regulären, die sich mit dem Rücken zur Juah aufgestellt hatten, ins Feld zu führen. Als die Regulären nachgaben, endete der Widerstand. Wellington beglückwünschte die Sieger mit kurzen Worten und zog sich dann zum Schlafen in den Hof eines Bauernhauses zurück. Er hatte 450 Mann verloren, und die Mühen des Tages stürzten ihn in einen Alptraum: »Wann immer ich aufwachte, schien ich all meine Freunde verloren zu haben, denn so viele waren in der Schlacht gefallen … Am Morgen erkundigte ich mich beängstigt nach jedem einzelnen; und erst wenn ich sie vor mir sah, glaubte ich, dass sie noch lebten.«

Abgesehen von dem Schuldbewusstsein über die Verluste hatte Wellington an jenem Tag noch vieles andere durchgemacht: Er hatte zwölf Stunden pausenlos im Sattel gesessen, in Lebensgefahr geschwebt, die Klingen mit dem Feind gekreuzt (vielleicht die erste von nur zwei derartigen Gelegenheiten in seiner Laufbahn), wenig oder nichts gegessen und war längere Zeit aus 500 bis fünfzig Metern Entfernung Geschützlärm ausgesetzt gewesen. Kein Wunder also, dass er Jahre später die Frage, was »die beste Sache« sei, die er je geleistet habe, mit dem Namen »Assaye« beantwortete.

Es war zweifellos ein viel schlimmeres Erlebnis als seine beiden wichtigen Belagerungen: die von Seringapatam und

Ahmednagar. Bei der letzteren war es sein Untergebener Colin Campbell, der das Alexanderepos von Multan wiederholte, indem er als erster über die Mauer kletterte und mit dem Schwert die Verteidiger von den Zinnen fegte. Wellington blieb, wie es sich für einen antiheroischen Befehlshaber gehörte, bei der Haupttruppe. Ähnliche Zurückhaltung zeigte er bei seiner anderen offenen Feldschlacht in Indien: der von Argaum, die zwei Monate nach Assaye ausgetragen wurde.

Wellington brachte also auf die Pyrenäenhalbinsel eine Militärphilosophie mit, die sich kaum von jener Alexanders unterschied: »Wir müssen auf die ersten Burschen, die vor uns auftauchen, einstürmen.« In dieser Hinsicht tat Napoleon ihn zu Recht als »Sepoy-General« ab, denn trotz Lärm und Rauch von Feuerwaffen auf den marathischen Schlachtfeldern hatte sich die Kriegführung in Indien seit Alexanders Feldzug im Pandschab 2000 Jahre zuvor nicht wesentlich geändert. Die Heere von Sindhia und Berar waren, wie die von Dareios oder Poros, riesige Karawanen, deren kämpferisches Element einen kleinen Teil und deren soldatische Elite einen noch kleineren Teil der Gesamttruppe ausmachten. Alexanders und Wellingtons Rezept, unter solchen Umständen mit wenigen viele zu besiegen, war das gleiche: sich auf die Elite konzentrieren und diese in einem wilden Angriff zerschlagen. Ihre Methoden unterschieden sich allein darin, dass Alexander an der Spitze ritt, während Wellington die Schlacht aus der zweiten Linie dirigierte.

Aber Wellington war nicht bloß ein »Sepoy-General«. Aus seiner ausgedehnten Lektüre und seiner hartnäckigen Befragung von Veteranen, die in ganz Europa gekämpft hatten, gewann er die Überzeugung, dass Napoleons Heere zwar viel größere Qualitäten besaßen als jene der Marathen, doch: »Wenn das, was ich über ihr Manöversystem höre, der Wahrheit entspricht, dann verhalten sie sich vermutlich falsch.« Er machte sich mit dem Keim einer alternativen Idee auf die Halbinsel auf, und war nach kürzesten Experimenten mit dem neuen System von seiner Tauglichkeit überzeugt.

Wir haben seine Beschreibung jener Methode, die er vor seinem Stab umriss. Diese Offiziere hatten mit ihm etliche Angriffe dichter Infanteriekolonnen – Kennzeichen von Napoleons Taktik – erlebt: »Wir stellen unsere Haupttruppe, mehr noch, unsere ganze Linie, hinter Hügeln oder zumindest ihren Kuppen auf und sichern unsere Front durch leichte Infanterie. [Die Franzosen] platzieren ihre Linien *auf* den Hügeln und sichern sie alle durch leichte Infanterie. Die Folge ist, dass unsere leichte Infanterie nicht nur ihre leichte Infanterie, sondern auch ihre Linie stört und sie sich nur schlecht verteidigen. Wir hingegen setzen nur unsere leichte Infanterie ein, und wenn wir die Hauptlinie benötigen, bringen wir sie sukzessive insgesamt oder an den erforderlichen Punkten in Stellung und halten sie dadurch gewissermaßen immer noch in Reserve. Ein [französischer] General weiß bei diesem Verfahren nicht, wo er seine Macht einsetzen soll oder was ihm, außer dem sichtbaren Teil der Linie, gegenübersteht; und man erkennt nicht leicht, wo sie am verletzlichsten ist.«

Eine solche Methode setzte natürlich einen geeigneten topografischen Rahmen voraus, aber auf der Iberischen Halbinsel herrscht an Bergrücken kein Mangel. Daneben erforderte sie einen besonders intensiven Führungsstil – es galt, sich mit der Schlacht »Mühe zu geben«, wie Wellington selbst es später formulierte. Der General müsse sich zu den Augen seines Heeres machen, dem der Feind weitgehend verborgen sei (genauso wie das eigene Heer dem Feind), müsse ständig die Position wechseln, um sich den Gefahrensituationen an der Front seiner befestigten Linie zu widmen, müsse am Gefahrenpunkt bleiben, bis eine Lösung gefunden sei, und gleichzeitig wachsam auf die Entwicklung anderweitiger Gefahren reagieren. Daher der typische Stil des »Manchmal an der Spitze« (aber nicht immer), den sich Wellington in der Tradition Cäsars, Friedrichs des Großen und aller bedeutenden postheroischen Befehlshaber zu eigen machte.

Dieser Stil konnte sich bei Waterloo voll entfalten, denn es handelte sich um eine jener seltenen hügelreichen Ebenen Nordeuropas, wo sich Wellingtons Methode perfekt anwenden ließ. Ihre stufenweise Entwicklung können wir während der Gefechte in Portugal und Spanien beobachten. Bei den Belagerungen – Ciudad Rodrigo, Badajoz oder San Sebastián – kam sie natürlich nicht zum Einsatz. Dort überließ Wellington – ganz anders als Alexander – seinen Untergebenen die Führung des Ansturms, wie früher Colin Campbell bei Ahmednagar. Er hielt es für sinnlos, den Helden zu spielen, da ihm doch Dutzende von Untergebenen dienten, die mit Prämiengeldern, Paradeschwertern, Beförderung oder Ehrungen für einen einfachen Akt des Mutes – das Erklimmen der Mauern an der Spitze ihrer Männer – belohnt würden. Bei all diesen Belagerungen, besonders in Badajoz und San Sebastián, kam es zu hohen Verlusten. Seit der Erfindung des Schießpulvers hatte sich der Belagerungskrieg von Grund auf gewandelt; nun konnte man innerhalb von Tagen, wenn nicht gar binnen Stunden, eine Bresche schlagen, wofür Alexander bei Tyros und Gaza noch Wochen und Monate gebraucht hätte. Aber der Angriff auf die Bresche erwies sich als ein grauenvolles Unterfangen. Wellington, der die Schlussattacke auf Badajoz von einem Hügel knapp außerhalb der Reichweite der Geschütze beobachtete, wurde totenbleich, als er Meldungen über den ungünstigen Angriffsverlauf und die Zahl der Opfer erhielt. Nach der Schlacht empfingen ihn seine siegreichen Soldaten auf barbarische Weise: »Alter Knabe, trinkst du was?« schrien die schwankenden, halb wahnsinnigen Überlebenden. Einer feuerte in einem *feu de joie* seine Muskete ab, was Wellington fast den Kopf gekostet hätte. Bei den Belagerungen auf der Halbinsel gerieten die vor dem Angriff von Furcht gelähmten und danach von einer brutalen Katharsis heimgesuchten britischen Soldaten so außer Rand und Band, wie Alexander wohl bei keinem Gefecht seine Männer erlebt hatte.

Die Schlachten auf der Halbinsel waren dagegen geradezu methodische Angelegenheiten. Jedenfalls strebte Wellington einen solchen Ablauf an und bemühte sich, während der gesamten Dauer eiserne Selbstbeherrschung zu wahren. 1808 bei Vimeiro, seinem ersten größeren Gefecht in Portugal, formierte er sein Heer in aller Ruhe neu im rechten Winkel zur ursprünglichen Front, als sich der Angriff der Franzosen in einer unerwarteten Richtung entfaltete. Der Kavalleriekundschafter, der dem General die schlechte Nachricht überbrachte, war so erschrocken, dass ihm die Haare buchstäblich zu Berge standen.

Wellington verbarg seine Besorgnis, schickte eine Infanterieeinheit nach der anderen ins Gefecht, setzte Artillerie ein, um einen französischen Angriff zurückzuschlagen, und ließ seine Kavallerie französische Kolonnen, die sich ungeordnet zurückzogen, verfolgen. Als der kommandierende General ihm einen letzten, entscheidenden Vormarsch verbot, ritt Wellington davon und bemerkte seinem Stab gegenüber, es sei ratsamer, auf die Rebhuhnjagd zu gehen.

Bussaco, wo er den Oberbefehl führte, stellte den ersten Test seines mehr oder weniger entwickelten Systems dar. Die Schlacht sollte im September 1808 den Rückzug seines Heeres in die Torres-Vedras-Linien decken; dabei mußte eine ungefähr 13 Kilometer lange Kammposition von rund 50 000 britischen und portugiesischen Soldaten gegen 65 000 Franzosen verteidigt werden. Um die Bewegung von Verstärkungen von einem Krisenpunkt zum anderen – und nicht zuletzt seine eigene – zu erleichtern, hatte Wellington die am Kamm entlang führende Staße ausbauen lassen. Zunächst hielt er sich auf der linken Seite des knapp 350 Meter hohen Kammes auf, jederzeit bereit, seinen Kommandoposten zu verlegen, sobald Gefahr drohte.

Die Schlacht begann an jenem Morgen um sechs Uhr in dichtem Nebel. Wellington, der in dem nahe gelegenen Kloster geschlafen hatte und um vier Uhr aufgestanden war, sah die französische Kolonne durch den Nebel vorrücken und befahl, zwei Sechspfünder auf sie auszurichten. Sie hielten im Verein mit dem Musketenfeuer der Infanterie die Franzosen in Schach. Unterdessen griff eine andere französische Kolonne weiter südlich an. Wallace, der dortige Befehlshaber, leitete eine Gegenattacke ein und warf die Franzosen zurück. »Bei meiner Ehre, Wallace«, sagte Wellington, der in jenem Moment herbeiritt, »nie habe ich einen mutigeren Vorstoß erlebt als den Ihres Regiments.«

Nun entwickelte sich ein dritter französischer Angriff. Mit größerer Wucht vorgetragen als der erste, trieb er den Feind bis zur Höhe des Kammes hinauf und drohte die britische Position zu durchschneiden. In diesem kritischen Moment kamen die ausgebaute Straße und die Befehle ins Spiel, die Wellington dem weiter im Süden stationierten Leith erteilt hatte. Während der Oberbefehlshaber nach Süden galoppierte, marschierte Leith nach Norden und ließ eine konzentrierte Salve auf die Flanke der Franzosen abfeuern, die den Hügelkamm erklommen hatten. Sie stürzten die Hänge wieder hinunter. Wellington ritt zum südlichen Ende der Linie, wo General Hill das Kommando führte, und erteilte ihm die notwendigen Befehle, falls der Angriff so weit ausgedehnt würde: »Wenn die Franzosen wieder einen Versuch gegen die Stelle hier machen sollten, Hill, dann geben Sie ihnen eine Salve und lassen Sie dann mit gefälltem Bajonett stürmen; lassen Sie jedoch Ihre Leute bei der Verfolgung nicht zu tief bergab kommen.« Hauptmann Moyle Sherer, der das Gespräch mit anhörte, erinnerte sich: »Er hat nichts von einem harten Vorgesetzten an sich, nichts Unflätiges, Wichtigtuerisches oder

Pedantisches; seine Befehle sind ausnahmslos knapp, rasch, klar und zweckdienlich.«

Auf dem Ritt nach Süden hatte sich Wellington allzu weit vom Ende des Kammes entfernt, auf dem er seinen Gefechtsstand eingerichtet hatte. Es war der entscheidende Abschnitt, weil seine Position dort überrollt werden konnte; an der anderen Seite grenzte sie an den Mondego. Da er ahnte, dass sich die Probleme nicht hinauszögern ließen, wendete er sein Pferd und ritt die anderthalb Kilometer zurück. Die Schlacht war nun – nach 8 Uhr – seit mehr als zwei Stunden im Gange. Als Wellington an seinem ursprünglichen Kommandoposten ankam, erreichte bereits die Vorhut einer riesigen französischen Infanteriesäule den Kamm. Sie gehörte zum Korps Marschall Neys, der die Schlacht von Waterloo in Napoleons Auftrag lenken sollte. Das zahlenmäßig starke Korps rückte zügig vor. Auf dem Weg des Feindes hatte Wellington jedoch eine Division seiner besten Infanterie verborgen. Die Franzosen trieben seine leichten Infanteristen vor sich her, doch als sie auf seine Reserveposition stießen, sprang das britische Gros auf, feuerte eine Salve ab, stürmte mit dem Bajonett vor und trieb den Feind den Hügel hinunter. Eine parallele Kolonne wurde genauso zurückgeschlagen. Um 11 Uhr hatten sich die französischen Überlebenden an ihrer Ausgangslinie versammelt, und die Schlacht war beendet.

Ihr Verlauf entsprach genau der Beschreibung von Wellingtons Methode: Die Franzosen hatten nicht herausgefunden, wo seine Linie »am verletzlichsten« (wenn überhaupt) war, und der Niederlage nicht entgehen können. Er hatte die Schlacht auf die »mühevolle« Weise geführt, die er seit seiner Rückkehr aus Indien auf seine Methode abgestimmt hatte. Die Kombination der beiden gab den Ausschlag.

Zwei Jahre später, bei Salamanca, setzte Wellington die Kombination von neuem ein. In der Zwischenzeit wich er hinter die Torres-Vedras-Linien zurück, sah zu, wie ein französisches Heer außerhalb der Befestigung durch Hunger entkräftet wurde, errang den kleinen Sieg von Fuentes de Oñoro und eroberte die beiden Ausgänge aus Portugal – bei Ciudad Rodrigo und Badajoz – zurück. Salamanca lag an der Straße ins spanische Kerngebiet, wohin Wellington seinen Feldzug unbedingt verlagern wollte. Die Stadt war von den Franzosen befestigt worden, und Wellington belagerte sie erst einmal erfolgreich. Diese Operation veranlasste den französischen Befehlshaber Marmont, der Verstärkungen aus Zentralspanien erwartete, zu Manövern, die Wellington, wie er hoffte, zum Rückzug zwingen würden.

Wellington beantwortete ein Manöver mit dem anderen: Zwei Tage lang ließen Marmont und er – beide befehligten jeweils 50 000 Mann – ihre Heere parallel zueinander marschieren und lauerten auf einen Vorteil. Dies war der Höhepunkt dreiwöchigen Fintierens, das Wellington, wie er sich erinnerte, stärker ermüdet hatte als alles andere in seiner militärischen Laufbahn.

Am Morgen des 22. Juli fanden die rasenden Manöver ein Ende. Wellington war gerade so weit, sich Marmont zu beugen und den Rückzug nach Portugal anzutreten, als er seine und die französischen Vorposten bei Scharmützeln auf dem hoch gelegenen Gelände jenseits von Salamanca ins Auge fasste und plötzlich rief: »Bei Gott, sie dehnen ihre Linie aus; heran mit meinen Pferden.« Während er nach rechts davongaloppierte, um den Angriff einzuleiten, sagte er zu seinem spanischen Verbindungsoffizier, dass die Franzosen »verloren« seien. Die Division, die sich anschickte, die übermäßige Dehnung der französischen Reihen zu nutzen, wurde von seinem Schwager Edward Pakenham befehligt. Wellington, der seinen Stab hinter sich gelassen hatte, ritt auf Pakenham zu, berührte ihn an der Schulter und sagte: »Ned, siehst du die Kerle da auf dem Hügel? Lass deine Division antreten. Auf sie und jag sie den Hügel runter.« Ein Zuschauer erinnerte sich, Wellingtons Befehle hätten »den Beschwörungen eines Zauberers« geglichen. Ned Pakenham antwortete: »Sofort, Mylord, wenn Sie mir helfen«, und ritt davon, um die Schlacht zu eröffnen. »Habt ihr jemals einen Mann gesehen, der so genau wusste, was zu tun ist?« fragte Wellington, ohne sich an einen bestimmten Offizier seines Stabes zu wenden.

Während sich Pakenhams Division den Hang hinunter bewegte, um die Franzosen von der Flanke her anzugreifen – es war etwa 15.30 Uhr –, ritt Wellington ungefähr sechseinhalb Kilometer von rechts nach links seine Front entlang, um seinen sieben anderen Divisionskommandeuren Befehle zu erteilen. Die Hauptpunkte waren einfach genug: Die sechs Infanteriedivisionen sollten »staffelförmig« – nach rechts geneigt – vorrücken; die Kavalleriedivision, unter Stapleton und Cotton, sollte, sobald sich eine Gelegenheit dazu bot, angreifen; die genaue Abfolge wollte Wellington selbst festlegen.

In der ersten halben Stunde war die Schlacht so gut wie gewonnen. Zwei Nachbardivisionen flankierten Pakenhams erfolgreichen Vormarsch, und drei französische Divisionen wurden so gründlich auseinander getrieben, dass sie sich nicht mehr neu formieren konnten. In das Chaos dieses Infanteriekampfes entsandte Wellington im kritischen Moment seine schwere Kavallerie. »Bei Gott«, rief er Cotton zu, während die beiden die Wirkung des Ansturms beobachteten, »nie im Leben habe ich etwas so Schönes gesehen. Der Tag gehört *Ihnen*.«

Aber die Schlacht war noch nicht beendet. Der britische Angriff zur Linken, hin zum steileren Gelände des Schlachtfeldes, wurde von den Franzosen gestoppt und dann zurückgeschlagen, danach begannen sie eine Gegenattacke. Es war rund 17.30 Uhr, und wenn der Gegenangriff erfolgreich war, würde das verbleibende Tageslicht nicht ausreichen, um Wellington eine Möglichkeit zum Kontern zu liefern. Dann könnte er allenfalls auf ein Unentschieden hoffen.

Er hatte jedoch vorausgesehen, dass die Topografie an seinem linken Flügel günstiger für die Franzosen sein konnte, und zwei Divisionen dorthin abgeordnet, die eine Krise verhindern sollten. Während sich die französischen Gegenangriffe entfalteten, ritt Wellington selbst zur näheren Division und entsandte seinen Stabsoffizier Beresford zur ferneren. Beide Divisionen erreichten den Gefahrenherd, bevor die französische Attacke in Schwung geraten war, und konnten sie durch kontrolliertes Feuer zurückschlagen. Als das Musketenduell anschwoll, ritt Wellington hinten um seine Infanterie herum und befahl der Artillerie an der linken Flanke, sich im rechten Winkel zur französischen Linie aufzustellen und die entblößte Flanke des feindlichen Heeres unter Beschuss zu nehmen. Eine Kanonenkugel traf den französischen General, der diesen Abschnitt befehligte, und riss seinen Körper entzwei. Sein Tod war nur einer von vielen, die in ihrer Summe die Moral der Franzosen brachen, bis diese kehrtmachten und Wellington den Sieg überließen.

Bussaco und Salamanca, die für Wellingtons frühe und späte Methode auf der Pyrenäenhalbinsel stehen, verraten uns zusammengenommen so viel über sein Verfahren wie nötig. Beide demonstrieren die Grundzüge seines Vorgehens: die gründliche Abstimmung taktischer Pläne auf topografische Bedingungen, strenge Vorsichtsmaßnahmen, die, um Verluste zu begrenzen, seine Soldaten so lange wie möglich in Deckung hielten, scharfäugige Beobachtung der feindlichen Manöver, um nach einem Vorteil Ausschau zu halten, energische Nutzung der Chance, sobald sie sich bot, persönliche Überwachung jeder einzelnen Schlachtphase und die Weigerung, jegliche für das Ergebnis des Gefechts wesentliche Aufgabe zu delegieren. Das war es im Grunde, was er mit »mühevoller Arbeit« meinte.

Beobachtung und Empfindung

Wellington stellte sich seinen Beobachtern – unzweifelhaft seinen Offizieren und auch seinen Männern – nun als eine klar umrissene Gestalt dar. Immer wieder hatten sie ihn zwischen ihren Reihen dahinreiten sehen: gespannt, distanziert und wachsam im Lager oder an der Marschlinie, konzentriert und ohne Rücksicht auf persönliche Gefahr im Schlachtgetümmel. Seine knappe und eindeutige Sprache war allen vertraut: »Weiter« – »Jetzt habt ihr eure Chance« – »Aufstehen« – »Treibt die Burschen fort« – »Gebt ihnen keine Zeit, sich zu sammeln« – »Ruhig« – »Vorwärts«. Präzise, energisch, bezeichnend, stechen Wellingtons wenige und entschiedene Worte auf den Seiten aller Memoirenschreiber hervor.

Was aber hörte und sah Wellington selbst? Von ihm selbst wissen wir, wie weit sich sein Blickfeld auf seine Gegner erstreckte: Napoleon sah er bei Waterloo nicht (»Nein, unmöglich – es war ein dunkler, regnerischer Tag«), aber im Juli 1813 während der Pyrenäenschlacht bei Sorauren konnte er Marschall Soult erkennen (»Ich sah Soult ganz deutlich, denn ich hatte ein ausgezeichnetes Fernrohr. Er kam heran, und alle Offiziere nahmen den Hut ab, als er sich ihnen zuwandte. Ich sah, wie er uns beobachtete, etwas schrieb und einen Brief abschickte. Da ich wusste, was er schrieb [lacht], gab ich entsprechende Befehle. Jedenfalls sah ich ihn so deutlich, dass ich ihn sicher überall hätte wiedererkennen können«).

Den Blick auf Soult musste Wellington natürlich erhascht haben, bevor der Pulverdampf die Sicht auf das Feld vernebelte. Das Feuer der Musketen und Geschütze hüllte Infanteristen und Kanoniere in dichte weiße Wolken, so dass sie nicht die Hand vor Augen sehen konnten. Da solche Explosionen aber sporadisch und örtlich begrenzt waren, musste Wellington zwar eine recht düstere Atmosphäre zu durchdringen suchen, in seiner rückwärtigen, erhöhten Position dürfte seine Sicht jedoch weit weniger behindert gewesen sein als die seiner Männer. Zudem konnte er, ohne sich von einem speziellen Abschnitt allzu sehr zu entfernen, seinen Standort verändern und seine Sicht verbessern. Allerdings ritt er, wenn nötig, auch nach vorn.

Er beobachtete den Feind aus unterschiedlicher Entfernung. Bei den Manövern vor einer Schlacht konnten die Heere mehrere tausend Meter auseinander stehen und trotzdem füreinander sichtbar sein; das war häufig in Spanien der Fall – Salamanca ist das herausragende Beispiel, wo Bergkämme die Marschlinien und damit die Sichtverhältnisse bestimmten. Bei der anfänglichen Aufstellung zum Kampf waren die Heere selten mehr als 900 Meter (die effektive Geschützreichweite) voneinander entfernt. Sobald der Aufmarsch in den Kampf überging, verkürzten sich die Entfernungen sehr rasch; Infanteristen konnten 900 Meter in fünf Minuten zurücklegen, während Kavalleristen erheblich schneller waren. Wellington mochte sich plötzlich 200 oder sogar nur 100 Meter vom Feind entfernt wiederfinden; wenn er sich, wie bei Waterloo, vor einer Kavallerieattacke in ein Karree flüchten musste, war er dem Feind noch viel näher.

Was konnte er unter solchen Umständen sehen und hören? Oder, besser gesagt, wonach spähte und auf was lauschte er? Der Lärm – seine Lautstärke, Eigenart, Dauer, Richtung und Entfernung – war von größter Bedeutung, wenn er den Verlauf und die Intensität des Gefechts abschätzen wollte (ganz besonders bei Talavera, wo das Schlachtfeld in Dunst gehüllt war). Einzelne Gewehrschüsse – nur seine Scharfschützen waren mit Gewehren ausgerüstet – zeigten ihm an, dass seine Schützen auf die leichte Infanterie des Feindes getroffen waren; das Krachen der Musketen deutete auf engeren Kontakt hin; donnernde Salven bedeuteten, dass sich die Soldaten im Nahkampf gegenüberstanden. Manchmal konnte ihm auch die Reichweite der Stimmen sehr viel Aufschluss geben. Französische Soldaten waren viel stimmkräftiger als britische; sie brüllten, während sie zum Angriff vorrückten, alte revolutionäre Parolen oder gelobten dem Kaiser die Treue. Auch die Offiziere trieben ihre Männer mit altbewährten Wendungen an; und groß angelegte Angriffe wurden mitunter von Musikkorps begleitet, deren Blasinstrumente den Geschützdonner übertönten (was auf die Soldaten, die dem Geräuschpegel ausgesetzt waren, äußerst zermürbend wirkte).

Diese Zu- und Abnahme der Schallwellen dürfte Wellington reichlich Aufschluss geliefert haben; wahrscheinlich war dies sein Hauptmittel, um den Gang der Ereignisse in Bereichen des Schlachtfelds abzuschätzen, die ihm aufgrund von Entfernung, Bodenerhebungen oder Pulverdampf verborgen waren. Aber viel wichtiger als sämtliche Geräusche war der Augenschein. Seine Unterbefehlshaber unterrichteten Wellington natürlich durch Kuriere über die Geschehnisse auf dem Schlachtfeld. Er verließ sich jedoch weniger als andere Generale seiner Epoche auf Meldungen, weil er sich daran gewöhnt hatte, »mühevolle Arbeit zu leisten«, das heißt sich persönlich zu überzeugen. Ein solches Verfahren erforderte, wenn er nicht ständig sinnlos unterwegs sein wollte, dass er feindliche Initiativen in seinen Schlachtvorbereitungen berücksichtigte. Und genau das war, wie aus Wellingtons Beschreibung seines taktischen Systems klar hervorgeht, der Kern seiner Methode. Er ging davon aus, vorausberechnen zu können, wann und wo sich die Gefahr zuspitzte, damit er zur Stelle sein konnte. Gewöhnlich erwiesen sich seine Berechnungen als korrekt. Nur wenige Male – der Verlust von La Haye Sainte bei Waterloo war ein Beispiel – wurde er überrascht.

Vorausgesetzt, Wellington war zur richtigen Zeit am richtigen Ort, so suchte er seine akustischen durch visuelle Eindrücke zu untermauern. Zuerst ein Blick auf die eigenen Männer: Welche Verluste hatten sie bisher erlitten, waren ihre

Linien gerade, ihre Formationen geschlossen, die Entfernungen zwischen den Einheiten kurz genug, um gegenseitige Unterstützung zu ermöglichen, waren die taktischen Angleichungen auf die Topografie abgestimmt, befanden sich die Reserven in Rufweite, war die Artillerie so aufgestellt, dass sie der Infanterie Deckung geben konnte? Als nächstes eine Inspektion des Feindes: Wie stetig war sein Musketenfeuer (wenn es sich um Infanterie handelte), wie geschlossen seine Formation (wenn es sich um Kavallerie handelte), wie energisch (in beiden Fällen) sein Vormarsch?

Und schließlich zur Einschätzung der Distanz. Normalerweise überließ Wellington den Feuer- oder Angriffsbefehl dem örtlichen Kommandeur – diese Rolle sollte von niemand anderem übernommen werden. Aber gelegentlich, wenn sein Zeitplan es diktierte, schaltete er sich ein, um den Ablauf der Ereignisse zu beschleunigen oder zu verlangsamen.

Wellington sah also unzweifelhaft mehr als Alexander. Aber er bewahrte sich eine sarkastische Skepsis, wenn es darum ging, visuelle Eindrücke in einer gültigen Darstellung der Ereignisse zusammenzufassen. »Die Geschichte einer Schlacht«, schrieb er Croker zwei Monate nach Waterloo »ähnelt sehr der eines Balls! Der eine oder andere mag all die kleinen Ereignisse behalten haben, die im Endergebnis über Sieg oder Niederlage in der Schlacht entschieden; keiner aber vermag sich ihrer Reihenfolge oder des genauen Zeitpunkts zu erinnern, an dem sie stattfanden, und darin liegt der ganze Unterschied ihres Wertes oder ihrer Bedeutung.« Im Dezember 1815 teilte er Lord Mulgrave mit: »Ich verwahre mich gegen all die Pläne, eine sogenannte Geschichte der Schlacht von Waterloo zu schreiben. Wenn sie Geschichte sein soll, muss sie die Wahrheit, und zwar die ganze Wahrheit wiedergeben, oder sie wird mehr Schaden anrichten als Nutzen bewirken und so viele falsche Vorstellungen vom Wesen einer Schlacht aufkommen lassen wie andere Abenteuerromane der gleichen Art.« Im selben Monat schrieb er Lord Clancarty: »Da die Schlacht von Waterloo in unseren Breiten stattfand, ist fast jeder, der es sich leisten konnte, zur Besichtigung des Feldes angereist; und fast alle, die kamen, schrieben einen Bericht ... Als Ergebnis dieses großen Fleißes steht nun fest, dass ich bei der Schlacht von Quatre Bras weder dabei war noch den Befehl führte, und es ist sehr zweifelhaft, dass ich bei der Schlacht von Waterloo zugegen war.«

Es ist Wellingtons extremer Gelassenheit zuzuschreiben, dass dieses Leugnen seiner entscheidenden Rolle ihn höchstens amüsierte. Er kannte seinen Wert. Wenn es um seine Leistung und seine historische Position ging, war für ihn – ausgehend von den strengen Maßstäben, die er an den Begriff *gentlemanlike* anlegte – nur das eigene Urteil maßgebend. Selbstzufriedenheit war ihm fremd. Den Kern von Wellingtons Charakter bildete vielmehr wohlüberlegte Selbstachtung, jener Stolz auf ererbte Talente und ihre geziemende Anwendung, auf dem laut Hume die Meinung eines Menschen über sich selbst beruhen sollte. Dies ist keine strikt christliche Haltung, denn sie steht im Widerspruch zur Gnadenlehre und folgt der als pelagianisch bezeichneten ketzerischen Doktrin. Nach seinen Maßstäben aber war der Herzog ein frommer Christ, und manche bezeichnen den Pelagianismus (Pelagius war, wie es der Zufall will, Brite) als die »englischste« aller Ketzereien. Sie stimmte jedenfalls nahtlos mit der Lebensanschauung des großen Engländers überein: zugleich stolz und bescheiden, kühl und liebevoll, distanziert und überaus sensibel, gleichgültig gegenüber den Leiden anderer und doch zutiefst davon berührt. Wellington war der Eiserne Herzog, aber auch ein Mann aus Fleisch und Blut. Können wir ahnen, was er von dem schrecklichen Werk hielt, zu dem die Welt ihn aufgerufen hatte?

Der junge Wellington führte ein unbekümmertes Leben. Jene, die mit ihm in Indien dienten, berichten über Kurzweil und Ausgelassenheit in seinem Haus. »[Er] lebte unvergleichlich gut«, erinnerte sich William Hickey an die Tage in Kalkutta, »und ließ seine Gäste nur mit einer großzügigen Menge des besten Rotweins ziehen. Im allgemeinen wurden an seiner Tafel täglich fünf bis zehn Gäste bewirtet.«

Sein Leben lang schätzte Wellington die Gesellschaft junger und kühner Männer. Behaglicher als in der Gegenwart schneidiger Männer fühlte er sich höchstens in Gesellschaft jener Reihe hübscher, intelligenter Frauen, die ihn in seinen mittleren und späteren Jahren über seine unglückliche Ehe hinwegtrösteten. Er war aber durchaus nicht der Meinung, das Leben könne oder solle sich nur in einem engen Kreis bevorrechtigter Freunde abspielen. Er verstand und akzeptierte die Schwächen der Menge, ihre Ängste, ihren Egoismus, ihren Hang zur Bequemlichkeit, weil er jene Neigungen an sich selbst entdeckte, weil er wusste, wie mühsam es gewesen war, sie zu überwinden und ständig in Schach zu halten, weil er einräumte, dass Herkunft und Erziehung ihm mehr Kraft, sich zu zügeln, als anderen verliehen.

Sehr ausgeprägt war seine Sorge um die vom Schicksal Geschlagenen. Selbstbeherrschung schloss Mitgefühl nicht aus. Alexander hatte seine Toten begraben und seinen Verwundeten Beistand geleistet, weil es für die Griechen ein Sakrileg war, den Leichnam eines Kriegers nicht zu ehren, und sich nicht um die Verwundeten zu kümmern wäre zumindest politisch unratsam gewesen. Wellington dagegen ließ seine Toten beerdigen, weil es praktisch war, und die Verwundeten pflegen, weil dies nicht nur einem Gebot der Nächstenliebe, sondern auch der Vernunft entsprach. Die Toten wurden nicht in Trauerfeiern oder Gottesdiensten beigesetzt; es ging darum, die Leichen fortzuschaffen, damit man das Schlachtfeld schicklich zurückließ, Krankheiten eindämmte und die Moral des Heeres nicht beeinträchtigte, falls es noch einmal vorbeimarschierte. Die angemessene Versorgung der Verwundeten war hingegen eine Frage der Moral. Als Wellington nach der Belagerung von Ciudad Rodrigo erfuhr, dass viele Verwundete keine Unterkunft hatten, ritt er nach dem Abendessen fünfzig Kilometer weit, um einige rücksichtslose Offiziere aus ihren Quartieren zu vertreiben und die Opfer dort unterzubringen. Am folgenden Abend wiederholte er den Ritt, um sich zu überzeugen, dass man seine Befehle, die »mürrisch« aufgenommen worden waren, befolgt hatte. Als er herausfand, dass dies nicht der Fall war, verhaftete er die Offiziere, ließ sie zum Hauptquartier marschieren, vor ein Kriegsgericht stellen und mit Schimpf entlassen.

Besonders betroffen zeigte sich Wellington über die Verwundungen seiner Freunde und Untergebenen. Viele seiner Briefe sind an Verwandte von Gefallenen oder Verwundeten gerichtet; darin brachte er sein Beileid zum Ausdruck oder ermunterte die Empfänger, auf das Beste zu hoffen. Diese Gefühle waren ganz und gar aufrichtig.

Einen Monat nach Waterloo versuchte er, Lady Shelley gegenüber eine Skala von Gefühlen zu umreißen, die der Oberbefehl ihm auferlegte: »Seine Augen glänzten und seine Stimme versagte, als er von den bei Waterloo erlittenen Verlusten sprach: »Ich hoffe bei Gott, dass ich meine letzte Schlacht ausgetragen habe. Es ist schlimm, dauernd zu kämpfen. Im Getümmel bin ich zu sehr in Anspruch genommen, um etwas zu spüren; aber danach fühle ich mich elend. Es ist ganz unmöglich, an Ruhm zu denken. Geist und Gefühle sind erschöpft. Sogar im Moment des Sieges ist mir elend zumute, und ich sage immer, dass eine gewonnene Schlacht, abgesehen von einer verlorenen, den größten Jammer auslöst. Man verliert nicht nur teure Freunde, mit denen zusammen man gelebt hat, sondern muss auch die Verwundeten zurücklassen. Sicher, man versucht, das Beste für sie zu tun, aber wie wenig das ist! In solchen Augenblicken erstirbt einem jedes Gefühl in der Brust. Ich fange gerade an, meine unbefangene Stimmung zurückzugewinnen, aber ich wünsche mir, nie wieder kämpfen zu müssen.«

Der Schlüsselsatz in dieser bemerkenswerten Selbstenthüllung – von anderen Befehlshabern liegen kaum ähnliche Bekenntnisse vor – ist der dritte: »Im Getümmel bin ich zu sehr in Anspruch genommen, um etwas zu spüren.« Das klingt in gewissem Sinne naiv. Denn seine Wahrnehmungen und Reaktionen müssen, ganz im Gegenteil, glasklar und präzise gewesen sein. Er musste den Bestand seiner Streitkräfte, ihre Seiten- und Tiefenformation, ihre Gesamtverluste und ihre noch erhaltene Kampffähigkeit berechnen. Außerdem versuchte er abzuschätzen, wie es, an den gleichen Maßstäben gemessen, um den Feind stand. Beide Berechnungen hatte er auf seine innere Uhr abzustimmen, da der Einbruch der Dunkelheit der Schlacht ein Ende setzen würde (Talavera dauerte zwei Tage und war damit eine Ausnahme von der uralten Regel, dass Schlachten an einem Tag abgeschlossen wurden). Und bei alledem musste er den schwankenden Kampfeswillen seiner Gegner beurteilen – sowohl derjenigen in Sichtweite, nämlich der feindlichen Soldaten in der vordersten Linie, als auch derjenigen, die er nicht sehen konnte, vornehmlich des Oberbefehlshabers, mit dessen Willen er sich maß.

In jenem Sinne riskierte Wellington in der Tat eine geistige und emotionale Überlastung, die weniger gefestigte Befehlshaber häufig in den Zusammenbruch trieb. Er wusste, dass eine geringere Bürde der Verantwortung als die seine, seinen tapferen Divisionskommandeur Picton fast um den Verstand gebracht hatte. »In Frankreich kam Picton zu mir und sagte: ›Mylord, ich muß aufgeben. Ich bin so nervös geworden, dass mir jede Aufgabe auf der Seele liegt und ich nachts nicht mehr schlafen kann. Ich halte es nicht mehr aus und werde in den Ruhestand treten müssen.‹ Der arme Kerl! Ein paar Tage danach fiel er.«

Aber auf einer tieferen Ebene entspricht Wellingtons

Selbstporträt der Wirklichkeit. Zwischen seinem 30. und seinem 45. Lebensjahr gelang es ihm tatsächlich, Gefühle von seiner Person fernzuhalten. Er traf eine bewusste Entscheidung und bemühte sich, sie intellektuell durchzusetzen. Wellington verstand die Welt, in der er lebte. Der dynastische Nationalstaat, dessen perfekter Diener er war, stellte für ihn den höchsten Wert dar. Seiner Vertrauten, Mrs. Arbuthnott, teilte er mit: »Der Beginn der Reform ist der Beginn der Revolution« – dies war seine knappe Version von Tocquevilles bekannter Theorie. Im selben Jahr – 1830 –, in dem die Bourbonen-Dynastie in Frankreich endgültig gestürzt wurde, sagte Wellington, Großbritannien »sollte mit seinen Institutionen immer zufriedener sein«. Eine Staatskirche, ein Parlament, das mit Hilfe eines begrenzten Stimmrechts gewählt wurde, eine konstitutionelle Monarchie, eine unabhängige Richterschaft, eine reguläre Armee – dies waren Garantien für jene Trennung von Funktion und Gefühl, die er für das Bollwerk der Freiheit hielt. Das von ihm befehligte Heer war gewissermaßen ein Mikrokosmos der Gesellschaft, wie sie seiner Meinung nach geordnet sein sollte: eine Hierarchie von Klassen, die von den Besten regiert wurden, jedoch nach den Regeln der Gerechtigkeit, korrekt und mit Rücksicht auf die Freiheiten der niedriger Stehenden. Wellingtons Freiheitsbegriff war nicht modern, wenngleich er wusste, dass die Radikalen seiner Epoche die Gleichheit der Individuen vor dem Gesetz in gleiche politische Rechte für alle ummünzen wollten. Er bestritt nicht, dass die Volksmeinung dieses Bestreben unterstützte. »Aber«, sagte er 1831, »wenn wir uns auf die Meinung des Volkes verlassen wollen …, warum führen wir dann nicht sofort das System ein, das dem Volk bekanntlich am liebsten ist: allgemeines Wahlrecht, geheime Stimmabgabe und jährliche Parlamentssitzungen?«

Dagegen sprach seiner Meinung nach ein unwiderlegbares Argument. »Wenn man die demokratische Macht im Staat nur ein wenig erhöht, kann dieser Schritt nie wieder rückgängig gemacht werden. [Man] muss denselben Weg fortsetzen, bis man den Jammer einer Revolution hinter sich gelassen hat und dann bei einer Militärdespotie angekommen ist.« Der Schritt von der Erfüllung des Willens der Vielen bis hin zur Ergebung unter den Willen eines tyrannischen Individuums war für den Herzog also kurz und unvermeidlich. Genau das war die Haupterfahrung seiner Zeitgenossen innerhalb Europas, er hatte sein Leben dem Kampf gegen diese Entwicklung und dann ihrer Korrektur gewidmet. Napoleon war für ihn nicht einfach ein Gegner, sondern ein Feind, die Verkörperung jenes Prinzips des persönlichen Willens, dessen Antithese in seiner eigenen nüchternen Pflege der antiheroischen Persönlichkeit begründet war. Wellington wollte nichts mit Popularität, öffentlicher Bewunderung oder den Betrügereien von Rhetorik, Theater und Pomp zu tun haben. Wie Professor Moses Finlay erklärt hat, enthielt Heroismus für die Griechen »keinen Begriff sozialer Verpflichtung«. Der Heroismus war letzten Endes egoistisch, wichtigtuerisch, solipsistisch. *Pothos*, Alexanders »brennender Wunsch«, etwas noch nie Dagewesenes zu vollbringen, ist der perfekte Inbegriff der heroischen Wesensart. Ein solcher Gedanke war Wellington zutiefst zuwider. Napoleon schrieb seinem Bruder Jerome einmal: »Vergiss nie, dass deine erste Pflicht mir und deine zweite Frankreich gilt.« Als Wellington 1806 im Rang eines untergeordneten Befehlshabers nach Portugal in See stach, tadelte er einen Freund, der meinte, er habe eine höhere Position verdient, durch eine genau gegenteilige Pflichterklärung: »Ich bin *nimmukwallah*, wie wir im Orient sagen; das heißt: ich habe des Königs Salz gegessen, und darum erachte ich es als meine Pflicht, mit unwandelbarem Eifer und Frohmut meinen Dienst zu tun, wann und wo immer der König oder seine Regierung sich meiner zu bedienen für ersprießlich hält.«

Um jene Pflicht zu erfüllen, sollte er sein Leben auf dreißig Schlachtfeldern riskieren. Danach sollte er schließlich Oberbefehlshaber des Heeres, Kanzler der Universität Oxford, Premierminister von England und das Idol auch des letzten Bürgers im Lande werden. In Tennysons Ode zu seinem Begräbnis hieß es: »Wie oft in unsrer rauhen Staatshistorie/war der Pfad der Pflicht auch Weg zur Glorie.« Für die Idee des Ruhmes, wie sie gemeinhin verstanden wurde, behielt sich der Herzog eine der bissigsten Bemerkungen aus seinem berühmt-sarkastischen Repertoire vor. Auf die Frage, ob er sich gefreut habe, nach seiner Rückkehr aus Waterloo von der begeisterten Brüsseler Bevölkerung umschwärmt zu werden, gab er zurück: »Nicht im Geringsten; wenn ich gescheitert wäre, hätten sie mich erschossen.«

Grant

Ulysses S. Grant als Oberbefehlshaber, 1865.

III Grant und die unheroische Führerschaft

Im ersten Licht eines Frühlingstages zur Zeit der Präsidentschaft von Abraham Lincoln galoppierte ein kleiner Mann auf einem großen Pferd durch die dichten Waldungen am Tennessee, die sich vom Westufer landeinwärts erstreckten. Die Krempe des zerbeulten Schlapphuts berührte fast die Barthaare seines angespannten, entschlossenen Gesichts. Ein grober Soldatenmantel bedeckte seine Schultern. Nur die Gruppe von Stabsoffizieren, die seinem ungestümen Beispiel folgte, wies ihn in der Masse von Unionssoldaten – einige in Formation, viele führerlos und auf der Flucht –, die sich auf den Lichtungen und dem aufgewühlten Boden drängten, als den kommandierenden General aus. Schwerer Gefechtslärm – von Scharfschützen, planlosen Salven, den Wellen geordneter Musketenschüsse und dem Geschützdonner aus nächster Nähe feuernder Artillerie – erfüllte die Luft. Über den Köpfen bebten die Blätter im Luftzug vorbeipfeifender Kugeln.

Der kleine Mann war Ulysses Simpson Grant, der den Bezirk West Tennessee befehligte; man schrieb den 6. April 1862, und der Lärm rührte von den ersten Schusswechseln der Schlacht von Shiloh, die etwa zwei Stunden zuvor ausgebrochen war. Hinter Grant lag der Dampfer, der ihn gerade von seinem Hauptquartier 13 Kilometer flussabwärts hergebracht hatte. Vor ihm tobte ein Gefecht zwischen den Streitkräften der Union und der Konföderierten auf dem westlichen Operationsschauplatz des amerikanischen Bürgerkriegs. Der Zusammenprall hatte Grant überrascht, sein Heer in Konfusion gestürzt und den Ausgang des Unionsfeldzugs am Mississippi-Hauptquartier plötzlich in Frage gestellt.

Für viele Männer auf beiden Seiten war es die erste Schlacht; einige gingen zum erstenmal mit Feuerwaffen um. Hunderte von Nordstaatlern hatten bereits gemerkt, dass sie dem Nahkampf in geschlossener Ordnung nicht gewachsen waren, und strömten so zahlreich, dass kein Offizier sie aufhalten konnte, in die zeitweilige Sicherheit unterhalb der Steilufer des Tennessee zurück. Andere hatten standgehalten oder waren widerstrebend zurückgewichen, doch viele behaupteten ihren Platz in der Linie nur hinter dichten Erdwällen, die gegen den über die Reihen hinwegfegenden Geschosshagel Schutz boten. An einer Stelle entdeckte ein Beobachter dreißig oder vierzig Nordstaatler, die sich, jeweils an den Gürtel des Vordermannes klammernd, hinter einen dicken Baum zurückzogen, »während ein erregter Kompanieführer, unfähig, sich selbst oder seine Männer unter Kontrolle zu halten, wütend von einem Ende zum anderen rannte«.

An vielen Stellen wurde nach Munition geschrien. Die unerwartete Attacke der Konföderierten hatte die Nordstaatler mit dem Vorrat an Kugeln und Pulver in ihren Beuteln – höchstens sechzig Schuss – erwischt, und das meiste davon war in der ersten Angriffsstunde abgefeuert oder verschüttet worden. Die Nordstaatenarmee, die sich auf die reichliche Produktion der neuenglischen Industrie stützen konnte, ging stets nachlässig mit Munition um, und in Gefahrensituationen vergeudete sie ihre Vorräte ungehemmt. Dieser Fall war jetzt eingetreten, und Grant, der an seiner angeschlagenen Front entlangritt, kümmerte sich als Erstes um Munition. Er wusste, dass die Südstaatler, denen es dauernd an Nachschub mangelte, ein Feuergefecht nur gewinnen konnten, wenn die Nordstaatler ihre überlegenen Mittel nicht zu nutzen verstanden.

Nachdem Grant die notwendigen Befehle erteilt hatte, wendete er sein Pferd, um seine Front zu inspizieren. Er stieß auf Verwirrung, die einen Zusammenbruch befürchten ließ.

Die Kämpfe hatten vor der Morgendämmerung begonnen, als Patrouillen seiner Vorhut, die mit einem ungehinderten Vormarsch in das von Südstaatlern besetzte Gebiet gerechnet hatten, auf starke Kräfte der Konföderierten stießen, die sich anschickten, Grants Hauptstreitmacht im Lager zu überrumpeln. Nach einem Schusswechsel mit der Vorhut der Konföderierten hatten sich die Patrouillen an ihre Hauptlinie zurückgezogen. Diese bestand vornehmlich aus kampfunerprobten Regimentern, deren Offizieren jegliches Blutvergießen genauso fremd war wie ihren Männern. Ein Regiment, das 53. Ohio, hatte seinen Oberst nach der zweiten Salve verloren. Mit dem Schrei »Zurück und rettet euch« war er schneller als viele seiner Soldaten davongerannt. Ein anderes Regiment, das 71. Ohio, sah, wie sein Oberst seinem Pferd die Sporen in die Weichen trieb, sobald der Feind auftauchte. Der Oberst eines dritten Regiments, des 6. Iowa, war unverkennbar betrunken, konnte keine Befehle erteilen und musste von seinem Brigadegeneral verhaftet werden. Ob er die ganze Nacht unter Alkohol gestanden oder sich erst beim Frühstück betrunken hatte, war nicht zu ermitteln. Beide Möglichkeiten kamen im ersten Jahr des Bürgerkriegs durchaus in Frage.

Sogar Grants beste Untergebene waren in Schwierigkeiten. Sherman, der zwei Jahre später durch Georgia hindurchmarschieren sollte, hatte man das Pferd unter dem Leib weggeschossen, und er war an der Hand verletzt worden. Die Konföderierten versuchten, die offene Flanke seiner Division zu umgehen, und setzten ihm schwer zu. Prentiss – im Zentrum – wurde bereits zurückgetrieben. Die Divisionen zur Linken wichen am Flussufer entlang zurück. In Pittsburg Landing, wo Grant den Dampfer verlassen hatte, drängten sich Flüchtlinge schutzsuchend in immer dichteren Scharen unter dem Steilufer aneinander. Im Laufe des Nachmittags sollten sich dort 5000 Mann – einige meinten, 15000 – versammeln, vielleicht ein Fünftel von Grants gesamter Armee. Viele waren ohne Waffen, und keiner hatte den Mut weiterzukämpfen.

Jene, die aus Tapferkeit, Zwang oder wegen mangelnder Fluchtgelegenheit in der Linie ausharrten – viel mehr wären davongerannt, hätte hinter ihnen nicht Kavallerie gestanden oder sich unzugängliches Gelände befunden –, machten Entsetzliches durch. Ein Regiment, das 55. Illinois, das durch eine schmale Schlucht von neuem vorzudringen versuchte, wurde in der Mulde festgenagelt, wo der Feind es zu Dutzenden niederschoss. »Noch nie hatte ich so grausame Taten im Krieg gesehen«, kommentierte ein Major aus Mississippi. Er sprach von einem Konföderiertenheer, das den Sieg witterte und von A. S. Johnston – einem General, dessen Stern höher stand als der jedes seiner Kameraden – nach vorn geführt wurde. Seine Infanterie rannte Schlachtrufe brüllend durch die Waldung; sogar die Artilleristen, die ihre Geschütze an den Rand der Feuerlinie schoben, kämpften wie Plänkler. Eine Geschützmannschaft bezog zwischen den aufgelösten Reihen eines fliehenden Unionsregiments Stellung und überschüttete die vorbeihetzenden Flüchtlinge mit einem Kartätschenhagel. Die Opfer waren zu schreckerfüllt, um Halt zu machen, obwohl ihre Zahl ausgereicht hätte, »Kanone, Lafette, Munitionswagen und Pferde zu packen und in den Tennessee zu werfen«.

Grants Artillerie ließ keine vergleichbare Verwegenheit erkennen. Eine zermürbte Geschützmannschaft peitschte ihre Pferde blutig bei dem Versuch, eine von einem Baumstamm zwischen Rad und Rohr verkeilte Kanone frei zu bekommen. Eine ganze Batterie spannte, verängstigt durch die Detonation der einsatzbereiten Munition in einem Protzkasten, ihre Pferde an und galoppierte stracks vom Schlachtfeld. Wo Grant solche Schlampigkeit sah, griff er ein und machte ihr ein Ende. Aber er konnte nicht überall gleichzeitig sein, und seine Linie wurde den ganzen frühen Morgen und späten

Nachmittag hindurch stetig zurückgedrängt, drehte sich auf ihrer Flussflanke und lief Gefahr, letztlich ins Wasser getrieben zu werden.

Grant hatte dringend Verstärkung angefordert, deren Eintreffen das Blatt wenden würde. Aber die nächsten Truppen waren einen halben Tagesmarsch entfernt und ahnten nichts von der Bedrohung, der er mittlerweile ausgesetzt war. Bis zu ihrer Ankunft konnte er nur von einem Ort zum anderen preschen, um sich den jeweiligen Gefahrenherden zu widmen. Dies war keines der Schlachtfelder, auf denen europäische Generale gewöhnlich ihr Handwerk ausübten: Streifen von Gras- oder offenem Ackerland wie Waterloo oder Gaugamela. Vielmehr war es ein Gelände, auf dem sich kein europäisches Heer jemals zur Schlacht gestellt hätte: ein Gewirr aus Wald und Buschwerk, das dem prüfenden Auge jegliche Chance verwehrte, die gesamte Kampflinie zu überblicken. Rauch legte sich auf seine Pfade und Mulden, Dickicht verzerrte und lenkte den Lärm des Geschützfeuers ab, das Blätter und Äste zerfetzte, Bäche und Morast trennten eine Einheit von der anderen. Es gab keine Orientierungspunkte, keine Bewohner, die den Weg hätten weisen können, keinen Feldherrnhügel, von dem aus Befehlshaber und Stab einen Blick auf Freund und Feind im Gefecht zu erhaschen vermochten. Es war eine typisch amerikanische Landschaft, eine von der Besiedlung noch fast unberührte Wildnis, und Grant musste wie ein Trapper, Pionier oder Holzfäller auf typisch amerikanische Weise mit ihr fertig werden. Ein europäischer General hätte beim ersten Anzeichen von Problemen zum Rückzug geblasen, um seine Streitmacht auf sichererem Gelände neu zu formieren und den Kampf später fortzusetzen. Grant jedoch, der nur allzu gut wusste, dass sich die Union bei ihrem Ringen mit den rebellischen Südstaaten »keinen Schritt zurück« leisten konnte, verwarf jeden Gedanken an Rückzug und ritt wie der Teufel von einem unübersichtlichen Ort zum anderen, um seine Männer am Platz zu halten.

Nicht alle – nicht einmal die Regimenter, die echten Kampfgeist bewiesen – konnten ihre Stellung behaupten. Grants die Mitte haltende Division war früh am Tag zurückgetrieben worden, hatte sich dann jedoch an einer leichter zu verteidigenden Stelle festgesetzt. Sie wurde durch eine Reihe von Angriffen der Konföderierten ausgedünnt. Ihre Toten waren an der Front verstreut, ihre Verwundeten schleppten sich zu den behelfsmäßigen Lazaretten, die man hastig in der Nachhut einrichtete. Doch ihre Front hielt stand. Grant suchte die Division mehrere Male während des Nachmittags auf, brachte Verstärkungen mit, wenn er welche finden konnte, und unterstützte ihren Kommandeur mit ermutigenden Worten. Aber im Laufe des Tages wurden ihre Flanken entblößt, die Südstaatler schoben sich rechts und links vorbei und trennten die Division von ihren Nachbarverbänden. Schließlich war sie – von 5000 Kämpfern auf kaum mehr als 2000 geschrumpft – fast umzingelt, und als die feindlichen Geschütze vorrückten, um ihre Front aus nächster Nähe zu bestreichen, konnte sie nicht länger Widerstand leisten. Grant hatte sie zum letztenmal um 16.30 Uhr aufgesucht. Um 17.30 Uhr hissten die Überlebenden die weiße Flagge.

Das Glück begünstigte die Tüchtigen. Der Befehlshaber der Konföderierten war beim Angriff im Zentrum gefallen, und seine Untergebenen hatten sich nicht die Mühe gemacht, Grant daran zu hindern, die durch die Kapitulation in seiner Linie entstandene Lücke zu schließen. Sie hatten auch nicht gemerkt, dass der Artilleriekommandeur der Union seine verbleibenden Geschütze an dem Flussufer zusammengezogen hatte, das die Konföderierten für ihren vermeintlich letzten Angriff ausersehen hatten. Ein Kartätschenhagel aus nächster Nähe machte ihre Attacke zunichte, so dass die Angreifer fassungslos zurückweichen mussten.

Es war kurz nach 18 Uhr. Grant hielt sich in der Nähe des Flusses auf, wo die Verstärkungen, die er neun Stunden zuvor angefordert hatte, in großer Zahl an Land gingen. Ihr Erscheinen flößte dem General und den Männern um ihn herum neuen Mut ein. Ein pedantischer Untergebener ritt mit der Nachricht heran, dass ein Drittel des Heeres tot, verwundet oder geflohen sei, und fragte, ob der Befehl zum Rückzug erteilt werden solle. Grant schickte ihn mit brüsker Verachtung davon. Die Dunkelheit brach herein, kalter Regen prasselte auf den Wald herunter, und auf dem Schlachtfeld standen zuhauf zitternde, ungeschützte Soldaten; sie sehnten sich ebenso nach einem warmen Essen wie nach dem Ende der pausenlosen Feuerstöße, die sie an jenem schrecklichen Tag von einem namenlosen Ort zum anderen getrieben hatten. Nun konnten sie, wie Grant, Hoffnung schöpfen, dass sich das Blatt wendete.

Später am Abend fand Sherman, sein Klassenkamerad aus West Point, Grant unter einem triefenden Baum vor. Der Befehlshaber stand, den Mantelkragen bis über die Ohren hochgeschlagen, mit einer Zigarre zwischen den Zähnen da. Sherman war gekommen, um, wie der schlecht beratene Untergebene zuvor, von Rückzug zu sprechen. »Ein kluger und plötzlicher Instinkt« hielt ihn davon ab. »Na, Grant«, sagte er, »wenn das kein teuflischer Tag war.«

Grant zog an seiner Zigarre, deren Glimmen seine klaren, straffen, entschlossenen Züge erhellte. »Ja«, erwiderte er. »Ja. Aber morgen hauen wir sie zusammen.«

So geschah es. Der größte General des amerikanischen Bürgerkriegs hatte seinen Aufstieg aus der Anonymität begonnen.

Grant und die Fortschrittlichkeit des Krieges

»Krieg ist progressiv«, schrieb Grant in seinen *Memoiren*. Der Gedanke hätte den Herzog von Wellington abgestoßen, der den Fortschritt in der Politik fürchtete und seinen Einfluss auf das Schlachtfeld entschlossen leugnete. Deshalb erklärte er über Waterloo: »Napoleon bewegte sich einfach im alten Stil vor … und wurde im alten Stil vertrieben.«

Wellington hatte indes das Glück – es war vielleicht der einzige Glücksfall, der seiner Feldherrnschaft zuteil wurde –, seine Armeen auf dem Höhepunkt einer fast zwei Jahrhunderte währenden Entwicklung zu befehligen, während der sich die Kriegführung kaum geändert hatte. Das Schießpulver hatte das Schlachtfeld im 16. Jahrhundert verändert. Die technische Revolution zerstörte sämtliche alten Gewissheiten, aufgrund deren man seit 4000 Jahren Krieg geführt hatte, und damit auch die von ihnen gestützten Gesellschaftssysteme. Nachdem Schießpulver physische Kraft durch chemische Energie ersetzte, stellte es die Unterernährten und hastig Ausgebildeten auf eine Stufe mit den muskulösen Kriegern, deren *raison d'être* der Kampf war. Es machte den Fußsoldaten dem Kavalleristen ebenbürtig – wenn nicht sogar überlegen –, und es beraubte den allzu mächtigen Untertanen der Möglichkeit, sich vor Sanktionen seines Oberherrn hinter Schlossmauern zu verschanzen. Es erhob jene Feudalherrscher, die klug genug waren, ihre Einkünfte in Kanonen zu investieren, zu Königen und Kaisern und verwandelte einfache Seefahrer, die Geschütze für ihre Schiffe erwarben, in Erbauer von Weltreichen.

Die Schießpulverrevolution war jedoch atemberaubend kurzlebig. In einem Anpassungsprozess ohnegleichen gelang es Europa innerhalb kaum mehr als dreier Generationen, ihr Wesen zu begreifen und ihre Wirkung einzuschränken. Die

Renaissance und die Reformation sind undenkbar ohne Schießpulver. Bereits gegen Ende des 16. Jahrhunderts zähmten die traditionellen Aristokratien, deren Macht Renaissance, Reformation und Schießpulver gemeinsam bedroht hatten, die beiden Ersteren und bezogen sie in eine neue Gesellschaftsordnung ein, deren Kontrollelement das Schießpulver war.

Der uralte Brauch, Waffen zu tragen – universell, aber unschädlich, solange die reale Macht bei dem »starken, bewaffneten Herrscher« ruhte –, hätte durch die Schießpulverrevolution in das »Recht«, Waffen zu tragen, ein wahrhaft aufrührerisches Prinzip, verkehrt werden können. Die Tatsache, dass dieses Recht nicht gewährt wurde – wenigstens nicht bis zu den »atlantischen Revolutionen« von 1776 bis 1810 –, ging auf die Entscheidungen von Herrschern in Madrid, Wien, Paris und London zurück, die von der Schießpulverrevolution entfesselte Macht zu monopolisieren und sie zur Prärogative des Staates zu machen.

Die neuen Staatsheere – die ersten in Europa seit dem Zusammenbruch des römischen Legionärssystems im fünften Jahrhundert – verkörperten jenes Hoheitsrecht. Sie erschienen im 16. Jahrhundert und waren im 17. bereits voll entwickelt. Allen war eine Reihe Kennzeichen gemeinsam. Sie wurden nach Militärgesetzen ausgehoben, deren Strafmaßnahmen gewöhnlich brutal waren. Bezahlt wurden sie im Prinzip, wenn auch nicht immer in der Praxis, regelmäßig aus zentralen Staatsmitteln; dadurch erfuhren die Staatseinnahmen eine Belastung, welche den Einzug der Steuern statt der bisherigen willkürlichen Eintreibung in einem bürokratischen Verfahren erforderlich machte. Sie waren einheitlich gekleidet; der Rock des Königs ersetzte die Tracht der Söldnerhauptleute oder die traditionelle bunte Mischung des Kriegers. Die Staatsheere wurden zu Verbänden von zunehmend standardisierter Größe und Unterteilung – in Form von Regimentern und Bataillonen – organisiert. Vor allem aber wurden sie gedrillt.

Über den Ursprung des Drills herrscht Uneinigkeit. Häufig bezeichnet man ihn als Ausdrucksform jenes Dranges nach Standardisierung, der auch für einheitliche Bekleidung und Organisation verantwortlich ist. Doch in Wirklichkeit liegt der Ursprung des Drills auf der Hand. Seine Entwicklung war eine logische Reaktion auf die Gefahr, die mit dem massenhaften Einsatz von Feuerwaffen auf dem Schlachtfeld einherging, wo die Männer dicht nebeneinander standen. Das unsynchronisierte Laden und Abfeuern von Musketen führt unvermeidlich zu häufigen und tödlichen Unfällen, wenn Soldaten, die neben- und hintereinander aufgereiht sind, sich ruckweise bewegen, sich bücken, sich drehen, ihre Ziele selbst wählen und nach Belieben schießen. Musketiere, die massiert antreten mussten, um die Feuerkraft langsam ladender Nahkampfwaffen zu maximieren, spielten leichtfertig mit ihrem Leben, wenn sie nicht alle gleichzeitig feuerten. Der Drill war lediglich die Institutionalisierung solcher Vorkehrungen. Er garantierte, dass jeder der notwendigen Schritte, um eine Muskete mit Pulver und Kugel zu laden – Moritz von Nassau, der bahnbrechende Drillmeister, setzte 42 Schritte fest –, gleichzeitig vollzogen wurde, damit sich der abschließende Akt, das Durchdrücken des Hahnes, erst dann abspielte, wenn jeder Musketier aufrecht stand und auf den Feind schaute. Unfälle waren damit nicht ausgeschlossen – Drill kann Egozentrik, Unbeholfenheit und Aufgeregtheit nicht beseitigen, sondern nur auf das Mindestmaß herabsetzen –, aber sehr stark reduziert.

Der Drill hatte noch eine andere Wirkung. Auf Militärtechnik und -taktik übte er nämlich (was immer Grant über Unvermeidliches sagen mochte) einen »fortschritthemmenden« Einfluss aus. Anfangs war dies nicht der Fall; vielmehr tendierte er zu einer Verbesserung der Waffentechnik, um den

Drill selbst zu vereinfachen. Moritz von Nassaus 42 Schritte rührten aus der Eigenart der ihm bekannten Waffe, das heißt der Luntenschlossmuskete, deren Handhabung den Umgang mit Mengen losen Schießpulvers und mit einer permanent glühenden Lunte verlangte. Die Weiterentwicklung dieser Waffe zur Steinschlossmuskete, die zuerst die Lunte und dann das lose Pulver überflüssig werden ließ, reduzierte die Unfallgefahr – Lunten und loses Pulver kamen sehr leicht miteinander in Berührung – und erlaubte, die Drillschritte von 42 auf ungefähr zehn zu verringern. Ein unmittelbarer Effekt war die stark erhöhte Feuerquote: von einem Schuss pro Minute auf maximal drei.

In diesem zweiten Stadium übte der Drill seine fortschritthemmende Wirkung aus. Die Steinschlossmuskete des späten 17. Jahrhunderts ließ sich sogar im Rahmen der zeitgenössischen Metallurgie und Ingenieurtechnik beträchtlich verbessern. Sie konnte zum Beispiel mit einem gezogenen Lauf versehen werden, der die Reichweite und die Genauigkeit sehr erhöhte. Da aber Musketen mit gezogenem Lauf komplizierter und langsamer zu laden waren als solche mit glattem Lauf, hätten sie die Drillschritte erhöht und damit die Entwicklung der Schlachtfeldtaktik in ihr Gegenteil verkehrt. Das Gleiche galt für andere Schießpulverwaffen wie Belagerungs- und Feldgeschütze, deren Handhabung ebenfalls auf standardisierte Drillsequenzen zurückgeführt worden war. Die Befehlshaber des 17. Jahrhunderts stellten eine Kosten-Nutzen-Analyse auf (um eine moderne Denkweise auf die Vergangenheit anzuwenden) und gelangten zu dem Schluss, dass sich einfacher Drill und einfache Waffen besser für ihre Zwecke eigneten als höher entwickelte Waffen und schwierigerer Drill.

Das Ergebnis jedenfalls ist unleugbar. Vom dritten Viertel des 17. bis fast in die Mitte des 19. Jahrhunderts änderten sich im Wesentlichen weder die Waffentechnik noch die Drillsequenzen. Marlboroughs, Wolfes und Wellingtons Soldaten waren gleichermaßen mit der britischen Turmmuskete – im Volksmund Brown Bess genannt – ausgerüstet. Die Heere Ludwigs XIV., Peters des Großen, Friedrichs des Großen, George Washingtons, Napoleons und Bolivars benutzten die Pendants dieser Muskete, und das von ihrer einfachen Technik diktierte Drillsystem trug in den Schlachten von Blenheim, Poltawa, Leuthen, Bunker Hill, Austerlitz, Waterloo und Carabobo zum Sieg bei. In jeder dieser Schlachten »bewegte sich [der Feind] im alten Stil vor und wurde im alten Stil vertrieben«.

Aber Grant war nicht umsonst Amerikaner. Auf lange Sicht lässt sich Technologie, wie er zu Recht erklärte, nicht aufhalten. Das bereits 1615 erfundene Gewehr erlebte um 1815 seinen großen Aufschwung. Gewehrschützen spielten eine bedeutende Rolle bei Waterloo, ebenso wie zuvor auf der Iberischen Halbinsel und schon im amerikanischen Unabhängigkeitskrieg, als die Kentucky-Schützen den Rotröcken aus Entfernungen zusetzten, die auf europäischen Schlachtfeldern ausgebildeten Generalen unehrenhaft, wenn nicht gar unmoralisch erschienen. Um 1842 waren britische Soldaten mit einer Schusswaffe ausgerüstet, deren Abfeuerungsmechanismus den der alten Steinschloss- oder Luntenschlossmuskete endgültig verdrängte. Um 1853 hatte man diese Perkussionsmuskete mit einem gezogenen Lauf versehen; als »Enfield« kam sie im amerikanischen Bürgerkrieg massenhaft zum Einsatz. Als im Laufe dieses Krieges zuerst Hinterlader und dann Mehrlader in Gebrauch kamen, war der Grundstein für die Waffentechnik gelegt, die Infanteriegefechte bis zum heutigen Tag beherrscht.

Wellingtons selbstbewusste Kontrolle über seine Armeen könnte also wenigstens zum Teil daher gerührt haben, dass in den anderthalb Jahrhunderten vor Waterloo kein technischer und taktischer Wandel in der Kriegführung stattgefunden hatte. Die Kriegführung des 18. Jahrhunderts wird häufig mit einem Schachspiel verglichen. Die Ähnlichkeit ist natürlich eine bedingte, denn der Handlungsspielraum und die Stärke der »Figuren«, die dem General zur Verfügung standen, waren nicht, wie bei Schachfiguren durch Regeln eingeengt (selbst wenn man akzeptiert, dass Schach ein schematisiertes Kriegsspiel ist). Doch seine »Figuren« – zum Beispiel Infanteriebataillone oder Kavallerieregimenter – glichen einander bemerkenswert hinsichtlich Stärke und Aktionsradius. Infolgedessen konnten gute Generale eine Schlacht etwa so »spielen«, wie ein Schachmeister seine Figuren bewegt. Ein so kluger und erfahrener General wie Wellington verstand es, die Geschwindigkeit, mit der seine und die gegnerischen Einheiten aufeinander zu marschierten, die Entfernung, aus der ihr Feuer effektiv war, und die wahrscheinlichen gegenseitigen Verluste einzukalkulieren. Damit besaß ein solcher General gegenüber einem ihm nicht ebenbürtigen Befehlshaber einen ähnlichen Vorteil wie ein Großmeister gegenüber einem lediglich kompetenten Herausforderer.

Die Stasis – das Fehlen von Wandel – verschaffte den Generalen der Schachbrett-Ära einen zusätzlichen Vorteil: das sichere Wissen um die menschliche Wertigkeit der Heere, die sie befehligten. Der Drang, die Schießpulverrevolution einzuschränken und zu kontrollieren, war nicht nur militärischer oder ökonomischer, sondern ebenso gesellschaftlicher Art. Denn diese Revolution rührte an die Wurzeln der uralten Verbindung zwischen Waffen und Grundeigentum. Fast so lange, wie Männer in den Krieg gezogen waren, hatten ihre Führer und ihre *corps d'élite* davon gelebt, dass sie Acker- und Weideland besaßen oder pachteten. Immerhin gab es Ausnahmen von der Regel: Ein paar Herrscher – in Mesopotamien, Ägypten und China – hatten bürokratische Staaten aufbauen können, in denen man die Einkünfte direkt von den Bauern einzog und sie mit Hilfe eines zentralen Schatzamtes an das stehende Heer des Königs weiterleitete. Die Römer hatten über Jahrhunderte hinweg eine Bauernmiliz in eine Berufsstreitmacht umgewandelt. Und die islamische Welt hatte die einzigartige Institution des Sklavenheeres ersonnen, dessen Soldaten aus den Einkünften des Kalifenhofes bezahlt wurden, bis sie schließlich selbst die Macht an sich rissen. In beinah jeder anderen kriegführenden Gesellschaft waren Grundeigentum und Bewaffnung jedoch stets miteinander verknüpft gewesen.

Eine Aristokratie war daher definitionsgemäß eine Klasse mit Verpflichtungen und Privilegien, wobei die einen die anderen rechtfertigten. Das Schießpulver bedrohte die Privilegien des europäischen Grundeigentümers, denn es machte seinen militärischen Nutzen zunichte; seine Stärke auf dem Schlachtfeld hing von seinem Pferd, seinen Gefolgsleuten und der Waffenfertigkeit ab, die sie erlernten, während die Arbeit der Bauern ihnen ein Leben in Muße ermöglichte. Das Schießpulver bewirkte nun, dass der Stadtbewohner oder Landstreicher, den man mit Drill schnell mit einer Muskete umzugehen lehren konnte, dem Grundeigentümer nicht nur gleichwertig, sondern sogar überlegen wurde. Kurz zuvor hatte aus dem selben Grund der Armbrustschütze sich den Hass des Aristokraten zugezogen – umso mehr, als er häufig einem jener nomadischen Söldnerhauptleute diente, die Königen und Oberherren im späten Mittelalter schneller verfügbar und nützlicher erschienen als die ländlichen Ritter aus den fernen Grafschaften.

Angesichts der Schießpulverrevolution hätten die Ritter der Grafschaften vielleicht aussterben können. Die Söldnerhauptleute – gewöhnlich Männer nichtadeliger Abkunft und ohne Grundbesitz – hätten sie beinah soweit gebracht. Die Kompanien der Hauptleute, auf untergeordneter Ebene von einem Stellvertreter (Leutnant oder *locum tenens*) und einem höhergestellten Diener (Feldwebel oder Hauptfeldwebel) be-

fehligt, bildeten im Heuern-und-Feuern-Geschäft der spät-
mittelalterlichen und frühneuzeitlichen Kriegführung so
marktfähige Einheiten, dass die finanzielle Logik sie als die
Streitkräfte der Zukunft zu werten schien. Zwei Faktoren
aber verhinderten die Verdrängung der alten, von Grundei-
gentümern gestellten »Feudalheere« durch die neuen Söld-
nerarmeen. Zum einen fiel den Arbeitgebern das »Heuern«
auf dem Söldnermarkt sehr viel leichter als das »Feuern«; einige Söldnerführer (vornehmlich Francesco Sforza in der
Mitte des 15. Jahrhunderts in Mailand) weigerten sich, »gefeuert« zu werden, usurpierten die Macht von den Arbeitgebern und gründeten eigene Dynastien. Diese Praxis
schränkte die Zahl der souveränen Staaten, die bereit waren,
ihr Schicksal gemieteten Soldaten anzuvertrauen, stark ein.
Zum anderen entschieden sich Aristokraten, vor die Wahl
zwischen Verdrängung und Anpassung gestellt, für Letztere
und verstanden es vortrefflich, sich Söldnerfertigkeiten anzu-
eignen.

Söhne aus vornehmem Hause, die sich früher nicht dazu
herabgelassen hätten, ohne Pferd und Rüstung in den Krieg
zu ziehen, schleppten um die Mitte des 16. Jahrhunderts ganz
selbstverständlich einen Spieß hinter sich her oder schulter-
ten eine Luntenschlossmuskete. Kurz darauf stiegen ihre Vä-
ter in den »Patentmarkt« ein, um ihren Söhnen Hauptmanns-
oder Leutnantsposten zu kaufen und ihnen eine militärische
Karriere zu sichern, als wäre der Erwerb von Kriegertiteln die
natürlichste Sache der Welt. Dadurch wurde der militärische
Rang – ein neuer Begriff – von der Aristokratie zurückge-
kauft, was einerseits die uralte Verbindung zwischen Land
und Waffen bewahrte und andererseits die überkommene Beziehung zwischen Aristokratie und Souverän auf eine neue
Basis stellte.

Am Ende des 17. Jahrhunderts waren von »Adelssprösslin-
gen« geführte Kompanien dem »Regiment« von Obersten

unterworfen, die der Krone direkt verantwortlich waren. Diese Einheiten rekrutierten ihre Soldaten unter den landlosen Tagelöhnern und den arbeitslosen Städtern, steckten sie in den Rock des Königs, bezahlten sie aus seinem Schatzamt und bewaffneten sie aus seinen Arsenalen. Damit lieferten die Kompanien das Instrument, das die Schießpulverrevolution in den Dienst der dynastischen Staatlichkeit stellte, für deren Kriege einspannte und gleichzeitig daran hinderte, die Gesellschaftsstrukturen, auf denen jene Staatlichkeit beruhte, zu zerrütten.

Wellington war der Erbe eines solchen Instruments. In den Händen Marlboroughs und Wolfes war es auf den Schlachtfeldern in Flandern und Nordamerika auf sein französisches Pendant getroffen und hatte gesiegt. Aber ihre Siege bei Blenheim und Quebec hatten nichts mit unterschiedlicher Waffentechnik, Taktik oder heterogenem Personalbestand zu tun, denn diese waren auf beiden Seiten identisch; allein überlegener Führungsstil bestimmte das Ergebnis. Deshalb war Wellingtons Triumph größer, denn obwohl Napoleons Heere den seinen im materiellen Bestand weiterhin ähnelten, hatten sie sich auf personeller Ebene gegenüber denen des dynastischen Staates fast bis zur Unkenntlichkeit gewandelt.

Man sollte Napoleons Prahlerei, dass seine Armeen »eine den Begabungen offene Karriere böten«, nicht überbewerten. Viele seiner Offiziere waren Aristokraten oder hatten bereits unter Ludwig XVI. einen hohen Rang inne. Anfangs verschmolzen in zahlreichen Regimentern königliche und revolutionäre Einheiten. Aber manche waren ausschließlich unter der Trikolore rekrutiert worden, und einige seiner Generale hatten unter dem alten Regime lediglich als Feldwebel gedient. Ihre Erfahrungen bei dem Unterfangen, aus dem Heer des Königs einerseits und dem des souveränen Volkes andererseits eine republikanische Armee zu schmieden, deuten auf die Schwierigkeit ihrer Aufgabe sowie auf den einzigartigen

Charakter ihrer Schöpfung hin. Godart, einen früheren königlichen Feldwebel und künftigen napoleonischen General zum Beispiel, prangerten 1792 bei seiner Wahl zum Oberst eines Revolutionsregiments seine Soldaten als »einen Despoten, der Freiheit und Gleichheit verachtet«, an und bedrohten ihn mit dem Galgen, als er versuchte, sie exerzieren zu lassen. Doch trotz ihrer Ablehnung der traditionellen Taktik konnten solche Regimenter kraft ihres reinen Überschwangs Heere alten Stils niedermachen. Ein französischer royalistischer Offizier, der gegen die Revolution kämpfte, verurteilte die »teuflische Taktik«, nach der »sich 50 000 wie Kannibalen geifernde Wilde in Windeseile auf Soldaten stürzen, deren Mut durch keinerlei Leidenschaft angefacht ist«.

Die Leidenschaft, welche die Heere der Revolution beflügelte und dann auf Napoleons Armee überging, entsprang der Idee, dass jeder Mann Soldat sein müsse und auch könne. In der Verfassung vom Juni 1793 hieß es: »Die allgemeine Streitmacht der Republik besteht aus dem ganzen Volk ... alle Franzosen sollen Soldaten sein; alle sollen an der Waffe ausgebildet werden.« Zwei Monate später formulierte das Komitee für Öffentliche Sicherheit dieses Prinzip noch ausführlicher: »Jeder Franzose wird permanent für den Dienst in den Armeen requiriert. Die jungen Männer sollen kämpfen; verheiratete Männer werden Waffen fertigen und Vorräte transportieren; Frauen sollen Zelte herstellen und in den Lazaretten als Pflegerinnen arbeiten; Kinder sollen altes Leinen in Tuch verwandeln; die alten Männer sollen sich auf die öffentlichen Plätze begeben, um den Mut der Krieger zu stärken und um die Einheit der Republik und Hass auf die Könige zu predigen.«

Diese Trennung militärischer Verpflichtung von Eigentums-, Klassen-, Alters- oder Geschlechtszwängen war wahrhaft revolutionär. Sie ist vielleicht sogar die revolutionärste Grundidee, welche die Revolution in Umlauf brachte. »Brüderlichkeit« ist schließlich eine christliche Tugend; »Freiheit« war der zentrale Wert der Griechen. »Gleichheit« dagegen stellte ein Prinzip dar, das von den meisten früheren politischen Philosophien nicht nur abgelehnt, sondern zu Recht verweigert wurde. Denn wie kann das Individuum Gleichheit erringen, wenn ihm die Mittel dazu fehlen? Gleichheit vor dem Gesetz verlangt ein Rechtsprechungssystem, Gleichheit des Vermögens ein System der Umverteilung – und damit in beiden Fällen eine übergeordnete Autorität. Eine solche Obrigkeit hatte sich hin und wieder für das erste, jedoch niemals für das zweite Prinzip verwandt. Aber Gleichheit *tout court* – der Gedanke, einer sei so gut wie der andere – gewinnt echte Bedeutung, wenn »alle Soldaten sein sollen«. Denn jene Vorschrift beseitigt das Recht des Aristokraten oder des Grundeigentümers, rücksichtslos mit Bauern und Handwerkern umzuspringen, nicht nur in der Theorie, sondern auch in der Praxis. Im Zeitalter der Steinschlossmuskete war ein Soldat tatsächlich so gut wie der andere. Seine Muskete, die ihm die Republik zur Verfügung stellte, war ein Symbol nicht nur des Bürgerstatus, sondern auch der persönlichen Macht. Nur ein sehr mutiger Offizier hätte dies bestritten; daher wurde die Prügelstrafe in der französischen Armee zu Beginn der Revolution im Jahre 1789 sofort abgeschafft. Und daher beanspruchten die *armées révolutionnaires* – Banden bewaffneter politischer Aktivisten, die sich anmaßten, die Revolution aus Paris in die Provinzen zu tragen – für sich das Recht, ideologisch halbherzige Bürger unmittelbar nach 1789 zu schikanieren und zu berauben.

Aber wie so viele politische Prinzipien, die bedingungslos umgesetzt werden, erwies sich »Gleichheit« in ihrer militärischen Dimension als wertlose Idee. »Alle sollen Soldaten sein« lässt sich nicht ohne weiteres – nein, überhaupt nicht – in »alle *können* Soldaten sein« verwandeln. Ältere Gesellschaften, welche die Revolution angeblich verdrängt hatte, unterschieden aus einem triftigen Grund zwischen Krieger und Nichtkrieger: Das Handwerk des Soldaten ist emotional und physisch so hart, dass nur eine Minderheit es ausüben kann. Allein die Jungen und Starken sind fähig, lange Märsche, schlechte Ernährung, wenig Schlaf, dürftige Unterbringung, Nässe, Kälte, Durst und die ständige Last von Muskete, Tornister und Patronentasche auf sich zu nehmen. Nur zähe und gefestigte Männer können die Gefahren des Schlachtfeldes, die Brutalität des Kampfes und den Verlust von Freunden und Kameraden ertragen. Die harte Realität machte die revolutionären und napoleonischen Armeen mit jenen Wahrheiten vertraut. Im ersten Anflug der Begeisterung für revolutionäre Ideale oder imperialen Ruhm strömten die Männer zu den Fahnen; nachdem sie die brutale Belastung von Feldzügen erlebt hatten, desertierten sie in hellen Scharen. Das Gegenmittel waren Disziplinarmaßnahmen: Geldstrafen, Gefängnis und Hinrichtung, die mit dem Ethos der Revolution in ihren lichten, selbstbewussten Anfängen nichts mehr gemein hatten.

Deshalb lieferten die französischen Kriege von 1792 bis 1815 auf ihrem Höhepunkt reichlich Hinweise für die Zukunft. Insbesondere drei Elemente des aus ihnen hervorgegangenen Militärsystems ließen sich leicht miteinander vereinbaren. Das erste war die Entdeckung, dass das Reservoir potenzieller Krieger, die ein Staat für seinen Dienst rekrutieren konnte, einen viel größeren Prozentsatz der Gesamtbevölkerung ausmachte, als man zuvor hatte annehmen wollen oder können. Das zweite war, dass die Rekruten auf herkömmliche Art diszipliniert und gedrillt werden mussten, damit sie Befehlen gehorchten. Das dritte war, dass der Drill allmählich seine zentrale Rolle in der Kriegführung an überlegene, hauptsächlich vom Gewehr repräsentierte Waffengewalt abtrat. Damit zeichnete sich ab, dass Gesellschaften, welche die Prozesse des technologischen Wandels am schnellsten meisterten, in der Kriegsführung die Oberhand gewännen.

Wellingtons Gesellschaft sollte nicht zu den Letzteren gehören. Das neue Großbritannien konnte dank Industrialisierung eine Vielzahl von Maschinen erfinden und produzieren, das alte Großbritannien hielt sich seine Ingenieure vom Leibe, schloss sie aus der traditionellen Gesellschaft aus und behielt die zentralen Institutionen unbeirrbar seinen Lieblingssöhnen vor. Eine dieser Institutionen war das Heer. Mochte Wellington es auch 1828 als »ein exotisches, der alten Verfassung des Landes unbekanntes Wesen« beschreiben, »gehasst von den Bewohnern und insbesondere den höheren Ständen, von denen manche ihren Familienangehörigen niemals erlauben, darin zu dienen«. Die mittleren Stände – der Landadel, die Kaufleute und die gehobenen Berufe – sahen im Heer eine achtbare Beschäftigungsmöglichkeit für ihre männlichen Nachkommen. Der Kauf von Patenten, mit dem der Feudaladel bereits den sozial zerrüttenden Effekt der Schießpulverrevolution eingedämmt hatte, sicherte diesen kapitalkräftigen Ständen derartige Posten noch bis ins Jahr 1871. Dann wurde der Handel mit Patenten gegen heftigen parlamentarischen Widerstand abgeschafft.

Unterdessen huldigten allerdings nur noch die Briten der Vorstellung, ein Offizier könne seinen Rang als übertragbares Eigentum besitzen. Die Franzosen, ihre wichtigsten militärischen Rivalen, hatten den Verkauf von Patenten mit Beginn der Revolution eingestellt. Die anderen europäischen Großmächte hatten das Recht, Offiziere zu ernennen, zu einem viel früheren Datum dem Souverän übertragen. Die Qualifikation für den Offiziersrang war von Land zu Land unterschiedlich. In Preußen und in geringerem Maße in Österreich beschränkte sie sich auf Männer von adliger Herkunft. In Russland lag das Ernennungsrecht beim Zaren, der Angehörige des Hochadels zu Garde- und Stabsoffizieren machte und gewöhnliche Regimentsposten »Hinterwäldlern« überließ. Nur in einem modernen Staat waren militärische Ränge jenen vorbehalten, die sich durch eine professionelle Ausbildung qualifiziert hatten: in den Vereinigten Staaten, die 1802 die vielleicht bedeutendste Offizierslehranstalt der Welt gründeten: die Militärakademie in West Point. Aus ihr sollte Ulysses Simpson Grant hervorgehen.

Grants berufliche Laufbahn

West Point! Welcher der Besucher, die heute zu Zehntausenden den prächtigen Campus besichtigen, kann sich das winzige College vorstellen, aus der die Akademie vor anderthalb Jahrhunderten hervorging? Damals erklärte sich ihre Existenz aus der strategischen Lage am Steilufer des Hudsons, das die Zufahrt vom britisch besetzten Kanada zur Stadt New York beherrschte. Heutzutage rechtfertigt West Point sich selbst.

Grants West Point, das in den hübschen Bundeshäusern an einer Seite der Ebene, wo das Kadettenkorps in seiner »langen grauen Linie« paradiert, seine Spuren bewahrt hat, gehörte in die zweite der beiden Traditionen, welche die formale Offiziersausbildung seit ihrem Beginn im 16. Jahrhundert bestimmten. Jene zweite Tradition mit Fächern wie Ballistik, Festungsbauwesen und Tiefbau war professionell geprägt. Die erste und etwas ältere Tradition hatte eine völlig andere Ausrichtung; ihr Zweck bestand darin, die vorhandene Kriegerschicht sowohl zu zivilisieren als auch zu disziplinieren.

Jener Zweck war in den Jahrhunderten des Rittertums ebenso sehr erfüllt worden wie in Makedonien vor der Thronbesteigung von Alexanders Vater Philipp. Angehende Krieger wurden an den Hof oder in die Haushaltung eines

Recken entsandt, um Waffenfertigkeiten und militärisches Verhalten zu erlernen. Und wie der Übergang Makedoniens von einem Grenzkönigreich zu einem Großreich Philipp veranlasste, eine Schule für künftige Führer zu gründen, so bewog die Schießpulverrevolution jene europäischen Staaten, die deren Tragweite begriffen, das Pagensystem durch ein formales, zentralisiertes und staatlich gelenktes zu ersetzen. Dafür waren nach John Hale drei Motive ausschlaggebend: »der Wunsch, die Gesetzlosigkeit [der traditionellen Offiziersschicht] zu mäßigen; das Bestreben, den Status der Offiziere als natürliche Führer der Gesellschaft zu schützen; und die Sorge über ihren schwindenden Kampfgeist«. Die Mäßigung der Gesetzlosigkeit war das mächtigste Motiv. Individualismus war solange von Vorteil gewesen, wie der Schlachterfolg von Muskelkraft und Blutgier abhing. Mit aufkommendem Drill waren andere Qualitäten erforderlich: vor allem die Bereitschaft, Befehlen zu gehorchen. Daran war der Lehrplan der rudimentären Militärakademien ausgerichtet, die man im elisabethanischen England, im Frankreich Heinrichs IV., im Venedig des 16. und im Deutschland des frühen 17. Jahrhunderts gegründet hatte.

Keine dieser experimentellen Institutionen blieb bis in die Moderne erhalten. Doch bewahrten jene viel späteren Einrichtungen, die weiterhin Bestand hatten – Sandhurst in Großbritannien, Saint Cyr in Frankreich, die Theresiania in Österreich –, die ursprünglichen Grundprinzipien. Allen gemeinsamer Zweck der Ausbildung war es, junge Männer dazu zu erziehen, in der Heimat den gesellschaftlichen Gepflogenheiten nachzukommen und im Gefecht den Befehlen ihrer Vorgesetzten zu gehorchen. Kenntnisse der höheren Kriegführungstechniken spielten eine geringe oder überhaupt keine Rolle.

Für den verblüffenden Ausschluss der Befestigungs- und Artilleriewissenschaft aus dem Lehrplan wird gewöhnlich ein gesellschaftlicher Faktor bemüht: Ingenieur- und Geschützwesen hätten nie als Berufe für den Krieger gegolten. Man darf aber die Einstellungen des 18. Jahrhunderts nicht ins 16. zurückverlagern. Zu Beginn der Schießpulverrevolution waren Kanonen so selten und ungenau, dass das Geschützwesen nicht als Wissenschaft betrachtet werden konnte. Man hielt es vielmehr, wie John Guilmartin hervorgehoben hat, für ein »Rätsel« und seine wenigen sachkundigen Praktiker für Männer mit individueller Begabung. Das Festungsbauwesen hingegen wurde der Architektur – also der Kunst – und damit einer völlig anderen Ausbildungstradition zugerechnet. Michelangelo, der seine Lehrzeit in den achtziger Jahren des 15. Jahrhunderts in Ghirlandaios Werkstatt in Florenz verbrachte, behauptete sogar später, nicht viel »von Malerei oder Bildhauerei zu verstehen, aber große Erfahrung im Festungsbauwesen gesammelt« zu haben – eine Fertigkeit, auf die er außerordentlich stolz war. Diese Erklärung gab er Sangallo, Mitglied einer Gruppe von Familien – darunter die Savangnanos, Antonellis, Peruzzis und Gengas –, die in Norditalien, der Heimat der neuen »Artilleriebefestigungen« während des 16. Jahrhunderts, fast ein militärarchitektonisches Monopol errichteten. Ihre Angehörigen bildeten ein internationales Kartell von Befestigungsexperten, die ihre Geheimnisse eifersüchtig hüteten. Erst Ende des 17. Jahrhunderts wurde der Einfluss dieser kommerziellen Praktiker durchbrochen; damals bildete sich eine hinreichende Zahl staatlich besoldeter Experten heraus. Von da war es nur noch ein Schritt, bis Regierungen nationale Ingenieurakademien gründeten und damit die Ausbildung ihrer Pionier- und später Artillerieoffiziere auf eine dauerhafte Grundlage stellten.

Eine dieser Ingenieurschulen war die britische Royal Military Academy in Woolwich (1741), eine andere die französische Ecole de Génie in Mezières. Mit ihrer Gründung trat der soziale Unterschied zwischen Pionier- und Artillerieoffizieren einerseits und Infanterie- und Kavallerieoffizieren andererseits deutlicher zu Tage. Letzteren, die noch der alten Kriegerschicht mit ihren philisterhaften Traditionen entstammten oder sich ihr zugehörig fühlten, war, da ihnen eine formale Ausbildung fehlte, die Aufnahme in die neuen Akademien versperrt. Erstere, die ihrer Veranlagung nach seltener Krieger waren, bekamen zudem den Hass, den die Ungebildeten stets gegenüber Intellektuellen hegen, zu spüren. Und im militärischen Kontext verstärkte sich dieser Hass noch, denn die Fertigkeiten der Ingenieure fügten den Gefahren, welche Infanteristen und Kavalleristen stets auf dem Schlachtfeld eingegangen waren, eine weitere Dimension hinzu. Artilleriegeschütze töteten über so große Entfernungen hinweg, dass Reiter oder Fußsoldaten keine Vergeltung üben konnten; Befestigungen steigerten die Brutalität des Nahkampfes in einem schier unerträglichen Maße. Es gab also verständliche Gründe dafür, dass sich Kriegeroffiziere gesellschaftlich von denen des »wissenschaftlichen« Korps fernhielten, obwohl die Zukunft der Kriegführung bei den Letzteren lag.

Jene soziale Trennung blieb in Großbritannien und Frankreich bis ins 20. Jahrhundert bestehen, da die Krieger keinen Zugang zu den wissenschaftlichen Akademien erhielten. In einem modernen Land aber konnte dieser zersetzende Dünkel nicht Wurzel fassen: in den Vereinigten Staaten, wo die künftigen Armeeführer von vornherein an einer einzigen Militärakademie streng wissenschaftlich ausgebildet wurden. West Point, obwohl nicht die älteste überkommene Offiziersschule der Welt, war somit die erste, die von ihrer Gründung an das Muster für die Militärausbildung der Zukunft festlegte.

Das West Point, in das Grant 1839 eintrat, bildete allerdings erst den Grundstock jener weltbekannten Institution, die sie einmal werden sollte. Weniger als 3 000 Kadetten insgesamt besuchten die Anstalt; in Grants Klasse waren nur 53 Kadetten. Wie Grant, der Sohn eines Gerbers aus Georgetown, Ohio, stammten die meisten (darunter Longstreet, McClellan, Buckner und Sherman) »aus Familien, die ihre Position zu verbessern oder ihr Abrutschen aus einer unsicheren sozialen Stellung zu verhindern suchten«. Der Landadel der neuenglischen Städte und der südlichen Plantagen war kaum vertreten; Lee, aus der Aristokratie an der Küste Virginias, war eine ungewöhnliche Gestalt unter den Absolventen der Akademie. Grant, wiewohl von makelloser Pilgerväterherkunft, umriss wahrscheinlich den Horizont der meisten seiner Kameraden, als er in seinem ersten Jahr nach Hause schrieb: »Tatsache ist, dass jeder, der sein Studium hier abschließt, sein Leben lang gesichert ist.«

Doch Grants Herkunft aus Ohio könnte genauso bedeutsam für seine Führerschaft gewesen sein wie seine Ausbildung in West Point. In den vierziger Jahren des 19. Jahrhunderts war Ohio sowohl der sicherste Brückenkopf der jungen Republik im weiträumigen Innern des Kontinents jenseits der Appalachenkette als auch ein festes Bollwerk der *Free-Soil*-Prinzipien an der Grenze zu den Sklavenstaaten im Süden. Die Werte der Menschen von Ohio deckten sich mit denen, welche die amerikanische Lebensweise bestimmen sollten: in persönlichem Grundbesitz – hier in Form von Ackerbau und Viehzucht und den damit verknüpften Gewerben – verwurzeltes Unternehmertum sowie leidenschaftlicher Respekt vor der Bildung. Letzterer hatte bereits zur Gründung zahlreicher geisteswissenschaftlicher Hochschulen geführt, und bis heute unterhält Ohio mehr qualifizierte Colleges dieser Art als jeder andere US-Staat. Auch sollte es sich, als der Bürgerkrieg die Union in seinen Strudel riss, als Bastion der nordstaatlichen Militärmacht erweisen. Grants Herkunft aus Ohio war also seiner späteren Aufgabe zweckdienlich und von entscheidendem Einfluss auf seine Weltanschauung als Amerikaner.

Für seine soldatische Entwicklung war das Studium in West Point gleichermaßen wichtig. Dort wurde wenig Taktik und gerade so viel Drill unterrichtet, wie das Kadettenkorps für seine Übungen auf dem Exerzierplatz benötigte. Der Schwerpunkt des Lehrplans lag auf Mathematik, Ingenieurwesen und Naturwissenschaft – ein Lehrgang, den Dennis Hart Mahan (der Vater des berühmten Admirals) auf »Kriegswissenschaft« erweiterte. Mahan, ein Absolvent der französischen Militärakademie in Metz (der Nachfolgerin von Mezières), war ein Anhänger des napoleonischen Mythos und verbreitete die Ideen von Napoleons Biograf Jomini; nichtsdestoweniger gab er mit seiner Deutung dem Wesen des Krieges etwas typisch Amerikanisches. Amerika werde, so heißt es, im Gegensatz zu Europa mit seinen historischen Fesseln nicht von der Dimension der Zeit, sondern von der des Raumes beherrscht. Dieser Idee widmete sich Mahan Jahr um Jahr in seinen Vorlesungen, in denen er ausführte: »Den Krieg tief ins Landesinnere des Angreifers zu tragen … ist der sicherste Weg, ihn die Last des Krieges teilen zu lassen und seine Pläne zu durchkreuzen.« Lee, der eine Enkelin von George Washington heiratete und Inspektor von West Point, aber kein Schüler Mahans war, sollte nur Pennsylvania erreichen und damit dem Kernland des Nordens nicht sehr nahe kommen. Grant dagegen sollte mit seinen fernen und damals missachteten Feldzügen um Vicksburg am Mississippi der Aussage Mahans schreckliche Gewalt verleihen. Mit Hilfe der Doktrin, »die Angreifer die Last des Krieges teilen zu lassen«, rissen er und sein Klassenkamerad Sherman der Konföderation das Herz heraus und brachten ihre Fragmente wieder in die Regierung der Union ein.

Es wäre jedoch verzeihlich gewesen, wenn Grants Klassenkameraden seinen Aufstieg in einen hohen militärischen Rang für unwahrscheinlich gehalten hätten. Schmächtig, reserviert und auf akademischem Gebiet durchschnittlich, hinterließ Grant wenig Spuren in West Point oder während seiner ersten kurzen Berufskarriere in der Armee. Er wurde 1843 zum Infanterie-Unterleutnant ernannt – er hätte die Dragoner vorgezogen (die Reitkunst war eine der wenigen Fertigkeiten, in denen er sich als Kadett auszeichnete) – und diente zuerst in St. Louis und später in New Orleans. Dann wurde seine Einheit, das 4. Infanterieregiment, als Teil der »Beobachtungsarmee« an die mexikanische Grenze entsandt. Damit wollten die Vereinigten Staaten ihren Nachbarn zwingen, das gesamte Territorium nördlich des Rio Grande aufzugeben. Wie Grant selbst es formulierte, bestand die Strategie der Armee darin, »einen Kampf zu provozieren, aber es war wichtig, dass Mexiko ihn begann«.

Grant verurteilte diese Politik auf das Schärfste. Als überzeugter Demokrat und Populist war er durchdrungen von der wirklichkeitsgetreuen amerikanischen Zivilisation und dem Unterschied zwischen ihr und jener der Alten Welt. Als Mexiko im Mai 1846 zum Krieg provoziert wurde, bezeichnete er diesen als »einen der ungerechtesten, den eine stärkere jemals gegen eine schwächere Nation geführt hat. Hier folgte eine Republik dem schlechten Beispiel der europäischen Monarchien, indem sie in ihrem Streben nach zusätzlichen Territorien die Gerechtigkeit außer Acht ließ.« Aber bei aller Missbilligung erlernte Grant im Krieg gegen Mexiko sein Handwerk. Er kämpfte in vier Schlachten – bei Palo Alto, Resaca, Monterrey und Mexico City –, diente als Nachschub- und Transportoffizier (sehr bedeutsam für seine künftige Meisterschaft in der Logistik), sah dem Tod ins Auge, beobachtete das Verhalten hochrangiger und gemeiner Soldaten im Angesicht der Gefahr, gab sich präzise Rechenschaft über die eigenen Reaktionen und verzeichnete seine Erlebnisse und Gefühle in einer Reihe brillanter Briefe an seine Verlobte Julia

Dent. Diese Briefe sollten die Grundlage der Kriegserinnerungen bilden, die er in seinen glänzenden *Memoiren* veröffentlichte; er schrieb sie, kurz bevor er dem Krebstod erlag, und konnte mit ihnen die letzte seiner zahlreichen finanziellen Katastrophen abwenden.

»Viele Männer können es kaum erwarten, sich in den Kampf zu stürzen, wenn sie die Schlacht aus der Ferne wahrnehmen«, erklärte er. »Wenn sie dergleichen äußern, können sie im allgemeinen ihre Zuhörer nicht überzeugen … und während sie sich der Gefahr nähern, werden sie zurückhaltender. Die Regel gilt nicht allgemein, denn ich kenne ein paar Männer, die sich stets nach einem Kampf sehnten, wenn kein Feind in der Nähe war, doch auch zu ihrem Wort standen, sobald die Schlacht tatsächlich begann. Aber ihre Zahl ist gering.« Grant selbst könnte, wie sein Biograf William McFeeley andeutet, ein solcher Mann gewesen sein. Unbeirrbar vertrauensselig in finanziellen Angelegenheiten, betrachtete er sich und alle anderen Soldaten bei ihrem Handwerk mit ausgeprägtem Realitätssinn. Obwohl er, als er zum ersten Mal einen fernen, im Kampf abgefeuerten Kanonenschuss hörte, einen Anflug von Besorgnis verspürte, entdeckte er, dass er angesichts der Gefahr nicht verzagte. Dieses Wissen um seinen physischen Mut – seinen moralischen Mut sollte er später entdecken – begründete seine künftige Führerschaft.

Die Feuertaufe war das Fürchterlichste, was ein Soldat erleben konnte. Schießpulverwaffen von geringer Geschwindigkeit überbrückten zwar keine nennenswerte Entfernung, schleuderten jedoch große Schwermetallstücke durch die Luft, die einen Getroffenen brutal verstümmeln konnten, ohne ihn zu töten. Bei Palo Alto wurde Grant Zeuge eines solchen grässlichen Vorfalls: »Nicht weit von mir flog eine Kanonenkugel durch unsere Reihen, riss einem der angeworbenen Soldaten den Kopf und dem Hauptmann Page von meinem Regiment den Unterkiefer fort«, berichtete er

Julia. »Er lebt noch.« In seinen *Memoiren* schrieb er: »Die Splitter des Gewehres sowie das Gehirn und die Knochen des Getöteten verletzten zwei oder drei andere mehr oder weniger.«

Grant wusste also, was er riskierte, als er am nächsten Tag eine Kompanie zum Angriff auf den Feind führte, ebenso wie später in Monterrey, als er freiwillig an einer Kavallerieattacke teilnahm. Beim Ansturm auf die Stadt schaffte er auf einem verwegenen Ritt Munitionsnachschub heran und fand es abscheulich, dass einige »arme verwundete Offiziere und Männer«, an denen er vorbeigekommen war, »dem Feind in der Nacht in die Hände fielen und starben«. Bei der Eroberung von Mexico City zeichnete er sich schließlich persönlich aus. Während der Schlacht um die Stadtmauern erspähte er einen günstigen Aussichtspunkt in einer Vorstadtkirche, installierte eine leichte Haubitze im Turm und nahm ein mexikanisches Bollwerk unter Feuer. Sein Divisionskommandeur sandte einen Offizier aus (Pemberton, der 1863 Vicksburg gegen Grant hielt), um ihm sein Lob auszusprechen, und erwähnte Grants Namen in seinem Bericht. Außerdem wurde er zum Leutnant im Rang eines Hauptmanns befördert. Die Schlacht um Mexico City war die letzte; er hatte einen guten Krieg hinter sich.

Aber nach Grants eigenem anspruchsvollen politischen Urteil war es durchaus kein guter Krieg. Auf rein menschlicher Ebene hatte es sich natürlich um ein für einen jungen Mann herrliches Abenteuer gehandelt. »Der Krieg war unser Märchen«, sagte sein Klassenkamerad, Freund und künftiger Gegner Simon Bolivar Buckner, und man kann durchaus von einer Teilnahme der jungen amerikanischen regulären Armee an jenem außergewöhnlichen Märchen des 19. Jahrhunderts sprechen, das europäische Soldaten in den fernen, heißen und exotischen Winkeln der Welt durchlebten. Grant war bezaubert von der Landschaft und den Menschen Mexikos – genau wie die britischen Offiziere von den Relikten des indischen Mogulreiches und den Bräuchen der Sikhs oder die französischen Offiziere von den Oasen in der Sahara und dem Nomadentum der Tuareg. Denn die imperialistische Kriegführung diente nicht nur der Unterwerfung, sondern auch der kulturellen Erforschung; so entstand eine Reise- und ethnografische Literatur, die den Leser völlig von dem Zweck ablenken kann, der den Autor überhaupt erst in Berührung mit seinem Gegenstand gebracht hat.

Den Zweck bildeten gleichwohl Eroberung und Annexion. Beides lehnte der Republikaner und Demokrat Grant zutiefst ab. Im hohen Alter schrieb er: »Der Krieg gegen Mexiko war ein politischer Krieg, und die Regierung, die ihn führte, wollte aus ihm politisches Kapital schlagen.«

Auf persönlicher wie auf Parteiebene ging es um politisches Kapital. Die beiden erfolgreichsten Befehlshaber des Krieges, Taylor, der Sieger von Buena Vista, und Scott, der Eroberer von Mexico City, hofften, dass ihr Ruhm ihnen zur Präsidentschaft verhelfen würde, und Taylor konnte sie sich 1848 sichern. Vor allem aber hatte dieser Krieg üble politische Konsequenzen für die Vereinigten Staaten. »Die Rebellion der Südstaaten war weitgehend die Folge des Krieges gegen Mexiko«, schrieb Grant in seinen *Memoiren*. Er teilte die Meinung, dass die demokratische Regierung plante, durch Annexion der Gebiete südlich der *Free-Soil*-Linie Raum für neue Sklavenstaaten zu finden, was sich im Falle von Texas bewahrheitete, um so die Opposition der nordstaatlichen Wählermehrheit gegen jede Ausweitung der Sklaverei zu umgehen. Grant hielt die Konsequenzen für unvermeidlich: »Nationen werden wie Individuen für ihre Missetaten bestraft. Wir erhielten unsere Strafe in Form des blutigsten und teuersten Krieges der Neuzeit.«

Dazu kam es 13 Jahre nach dem Sieg in Mexiko. In der Zwischenzeit erfuhr Grant schmerzlich, was es bedeutete, im nüchternen Umgang mit Geld mit Unvermögen gestraft zu sein. Die Abkommandierung des 4. Infanterieregiments an die Pazifikküste trennte ihn von Julia, die er 1848, nach seiner Rückkehr aus Mexiko, geheiratet hatte. Der Schmerz der Trennung bewog ihn, seinen Abschied von der Armee zu nehmen, damit er zu ihr zurückkehren konnte. In jener Zeit des Exils entstand sein Ruf als Trinker, der wahrscheinlich übertrieben war; allerdings wurde er Kettenraucher von Zigarren. Grant verließ die Armee ehrenvoll im Rang eines Hauptmanns (1854 gab es nur fünfzig Hauptleute). Aber er kehrte ohne Geld in den Osten zurück, und dort scheiterte ein geschäftliches Vorhaben nach dem anderen. Die Landwirtschaft in Missouri erbrachte schlechte oder gar keine Ernten. Es gelang ihm nicht, eine Anstellung als Ingenieur zu bekommen – das ist insofern erstaunlich, als West Point die Hauptausbildungsanstalt für Ingenieure in den Vereinigten Staaten war. Danach scheiterte er als Schuldeneintreiber. Nicht einmal als Angestellter im Lederwarengeschäft seines Vaters in Galena, Illinois, hatte er Erfolg.

1861, kurz vor dem Bürgerkrieg, hatte der 39-jährige Grant, Vater von vier Kindern und mit kaum einem Cent auf der Bank, sich immer noch keinen Namen gemacht; das schien ihm trotz der Hochkonjunktur im damaligen Amerika auch in Zukunft nicht vergönnt zu sein. Seine Abkunft von den Pilgervätern, seine Fachausbildung, sein militärischer Rang, Qualitäten, die ihm zusammengenommen eine sichere Existenz in der Alten Welt gewährt hätten, waren in der Neuen Welt ohne Belang. Ihm fehlte die wesentliche Eigenschaft zu einem »Reklamemacher«, wie Jacques Barzun es genannt hat: zu einem jener geschäftigen, leutseligen, pfennigfuchserischen, Chancen nutzenden Optimisten, die in der rasenden Kommerzwelt der Atlantikküste, in den aufstrebenden Industrien Neuenglands und Pennsylvanias oder an der sich westwärts vorschiebenden Grenze Amerikas Vermögen begründen sollten. Grant war in seiner in sich gekehrten und bescheidenen Art ein Gentleman, und das hemmte ihn.

Der Bürgerkrieg sollte ihn – und vielleicht hätten es keine anderen Umstände vermocht – aus seiner sozialen Notlage retten. Denn Grant war ein Gentleman typisch amerikanischen Stils. Der wellingtonsche Gentleman hielt einen Streit zwischen seiner Person und der offiziellen Gesellschaft für undenkbar. »Ich bin *nimmukwallah*«, hatte Wellington gesagt; er hatte des Königs Salz gegessen. Auf den Soldaten Grant hatte das ebenfalls zugetroffen. Aber Amerika, das keinen König besaß, räumte seinen Bürgern die Freiheit, von der offiziellen Politik abzuweichen, ein, welche der Gesellschaftsschicht, die jener Grants in Europa entsprach, völlig fremd war. Er blieb bei seiner Ansicht, wie sich die Große Republik in ihren Beziehungen zu schwächeren Nachbarn und abtrünnigen Mitgliedstaaten verhalten solle. Diese Ansicht beruhte auf einem Konstitutionalismus, den auch Washington hätte vertreten können. Danach unterschieden sich die Vereinigten Staaten moralisch von den europäischen Staaten. Sie sollten sich weder mit dem Makel der Aggression in der Außenpolitik noch mit dem der Untreue zur Union in der Innenpolitik beflecken. Der Krieg gegen Mexiko war aus dem ersten Grund ein schlechter Krieg gewesen. Aus dem zweiten Grund würde ein Krieg gegen die »südliche Rebellion«, wie er die Sezession der Sklavenstaaten nannte, ein guter Krieg sein, obwohl er bei nüchterner Betrachtung wusste, dass Krieg an sich schlecht war.

Seine Neigung, über die Politik der Kriegführung zu urteilen, verweist auf den Wandel in der Rolle des Befehlshabers, der Grant von Alexander einerseits und von Wellington andererseits abhob. Alexander unterschied überhaupt nicht zwischen seiner Rolle als Herrscher und als Krieger. Urteile über die Moral eines Krieges waren ihm ebenso fremd, wie sie für einen Untertanen als Hochverrat gegolten hätten. Alexander war im strengen Sinne sowohl der vollkommene Hegelianer wie der perfekte Nietzscheaner. Sein Staat war die höchste Ausdrucksform der Vernunft und des Willens, und er selbst, der Herrscher, war der Übermensch. Den in einer auf Gesetzen und Institutionen fußenden Gesellschaft verwurzelten Wellington hätten beide Vorstellungen beleidigt; er empfand Tyrannei und *raison d'état* als gleichermaßen abstoßend. Trotz aller Macht, die er ausübte, beschränkte er seine persönliche Freiheit strikt darauf, Befehle in Frage zu stellen oder Strategien in Zweifel zu ziehen. Als ein Mann, dessen höchster Ehrgeiz es einst gewesen war, »Generalmajor im Dienste seiner Majestät« zu sein, unterschied er peinlichst zwischen seinen politischen Ansichten und seinen militärischen Pflichten. Grants Position war wieder eine andere. Wie Wellington lehnte er Alexanders Gleichsetzung von militärischer und politischer Macht ab. Doch im Unterschied zu Wellington kämpfte er nicht für sein Land, dessen Untertan er durch Geburt geworden war, sondern weil er dessen Sache für gerecht hielt. »Da sich die Konföderierten selbst zu Ausländern erklärten, schlossen sie sich von jeglichem Recht aus, den Schutz der Verfassung der Vereinigten Staaten zu beanspruchen; [damit waren sie] mit dem Volk jedes anderen ausländischen Staates zu vergleichen, das Krieg gegen eine unabhängige Nation führt.«

Die Konföderierten proklamierten ihren Ausländerstatus »am 11. April [1861], [als] Fort Sumter, eine nationale Festung im Hafen von Charleston, South Carolina, von den Südstaatlern beschossen und ein paar Tage später eingenommen wurde«. Die Nachricht erreichte Galena, Illinois, am 15. April und veranlasste die städtischen Honoratioren, zur Rekrutierung einer Galena-Kompanie aufzurufen. Grant wurde zum Vorsitzenden der Rekrutierungsversammlung gewählt. Dieser Tag veränderte Grants Leben. »Ich sah neue Energien in ihm wach werden«, erinnerte sich ein Nachbar. »Er schritt nicht mehr mit gebeugten Schultern dahin und schob sich den Hut auf lässige Art in die Stirn.« Grant selbst sagte: »Nach dieser Versammlung habe ich unsern Lederladen nicht mehr betreten, um die Waren zusammenzupacken oder andere Geschäfte zu verrichten.« Drei Jahre später war er Oberbefehlshaber der Armee der Vereinigten Staaten und innerhalb von sieben Jahren Präsident.

Grants Armee

Grants Wahl war eine von Tausenden, die in jenem April überall in den Vereinigten Staaten abgehalten wurden. In seinem Fall verdankte sie sich der Entdeckung seiner Mitbürger, dass er West-Point-Absolvent und ein Veteran des Mexiko-Krieges war. Wenige Städte verfügten über ähnliche Kandidaten.

Die Vereinigten Staaten, mit mehr als 30 Millionen Einwohnern bereits eines der volkreichsten Länder der westlichen Welt, waren auch eines der am wenigsten militarisierten. Ihre reguläre Armee zählte nur 16000 Mann; Großbritannien mit 27 Millionen Bürgern und einer Flotte, die größer war als die nächsten sechs zusammengenommen, unterhielt eine Armee von mehr als 200000 Mann. Zudem war der größte Teil der amerikanischen regulären Armee am oder westlich vom Mississippi stationiert, um die Siedlungswege ins Indianergebiet zu bewachen. Dort sollte sie während des Bürgerkriegs weitgehend bleiben. Dies hatte die seltsame Wirkung, dass etliche der wenigen Berufssoldaten des Landes ihre einzige große berufliche Chance des Jahrhunderts einfach deshalb nicht für ihre Karriere nutzen konnten, weil sie bei Kriegsausbruch bereits in der Armee dienten. Hauptsächlich West-Point-Absolventen wie Grant, die im Frieden ihren Abschied genommen oder 1861 »nach Süden gegangen waren«, sollten »Generalssterne zuteil werden«.

Von rund 2000 lebenden West-Point-Absolventen waren 1861 noch 821 im aktiven Dienst; 197 davon »gingen nach Süden«, zusammen mit 99 Ruheständlern. Die Union verfügte über 624 loyale Offiziere und rekrutierte sofort weitere 122 aus dem Ruhestand. Diese Männer lieferten den Bürgerkriegsarmeen des Nordens wie des Südens die professionellen Führungselemente. Die Armeen selbst bestanden bis zur Einführung der Wehrpflicht (1862 in der Konföderation, 1863 in der Union) fast ausschließlich aus kriegsunerfahrenen Freiwilligen. Ihre Offiziere besorgten sie sich auf typisch amerikanische Weise. Einige Regimentskommandeure wurden von den Gouverneuren ernannt, da sowohl der Norden als auch der Süden seine Regimenter auf bundesstaatlicher Grundlage aushob; andere Offiziere, darunter fast alle Kompanie- und Zugführer, wurden von ihren Männern gewählt. Grant hatte Erfahrung mit beiden Methoden. Nachdem er es zuerst abgelehnt hatte, sich als Befehlshaber der Galena-Kompanie zur Wahl zu stellen, akzeptierte er später vom Gouverneur von Illinois die Ernennung zum Oberst eines Regiments, das seinen gewählten Kommandeur abgelehnt hatte.

Ein einfacher Soldat aus Georgia beschrieb 1861 in einem Brief nach Hause, wie die Offizierswahl vonstatten ging; die Schilderung dürfte auch auf nordstaatliche Regimenter zutreffen: »Ich könnte mich auf der Stelle an ›Wahlkuchen‹ totfressen oder mich in der Umarmung besonderer, ewiger, uneigennütziger, liebevoller Freunde zerquetschen lassen. Man ist ganz verstört über die überschwänglichen Gefühle, die einem entgegengebracht werden. Ich hätte mir nie träumen lassen, so beliebt, gutaussehend und begabt zu sein, wie man mich in den letzten paar Tagen hat glauben machen wollen.« Der Schreiber war kein Kandidat und hielt diejenigen, die sich zur Wahl stellten, für komische Figuren (viele Amerika-

ner hegen ähnliche Gefühle für die Bewerber um Führungs-
positionen). In der Praxis verrichteten zahlreiche gewählte
Offiziere in ihren Einheiten durchaus kompetente Arbeit –
aber nicht alle. »Oberst Roberts hat bewiesen, dass er nichts
von den einfachsten Kompaniebewegungen versteht. Unserem Regiment fehlt jegliches System«, schrieb ein Gemeiner
aus Pennsylvania im Sommer 1861. »Nichts wird rechtzeitig
erledigt, niemand schaut über den Tag hinaus, und es fehlt an
nüchternen Köpfen, die uns anleiten. Wir können zu Recht
nur als Pöbel bezeichnet werden, der außerstande ist, sich
dem Feind zu stellen.« Zu Beginn waren die Männer eine größere Gefahr füreinander als für die Konföderierten. Im September 1861 berichtete die *Detroit Free Press*, ein Kavallerieregiment habe beim Drill mit Schwertern seine Pferde so sehr
erschreckt, dass diese durchgegangen seien, und Infanteristen, die auf Befehl ihre Bajonette aufzupflanzen versuchten,
hätten einander verletzt.

Der Drill, die Grundlage des Erfolgs in Schießpulverschlachten, war in den Vereinigten Staaten so unüblich, dass
sogar Grant Mühe hatte, sich an seine Lektionen in West
Point zu erinnern: »Einen Leitfaden der Taktik hatte ich seit
meiner Graduierung nicht angesehen. Meine Nummer in diesem Zweige des Studiums hatte mich nahe ans untere Ende
der Klasse versetzt … Die Armee hatte seitdem andere Waffen bekommen; auch war die Taktik Hardees eingeführt worden. Ich besorgte mir ein Exemplar dieses Leitfadens und studierte die erste Lektion in der Absicht, das Exerzieren am
nächsten Tage auf die Befehle zu beschränken, welche ich auf
diese Weise gelernt hatte. Durch Fortsetzung dieses Verfah-
rens von einem Tag zum anderen glaubte ich mich bald durch
den Band hindurcharbeiten zu können.« Dieses Vorhaben fiel
Grant gleichzeitig schwerer und leichter, als er gehofft hatte.
Wenn er sich an die Vorschriften hielt, war eine Katastrophe
unvermeidlich; passte er sie hingegen seiner Erinnerung aus

West Point an, wären die Vorschriften praktikabel. »Es wurde mir nicht schwer, meine Befehle so zu geben, dass das Regiment sich dahin bewegte, wohin ich es haben wollte, und alle Hindernisse vermied. Ich glaube nicht, daß die Offiziere des Regiments überhaupt entdeckt haben, daß ich die von mir gebrauchte Taktik gar nicht studiert hatte.«

Es war unwahrscheinlich, dass man ihm auf die Schliche kommen würde. Ein typisches Regiment der Union – oder der Konföderation – bestand aus Männern, die des Krieges in jeglicher Form unkundig waren. Zwar legten sich die Regimenter prahlerische Titel zu – einige Einheiten der Konföderierten von 1861 nannten sich Tallapoosa Thrashers, Bartow Yankee Killers, Chickasaw Desperadoes, Lexington Wildcats, Raccoon Roughs oder South Florida Bulldogs –, doch die jungen Männer, die sich ihnen anschlossen, dürften eher imstande gewesen sein, ein Schwein zu schlachten als einen Menschen zu erschießen. In beiden Armeen gab die Hälfte der Rekruten ihren Beruf mit Farmer an; als nächstes kamen Hilfsarbeiter und dann Handwerker: Tischler, Schuhmacher, Schreibkräfte, Schmiede, Maler, Mechaniker, Schlosser, Maurer und Drucker. Ein hoher Prozentsatz der Nordstaatler war im Ausland geboren – häufig in Deutschland, Irland und Skandinavien –, was die Wahlen erschwerte. Deutsche, die in der Heimat Wehrdienst geleistet, und Iren, die vielleicht der britischen Armee angehört hatten, besaßen häufig mehr militärische Erfahrung als einheimische Yankees. Das machte die Atmosphäre in den Regimentern nicht freundlicher.

Die Regimenter der Regulären versanken in den untrainierten Massen, die bei Kriegsausbruch enthusiastisch zu den Fahnen geeilt waren. Freiwillige verstärkten den Süden rasch um fast eine Viertelmillion Männer. Lincolns Aufruf, daß 75 000 Mann drei Monate lang dienen sollten, wurde sofort Folge geleistet. Im August hatte er beinahe 400 000 Mann unter Waffen. Unterdessen waren jedoch die ersten

Schlachten – Bull Run und Booneville – geschlagen worden, und manche Freiwilligen hatten es sich anders überlegt. Desertionen sollten beide Armeen den ganzen Krieg hindurch heimsuchen, und in einer ihrem Wesen nach populistischen Gesellschaft war es schwierig, durch Bestrafung Abhilfe zu schaffen. Dies galt besonders für den Süden; ein Richter schrieb 1864 in Mississippi, er kenne viele Männer, »die nun zum vierten, fünften und sechsten Mal desertiert und nie bestraft« worden seien. Keine der beiden Armeen verfügte über die Mittel, die Widerspenstigen zu inhaftieren, zumal diese, wenn sie sich dem Dienst unbedingt entziehen wollten, jederzeit an die offene Grenze oder in die von Einwanderern wimmelnden Städte des Nordens entkommen konnten. Rund 200 000 Unionssoldaten – von zwei Millionen angeworbenen – desertierten während des Krieges zeitweilig oder für immer; nur 141 Eingefangene wurden für ihr Verbrechen mit der Höchststrafe, der Hinrichtung, belegt.

Dass so viele davonliefen, ist keineswegs überraschend, wenn man bedenkt, wie wenig sie auf die Entbehrungen des Feldzugs und die Greuel des Schlachtfeldes vorbereitet waren. Über den Marsch nach Fort Donelson im Februar 1862 schrieb ein Nordstaatensoldat: »Es war schweer, diesen Ort zu ereichen. Ich glaub, wir machten das größte Leit durch, das eine Armee jemahls in der selben Zeit erlebt hat [der Rückzug der Grande Armée von Moskau muss wohl eine Kleinigkeit gewesen sein]. Wir mussten fier Tage und Nechte one Schlaf daliegen und hatten meist nichts zu esen, und es reknete und schneite eine Zeit lang und wir hatten nichts zum zudekken, was ich eine bitere Pille nenne.« Die Schlachterfahrung ermöglichte manchen Männern, ihre Emotionen über ein Mindestmaß an Bildung triumphieren zu lassen. Nach Murfreesboro im Dezember 1862 schrieb Thomas Warwick in einem Brief an seine Frau: »Martha, ich kann dir mitteilen, dass ich das Affenteater endlich gesehn habe und ich wills nicht mer sehn, ich hab genug vom Krieg, Martha. Ich kann dir nicht sagen, wie viele tote Männer ich gesehn hab... Ich hab mich immer danach gesehnt ein bischen zu kempfen um zu erfaren was eine Schlacht isst aber nun hab ichs ausprobiert und weis das ich keinen Kampf mer erlebn wil. Schwester ich wunsch mir noch mer heim zu keren als früer.«

Er fuhr fort: »ich möchte es nicht so machen, wenn ich anders heim keren kann aber in lezter Zeit sind viele Soldaten weg gelaufn.« In jenem Dilemma lag die Erklärung dafür, dass es vielen Generalen im Norden wie im Süden gelang, ihre Armeen intakt zu halten. In einem Einwanderungsland mit Siedlungsfreiheit und einer kaum vorhandenen Zivilbürokratie, in dem die Soldaten beider Seiten von einem stark egalitären Geist beseelt waren, blieben die Männer letztlich nur deshalb unter Waffen, weil sie bereit waren, Disziplin zu akzeptieren – nicht, weil ihre Offiziere die Macht gehabt hätten, Disziplin durchzusetzen. Jene Bereitschaft leitete sich bei aller Verlockung durch regelmäßige Verpflegung und Bezahlung sowohl bei der Konföderation als auch bei der Union von dem Glauben an ihre Sache her, was die Blauen und die Grauen zu den ersten wahrhaft ideologisierten Armeen der Geschichte machte. Keine Persönlichkeitsfragen überschatteten die Auseinandersetzung wie im englischen Bürgerkrieg, und es ging auch nicht um Freiheit oder Fremdherrschaft wie in den Kämpfen Washingtons und Bolivars gegen Großbritannien und Spanien. Hier handelte es sich um einen Bürgerkrieg im strengsten Sinne, und die Soldaten mussten in die Schlacht geführt – nicht getrieben – werden. Grant erfasste diese Situation, wie er bei seinem ersten Regimentskommando deutlich machte: »Mein Regiment [das 21. Illinois] bestand zum großen Teil aus jungen Leuten von sehr guter gesellschaftlicher Stellung, wie man sie in jenem Teil des Staates nur finden konnte. Es enthielt die Söhne von Landwirten, Rechtsgelehrten, Ärzten, Politikern, Kaufleuten, Bankiers und Ministern, sowie auch einige Leute von reiferem Alter, welche selbst solche Stellungen bekleidet hatten … der vom Regiment selbst erwählte Oberst hatte sich als vollständig befähigt erwiesen, alles, was in unseren Leuten an Nachlässigkeit [das heißt Undiszipliniertheit] steckte, zu entwickeln … Als eine Schlacht in Aussicht stand, verlangte das Regiment, von jemand anderem geführt zu werden. Ich fand es sehr schwere Arbeit, in einigen wenigen Tagen die sämtlichen Mannschaften soweit zu bringen, dass einigermaßen Disziplin herrschte; die große Mehrheit war aber damit einverstanden, und unter Anwendung einiger regelmäßiger Strafen, wie sie in der Armee üblich waren, wurde allen so gute Disziplin beigebracht, wie man nur verlangen konnte.«

»Die große Mehrheit war aber damit [mit der Disziplin] einverstanden.« Mit diesen Worten enthüllt Grant das Geschick, das ihn zum Oberbefehlshaber der Unionsarmeen machen sollte. Alle, die vor ihm den Oberbefehl führten, hatten versucht, den amerikanischen Bürgerkrieg mit unangemessenen Methoden auszufechten. Bolivar, der »Gigant der drei Kriege« (aber auch der »Alte Kleinlichkeitskrämer«), sah in seinem Anaconda-Plan korrekt voraus, dass der Süden isoliert und blockiert werden müsse, und erwartete dann von einer Rebellion im Innern den Zusammenbruch. McClellan, der »Junge Napoleon«, wollte so Krieg führen, wie er es bei den europäischen Armeen auf der Krim beobachtet hatte; er machte keinen Schritt ohne Berge von Vorräten und unzählige Soldaten, was Lincoln zu der erbitterten Bemerkung veranlasste: »McClellan Verstärkung zu schicken ist so, als schaufele man Fliegen durch eine Scheune.« Burnside mit seinem prächtigen Backenbart war viel weniger energisch, als sein Äußeres vermuten ließ; er hatte den Oberbefehl zweimal zurückgewiesen, und nachdem er endlich überredet worden war, ihn zu akzeptieren, stümperte er sich in die Niederlage. »Fighting Joe« Hooker, der ihm nachfolgte, war aus anderen

Gründen für das Oberkommando ungeeignet. Er zog Lincoln nicht ins Vertrauen – ein gewaltiger Fehler in einem politischen Krieg –, und genoss nicht das Vertrauen seiner Kollegen. Meade, der ihn ablöste, hatte keinen Sinn für den politischen Charakter des Krieges; er fand sich nicht mit der Notwendigkeit ab, »Krieg gegen Individuen zu führen«, und wollte ihn durch die alte Strategie von Armeemanövern gewinnen. »Als korrekter Bürger aus Philadelphia«, der ›mit keiner Person, die mit der Presse zu tun hatte, auch nur sprechen‹ wollte, verärgerte [er] die Kriegskorrespondenten und langweilte andere Amerikaner.«

Halleck, »Old Brains«, der in Washington als Oberbefehlshaber fungierte, bis er 1864 von Grant ersetzt wurde, zeigte am wenigsten Verständnis für den Charakter des Krieges. Er war ein Pedant der schlimmsten Sorte und hatte Jomini übersetzt, dessen enge geometrische Richtlinien unbedingt überwunden werden mussten, bevor man an einen Sieg auf den riesigen Kampfgebieten Nordamerikas denken konnte. Als Grants Vorgesetzter im Westen hätte er den Willen jenes Jomini-Gegners, im Dienst zu bleiben, fast gebrochen, so heftig missbilligte er Grants Drang, »ständig weiterzuziehen«. Als Gefangener seiner Ausbildung in West Point – dies galt auf unterschiedliche Weise auch für McClellan, Burnside, Hooker und Meade – meinte Halleck, man dürfe nur innerhalb der von Karte und Zeichendreieck definierten Grenzen »weiterziehen«. Die »Operationsbasis« einer Armee sollte nach seiner Ansicht auch die Basis eines rechtwinkligen Korridors bilden, in dem sich sämtliche taktischen Truppenbewegungen abzuspielen hätten.

Grant wusste – oder fand rasch heraus –, dass eine Armee im Krieg zwischen Völkern, die sich über ein weites, reiches, doch fast menschenleeres Land verteilten, keine feste Basis benötigte. Um ihre Operationen durchführen zu können, musste sie lediglich bewerkstelligen, auf Flüssen und auf

Eisenbahnstrecken den militärischen Nachschub heranzuschaffen, während sie sich aus den auf ihrem Weg liegenden Landstrichen verköstigte. Danach benötigte sie für den Sieg nur noch Drill, Disziplin und den Glauben an sich selbst. Grant konnte diese drei Voraussetzungen erfüllen.

Nachdem er den Oberbefehl einmal übernommen hatte, zeigte er sich zuweilen so autoritär wie Wellington als Eiserner Herzog. Am 20. Januar 1863 schrieb er einem untergebenen General: »Man beschwert sich über das empörende Verhalten des 7. Kansas, das Halt macht, um Bürger auszuplündern, statt den Feind zu verfolgen … Wenn weitere begründete Beschwerden eintreffen, wünsche ich, dass Sie [den Obersten] verhaften, ihn wegen Inkompetenz vor Gericht stellen und seinem Regiment die Pferde und Waffen abnehmen… Aller vom Regiment errungene Ruhm … wird durch sein schlechtes Verhalten seither mehr als aufgewogen … Sein gegenwärtiges Vorgehen mag Frauen und Kinder und hilflose alte Männer erschrecken, ein bewaffneter Feind wird sich dadurch niemals vertreiben lassen.« Noch eindrucksvoller und weit aufschlussreicher für sein Verständnis eines ideologischen Krieges war sein Umgang mit den Soldaten, bevor er selbst Ruhm errungen und seine Autorität gefestigt hatte.

Während er das Versagen von General Carlos Buell auf dem Shiloh-Feldzug erörterte, erkannte er an, dass dieser »strenge Disziplin aufrecht hielt«, mutmaßte jedoch, dass Buell als regulärer Offizier der Vorkriegszeit »vielleicht keinen genügenden Unterschied zwischen dem Freiwilligen, der sich ›für die Dauer des Krieges hatte anwerben lassen‹, und dem Soldaten, welcher in Friedenszeiten Dienste tat, [machte]. Das eine System umfasste Leute, welche das Leben für ein Prinzip aufs Spiel setzten, und häufig Männer von gesellschaftlicher Stellung, mit gutem Auskommen oder Reichtum und von unabhängigem Charakter. Das zweite schließt in der

Regel nur Leute ein, welche in irgendwelchen anderen Beschäftigungen nicht so gut weiterkommen.« Während des Shiloh-Feldzugs war Grant selbst kritisiert worden, weil er seine Männer keine Schützengräben hatte ausheben lassen, die ihnen vielleicht schwere Verluste in der Schlacht erspart hätten. Er hatte jedoch beschlossen, dass »meine Truppen, Offiziere wie Mannschaften, mehr der Disziplin und des Exerzierens als der Erfahrung mit Hacke, Schaufel oder Axt [bedurften]. Fast täglich trafen Verstärkungen ein, die aus Truppen bestanden, welche in aller Eile zu Kompanien und Regimentern zusammengeworfen waren, Bruchstücke unvollständiger Organisationen, in denen Mannschaft und Offiziere einander fremd waren.« Bei der früheren Schlacht von Belmont hatte er erlebt, welche Folgen die Vernachlässigung des Drills haben konnte. »Im selben Augenblicke, als unsere Leute das Lager erreichten, legten sie die Waffen nieder und begannen die Zelte zu durchstöbern, um Trophäen zu suchen. Einige höhere Offiziere waren wenig besser als die Gemeinen. Sie galoppierten von einer Gruppe Soldaten zur anderen und hielten bei jeder eine kurze Lobrede auf die Sache der Union und die Leistungen der Befehlshaber.«

Niemand unterstützte die Union leidenschaftlicher als Grant, aber er hielt einen Tag des Drills für wertvoller als eine Woche der Lobreden. Als Oberst des 21. Illinois war er mit seinem Regiment grob umgesprungen, zunächst hatte er einen Betrunkenen mit bloßen Fäusten niedergeschlagen, dann Männern, die zu spät aufstanden, die Ration verweigert und andere wegen Ungehorsams an Pfosten binden lassen. Ihm lag daran, dass seine Freiwilligen den Wert der militärischen Routine nicht durch Vorschriften, sondern durch Erfahrung kennen lernten. Shiloh hatte ihn entsetzt. »... viele von den Leuten hatten ihre Waffen erst auf dem Wege von ihren Staaten nach dem Schlachtfelde erhalten. Viele von ihnen waren erst einen oder zwei Tage vorher eingetroffen und kaum imstande, die Gewehre ordnungsgemäß zu laden. Ihre Offiziere waren bezüglich des Dienstes ebenso unwissend. Unter diesen Umständen kann es nicht überraschen, dass viele Regimenter sich bei dem ersten Feuer davonmachten.« Grant hatte seine Kavallerie einsetzen müssen, um Soldaten an der Flucht zu hindern – eine Methode, die eher für die Armeen des europäischen *ancien régime* mit ihren Klassenschranken charakteristisch war. »Ich stellte [die Kavallerie] daher im Rücken unserer Schlachtlinie auf, um die zerstreuten Flüchtigen, deren es viele gab, aufzuhalten.«

Solche Erfordernisse entlockten Joe Hooker die verächtliche Bemerkung: »Wer hat jemals einen toten Kavalleristen gesehen?« Aber Grant zog es vor, Soldaten nicht von ihren Waffengefährten zum Kampf zwingen zu lassen. Viel typischer war seine Entscheidung bei Vicksburg, dem Wunsch seiner Soldaten anzugreifen, statt die Befestigungen des Feindes zu belagern, nachzugeben. Er wusste, dass sie einen schweren Fehler machten. »Meine allererste Erwägung war jedoch: Die Truppen glaubten, die vor ihnen befindlichen Werke nehmen zu können.« Er ließ sie gewähren. »Es war ein tapferer Angriff; es gelang Abteilungen von jedem Armeekorps, bis oben auf die Brustwehren des Feindes zu kommen und ihre Kriegsfahnen dort aufzupflanzen, allein an keiner Stelle waren sie imstande einzudringen … Dieser letzte Angriff diente nur dazu, unsere Verluste zu vergrößern, ohne dass er irgendwelchen Nutzen brachte.« Grant, dem der Anblick von Blut physisch zuwider war, bedauerte die Verluste zutiefst. Aber die nüchterne Einschätzung des Charakters seiner Bürgerarmee verriet ihm, dass seine Soldaten »[danach] nicht so geduldig an den Schanzwerken gearbeitet hätten« – wodurch der von ihm angestrebte Sieg stetig näher rückte –, »wenn ihnen nicht gestattet worden wäre, den Versuch zur Eroberung der Stadt zu machen«. Mit seiner Bereitschaft, seine Armee letztlich nicht durch Diktat, sondern durch Konsens zu befehligen, lässt Grant den populistischen Zug erkennen, der ihn zum Meister des Volkskriegs werden ließ.

Grants Stab

Der Schleifstein des Krieges muss Grants westlicher Armee bis zum Abschluss des Vicksburg-Feldzuges eine tödliche Schärfe verliehen haben. Die Schlacht ist eine gründlichere Lehrmeisterin als jede Militärschule, und Grants Kriegsphilosophie – »Findet heraus, wo der Feind ist. Nähert euch ihm so bald wie möglich. Schlagt so kräftig und so bald wie möglich zu und zieht weiter« – hatte in dem zwei Jahre währenden Feldzug aus seinen Amateuren Veteranen gemacht. Ein Überlebender der Belagerung von Vicksburg bestätigte die Verwandlung: »Was für … wackere, gut genährte Männer, so prächtig versorgt und ausgerüstet. Gepflegte Pferde, polierte Waffen, glänzende Federn – dies war der Stolz und der Schmuck des Krieges. Mit dem gemessenen Schritt jener Marschkolonnen schienen Zivilisation, Disziplin und Ordnung einzukehren.«

Aus Ackerbauern Soldaten zu machen war eine Sache, städtische Kaufleute als Stabsoffiziere einzusetzen war eine andere. Ein Zeitgenosse schrieb: »Von zwei oder drei Ausnahmen abgesehen waren wir von der durchschnittlichsten Gruppe von Plebejern umgeben, die du je gesehen hast.« Ein anderer übte viel vernichtendere Kritik: »General Grant hat *vier Oberste in seinem Stab … Lagow, Regan und Hillyer*, und ich bezweifle, dass einer von ihnen seit einer Woche nüchtern ins Bett gegangen ist. Der vierte ist nicht viel besser …, zwar hat er mehr militärisches Talent, aber er ist … ein heimtückischer Wirrkopf, wie man ihn sich nicht schlimmer vorstellen kann.«

Grant gab im Dezember 1862 in einem Schreiben an Halleck, den damaligen Oberbefehlshaber, über einige dieser Männer eine bessere Beurteilung ab: »Oberst Hillyer ist sehr tüchtig als Kommandeur der Militärpolizei und nimmt mir viele Aufgaben ab, um die ich mich vordem persönlich kümmern musste. Oberst Lagow … füllt den Posten des Generalinspekteurs aus … Ich bin [ihm] persönlich sehr zugetan und kann ihn als einen aufrechten, ehrlichen Mann empfehlen, der bereit ist, alles in seiner Macht Stehende für den Dienst zu tun. Meine regulären Mitarbeiter sind sämtlich Personen, die ich zuvor kannte und die ich, weil ich sie für vorzügliche Männer halte, ernannt habe. Sie leisten vollkommen zufriedenstellende Arbeit.«

Er räumte jedoch ein: »In meinem Stab sind nur zwei Männer, die ich für absolut unentbehrlich halte: Oberstleutnant Rawlins, Stellvertretender Generaladjutant, und Hauptmann Boners, Adjutant … Rawlins ist meiner Meinung nach der fähigste und zuverlässigste Mann in seiner Abteilung des Freiwilligendienstes. Hauptmann Boners ist seit vierzehn Monaten bei mir, zuerst als Gemeiner und Schreibkraft. Er ist tüchtig [und] aufmerksam.«

Der springende Punkt dieses Briefes ist, dass all seine Mitarbeiter Personen waren, »die [er] zuvor kannte«. Nach seiner schnellen Beförderung vom Regimentskommandeur des 21. Illinois zum Brigadegeneral hatte Grant eilig einen Stab aus Männern zusammengestellt, in deren Gesellschaft er sich wohl fühlte. Die meisten stammten aus Galena, Illinois, wo er im Laden seines Vaters gearbeitet hatte; alle hatten Erfahrungen in der kleinstädtischen Geschäftswelt oder in der Kommunalpolitik gesammelt, doch keiner von ihnen besaß die geringsten militärischen Vorkenntnisse.

Es war ein exzentrisches Verfahren, das uns sehr viel über Grants Bescheidenheit und die großzügige Abwicklung seiner Angelegenheiten verrät. Mehr noch verrät es uns, wie völlig unvorbereitet die Amerikaner 1861 für einen großen Krieg waren. Grant hätte vielleicht einen besseren Stab ernennen können, wenn er sein Netz weiter als über die Hauptstraße von Galena ausgeworfen hätte. Es wäre allerdings nur ein geringfügig, nicht ein prinzipiell besserer Stab gewesen. Den Vereinigten Staaten fehlte es 1861 einfach an ausgebildeten Stabsoffizieren, denn sie besaßen nicht einmal eine Stabsakademie. West Point bot nur eine Offiziersausbildung bis zum bescheidenen Regimentsniveau an. Die Lenkung von mehr als 1000 Mann starken Einheiten musste auf informelle Weise erlernt werden, entweder im Zivilleben oder durch den Sprung ins kalte Wasser. Der Süden entschied sich im Allgemeinen für Männer der zweiten Art. Wenn wir die Karriere seiner zwölf prominentesten Generale – Beauregard, Bragg, Ewell, Forrest, Hill, die beiden Johnstons, Jackson, Lee, Longstreet, Kirby Smith und Stuart – betrachten, stellen wir fest, dass acht nach dem Studium in West Point im aktiven Dienst geblieben waren. Nur Bragg, Forrest und die Johnstons hatten eine Laufbahn außerhalb der Armee eingeschlagen (Jacksons Professur am Virginia Military Institute fällt nicht in diese Kategorie). Bei dem Dutzend Führer der Nordstaatler kehrt sich das Verhältnis jedoch genau um. Buell, McDowell, Pope und Sheridan waren aktive Offiziere, doch Burnside, Halleck, Hooker, Grant, McClellan, Meade, Rosecrans und Sherman hatten (teils sehr erfolgreich) Zivilkarrieren eingeschlagen. Halleck war ein einflussreicher Anwalt, McClellan und Burnside Vizepräsident beziehungsweise Schatzmeister der Illinois Central Railroad, Sherman ein wohlhabender Bankier und Präsident der Louisiana State University gewesen.

Natürlich gab es keinen direkten Zusammenhang zwischen Erfolg im Zivilleben oder militärischer Anonymität einerseits und siegreicher Feldherrnkunst andererseits. McClellan, der sich vor und nach dem Krieg in der Geschäftswelt hervortat, besaß nicht die geringste militärische Dynamik. Jackson, Professor an einem ländlichen College, war geradezu ein militärisches Genie. Grants geschäftliches Unvermögen haben wir bereits erwähnt. Nur Sherman unter den Regulären und Forrest unter dem Amateuren ließen sowohl militärische als auch zivile Kompetenz erkennen. Sherman, Grants Protegé, trieb dessen Methode der Kriegführung gegen das Volk des Feindes ins brutale Extrem. Forrest, ein Selfmademan, der »mit einem Vermögen von anderthalb Millionen Dollar in die Armee eintrat und sie als Bettler verließ«, versuchte Sherman mit den eigenen Waffen zu schlagen. Daraufhin erklärte dieser wütend, Forrest müsse »aufgespürt und getötet« werden, »selbst wenn es Zehntausende von Leben kostet und das Bundesschatzamt Pleite macht«.

Obwohl sich aus diesen Vergleichen kein völlig klares Muster herausbildet, fällt die größere Zivilerfahrung der nördlichen Führerschaft ins Gewicht. In einem Krieg zwischen Amateurarmeen, die von Eisenbahnen transportiert, über Telegrafenverbindungen kontrolliert und aus Steuermitteln, die demokratische Versammlungen (gewählt von den Soldaten selbst) erhoben hatten, bezahlt wurden, lag die Vermutung nahe, dass Männer mit direkter Erfahrung in Handel, Politik und Industrie mehr Einsicht in die Zwecke und Mittel des Konflikts zeigen würden als solche, die ihr Leben innerhalb von Kasernenmauern verbracht hatten. Die Ereignisse bestätigten diese Vermutung. Trotz ihrer Sachkenntnis im Operationsbereich ermangelten Lee und Jackson der Fantasie. Keiner der beiden fand Wege, dem Norden die Kampfregeln des Südens aufzuzwingen, was ihnen vielleicht gelungen wäre, wenn sie die Nordstaatenarmeen in die weiten Räume des Südens gelockt hätten, wo der Gegner sich ohne Kontakt zu seinen Nachschublinien per Bahn oder Schiff hätte bewegen müssen. Beide dachten nur daran, die Grenzen des Südens zu verteidigen, statt daran, den Feind zu zermürben. Die

Niederlage der Konföderation ging zum Teil auf ihre durch und durch konventionelle Einstellung zurück.

Grants Vorliebe für frühere Bekannte aus Galena mag nun weniger provinziell erscheinen. Die Gruppe aus Galena war nicht sonderlich beeindruckend. Lagow, sein Generalinspekteur, zuständig für das Personal, war ein nicht sehr erfolgreicher Anwalt. Hillyer, der für die Disziplin zuständige Chef der Militärpolizei, hatte mit Kleinstadtimmobilien gehandelt. Nur Rawlins, der Stellvertretende Generaladjutant und eigentliche Stabschef, war ein wirklich fähiger Mann. Er hatte sich aus einer Kohlenbrennerei in ein Anwaltsbüro und dann zum Staatsanwalt hochgearbeitet und war als Douglas-Demokrat in der Politik aktiv gewesen. Grant schätzte seine Gesellschaft, weil er es verstand, Tabuthemen anzurühren, ohne Kränkung oder Unruhe auszulösen. Cox, ebenfalls Angehöriger des Stabes, erklärte: »Rawlins konnte eine Stunde lang argumentieren, Fragen aufwerfen, verurteilen und sogar Vorwürfe machen, ohne das brüderliche Vertrauen und den guten Willen Grants zu verletzen. Diese Beziehung basierte auf seiner absoluten Hingabe, die er Grant seit 1861, dem Jahr von dessen Ernennung zum Brigadegeneral, bewies und die ihn in jeder Krise von Grants wunderbarer Karriere zum guten Geist seines Freundes werden ließ. Das lag nicht an Rawlins' großem Intellekt, denn er hatte nur bescheidene Geisteskräfte. Es lag vielmehr daran, dass er das unbestechliche Gewissen seines Generals geworden war.« In einem gewissen Sinne erfüllten sogar alle Kumpane Grants aus Galena und Illinois diese Funktion. Ihre kleinstädtische Herkunft, ihre nicht immer vorschriftsmäßige Handlungsweise, ihre unmilitärische Kleidung, ihre schlampige Sprache und selbst ihre unmäßige Trinkerei gaben Grant das beruhigende Gefühl, mit den ungehobelten Manieren und Denkweisen seiner Bürgerarmee vertraut zu sein. Ein Stab aus Berufsoffizieren hätte eine Schranke zwischen ihm und seiner Armee bedeutet. Sein Stab aus Amateuren diente als Kommunikationsmittel, denn er ähnelte den Männern unter Grants Kommando fast bis ins kleinste Detail.

Es gab jedoch noch einen anderen Grund dafür, dass Grant sich bei seiner Arbeit gern von einer kleinen Gruppe von Amateuren (sein Stab umfasste nie mehr als zwanzig Offiziere) unterstützen ließ: Er zog es nämlich vor, sämtliche Arbeiten persönlich zu erledigen. Grant hatte entdeckt, dass er, wie Wellington, über herkuleische Kräfte verfügte. Wellington konnte es sich leisten, nicht zu delegieren, weil seine Armee stets sehr klein war. Grant konnte es sich leisten, weil seine Armeen, obwohl sie schließlich beträchtliche Ausmaße annehmen sollten, aus Männern bestanden, die es gewohnt waren, eigenverantwortlich zu handeln (worin er sie ohnehin bestärkte). Die Pflichten, die ihre Unabhängigkeit ihm übrig ließ, konnten durchaus von einem Mann allein wahrgenommen werden. Deshalb brauchte er seinen Stab nicht für bürokratische Routinearbeiten, sondern konnte ihn als seine Augen und Ohren einsetzen.

Als Oberbefehlshaber umriss er seine Wünsche gegenüber einem Adjutanten, Oberstleutnant Horace Porter, mit folgenden Worten (so hätte übrigens auch Moltke mit seinen »Halbgöttern« oder Montgomery mit seinen Verbindungsoffizieren sprechen können): »Ich möchte, dass Sie die Details der für eine Schlacht erteilten Befehle von Zeit zu Zeit offen mit mir diskutieren und dass Sie sich so weit wie irgend möglich mit meinen Ansichten darüber vertraut machen, welcher Weg in allen denkbaren Eventualitäten eingeschlagen werden sollte. Ich habe vor, Sie zu den kritischen Punkten der Linien zu senden, damit Sie mich unverzüglich über die Ereignisse unterrichten. Und in dringenden Notfällen, wenn sofort neue Dispositionen getroffen werden müssen oder wenn es plötzlich erforderlich wird, ein Kommando durch Soldaten von einem anderen zu verstärken, und wenn die Zeit nicht ausreicht, Rücksprache mit dem Hauptquartier zu halten, möchte ich, dass Sie den Kommandeuren meine Ansichten erklären und sie zu sofortigem Handeln und zur Kooperation anhalten, ohne auf spezifische Befehle von mir zu warten.«

Grant konnte sich ebendeshalb auf eine solche Reaktion verlassen, weil er seine Stabskonferenzen nach Art von Kneipenversammlungen abhielt, bei denen die um den Spucknapf Herumsitzenden genauso freimütig ihre Meinung vorbringen konnten, wie sie Tabaksaft ausspeien oder – je nachdem, wie weit der Abend bereits fortgeschritten war – einen Schluck aus der kreisenden Flasche nehmen durften. Horace Porter beschreibt einen derartigen Meinungsaustausch während des Feldzugs von 1864. Damals diskutierten die Kumpane des Hauptquartiers in Grants Anwesenheit seine Praxis, den Kommandeur der Armee am Potomac für die Befehlsübergabe an untergeordnete Truppenteile zu benutzen, obwohl er jenem Kommandeur aus persönlichen Gründen keine wirkliche Aktionsfreiheit einräumte. Die Stabsoffiziere meinten, Grant solle lieber direkt mit den Männern seines Vertrauens sprechen, als sich, nur um den Schein zu wahren, eines unzuverlässigen Vermittlers zu bedienen. Grant hörte sich diese aufrührerische Diskussion an, bevor er freundlich einwarf, er ziehe es vor, seine bisherige Methode beizubehalten. Dennoch war der Austausch für ihn nicht ohne Wert gewesen, lehrte er ihn doch, welche Meinung unter gewöhnlichen Unionsoffizieren vorherrschte. Zugleich deutete nichts darauf hin, dass seine Befehle ihr Ziel nicht pünktlich erreichten oder sie bei der Übergabe entstellt würden. Er erhielt die Gewissheit, dass seine bevorzugte Methode der persönlichen Befehlsführung planmäßig funktionierte, während Äußerlichkeiten der Hierarchie gebührend beachtet wurden.

Die Tatsache, dass Grant die Befehlsarbeit persönlich erledigte, wird auf vielfältige Weise belegt. Zum Beispiel wies er einmal beiläufig den Gedanken zurück, er schätze die Meinung anderer. Am Ende der Belagerung von Vicksburg, als Pemberton, der Befehlshaber der Konföderierten, die Kapitulationsbedingungen zu verdrehen suchte, teilte Grant seinen Untergebenen »den Inhalt der Schreiben Pembertons, meine Antwort und das Wesentlichste aus unserer Unterredung mit und bemerkte, er sei bereit, etwaige Vorschläge anzuhören … Niemals bin ich einem ›Kriegsrat‹ so nahe gekommen wie bei dieser Gelegenheit.« Dann wies er Pembertons Ausflüchte »gegen die allgemeine und fast einstimmige Ansicht der Versammlung« energisch zurück.

Porter bereicherte dieses Bild der Unabhängigkeit noch um die Erläuterung von Grants unveränderlicher Arbeitsmethode. Nach ihrer Rückkehr von einem Inspektionstag während des Chattanooga-Feldzugs, zu dem Porter gerade abkommandiert worden war, ließ sich Grant für den Abend an seinem Schreibtisch nieder: »Kurz darauf begann er, Anordnungen zu schreiben, und ich stand auf, um hinauszugehen, nahm jedoch wieder Platz, als er sagte: ›Ruhig sitzen bleiben.‹ Meine Aufmerksamkeit konzentrierte sich rasch auf die Art und Weise, mit der er sich seiner Korrespondenz widmete. Damals, wie in seiner ganzen späteren (und früheren) Karriere, schrieb er fast all seine Dokumente mit eigener Hand und diktierte sogar die unwichtigsten Befehle nur ganz selten. Er verrichtete seine Arbeit flink und ohne Unterbrechung, doch ohne jedes Anzeichen von nervöser Energie. Seine Gedanken flossen so zügig aus seinem Geist wie die Tinte aus seiner Feder; er suchte nie nach einem Ausdruck und setzte selten ein Wort zwischen die Zeilen oder nahm eine sachliche Korrektur vor. Er saß mit tief über den Tisch gebeugtem Kopf da, und wenn er an einen anderen Tisch treten musste …, um ein Papier zu holen, das er benötigte, glitt er schnell durch das Zimmer, ohne sich aufzurichten. Dann kehrte er an seinen Platz zurück, wobei sein Körper immer noch in etwa dem gleichen Winkel vorgebeugt war wie in dem Augenblick, als er seinen Stuhl verlassen hatte.«

Wenn Grant eine Seite beendet hatte, schob er das Blatt einfach vom Tisch auf den Fußboden. Nachdem die Arbeit abgeschlossen war, hob er den Stapel auf und sortierte ihn zur Verteilung. Dann passte er die Ecken der Blätter einander an, reichte die Papiere einem Mitglied seines Stabes, »wünschte den Anwesenden freundlich eine gute Nacht und hinkte davon in sein Schlafzimmer«. Porter, der verblüfft über die ihm völlig neue Prozedur gewesen war, zeigte sich noch beeindruckter, als er feststellte, dass die Texte sowohl von vorbildlicher Klarheit als auch höchst bedeutsam waren. Es waren »Anweisungen … für energische und umfassende Schritte in jede Richtung während des neuen und weit gespannten Kommandos«.

Grants sämtliche Texte hatten die gleiche Qualität. Wellington war berühmt für sein literarisches Ausdrucksvermögen; Peel, der ihm als Premierminister nachfolgen sollte, hielt ihn für einen unübertroffenen Meister der englischen Sprache. Grants Schriften fehlte zwar die beherrschte Leidenschaft, zu der sich Wellington in seinen besten Momenten aufschwingen konnte, aber er war genauso präzise. Meades Stabschef bemerkte einmal: »Grants Befehle haben eine auffällige Eigenart; gleichgültig, wie hastig er sie im Feld schreiben mag, niemand hat je den geringsten Zweifel an ihrer Bedeutung oder braucht sie gar ein zweites Mal zu lesen, um sie zu verstehen.«

Die sechs kurzen Anweisungen vom frühen Morgen des 16. Mai 1863, in denen er seinen vier Untergebenen befahl, ihre jeweiligen Korps zum Angriff gegen Pemberton zu konzentrieren, der in der Schlacht von Champion's Hill gipfelte, sind perfekte Beispiele für die Klarheit und Kraft von Grants Schreibstil. An Blair: »Ziehen Sie im frühen Morgengrauen zur Black River Bridge. Ich glaube, Sie werden unterwegs auf keinen Feind stoßen. Wenn es jedoch dazu kommt, greifen Sie den Feind sofort an, Sie werden von weiter vorgerückten Truppen Unterstützung erhalten … [Später] Sollten Sie bereits auf der Bolton Road sein, ziehen Sie darauf weiter, aber wenn Sie noch die Wahl haben, nehmen Sie die Straße nach Edward's Depot. Setzen Sie Ihre Soldaten, mit Ausnahme einer Nachhut, vor Ihren Tross und lassen Sie den Munitionswagen allen anderen vorausfahren.«

An McClernand: »Ich habe gerade die in hohem Maß glaubhafte Nachricht erhalten, dass die gesamte Streitmacht des Feindes den Big Black überquert hat und gestern Abend um 19 Uhr an Edward's Depot war. Sie werden sich deshalb sofort Ihres Trosses entledigen, eine geeignete Position wählen und dem Feind nachspüren … [Später] Laut allen Informationen von Bürgern und Gefangenen ist die Masse des Feindes südlich von Hoveys Division. McPherson ist nun auf gleicher Höhe wie Hovey und kann ihn jederzeit unterstützen. Führen Sie all Ihre Kräfte so zügig wie möglich, aber behutsam zusammen. Der Feind darf nicht in unseren Rücken geraten.«

An McPherson: »Der Feind hat den Big Black mit der gesamten Vicksburg-Streitmacht überquert. Er war gestern Abend in Edward's Depot und rückt immer noch vor. Sie werden deshalb alle Trosse hinter sich lassen und vorrücken, um sich McClernand so rasch wie möglich anzuschließen. Ich habe Ihrer Nachhutbrigade befohlen, sich sofort in Bewegung zu setzen, und anderen Kommandeuren Anweisungen gegeben, die eine unverzügliche Konzentration unserer Kräfte sicherstellen.«

An Sherman: »Setzen Sie eine Ihrer Divisionen sofort mit ihren Munitionswagen in Bewegung – und befehlen Sie ihr, schnellstmöglich bis zu unserer Nachhut jenseits von Bolton vorzurücken. Es ist wichtig, dass diese Bewegung mit großer Schnelligkeit vonstatten geht, denn ich habe Informationen darüber, dass die gesamte Streitmacht des Feindes gestern Abend um 19 Uhr bei Edward's Depot war und weiterhin vorrückt. Der Kampf kann in jeder Sekunde beginnen – wir sollten alle Mann auf dem Feld haben.«

An jenem Abend unterrichtete er Sherman über das Ergebnis seiner hastigen Anweisungen: »Wir trafen ungefähr sechseinhalb Kilometer östlich von Edward's Depot auf den Feind, und es kam zu einem wilden Kampf. Der Feind wurde zurückgetrieben und räumt nun das Feld. Ich halte die Schlacht von Vicksburg für beendet.«

Solche Texte kommen Wellingtons treffendsten Anordnungen gleich, und sie hatten eine ähnliche Wirkung auf dem Schlachtfeld. Aber als Schriftsteller ist Grant Wellington überlegen, wenn es um ausführliche Darstellungen geht. Seine *Memoiren*, die diktiert (und nachdem seine Stimme versagte, geschrieben) wurden, während er qualvoll an Kehlkopfkrebs starb, sind nicht nur ein Triumph der physischen und moralischen Tapferkeit – seine Familie war auf ihre Vollendung angewiesen, um sich vor dem Bankrott retten zu können –, sondern auch die faszinierende Geschichte seiner Feldherrnkunst und vielleicht die erhellendste Autobiografie eines Oberbefehlshabers, die je geschrieben wurde. Denn trotz seiner bescheidenen Leistungen in West Point verfügte Grant über einen eindrucksvollen Intellekt. Er hatte die Gabe des Romanciers für kurze Charakterskizzen, dramatische Beschreibungen der Atmosphäre und aufschlussreiche Ereignisse; er verstand es, wie ein Historiker Geschehnisse zusammenzufassen und sie nahtlos in den größeren Erzählrahmen einzufügen; er hatte das Gespür des Topografen für die Landschaft und den Instinkt des Ökonomen für das materiell Wesentliche, und er besaß die philosophische Vision, die Elemente seiner Geschichte zu einer *apologia pro sua vita* zusammenzuführen, in der er den Triumph einer gerechten über eine ungerechte Sache schilderte. Das Ergebnis ist ein literarisches Phänomen. Wenn es ein zeitgenössisches Dokument gibt, das erklärt, »warum der Norden den Bürgerkrieg gewann« (ein bleibendes Rätsel der amerikanischen historischen Forschung), so sind es die *Memoiren des Generals Ulysses S. Grant.* Was für ein Soldat war der Mann, der diese außerordentliche Beschreibung einer außerordentlichen Karriere verfasste?

Grant im Feld

Er war gewiss kein Mann, der durch seine Erscheinung oder sein Benehmen auffiel. Ein Besucher von Grants Hauptquartier im Jahre 1864, der eine Stunde lang nach »einer sehr hastigen Mahlzeit« neben dem General am Lagerfeuer saß, beschrieb ihn als »klein … mit einem energischen, quadratischen, nachdenklichen Gesicht«: »Er saß stumm zwischen seinen Stabsoffizieren, und auf den ersten Blick hielt ich ihn für launisch, langweilig und ungesellig. Später merkte ich, dass er freundlich, heiter und umgänglich war. Er behält seine Meinung für sich, legt sich ein Schloss vor den Mund und verzieht keine Miene weder in der Schlacht noch in Ruhe … – das heißt, sie lässt nichts von seinen Gefühlen und seinen Absichten erkennen. Er raucht fast ständig und hat, wie ich damals und danach wiederholt beobachtet habe, die Gewohnheit, mit einem Messerchen zu schnitzen. Er schnitzt einen kleinen Stock in winzige Späne, ohne etwas herzustellen. Damit beschäftigt er offensichtlich nur seine Finger, während sich sein Kopf auf andere Dinge konzentriert. Unter Männern sticht er auf keine Weise hervor. Er hat nichts Glanzvolles oder Protziges an sich. Mir kommt er wie ein ernster Geschäftsmann vor.«

Ein Geschäftsmann war Grant natürlich nicht. Er sollte nie

jene Unabhängigkeit »von allen Ämtern und Posten« erreichen, die Wellington durch seine Prämiengelder in Indien errungen hatte. Es war Grant nicht einmal vergönnt, ein gewisses Kapitalvermögen zu erwerben. Die 6000 Dollar, die ihm seine Beförderung zum Generalmajor 1863 einbrachte, waren das bei weitem höchste Jahreseinkommen seiner bisherigen Laufbahn. Trotzdem überstieg es fast seine Kräfte, mit dem Geld auszukommen und ein wenig für die Zukunft zu sparen, wie seine Korrespondenz mit Julia über finanzielle Angelegenheiten häufig zeigt. Geldsorgen gehörten zu den vielen Ängsten, die er vor seinen Soldaten, seinem Stab und seinen Vorgesetzten hinter der Maske des Gleichmuts zu verbergen lernte.

Aber alles andere hatte der Besucher in seiner Beschreibung der Lagerfeuerszene scharfsichtig beobachtet. Das Schnitzen, jene verbreitete amerikanische Gewohnheit, war Grants bevorzugte Verdrängungsaktivität. Während der Wilderness-Schlacht 1864 ertappte ihn Porter mit einem Paar durchlöcherter Baumwollhandschuhe; Julia hatte sie ihm als Ersatz für die unansehnlichen Lederhandschuhe geschickt, die ihrer Meinung nach einem Oberbefehlshaber nicht angemessen waren. Das Schnitzen war eine völlig harmlose Beschäftigung und »half ihm nachzudenken«, während das Rauchen ihn wahrscheinlich umbrachte. Er war in seiner Jugend Pfeifenraucher gewesen und hatte sich nur rein zufällig auf Zigarren umgestellt. In einem Zeitungsbericht von 1862 über seine Teilnahme an dem Kampf um Fort Donelson hieß es, er sei mit einem Zigarrenstummel zwischen den Zähnen durchs Gelände geritten. Der Sieg bei Donelson war eine besonders gute Nachricht, zumal der Norden damals kaum Erfolge zu verzeichnen hatte. Daraufhin wurde Grant von seinen Bewunderern mit Zigarrenvorräten – 10000, wie er selbst schätzte – eingedeckt; fortan rauchte er nichts anderes mehr und machte selten eine Pause. Am zweiten Tag der Wilder ness-Schlacht begann er mit 24 Stück: »Er zündete eine davon an und füllte sich die Taschen mit den übrigen.« Am Ende des Tages, als General Hancock ins Hauptquartier kam, bot Grant ihm eine Zigarre an und »merkte, dass er nur noch eine einzige in der Tasche hatte. Zog man die Zahl der verschenkten von seinem anfänglichen Vorrat am Morgen ab, so ergab sich, dass er an jenem Tag etwa zwanzig Zigarren, alle sehr stark und von beträchtlicher Größe, geraucht hatte.«

Eine Zigarre war Grants übliches Gastgeschenk für Besucher. Wer zu einer Mahlzeit in seinem Hauptquartier eingeladen wurde, durfte nicht mit einem Festschmaus rechnen. Das Essen war einfach, und Grant nahm häufig noch kargere Kost zu sich als seine Stabsoffiziere. Am liebsten mochte er Gurken; manchmal aß er zum Frühstück eine Essiggurke und trank dazu Kaffee. Er verabscheute Geflügel (»Ich könnte nichts essen, was auf zwei Beinen geht«), ekelte sich beim Anblick von menschlichem oder tierischem Blut, weshalb sein Rindfleisch schwarz gebraten werden musste, und entschied sich oft für ein Stück Obst, während sein Gefolge herzhafter zulangte. Er bevorzugte Soldatenverpflegung – Mais, Schweinefleisch, Bohnen und Buchweizenkekse –, doch seltsamerweise liebte er auch Austern.

War Grant ein Trinker? Porter beteuert loyal, dass »Wasser bei Tisch neben Tee und Kaffee das einzige Getränk war … Bei ein paar Gelegenheiten, nach einem harten Tagesritt bei stürmischem Wetter, trank der General gemeinsam mit den Stabsoffizieren abends einen Whisky-Grog.« Es war eine unaufrichtige Behauptung. »Der Gedanke, dass Grant Riesenmengen trank«, schreibt William McFeeley, »ist ein so fester Bestandteil der amerikanischen Geschichte wie die Vorstellung, dass die Pilgerväter beim Erntedankfest Truthahn aßen.« In Wirklichkeit scheint Grant ein Schrecken für die Prohibitionisten gewesen zu sein: kein stetiger Zecher, sondern ein sporadischer und dann unmäßiger Trinker. Wie andere Postfreudianer glaubte McFeely an ein sexuelles Motiv. Grant sprach dem Alkohol zweifellos kräftig zu, als er 1852 bis 1854 von Julia getrennt war. Nach dem Triumph von Vicksburg – damals war er zwei Monate lang nicht mit Julia zusammengetroffen – machte er eine wilde Sauftour, und nur die patriotische Zurückhaltung des *Chicago Times*-Reporters, der ihn ins Bett verfrachtete, hielt seinen Namen aus den Schlagzeilen. Danach kümmerte sich Rawlins, Grants »Gewissen«, um ihn, was erklären könnte, weshalb ihre Freundschaft so entscheidend für Grants Wohlbefinden war. Denn Rawlins, der Sohn eines Alkoholikers, hasste berauschende Getränke mit der Leidenschaft eines Prohibitionisten und zögerte nie, Grant vom Griff nach der Flasche abzubringen.

Saufgelage waren das einzig Spektakuläre an Grants Persönlichkeit. Wenn der Dämon des Alkohols ihn nicht in den Klauen hatte – und 1864–65 war Julia gewöhnlich bei ihm im Lager –, zeigte er der Welt jene unveränderliche Ausgeglichenheit und Reserviertheit, die allen Besuchern seines Hauptquartiers auffiel. Er sprach leise, obwohl er eine beeindruckend volltönende Stimme hatte, benahm sich zurückhaltend, behandelte alle Besucher mit gleicher Höflichkeit und hörte lieber zu, als selbst das Wort zu ergreifen. Er duldete weder Klatsch noch Verleumdung, unterband heimliches Geflüster, fluchte nie, obwohl er von derben Männern umgeben war, achtete darauf, Untergebene nicht öffentlich zu maßregeln, und versuchte überhaupt, nicht Tadel, sondern Ermutigung zur Richtlinie seiner Befehlshaberschaft zu machen. McClernand, der politische General, den Halleck ihm während des Feldzugs im Westen aufgedrängt hatte, irritierte den soldatisch denkenden Grant, doch er ließ ihn erst ablösen, als der Mann unentschuldbar gegen die militärischen Anstandsformen verstoßen hatte. Die Gründe für die Entlassung ließen keinen Widerspruch zu, denn Grant konnte Auseinandersetzungen nicht leiden.

Seinen Klassenkameraden Sherman – der einzige, dessen Begabung er uneingeschränkt bewunderte – nannte er stets beim Familiennamen (und Sherman hielt es mit ihm genauso). Sonst sprach er Untergebene mit ihrem militärischen Rang an. Seine Anweisungen waren gewöhnlich mit »Hochachtungsvoll« oder »Ihr gehorsamer Diener« unterzeichnet. Genauso höflich ging er mit seinen zivilen und militärischen Vorgesetzten um. Halleck, von dem er sich nach den Siegen bei Fort Henry und Fort Donelson zu Recht unfair behandelt fühlte, brachte er nichts als eine würdig-vorwurfsvolle Haltung entgegen. Lincoln, der sehr früh einsah, dass er Grant benötigte (»er kämpft«), behandelte der General stets mit tiefem persönlichen Respekt und dem angemessenen konstitutionellen Gehorsam. McClellan, ein Versager, war so arrogant, sich 1864 gegen Lincoln um die Präsidentschaft zu bewerben. Grant hingegen, ein mit Lorbeer bekränzter Sieger, wollte nichts mit dem politischen Rampenlicht zu tun haben … Er war empört, als die Wahlmänner von Missouri seinen Namen auf die Kandidatenliste setzten, und bemühte sich mit Erfolg darum, ihn wieder entfernen zu lassen.

Bescheidenheit durchdrang sein Feldherrndasein bis in die kleinsten Einzelheiten. Im April 1863 beklagte er sich bei Julia über das »Fehlen eines Bediensteten, der sich um meine Sachen kümmert und alles zusammenpackt, wenn wir irgendwo aufbrechen; deshalb [muss] ich nun wohl bald auf einige notwendige Dinge verzichten. Ich habe bei jedem Aufbruch immer so viel zu tun, dass ich nicht selbst für meine Sachen Sorge tragen kann.« Der Gegensatz zu Wellingtons persönlicher Gefolgschaft aus Köchen, Kammerdienern und Stallburschen – so maßvoll sie auch damals anmutete – ist verblüffend. Für die Verpflegung in Grants Hauptquartier sorgten abwechselnd seine Stabsoffiziere. Später verfügte Grant zwar über einen persönlichen Diener namens Bill, einen aus Missouri geflohenen Sklaven, doch dessen Handreichungen ließen einiges zu wünschen übrig. Im Februar 1863 teilte Grant seiner Frau mit, sein künstliches Gebiss sei mit dem Waschwasser weggeschüttet worden.

Grants persönlicher Haushalt war so spartanisch, dass er einen Diener im Grunde kaum benötigte. Sein Lagermobiliar, ein Segeltuchbett, zwei Klappstühle und ein Holztisch, war in einem kleinen Zelt untergebracht. Ein größeres Zelt diente ihm als Büro und ein weiteres als Stabsmesse. Grant badete in einem oben abgesägten Fass und bewahrte seine persönlichen Habseligkeiten, Unterwäsche, einen Anzug und ein zusätzliches Paar Stiefel in einer einzigen Truhe auf. Seine Gleichgültigkeit der äußeren Erscheinung gegenüber war sprichwörtlich; obwohl er wie Wellington peinlich darauf bedacht war zu baden und seine Unterwäsche zu wechseln, nahm er sich nicht die Zeit, eine neue Uniform anzuziehen. »Wenn ich morgens aufstehe, lege ich am liebsten meine ganze Bekleidung an« – er zog sich rascher an als jeder seiner Stabsoffiziere – »und trage sie, bis ich ins Bett gehe, es sei denn, ich muss die Montur wechseln, um Besucher zu empfangen.« Nach langen, anstrengenden Ritten kehrte er häufig nass und schlammbespritzt zurück, aber um es sich bequem zu machen, genügte es ihm, die Stiefel zum Feuer zu strecken. Aus demselben Grund trug er nur einen gewöhnlichen Soldatenmantel, an den er seine Generalssterne heftete.

Grants Einfachheit in Rede, Stil und Benehmen war nicht gekünstelt, sondern Ausdruck seines Charakters. Während Wellington Zeremoniell, Pomp und Rhetorik vermied, hasste Grant alle drei zutiefst. Als er 1864 in Washington eintraf, um zum Oberbefehlshaber ernannt zu werden, war die längste Rede, zu der er sich aufraffen konnte: »Gentlemen, die einzige mir mögliche Antwort ist, Ihnen zu danken.« Während er sich 1867 um die Präsidentschaft bewarb, gelang es ihm, sich fast jeder Verpflichtung, eine Rede zu halten, zu entziehen. Er scheint nie zu seinen Soldaten gesprochen zu haben, hielt dies auch für sinnlos – eine merkwürdige Einstellung in einer politischen Kultur, die vom Redefluss und berühmten Rhetorikern lebt.

Diese Haltung hatte zum Teil mit seinem Temperament zu tun, allerdings könnte auch seine niedrige Meinung von den meisten politischen Generalen – großen Vielrednern, die ihm das Parteisystem aufgezwungen hatte – sie verstärkt haben; dazu kam sein Eindruck, dass das Land durch mancherlei Geschwätz in viele der Schwierigkeiten gestürzt worden war, aus denen er es befreien sollte. Zeremoniell und Theatralik könnten ihn aus demselben Grund abgestoßen haben. Beide waren im nichtmonarchischen Amerika mit Politik gleichzusetzen. Die Wahlparade war die einzige Form öffentlichen Zeremoniells, welche die meisten Amerikaner kannten, und massenhafte Militärparaden waren einfach zu kompliziert, als dass Grants ungedrillte Armeen sie mit einem Mindestmaß an Sicherheit oder Würde hätten vorführen können.

Nur in einer traditionellen Demonstration der Führerschaft zeichnete sich Grant aus, sie allein erfüllte ihn auch mit Stolz: Er war ein vorzüglicher Reiter. In West Point war er der hervorragende Kavallerist seines Jahrgangs gewesen, im Feld ließ er seinen Stab mühelos hinter sich, und er saß stets auf Pferden, die andere nicht meistern konnten. Cincinnati, sein Liebling, hatte eine Schulterhöhe von knapp einem Meter achtzig und trug ihn von Chattanooga bis Kriegsende. Aber seine früheren Pferde – Jack, Fox, Kangaroo und Jeff Davis – waren ebenfalls feurig, und sein Drang, ihnen das Äußerste abzuverlangen, brachte ihn in Schwierigkeiten. Auf einem nächtlichen Ritt während der Schlacht von Shiloh stürzte Fox auf ihn und fügte ihm starke Quetschungen zu. Glücklicherweise spielte sich der Unfall auf weichem Boden ab. Im August 1863 wurde er auf ein hartes Straßenpflaster geworfen, als sein Pferd vor einer Straßenbahn scheute; die Verletzung zwang ihn, bis Oktober an Krücken zu gehen.

Zum Glück für die Union waren dies die einzigen Verletzungen, die er sich während des Krieges zuzog. Im Feld erfreute er sich zumeist vortrefflicher Gesundheit – umso erstaunlicher, wenn man bedenkt, unter welch primitiven Bedingungen er hauste und sich ernährte. Wie Wellington konnte er mühelos auch unter ungünstigen Umständen schlafen; im Allgemeinen ging er früh zu Bett und bekam stets die acht Stunden Schlaf, die er benötigte. Nach Fort Donelson hatte er eine schwere Erkältung, im April 1863 beklagte er sich bei Julia über Hämorrhoiden, vor Shiloh und während der Belagerung von Petersburg litt er an Magenverstimmungen, und in den angespannten Stunden, bevor er Lees Kapitulation bei Appomattox entgegennahm, wurde er von nervösen Kopfschmerzen niedergeworfen. In der Regel aber fühlte er sich ungewohnt wohl. »Es geht mir gut, besser als seit Jahren«, schrieb er Julia im März 1863. »Alle bestätigen, wie gut ich aussehe. Ich setze mich nie ohne Appetit zu meinen Mahlzeiten hin und gehe nie zu Bett, ohne schlafen zu können.« Drei Wochen später, in den Sümpfen des Mississippi, wo Fieber die Armee, mit der er nach Vicksburg vorrückte, bedrohte: »Ich bin nie bei besserer Gesundheit gewesen und habe mich in meinem Leben nie besser gefühlt als hier.«

Tatsache war, dass Krieg – oder, genauer, der amerikanische Bürgerkrieg – Grant zusagte. Er beklagte das Leid, das der Krieg über seine Landsleute brachte. Jede Begegnung mit den Verwundeten und Toten schmerzte ihn zutiefst, und der Anblick von Blut ekelte ihn. Für den konventionellen Ruhm des Krieges, für seine Paraden und Triumphe, seine Ehrungen und Auszeichnungen, hatte er nichts übrig. Vor Menschenmengen schrak er zurück, Karrieristen entzog er sich, und die Danksagung des Kongresses beantwortete er mit einem unverständlichen Gemurmel. Er hatte wirklich kein Interesse an hohen Ämtern und erwartete lediglich, nach dem Sieg als Gutsbesitzer in den Ruhestand zu gehen. Aber solange der

Krieg andauerte, bezog er die tiefste Genugtuung aus der Kraft, die er in sich entdeckt hatte und die ihn befähigte, den Krieg so zu führen, wie er geführt werden musste. Während andere mit Theorien dilettierten, an die sie sich aus der Studienzeit erinnerten, ihre europäischen Pendants nachäfften oder sich sogar wie McClellan als Reinkarnation Napoleons sahen, beschränkte sich Grant auf das Praktische: darauf, den Krieg ins Kernland des Feindes zu tragen, dessen Volk die ganze Last des Konfliktes, in den es die Republik gestürzt hatte, aufzubürden und gleichzeitig den Mut einer Armee von Wählern im Ringen um die richtige Verfassung zu stärken. Er wusste, dass das Ringen nicht durch eine Strategie des Ausweichens, der Blockade oder der Truppenbewegungen, sondern durch den Kampf entschieden werden würde. Wie kämpfte Grant?

Grant der Kämpfer

»Ich brauche diesen Mann«, sagte Lincoln über Grant. »Er kämpft.« Und das traf zu. Kaplan Eaton, ein Abgesandter des Präsidenten, beschrieb den General im Frühjahr 1863 als »jemanden, der aussieht wie die Verkörperung eines halben Dutzends Männer«. Grant trug eine alte braune Leinenjacke und eine durchgerittene Hose; »sogar seine Kleidung zeugte, genau wie die Fältchen auf seiner Stirn, von der Anspannung des Lebens, das er führte«.

Grants Art zu kämpfen hätte weder ein Held wie Alexander noch ein Antiheld wie Wellington als soldatisch anerkannt. »Wenn er studiert hätte, wie man sich undramatisch verhält«, sagte General Lew Wallace, sein Untergebener bei Shiloh, »hätte er nicht erfolgreicher sein können.« Alles Theatralische war Grant zuwider. Der Korrespondent der

New York World berichtete von der Armee bei Vicksburg: »Er beschränkt sich darauf, vor seinen Männern so wenig wie möglich zu sagen und zu tun. Keine napoleonische Protzerei, keine Zurschaustellung, keine Rede, kein überflüssiges Beiwerk.« Und Grants Soldaten, meldete Galway von der *New York Times*, »salutieren ihm nicht, sondern betrachten ihn nur mit einer Art vertraulicher Achtung. [Sie] beobachten, wie er näher kommt, stehen auf und versammeln sich zu beiden Seiten des Weges, um ihn vorbeireiten zu sehen.«

Grant ritt gewöhnlich allein, und wie Wellington am Ende von Waterloo war er häufig allein auf dem Schlachtfeld. Aber im Unterschied zu Wellington, von Alexander gar nicht zu reden, verspürte er nicht das Bedürfnis, die Gefahren eines jeden Soldaten zu teilen. Einer Antwort auf die Fragen »Immer an der Spitze?«, »Manchmal?« oder »Nie?« hätte Grant wahrscheinlich auszuweichen versucht, aber im Notfall hätte er widerwillig erklärt: »Nie, wenn's nach mir ginge.«

Der Krieg, hätte er erläutern können, sei zu wichtig geworden, um *nicht* dem General überlassen zu werden. Hauptleute, Oberste und sogar Brigadegenerale könnten an der Spitze ihrer Männer sterben. Doch der Befehlshaber müsse außer Reichweite des Feuers bleiben, von dem das Schlachtfeld seit der Einführung des Gewehrs in einer Dichte und aus einer Entfernung bestrichen wurde, die Wellingtons gewohntes Verhalten hätten selbstmörderisch werden lassen. »Das sind Kugeln«, musste Rawlins bei Shiloh Grants Zahlmeister belehren, der das Geräusch in den Blättern der Bäume für Regentropfen gehalten hatte. Die gut dreißig Gramm schweren Kugeln konnten 900 Meter weit gefeuert werden und immer noch die schlimmsten Verwundungen verursachen, die Kleinfeuerwaffen in der Kriegführung jemals angerichtet hatten.

Grant machte es sich zur Gewohnheit, kurz vor dem »bestrichenen Raum«, wie die Gewehrschützen es nannten, Halt zu machen. Bei Shiloh sammelte er am zweiten Tag mehrere

Regimenter, nachdem er eine Schwachstelle in der Linie der Konföderierten entdeckt hatte, »stellte sie in Reih und Glied auf und marschierte mit ihnen vorwärts … Nachdem wir *bis auf Flintenschussweite* [Hervorhebung durch den Autor] herangekommen waren, blieb ich stehen und ließ die Truppen passieren.« Er fuhr fort: »Dann gab ich den Befehl zur Attacke, der mit lautem Hurra und im Sturmlauf ausgeführt wurde, worauf auch die letzten Feinde die Flucht ergriffen.«

Grant konnte sich der Gefahr nicht immer entziehen. Später am selben Tag war er mit zwei Stabsoffizieren unterwegs, als sie versehentlich in Reichweite einiger Gewehrschützen der Konföderierten gerieten. Die drei wendeten sofort und galoppierten davon.

Am 27. Oktober 1864 wäre es in Petersburg jedoch fast schlimmer gekommen. Grant ritt mit einem Adjutanten durch das Gelände, als »eine Granate knapp unter dem Hals seines Pferdes explodierte. Das Tier warf den Kopf hoch und bäumte sich auf; man dachte, Reiter und Pferd seien getroffen worden. Das war nicht der Fall, der Huf des Pferdes verfing sich in ein paar zertrennten, auf dem Boden liegenden Telegrafendrähten, und durch sein Zappeln hinderte es den General am Entkommen.« Es dauerte einige Zeit, bis er befreit werden und sich »in eine weniger ungeschützte Position« zurückziehen konnte. Auch am 10. Mai 1863 bei Vicksburg und am 29. September 1864 bei Fort Harrison kam Grant nur um Haaresbreite davon. Beide Male explodierte eine Granate in seiner Nähe, während er im Freien saß und Anordnungen schrieb. Seine Gelassenheit entlockte einem Beobachter, einem Gemeinen des 5. Wisconsin, die Bemerkung: »Ulysses kriegt's nicht so leicht mit der Angst zu tun.«

Das stimmte. Grants physischer Mut stand ebenso wenig in Zweifel wie sein moralischer. Die Gefahr einer Gefangennahme beunruhigte ihn genauso wenig wie die einer Ermordung; beiden war er zu verschiedenen Zeiten ausgesetzt. Am

23. Juni 1862 ritt er durch ein Gebiet, dessen Bewohner stark mit der Konföderation sympathisierten, und entging nur dank großem Glück einem Hinterhalt; und am 9. August 1864, während der Belagerung von Petersburg, befand er sich in der Nähe einer »Höllenmaschine«, die durch südstaatliche Unterwanderung eingeschmuggelt worden war und ein Munitionslager in die Luft sprengte. Danach traf Porter private Vorsichtsmaßnahmen, um Mordanschläge zu vereiteln, doch Grant schlug alle Warnungen in den Wind. Als Führer eines Volksheeres konnte er sich genauso wenig vor der Bevölkerung verbergen, in deren Mitte er den Krieg führte, wie Lincoln vor der Nation, in deren Namen der Krieg ausgefochten wurde. Die ihnen gemeinsame Missachtung des Mordinstinkts ihrer Feinde hätte ihnen um ein Haar auch ein gemeinsames Ende beschert, hätte Grants Abneigung gegen jegliche Publizität ihn nicht bewogen, die Einladung des Präsidenten in die Theaterloge, in der Lincoln ermordet wurde, auszuschlagen.

Da sich Grant weigerte, mit gutem Beispiel voranzugehen, musste er sich anderer Mittel bedienen, um seine Befehle zu erteilen. Welcher Mittel bediente er sich? In erster Linie schriftlicher Anweisungen, die oft telegrafisch weitergegeben wurden. Die Einführung des Telegrafen bewirkte die erste eindeutige technische Umwandlung der Generalsrolle seit Beginn der organisierten Kriegführung. St. Arnaud, der Befehlshaber Napoleons III. auf der Krim, sah damit das Ende des Feldherrntums gekommen; für ihn repräsentierte der Telegraf den Verlust jeglicher Unabhängigkeit im Feld, da er das Hauptquartier direkt mit dem Regierungssitz verband. Seine Befürchtungen erwiesen sich als unbegründet: Die Regierungen merkten bald, dass der Telegraf ihnen zwar die Mittel zur Einmischung, jedoch keine Kontrollgewalt verlieh. Der Mann vor Ort war weiterhin am besten unterrichtet, und das ist auch noch in unseren Tagen der »Echtzeitinformationen«, der Beobachtung durch Satelliten und ferngesteuerte Flugzeuge, der Fall.

Während der Telegraf Politiker nicht zu Befehlshabern machen konnte, erhöhte er enorm die Fähigkeit der Generale, nachrichtendienstliche Informationen zu sammeln, Verstärkungen heranzubeordern, Streitkräfte rasch neu zu verteilen und die Bewegung weit voneinander entfernter Einheiten zu koordinieren. Zum Beispiel »verstrich 1864 kaum ein Tag, an dem Grant nicht Shermans aktuellen Situationsbericht in der Hand hatte, obwohl sie manchmal mehr als 2400 Kilometer Telegrafenleitung trennte«; Grant war damals außerhalb Petersburgs ins Stocken gekommen, während Sherman durch Georgia marschierte. Die von ihnen benutzte Telegrafenverbindung machte nur einen Bruchteil des Armeenetzes aus. Obwohl der Telegraf erst 1844 erfunden und 1847 vermarktet wurde, überzog um 1860 bereits ein mehr als 80000 Kilometer langes Leitungsnetz die Vereinigten Staaten. Als amerikanische Erfindung war er in gewissem Sinne, ebenso wie später der Inlandsflugverkehr, aus der Notwendigkeit des Landes geboren: ein Mittel, die verstreuten Siedlungsgemeinschaften des Kontinents zu einer einzigen Gesellschaft zusammenzufügen. Im Laufe des Bürgerkriegs wuchs das Telegrafennetz zügig. Ursprünglich von der Fernmeldetruppe für militärische Zwecke betrieben, zwang deren Unfähigkeit die Armee, sich wieder an die Privatgesellschaften zu wenden, deren den Eisenbahnstrecken folgende Leitungen in den Operationszonen vom Militär schließlich monopolisiert wurden.

Von den Haupttelegrafenwegen leiteten Fernmelder zu taktischen Zwecken Nebenlinien ab; Sherman verzeichnete, einige der Männer seien »so geschickt geworden, ... dass sie den Draht durchschneiden und mit ihrer Zunge eine Botschaft von einem fernen Amt empfangen konnten«. Diese Nebenlinien, die mit isolierten Kabeln zwischen Bäumen oder eigens aufgestellten Masten gezogen wurden, konnten sich nur über ungefähr neuneinhalb Kilometer erstrecken. Aber Grants Fernmeldeorganisation arbeitete so effizient, dass nach dem Vorrücken seiner Armee fast unverzüglich permanente Verbindungen eingerichtet wurden. Er selbst hatte, wie ein Besucher in seinem Hauptquartier in Nashville 1863 notierte, »einen Telegrafen in seinem Büro und verwendete ein gut Teil seiner Zeit darauf, mit allen Einheiten unter seinem Befehl Kontakt zu halten«.

Grants eigene Schilderungen zeigen, wie sehr er von diesem Medium abhing. In seinen *Memoiren* schrieb er über den Feldzug in Tennessee von 1862: »Das Hauptquartier war [telegrafisch] mit allen Punkten des Kommandos verbunden.« Am 10. Juni 1863 schloss er seine Depesche an General Washburn bei Vicksburg mit den Worten ab: »Telegrafische Geräte und ein Telegrafist sind zu Ihnen unterwegs.« Im Dezember 1862 teilt er Grierson, der einen Kavallerieangriff führte, mit: »Verfolgen Sie den Feind mit aller Wachsamkeit, wohin er sich auch wenden mag, und erstatten Sie Bericht, wann immer Sie ein Telegrafenamt erreichen können.« Später im selben Monat lautete seine Botschaft an McClernand: »Der Telegraf wird wahrscheinlich bis morgen und die Eisenbahn innerhalb von fünf Tagen in Betrieb sein.« Ein vorzügliches Beispiel seines Depeschenstils wurde am folgenden Tag, dem 26. Dezember, abgesandt: »Van Dorn marschierte, von unserer Kavallerie verfolgt, nach Bolivar und rückte dann nach Südosten durch Salisbury und Ripley vor. Unsere Kavallerie setzte zu jenem Zeitpunkt die Verfolgung fort und hat seitdem von sich hören lassen. Das war gestern. Nun ist sie bei Grenada. Zwei Deserteure kamen heute von van Dorn; sie verließen ihn gestern Abend um 22 Uhr, als er immer noch südwärts marschierte, 16 Kilometer nördlich von New Albany. Sollte sich eine Kavallerieeinheit nördlich des Hatchie befinden, kann es sich nur um eine kleine irreguläre Truppe handeln. Schicken Sie Waggons nach Davis Mills, und ich werde vier weitere Regimenter zu Ihnen hinauf beordern. Sammeln Sie bei den Pflanzern so viel Schinken, Rindfleisch, Schweine und Schafe wie möglich ein. Setzen Sie so viele Infanteristen in Bewegung, wie Sie können, und treiben Sie Forrest in das Gebiet östlich des Tennessee.«

Die Mischung aus handfesten Informationen, begründeten Mutmaßungen und direkten Befehlen in dieser Depesche zeigt, welch dichter Nachrichtenstrom in Grants Hauptquartier einging und wie maßgeblich der Telegraf für seine Arbeitsmethode war. Außerdem lässt sich hier erkennen, wie die Ankunft des Telegrafen die Rolle des Befehlshabers radikal umgestaltet hatte. Wir wissen, dass Wellington – über Alexander können wir nur spekulieren, obwohl beider Methoden der Informationsbeschaffung und der Befehlsweitergabe über die Jahrhunderte identisch waren – chronisch von Nachrichtenverzögerungen und der Ungewissheit geplagt wurde, wann eine Botschaft abgesandt worden und wie aktuell die ihr zugrunde liegende Information war. Zum Beispiel beschwerte sich Wellington auf dem Ball der Herzogin von Richmond darüber, dass Blücher ihm die Nachricht von Napoleons Einmarsch vom dicksten Offizier seiner Armee habe überbringen lasse; dieser habe dreißig Stunden gebraucht, um knapp fünfzig Kilometer zurückzulegen. Telegrafisten hingegen, die all ihren Depeschen automatisch eine »Sendezeit« voranstellten (eine Zeit, die zudem dank dem Telegrafennetz selbst zentral vereinheitlicht war), konnten sich kugelrund essen, ohne dass die Dauer ihrer Übermittlung im geringsten beeinträchtigt wurde.

Natürlich wurde Grant durch den Telegrafen kein persönlicher Vorteil eingeräumt, denn alle anderen Generale, im Norden wie im Süden, bedienten sich des gleichen Mittels zur Weitergabe der Befehle. Er verstand es einfach, das Gerät optimal zu nutzen; dies war ein Aspekt seines Glaubens an den

»progressiven« Charakter der Kriegführung – einer Überzeugung, die im Mittelpunkt seiner Strategie stand. Grants andere Begabungen waren eher traditioneller Art. Wie Wellington, der sich stets besser als seine Offiziere vorstellen konnte, was »auf der anderen Seite des Hügels« lag, besaß Grant ein ausgeprägtes Gefühl für die Landschaft. Stets hatten ihn Karten fasziniert, von denen es im 19. Jahrhundert natürlich mehr gab als im 18. – sogar in einem Land wie Nordamerika, das man erst unlängst vermessen hatte. In West Point wurde Kartografie gelehrt, und die Akademie stellte die Offiziere für die Topographical Engineers, die vorrangig für die kartografische Erfassung der Vereinigten Staaten verantwortlich waren. Grant sammelte Karten, und in Mexiko lieferte er Scott, Taylor und zufällig auch Robert E. Lee kartografische Informationen. Porter, sein Stabsoffizier auf den Feldzügen von 1864 und 1865, bemerkte, dass jede Karte »unauslöschlich von [Grants] Gehirn fotografiert zu werden schien, und er konnte ihren Merkmalen folgen, ohne sie von neuem betrachten zu müssen. Außerdem besaß er eine fast intuitive Kenntnis der Topografie … und fühlte sich am wohlsten, wenn er sich mit Hilfe der Flussverläufe, der Hügelkonturen und der allgemeinen Landschaftsmerkmale zurechtfinden konnte.« Daher rührte sein berühmter Widerstand »umzukehren«, den er offen zugab. Porter verzeichnete, dass Grant »stets alle möglichen Querwege und Furten ausprobierte und über unzählige Zäune sprang, um auf einen anderen Weg zu kommen, statt zurückzugehen und von neuem direkt loszumarschieren«. Diese Hindernisrennen waren fast immer erfolgreich.

Grant hatte nicht nur ein fotografisches Gedächtnis, er besaß auch eine analytische Kenntnis früherer Feldzüge. Er mochte zwar dauernd auf »progressiver« Kriegführung beharren, doch seine Offizierskameraden erinnerten sich, dass er während seiner unglücklichen Zeit als Hauptmann in Kalifornien den Operationsverlauf in Mexiko rekonstruieren konnte, als habe er »die ganze Sache im Kopf«. Bei seiner Rückkehr nach Osten im Jahre 1864 verriet er Porter, er habe Zeit gefunden, die Kämpfe in Virginia sorgfältig zu verfolgen; und auf seiner Weltreise im Jahre 1877 unterhielt er seinen Gefährten John Russell Young mit präzisen Vorträgen über Napoleons Feldzüge von Marengo bis Leipzig.

Mit dem Studium von Feldzügen hatte er sein wertvollstes Talent entwickelt: nämlich die Fähigkeit, die Mentalität seiner Gegner zu durchschauen. Er selbst hat erzählt, wie er diese seine Begabung entdeckte. Ganz am Anfang des Krieges, als Oberst des 21. Illinois, brach er zum Kampf gegen ein in der Nachbarschaft operierendes Regiment der Konföderierten auf. Er rechnete damit, vom Feind erwartet zu werden, und marschierte nur deshalb weiter, weil »ich nicht den moralischen Mut [besaß] Halt zu machen«. Als er entdeckte, dass der Feind sein Lager verlassen hatte, »[nahm] mein Herz seinen alten Platz wieder ein. Mir kam sofort der Gedanke, dass Harris sich ebenso sehr vor mir gefürchtet hatte wie ich mich vor ihm. Diese Auffassung der Sache war mir bisher noch niemals gekommen, ich habe sie jedoch später nie wieder vergessen. Von diesem Augenblick an bis zum Schluss des Krieges habe ich nie wieder gezittert, wenn ich dem Feind entgegenmarschierte.«

Damit nicht genug, begann er zu erraten, wie der Gegner auf seine Initiativen reagierte, und sogar, wie dieser zu unabhängigen Entscheidungen gelangte. Während der Schlacht um Fort Donelson bemerkte er einem seiner Stabsoffiziere gegenüber: »Einige unserer Leute sind ziemlich stark demoralisiert, aber der Feind muß dies in noch größerem Maße sein, da er den Versuch, sich durchzuschlagen, gemacht und sich dann zurückgezogen hat; derjenige, der jetzt zuerst angreift, wird siegreich sein, und der Feind muß sich sehr beeilen, wenn er mir zuvorkommen will.« Während der Schlacht von Shiloh, als etliche seiner Regimenter zusammengebrochen waren, was seinen Kollegen Buell in Panik versetzte und an Rückzug denken ließ, mutmaßte Grant: »Wäre [Buell] von der Front anstatt durch die Versprengten im Rücken unserer Linie gekommen, er würde anders gedacht und gefühlt haben. Und hätte er hinter die konföderierte Armee blicken können, so würde er dort ähnliche Szenen beobachtet haben wie bei uns. Die entferntesten hinteren Linien einer in der Schlacht begriffenen Armee sind nicht gerade der beste Ort zur genauen Beurteilung dessen, was an der Front vorgeht.« Er wies Buells Ratschlag zurück und marschierte weiter voran, bis der Sieg errungen war. »Im späteren Verlaufe des Krieges … erfuhr ich, dass die Panik in den Reihen der Konföderierten sich nicht wesentlich von derjenigen in unseren eigenen Linien unterschieden habe.« Kurz, er hatte Recht gehabt.

Manchmal aber irrte er sich. Im Laufe der Truppenbewegungen vor Vicksburg war er sicher, dass Pemberton ihn an einem Ort namens Clinton angreifen würde, da er einen entsprechenden Befehl von Pembertons Vorgesetztem abgefangen hatte. Pemberton, der sich auf sein eigenes Urteil verließ, befand den Befehl für undurchführbar. Grant hatte sich also verschätzt, was ihm selten passierte. Zu diesem Fehler hatte ihn seine Bekanntschaft mit dem gegnerischen Kommandeur verleitet. Er hatte erwartet, dass Pemberton Befehlen gehorchte, statt sich auf seinen Instinkt zu verlassen. In den meisten Fällen erwies sich Grants Einschätzung seiner alten West-Point- und Armeekameraden als korrekt. Er schloss sich der allgemeinen Hochachtung vor A. S. Johnston, seinem Gegner bei Shiloh, nicht an und hielt überhaupt nichts von seinen Widersachern bei Donelson. »Ich hatte General Pillow in Mexiko kennengelernt und beurteilte ihn dahin, dass er mich mit jeder Truppenmacht, einerlei wie gering dieselbe sei, bis auf Schussweite der Verschanzungen, die er behaupten sollte, herankommen lassen würde … Mir war bekannt, dass

Floyd den Oberbefehl führte, aber er war kein Soldat, und ich war daher der Überzeugung, dass er sich Pillows Anordnungen fügen würde.« Lee, den er respektierte und der diese Wertschätzung erwiderte (Longstreet hatte Lee gewarnt, Grant sei ein Mann, »den wir nicht unterschätzen dürfen«), war nicht so leicht zu durchschauen. Aber schließlich versetzte sich Grant in seine Denkweise und sah einen Schachzug nach dem anderen voraus. Appomattox sollte sich nicht nur als ein materieller, sondern auch als ein moralischer Sieg erweisen.

Grant gründete seine Gedankenleserei nicht auf bloße Ahnungen. Er bewertete objektive Informationen sehr hoch und bezog sie aus vielen Quellen. Da er hauptsächlich auf südstaatlichem Territorium operierte, konnte er nicht auf Auskünfte der Einheimischen zurückgreifen – es sei denn, es waren Schwarze. Am 27. März 1863 telegrafierte er nach Washington: »Ich habe gerade von einem zuverlässigen [entflohenen Sklaven] erfahren, dass die meisten Streitkräfte aus Vicksburg nun oben am Yazoo sind und dass man höchstens 10 000 Mann in der Stadt zurückgelassen hat.« Aber solche Glücksfälle waren ungewöhnlich. Über den Feldzug von 1862 in Tennessee schrieb er: »Wir befanden uns in einem Land, wo fast alle Menschen … uns feindlich gesinnt waren und mit der Sache sympathisierten, die wir zu unterbinden suchten. Daher fiel es dem Feind leicht, sich frühzeitig über unsere Bewegungen zu unterrichten. Wir dagegen mussten unsere Informationen mit einem großen Aufgebot einholen und kehrten häufig unverrichteter Dinge zurück.« »Mit einem großen Aufgebot« stand für Kavalleriespähtrupps, aber Grant bezog auch Nachrichten von Spionen und aus der Presse. Im Juni 1863 schrieb er Admiral Porter aus Vicksburg: »Ich habe nun einen sehr zuverlässigen Mann in Louisiana, der ausschließlich erkunden soll, welche Befehle Smith Price etc. gegenwärtig ausführen.« Wie in jedem Krieg erbrachte die Spionage auch im amerikanischen Bürgerkrieg ihrem Wesen nach zweifelhafte Informationen. Das Doppelagententum war überaus verbreitet in einem Rahmen, in dem man Freund und Feind nicht unterscheiden konnte, und jene, die diesen eigentümlichen Beruf bereitwillig ausübten, dürften sich über ihre Sympathien oft nicht im Klaren gewesen sein. Die Presse, der Grant bei allen demokratischen Überzeugungen zu Recht tiefes Misstrauen entgegenbrachte, konnte manchmal zuverlässiger sein. Im Mai 1863 erfuhr er aus einer erbeuteten Südstaatenzeitung, dass »Oberst Griersons Vorstoß ins Kerngebiet der Konföderation von Erfolg gekrönt war«.

Griersons Angriff galt vor allem dem Eisenbahnsystem der Konföderierten, denn Eisenbahnlinien – und Flüsse – waren die Kraftlinien für die Aktionen des Bürgerkriegs. Amerika verfügte bereits vor Kriegsbeginn über eine Eisenbahnwirtschaft. An die 50 000 Gleiskilometer waren 1861 in den Vereinigten Staaten verlegt worden – bis auf 14 500 Kilometer alle in Staaten, die in der Union verbleiben würden. Da Grants Feldzüge in den ersten drei Jahren im Süden stattfanden, war er ursprünglich kein Eisenbahn-, sondern ein Flussstratege; mehr noch, seine unbefangene Benutzung von Wasserwegen ließ zuerst erkennen, welch außergewöhnlicher Befehlshaber er war. Aber der Höhepunkt seiner Aktionen im Süden, der Sieg bei Chattanooga, erhielt seine Bedeutung dadurch, dass Grant die »Chattanooga-Atlanta-Verbindung« (die Strecke, welche die konföderierten Eisenbahnnetze westlich und östlich der Appalachen miteinander verknüpfte) durchtrennt hatte; sogar als er 1862–63 am Cumberland und am Mississippi operierte, hatte er sich ständig der Eisenbahnen bedient, da sie ihm zusätzliche strategische Mobilität verschafften.

Eisenbahnen rangierten weit oben in Grants Instrumentarium »progressiver« Kriegführung. Seine Korrespondenz weist eine Fülle strenger und präziser Anweisungen zu ihrem Einsatz auf. Am 3. Januar 1863 erläuterte er einem Divisions-

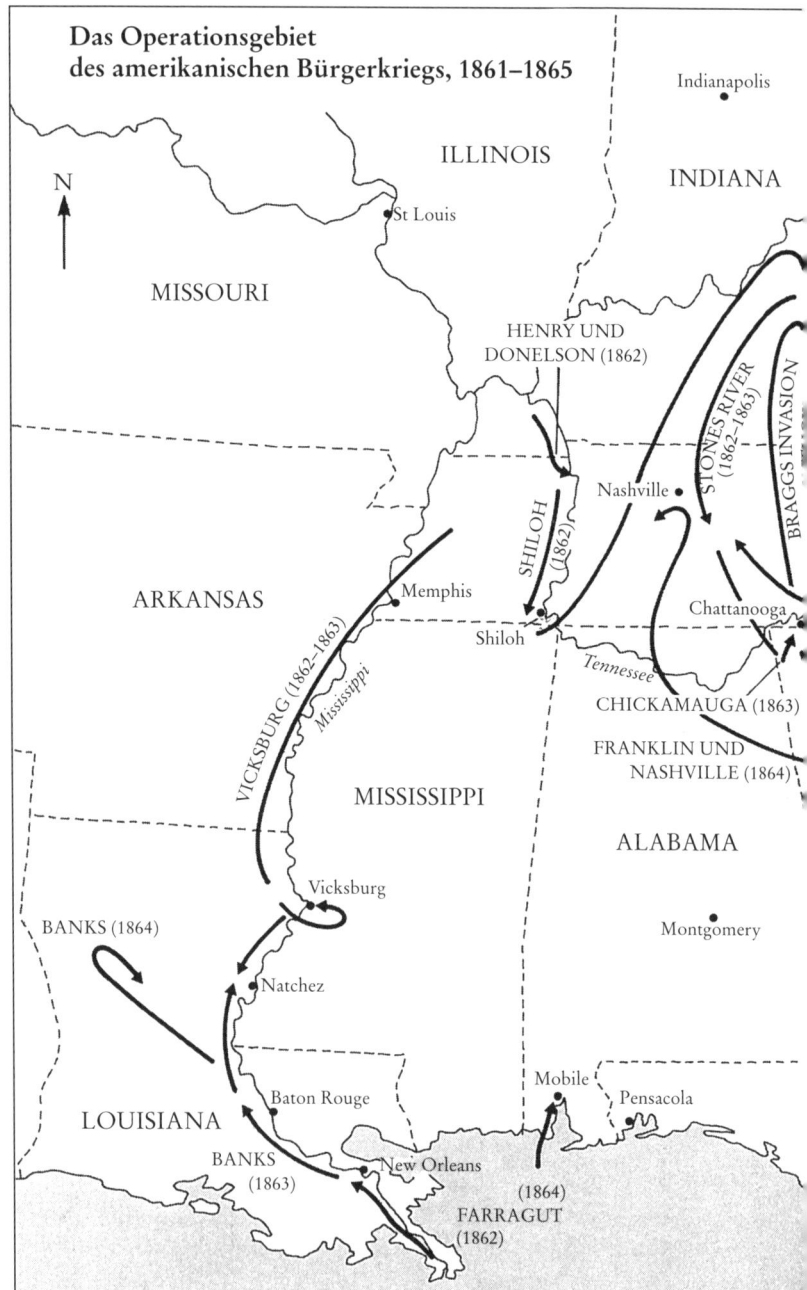

Das Operationsgebiet
des amerikanischen Bürgerkriegs, 1861–1865

N

Indianapolis

ILLINOIS

INDIANA

St Louis

MISSOURI

HENRY UND
DONELSON (1862)

STONES RIVER
(1862–1863)

BRAGGS INVASION

Nashville

SHILOH
(1862)

ARKANSAS

Memphis

Shiloh

Chattanooga

Tennessee

VICKSBURG (1862–1863)

Mississippi

CHICKAMAUGA (1863)

FRANKLIN UND
NASHVILLE (1864)

MISSISSIPPI

ALABAMA

Vicksburg

BANKS (1864)

Montgomery

Natchez

Baton Rouge

Mobile

Pensacola

LOUISIANA

BANKS
(1863)

New Orleans

(1864)

FARRAGUT
(1862)

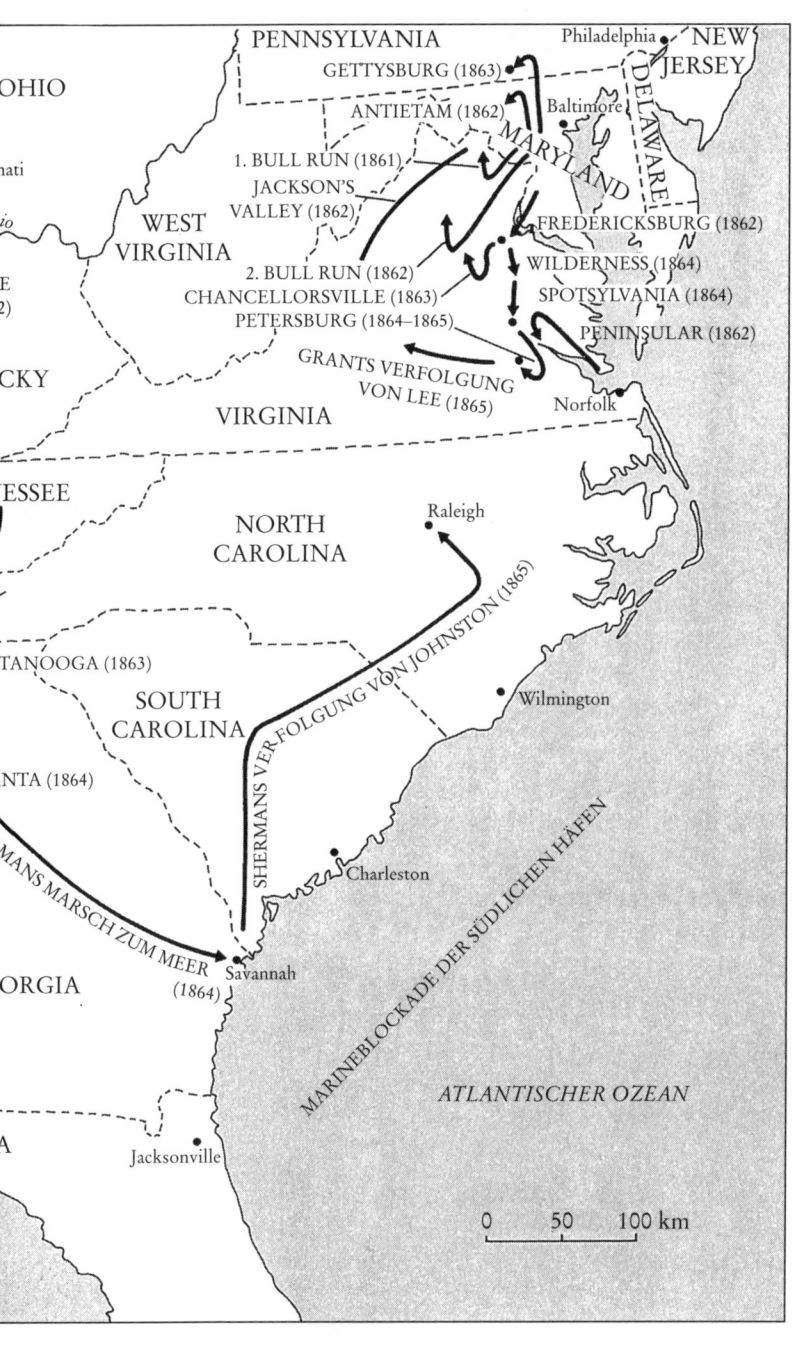

PENNSYLVANIA   Philadelphia • NEW
GETTYSBURG (1863)   JERSEY
OHIO   DELAWARE
                    ANTIETAM (1862)   Baltimore •
                                    MARYLAND
            1. BULL RUN (1861)
nati   JACKSON'S
rio   VALLEY (1862)   FREDERICKSBURG (1862)
        WEST
        VIRGINIA
E   2. BULL RUN (1862)   WILDERNESS (1864)
2)   CHANCELLORSVILLE (1863)   SPOTSYLVANIA (1864)
            PETERSBURG (1864–1865)   PENINSULAR (1862)
CKY   GRANTS VERFOLGUNG
              VON LEE (1865)   Norfolk
        VIRGINIA

ESSEE
                    NORTH   Raleigh •
                    CAROLINA

TANOOGA (1863)
        SOUTH   Wilmington •
        CAROLINA

NTA (1864)

                            Charleston •
                                    ATLANTISCHER OZEAN
MANS MARSCH ZUM MEER
ORGIA   Savannah
                        (1864)

A   Jacksonville

                    0   50   100 km

kommandeur die Notwendigkeit, die Memphis and Charleston Railroad offen zu halten: »… Einem Bericht zufolge haben einige Bürger von Memphis geäußert, man sei im Süden entschlossen, uns die ME-CRR nicht betreiben zu lassen. Es werde leichter sein, sie zu unterbrechen, so dass wir die Armee aus Nachschubgründen nach Memphis verlegen müssten, als hierher zu kommen und gegen die Haupttruppe zu kämpfen. Ich habe fest vor, die Bahn so lange in Betrieb zu halten, wie wir sie benötigen, und falls es erforderlich ist, werde ich jede Familie … zwischen den Flüssen Hatchie und Cold Waters … vertreiben … Für jeden Angriff oder Angriffsversuch von Guerillas auf die Eisenbahn sollen zehn Familien der bekanntesten Sezessionisten nach Süden geschickt werden.« Seine Befehle, der Konföderationsarmee den Zugang zu Eisenbahnen zu verwehren, waren genauso nachdrücklich und unbarmherzig. »Verbrennen Sie die Reste der Black River Bridge«, schrieb er einem örtlichen Kommandeur am 29. Mai 1863. »Stellen Sie Arbeitstrupps aus den in Ihrem Lager eingetroffenen Negern sowie aus den Soldaten zusammen und lassen Sie östlich des Flusses die Strecke so weit wie möglich abbauen. Lassen Sie die Schwellen aufstapeln, die Schienen darüberlegen und das Holz anzünden. Wo immer Sie auf eine Brücke oder ein Viadukt stoßen, müssen Sie diese zerstören. Lassen Sie also die Eisenbahnstrecke und besonders die Schienen so weit nach Osten hinein wie möglich unbrauchbar machen.« Diese Anweisungen sind mitleidlos. Auf einem Stapel brennender Schwellen bis zur Weißglut erhitzte Schienen konnten mit Stangen, die man an beiden Seiten durch die Schraubenlöcher steckte, so stark verdreht werden, dass es eines Walzwerks bedurft hätte, sie zu begradigen. Da der Süden nur ein einziges Walzwerk besaß, nämlich die Tredegar Iron Works hoch im Nordosten in Richmond, Virginia, waren derart beschädigte Schienen so gut wie unreparierbar.

Während des Vicksburg-Feldzugs benutzte Grant das Eisenbahnnetz als ergänzendes Transportmittel neben den Flüssen: indem er »gleichzeitig ein (manchmal zwei) Korps parallel zur Eisenbahn und nur zehn bis 16 Kilometer von ihr entfernt an festgelegte Punkte vorrücken ließ«. Mit dieser ausgeklügelten logistischen Technik sorgte er dafür, dass sein Tross aus Maultieren und Pferdewagen nie mehr als einen Tagesmarsch entfernt von seinen Nachschubdepots operierte. Im Unterschied zu Alexanders – und Wellingtons – Transportkolonnen verbrauchten die Tiere auf dem Marsch nichts von ihrer eigenen Nutzlast und wurden durch ihre Arbeit nicht stärker beansprucht als Zugpferde auf einer innerstädtischen Zustellungsfahrt.

Grants wahre logistische Originalität lag jedoch auf einem anderen Gebiet. In den beiden ersten Jahren als Befehlshaber hatte er seine Operationslinie von den Flüssen abhängig gemacht. Diese Technik fiel einem im Mississippibecken aufgewachsenen Mann leicht, denn dort hatten der Vater der Gewässer und seine Nebenflüsse – Ohio, Tennessee, Cumberland und Missouri – die Siedlungs- und Handelsrouten festgelegt, seit französische und englische Pioniere im 17. Jahrhundert ins Landesinnere vorgedrungen waren. Aber Flüsse schränken – wie Eisenbahnen – die Aktionsfreiheit eines Strategen fast im selben Maße ein, wie sie sie erweitern. Ihr Verlauf bestimmt, wohin eine auf dem Wasserweg versorgte Armee marschieren kann und wohin nicht. Die Konföderierten hatten diesen Nachteil durch die strategische Besetzung der Flussengen – Fort Henry, Fort Donelson, Port Hudson und Vicksburg – ausgenutzt und die Union gezwungen, sich über die natürlichen Hindernisse hinweg vorzuarbeiten, statt an den Linien des geringsten topografischen Widerstandes entlangzumarschieren. Im Bemühen, den Feind zu überlisten, verbrachte Grant einen großen Teil des Frühjahrs 1863 damit, entlegene Wasserwege zum Zweck etwaiger Abkürzungen zu erforschen, und sah sich schließlich gezwungen, an der Mississippibiegung bei Vicksburg einen Kanal ausheben zu lassen, um sie umgehen zu können.

Keines dieser Vorhaben glückte. Deshalb traf er im Mai 1863 eine bedeutsame Entscheidung: »Ich beschloss letztlich, auf [Verbindungen] zu verzichten – mich völlig von meinem Stützpunkt zu lösen und meine gesamte Streitmacht ohne Kontakt zum Hinterland nach vorn zu verlagern.« Er hatte bereits mit dieser Technik experimentiert und war durch die Ergebnisse ermutigt worden. »Wie man im Auge behalten sollte«, schrieb er nicht völlig zutreffend, »hatte man damals noch nicht nachgewiesen, dass eine Armee auf feindlichem Territorium operieren und dabei ihren Nachschub vom Feind beziehen kann.« Er vergaß, dass zum Beispiel Napoleon die Furage für seine Armee in Spanien und anderswo bei der einheimischen Bevölkerung beschaffte. Aber das Verfahren war in einem so ertragreichen Land wie dem der Konföderation nie ausprobiert worden, und es erbrachte verblüffende Resultate. »Ich war erstaunt über die Menge von Vorräten, welche das Land hergab«, schrieb Grant im November 1862 über sein erstes Experiment. »Dies gab mir eine Lehre, von der ich im weiteren Verlaufe des Feldzuges Nutzen zog, indem unsere Armee später mit den ihr von der Verpflegungsstelle überwiesenen fünftägigen Rationen zwanzig Tage ausreichte.«

Diese Strategie, vom Feind die nötigen Vorräte zu beziehen, spitzte er noch dadurch zu, dass er den Konföderierten deren eigenen Nachschub vorenthielt. Im November 1863 hatte er Südstaaten-Zivilisten, die in einer von ihm radikal geplünderten Gegend hungerten, bereits gezwungen, »fünfundzwanzig Kilometer nach Osten oder Westen zu ziehen und das aufzuessen, was wir übrig gelassen hatten«. Während der Belagerung von Vicksburg entsandte er Blairs Division in die Umgebung, die »reich und voll von Vorräten an Lebensmitteln und Furage [war]. Blair hatte den Auftrag, alles wegzunehmen. Die Rinder sollten für den Gebrauch der Armee herangetrieben, die Lebensmittel und Furage von unseren Truppen verzehrt oder durch Feuer vernichtet worden«. Solche Maßnahmen hatten andere Generale vor Grant ergriffen: zum Beispiel Marlborough bei seiner Ausplünderung Bayerns im Sommer 1704. Während Marlborough damals beabsichtigte, eine Schlacht mit den Franzosen herbeizuführen, war Grants Motiv rein materialistischer Art, wie aus einem Schreiben im April 1863 an einen seiner Divisionskommandeure hervorgeht: »Die Rebellion hat nun ein solches Ausmaß angenommen, dass sie nur durch die totale Unterwerfung des Südens oder den Sturz der Regierung beendet werden kann. Daher ist es unsere Pflicht, den Feind mit allen Mitteln zu schwächen, indem wir verhindern, dass er seine Felder bestellt ... Sie werden sämtliche Neger, besonders Männer mittleren Alters, auffordern, hinter unsere Linien zu kommen [und] so viel Getreide und Rinder wie möglich mitzubringen oder zu vernichten.«

Die Strategie der »stützpunktlosen« Kriegführung war so ungeheuer kühn, dass sie sogar Grants Protegé Sherman beunruhigte, der diese Methode jedoch ein Jahr später derart auf die Spitze trieb, wie es für Grant noch unvorstellbar gewesen war. Ende Mai 1863 ersuchte Sherman Grant um eine private Unterredung und warnte ihn, dass »er sich freiwillig in eine Lage begebe, in die ihn zu bringen der Feind gern ein ganzes Jahr manövrieren würde«. Sherman schien aus einem Lehrbuch über Jominis Theorie zu zitieren, als er fortfuhr, es sei »ein Axiom des Krieges, dass eine große Truppenmacht, welche gegen den Feind vorgehe, dies von einer Basis für ihre Zufuhren aus tue«. Grant blieb unbeeindruckt: »Darauf antwortete ich ihm, das Land sei bereits durch den Mangel an Erfolg seitens unserer Armee entmutigt ... Wenn wir ... zurückgingen, so würde dies die Bevölkerung derart entmutigen, dass Basen für Zufuhren von keinem Nutzen mehr sein würden … Für uns bestehe die Aufgabe darin, dass wir zu einem entscheidenden Siege vordrängen, sonst sei unsere Sache verloren. Da auf keinem anderen Gebiet ein Fortschritt gemacht sei, so müssten wir weitergehen.«

Auf Flüssen und auf der Schiene transportierte Grant seine Armeen aufs Schlachtfeld; über Spione, Kundschafter und Telegraf informierte er sich über die Bewegungen des Feindes. Wie verhielt sich Grant, wenn Planung oder Zufall – gewöhnlich war es Planung – ihn in Feindberührung gebracht hatte?

Bekanntlich hatte er nichts für die theatralischen Elemente des Krieges übrig. Er erlitt keine Verwundungen, verlor nur einmal ein Pferd im Feld und achtete darauf, obwohl er den Feind im Auge zu behalten suchte, außer Schussweite zu bleiben. Aber das bedeutete nicht, dass er sich damit begnügt hätte, den Befehl von einer festen Basis aus zu führen und seine Armee durch Anweisungen, die Offiziere weitergaben, zu lenken. Dafür war sein persönlicher Stab ohnehin zu klein. Vielmehr schaltete sich Grant persönlich ein, galoppierte auf seinen großen, kräftigen Pferden von Ort zu Ort, um verstreute Regimenter zu sammeln, Untergebene aufzumuntern und Verstärkungen an die Front zu schicken.

Sein Kommandostil verlangte ihm umso mehr ab, als sich die Distanz zwischen den Schlachtlinien seiner Armeen ständig vergrößerte. Alexander, der stets einen festen Ehrenplatz im Zentrum der Vorhut einnahm, kämpfte an Fronten, die höchstens dreieinhalb Kilometer breit waren. Wellington musste bei Waterloo – einem zugegebenermaßen kleinen, wenn auch nicht ungewöhnlich kleinen Schlachtfeld für die damalige Zeit – etwa anderthalb Kilometer von einem Ende zum anderen zurücklegen. Bei Fort Donelson, im Februar 1862, erstreckte sich Grants Front über dreieinhalb, bei Shiloh über etwa acht, 1864 bei Chattanooga über rund 13 und, während der östlichen Feldzüge von 1864/65, über 16 Kilometer bei Wilderness und über 19 bei Five Forks. Diese Ausweitungen kennzeichneten einen unumkehrbaren Trend. Während Armeen wuchsen und sämtliche Männer einer Nation einbezogen, erstreckten sich Fronten bald an Landesgrenzen entlang, was es den Generalen unmöglich machte, den Verlauf der Ereignisse persönlich zu verfolgen. Sie mussten sich zumeist in zentralen Hauptquartieren aufhalten, so dass sie die Frage, wo ein Befehlshaber seinen Platz haben solle, nur mit »Niemals an der Spitze« beantworten konnten. Aber zwischen 1861 und 1865 konnte ein General, sofern er es wollte, immer noch an der Schlachtlinie seiner Armee entlangreiten. Grant war dazu gewillt.

Seine Berichte geben uns Auskunft über sein Verhalten in den drei Schlachten, Belmont, Fort Donelson und Shiloh, auf denen er seine Karriere aufbaute. Die erste (am 7. November 1861) war kaum mehr als ein Scharmützel und hauptsächlich deshalb bemerkenswert, weil sie siegreich verlief und weil ein einziges Mal in Grants Karriere ein Pferd unter ihm erschossen wurde. In der zweiten Schlacht (am 15. und 16. Februar 1862) kämpfte er gegen einen Feind, mit starken Verteidigungsstellungen im Rücken, in die dieser sich zurückziehen konnte, wenn er im Feld besiegt worden war. Hier wurde Grant untypischerweise überrascht und war gezwungen, unter dem Druck der Ereignisse einen Sieg herauszuschinden. Beide Episoden sind äußerst beispielhaft für seine Befehlstechnik.

Bei Fort Donelson versuchte Grant zunächst, den Feind einzuschüchtern, indem er seine Kanonenbootflotte einsetzte, welche die Küstenbatterien der Konföderierten am Cumberland zum Schweigen bringen sollte. Er schrieb: »Ich hatte am Lande einen Platz eingenommen, von dem ich das Vorrücken der Flotte beobachten konnte.« Aber wie so häufig waren Armeekanonen stärker als Schiffsgeschütze, und die Boote mussten abdrehen. »Der Feind war durch den Angriff offenbar sehr demoralisiert worden, jubelte aber, als er die verstümmelten Schiffe, augenscheinlich außer Kontrolle der an Bord befindlichen Mannschaft, den Fluss hinabtreiben sah. Selbstverständlich bemerkte ich nur das Weichen unserer Kanonenboote und war über die Zurückweisung derselben betrübt genug.« Die Schlacht fand im Februar statt, nachts sank das Thermometer unter Null Grad, und beim Anmarsch hatten etliche Männer »die Mäntel und wollenen Decken fortgeworfen«. Grant fuhr fort: »Als ich mich am Abend zur Ruhe begab, glaubte ich nicht anders, als dass ich meine Stellung würde verschanzen und Zelte für die Leute herbeischaffen oder unter dem Schutz der Hügel Hütten bauen müssen.«

Die Unbesonnenheit der Konföderierten ersparte ihm solche Maßnahmen. Am folgenden Tag griff der Feind an, zuerst mit Erfolg. Grant, den der Flottenkommandeur zu sich gebeten hatte, war zu Beginn der Attacke abwesend und ritt hastig zurück. »Als ich unsere Truppen verließ, um dem Flaggenoffizier einen Besuch abzustatten, kam es mir nicht in den Sinn, dass ein Kampf stattfinden könne, wenn ich denselben nicht selbst herbeiführte.« Der Angriff war nachts eingeleitet worden. »Ich befand mich sechs oder sieben Kilometer nach Norden an unserem linken Flügel. Unsere Front hatte eine Länge von etwa viereinhalb Kilometern.« Grant musste also eiligst knapp elf Kilometer zurücklegen. »Um die Stelle zu erreichen, wo das Unglück passiert war, musste ich die Divisionen Smith und Wallace passieren … Ich bemerkte kein Zeichen von Aufregung … Als ich aber nach dem rechten Flügel kam, gewann die Lage ein anderes Aussehen. Der Feind war in voller Stärke herausgekommen, um sich durchzuschlagen und zu entkommen … [Unsere] Leute hatten tapferen Widerstand geleistet, bis die Munition in den Patronentaschen zur Neige ging … Ich sah die Leute in Gruppen umherstehen und in der aufgeregtesten Weise miteinander sprechen. Kein Offizier schien irgendwelche Befehle zu geben. Die Soldaten hatten ihre Gewehre, aber keine Munition, während ganze Tonnen davon nahe zur Hand waren ... Ich befahl Oberst Webster, mit mir zu reiten und im Vorbeipassieren den Soldaten zuzurufen: ›Füllt rasch eure Patronentaschen und stellt euch auf; der Feind versucht zu entkommen; wir dürfen nicht zugeben, dass es ihm gelingt.‹ Das wirkte wie Zauber. Die Leute warteten nur darauf, dass ihnen jemand Befehle gäbe.«

Während die Männer ihre Munitionsvorräte auffüllten, ritt Grant »rasch nach der Stellung des Generals Smith, dem ich die Lage erklärte und befahl, mit seiner ganzen Division die vor ihm liegenden Werke des Feindes zu stürmen, indem ich ihn zugleich darauf aufmerksam machte, dass er sich nur einer sehr schwachen feindlichen Linie gegenüber finden würde. Der General war in unglaublich kurzer Zeit unterwegs und marschierte selbst voraus, um seine Leute am Feuern zu hindern, solange sie sich durch die zwischen ihnen und dem Feinde befindlichen Verhaue hindurcharbeiten mussten ... In der Nacht des 15. Februar lagerte General Smith mit einem großen Teil seiner Division innerhalb der feindlichen Linien. Nun war es nicht mehr zweifelhaft, dass die Konföderierten sich am folgenden Tage entweder ergeben mussten oder gefangen genommen werden würden.«

Genau das geschah. Grant hatte einen örtlichen Rückschlag, den der Feind ungenutzt ließ, durch seine unverzügliche Reaktion in einen Vorteil verwandelt. An jenem Abend hielt der Feind »einen Kriegsrat [ein Greuel für Grant] ab, in welchem alle Anwesenden darin übereinstimmten, dass es unmöglich sei, die Stellung noch länger zu halten«. Forrest, einem der zähesten Befehlshaber der Konföderation, gelang es, seine Kavalleristen in Sicherheit zu bringen, indem er sie durch einen Nebenfluss schwimmen ließ. Die letzten Konföderierten – außer ein paar tausend, die auf irgendeine Weise entkommen waren – kapitulierten bedingungslos, wie Grant

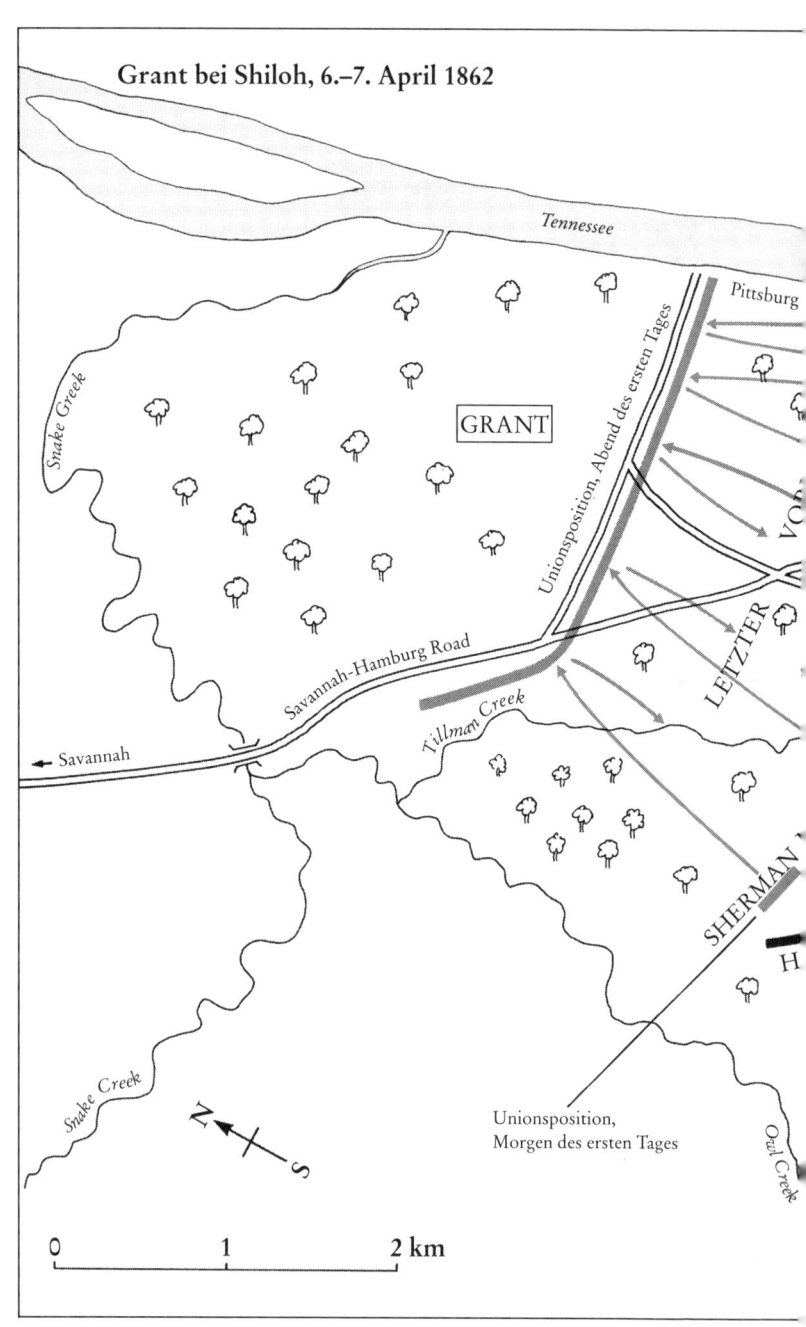

Grant bei Shiloh, 6.–7. April 1862

Tennessee

Pittsburg

Snake Creek

GRANT

Unionsposition, Abend des ersten Tages

LETZTER

Savannah-Hamburg Road

Tillman Creek

← Savannah

SHERMAN

H

Snake Creek

N

S

Unionsposition,
Morgen des ersten Tages

Owl Creek

0   1   2 km

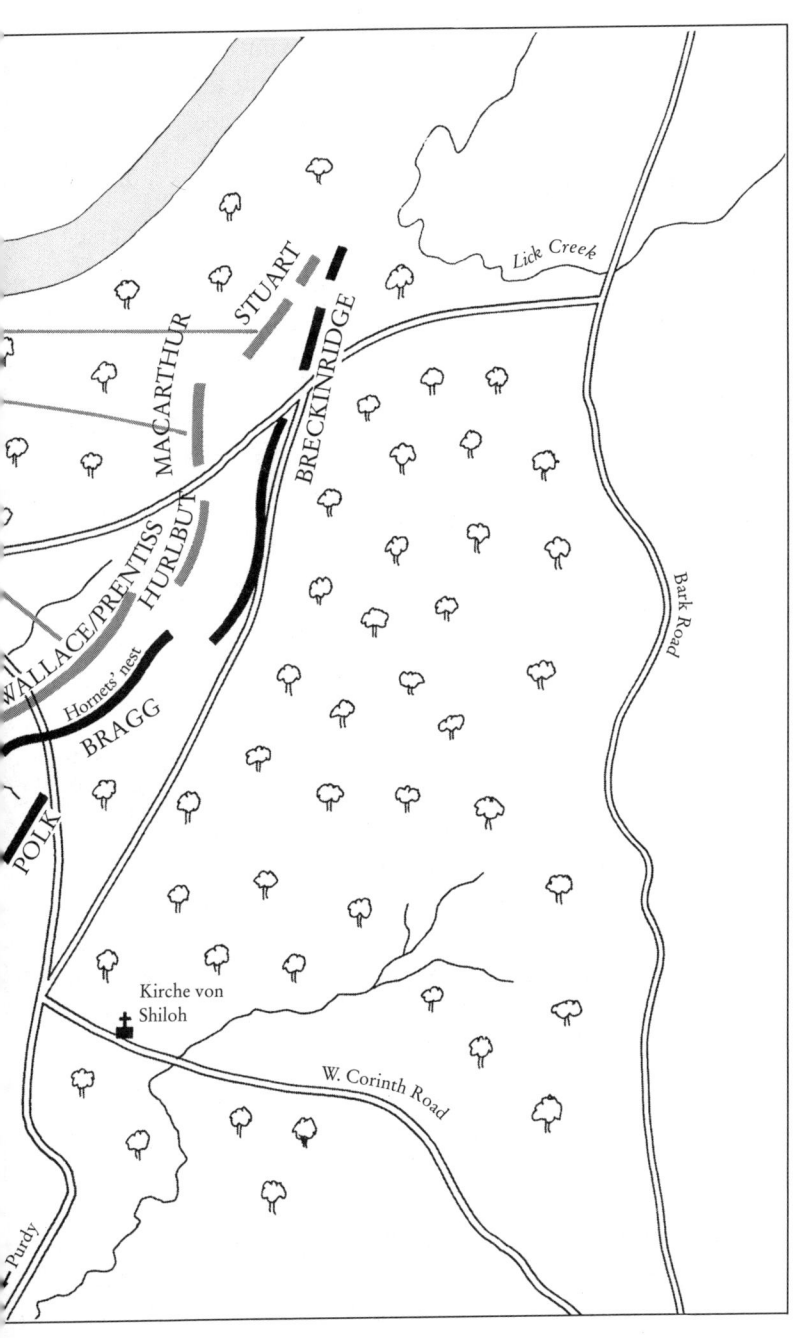

STUART

MACARTHUR

BRECKINRIDGE

WALLACE/PRENTISS

HURLBUT

Hornets' nest

BRAGG

POLK

Lick Creek

Bark Road

Kirche von Shiloh

W. Corinth Road

Purdy

verlangt hatte. Er sollte während des gesamten Krieges auf bedingungsloser Kapitulation beharren; damit leistete er seinen ersten entscheidenden Beitrag im Bürgerkrieg.

Zwei Monate nach der Einnahme von Fort Donelson – da auch das benachbarte Fort Henry erobert worden war, kontrollierte die Union nun den Cumberland und den Tennessee – trug Grant die Schlacht von Shiloh aus. Diesen Kampf hatten ihm die Konföderierten aufgezwungen; sie hofften, ihre durch die Niederlagen von Fort Henry und Fort Donelson getrennten Armeen wieder zu vereinigen, indem sie Grant in dem Frontkeil zwischen ihren beiden Flügeln überraschten. Die Überraschung gelang. General A.S. Johnston erfuhr, dass Grant unweit einer kleinen Kirche namens Shiloh am Oberen Tennessee Quartier bezogen hatte, marschierte durch dichtes Waldgebiet, näherte sich Grants Positionen und schlug sein Lager in der Nacht vom 5. auf den 6. April 1862 unentdeckt in Artilleriereichweite auf. Am nächsten Morgen rückten seine Männer zum Angriff vor, und erst ihre Eröffnungssalven machten Grant deutlich, dass er in Schwierigkeiten war.

»Während ich noch beim Frühstück saß«, schrieb er in seinen *Memoiren*, »hörte ich heftiges Feuern aus der Richtung von Pittsburg Landing und eilte sofort hin.« Es war ungefähr 6.30 Uhr. Grant befand sich mitsamt seinem Stab und seinen Pferden an Bord des Kanonenbootes *Tigress*. In Pittsburg Landing gingen alle von Bord, und er machte sich fieberhaft daran, eine sich abzeichnende Katastrophe zu verhindern. Viele Männer seiner fünf Divisionen – er befehligte ungefähr 35 000 Mann gegenüber Johnstons 40 000 – waren bereits geflohen und kauerten in dichten Scharen, die den ganzen Tag über Zulauf erhalten sollten, unterhalb des Tennessee-Ufers. In jenem Moment konnte Grant nichts mit ihnen anfangen. Er beorderte die frischen Regimenter, die gerade gelandet waren, an die Front und preschte davon, um sich anderen Schwierigkeiten zu widmen. Die erste war, wie bei Donelson,

Munitionsmangel. Da die Armee überrascht worden war, verfügten die Männer nur über die Vorräte in ihren Taschen; entsprechend den mannigfaltigen Waffen, mit denen sie ausgerüstet waren. Allein Shermans Division benötigte sechs verschiedene Arten von Patronen, die von den Munitionswagen nach vorn an die richtigen Stellen gebracht werden mussten.

Danach wendete Grant und galoppierte an seiner Front entlang, um jeden seiner fünf bedrängten Unterbefehlshaber aufzusuchen: von links nach rechts Hurlbut, Prentiss, Wallace, McClernand und Sherman. Auf einem Waldweg – mittlerweile war es etwa neun Uhr – ritt er zuerst zu McClernand, dessen Divisionen im Zentrum in Reserve gehalten werden sollten, doch bald in den Kampf verwickelt würden, und dann zu Prentiss. Dieser war bereits in eine verdeckte Schneise mit einem Brombeergesträuch davor zurückgetrieben worden; die Konföderierten, die ihren Hauptvorstoß gegen diese Stelle richteten, bezeichneten sie als Hornets' Nest. Grant befahl Prentiss, die Position um jeden Preis zu halten, und ritt dann weiter zu Wallace.

Er machte sich Sorgen um die Sicherheit einer Brücke über den Owl Creek, einen Nebenfluss des Tennessee, in seiner rückwärtigen Linie. Sie mussten seine dringend benötigten Verstärkungen überqueren: seine sechste Division, die er flussaufwärts zurückgelassen hatte, und die größere Streitmacht unter Buell in Savannah. Grant wies Wallace an, Infanteristen an der Brücke aufzustellen, und schickte Buell ein Kavalleriekommando mit einer Notiz, die er im Sattel kritzelte: »Der Angriff auf meine Streitkräfte wird seit dem frühen Morgen sehr energisch geführt. Das Eintreffen frischer Truppen auf dem Feld hätte beträchtliche Wirkung, weil es zum einen unsere Männer beflügelte, zum anderen den Feind entmutigen würde. Wenn Sie unter Zurücklassen Ihres Trosses am Ostufer des Flusses das Feld erreichen können, wird dieser Schritt uns zum Vorteil gereichen und uns möglicherweise den Sieg einbringen. Die Größe der Rebellenstreitmacht wird auf über 100 000 Mann geschätzt. Mein Hauptquartier liegt in dem Blockhaus auf dem Hügel, dort erwartet Sie ein Stabsoffizier, der Sie zu Ihrem Platz auf dem Feld führen wird.«

Diese Notiz sagt viel über Grants Geistesverfassung und seine Philosophie aus. Obwohl sie unter schwerem Artilleriefeuer und heftigem Druck auf die Einheiten geschrieben wurde, ist sie mustergültig formuliert und von hohem praktischen Wert – sie identifiziert den Ort, an dem Grants Stab vorzufinden ist, verspricht einen Führer und unterbreitet einen vernünftigen Vorschlag zur Fortsetzung des Marsches. Andererseits enthüllt sie akute Besorgnis, denn die angegebene Stärke der Konföderationsstreitmacht ist um mehr als das Doppelte zu hoch. Und doch wird, obwohl die materielle Ungleichheit unzweifelhaft Grants Hauptsorge ist, ein wichtiges moralisches Argument angeführt: Die Schlacht werde im Geist der Kämpfenden gewonnen oder verloren werden. Grant, der so häufig als ein bloßer Schlächter charakterisiert wird, denkt nicht an Blut, sondern an Ängste und Hoffnungen.

Er selbst ließ keine Angst erkennen. Kurz darauf machte er mit seinem Stab auf einer Lichtung Halt, von wo sie die Front überblicken konnten. Über ihren Köpfen krachten Schüsse; einer der Stabsoffiziere stupste einen anderen an und meinte: »Sag dem Alten um Himmels willen, dass wir hier verschwinden müssen.« Er erhielt die Antwort: »Sag's ihm selbst. Er wird glauben, dass ich Angst habe, und das stimmt, aber er soll's nicht merken.« Schließlich wandte sich ein dritter Offizier an Grant: »General, wir müssen verschwinden. Wenn wir hier bleiben, werden wir in fünf Minuten alle tot sein.« Der General, der völlig ungerührt wirkte, schaute sein Gefolge an, sagte: »Sie haben vermutlich Recht«, und führte seine Offiziere davon.

Gegen Mittag stand Grants Front an jeder Stelle unter Druck, und er verbrachte den Nachmittag damit, von einem Ort zum anderen zu reiten, seinen Befehlshabern Mut zuzusprechen, so viele verfügbare Regimenter, wie er finden konnte, nach vorn zu schicken und andere, die dem Kampf nicht mehr gewachsen waren, zurückzubeordern. Um 13 Uhr war er in Pittsburg Landing, wo Buell gerade mit dem Dampfer eingetroffen war, und drängte ihn, seine Verstärkungen rasch ins Feld zu führen. Aber im Allgemeinen hielt er sich dicht hinter der Front auf, wie sich die Soldaten mehrerer Regimenter erinnern. Er brachte das 15. Illinois, das von der eigenen Artillerie unter Feuer genommen worden war, wieder in Stellung. Das 81. Ohio, das vom Hornets' Nest zurückwich, wurde zweimal von Grant gestoppt und wieder vorgeschickt. Das Gleiche galt für das 11. Iowa. Das 15. Iowa, das seinen Platz an der Front verloren hatte, setzte Grant an einer anderen gefährdeten Stelle ein.

All seinen Bemühungen zum Trotz verschlechterte sich die Situation stetig. Um 16.30 Uhr befand er sich bei Prentiss hinter dem Hornets' Nest, wo A.S. Johnston, der Befehlshaber der Konföderierten, zehn Stunden zuvor gefallen war. Aber auch Wallace, der Prentiss unterstützte, war getötet worden; ihre beiden Divisionen blieben durch den Rückzug der Unionstruppen an den Flanken ungeschützt, und um 17.30 Uhr musste Prentiss, der nun nur noch 2000 Mann kommandierte, die weiße Fahne hissen.

Indem er seine Front verkürzte, war es Grant gelungen, die Lücke in Prentiss' Rücken zu schließen. Hätten jedoch die Konföderierten nicht ebenfalls unter Desorganisation gelitten, sondern noch dazu über die von Grant vorausgesetzte Überlegenheit von 100 000 zu 35 000 Mann verfügt, so hätten sie unzweifelhaft am ersten Tag bei Shiloh den Sieg davongetragen. Unter den gegebenen Umständen konnte Grant den Tag überstehen, indem er zurückwich, eine große Batterie von fünfzig Geschützen an seiner linken Flanke aufstellte und sich auf Shermans Unerschütterlichkeit auf dem rechten Flügel verließ. Ein Zeitungskorrespondent, der Grant zu Beginn der Abenddämmerung unter vier Augen vor sich hatte, fasste sich ein Herz und fragte, ob die Aussichten nicht trübe seien. »O nein«, erwiderte Grant, »heute Abend können sie unsere Linien nicht mehr durchbrechen – es ist zu spät. Morgen werden wir sie mit frischen Truppen angreifen und sie natürlich zurücktreiben.«

So geschah es. Die Armee des gefallenen Johnston hatte bis zum Abend des 6. April so schwere Verluste erlitten, dass sie auf 20000 Mann geschrumpft war. Grants eigene Armee, durch 25000 Mann verstärkt, war nun doppelt so groß. Die Südstaatler kämpften den Morgen des 7. April hindurch mit einem Mut, der Grants Bewertung ihrer Sache für immer ändern sollte. Bis dahin hatte er die Soldaten des Südens für irregeleitete Opfer von Demagogen gehalten. Danach wusste er, dass sie Patrioten waren, die im Gefecht nie wieder unterschätzt werden durften. Aber zahlenmäßig unterlegene Patrioten können ein Gefecht nicht durch die reine Macht der Gefühle gewinnen. Am frühen Nachmittag – als »die beiden Armeen« laut General Wallace »im Allgemeinen zu bloßen Kampfhorden degeneriert« waren, die weder Grant noch Beauregard, sein neuer Gegner, unter eingehender Kontrolle halten konnten – gaben sich die Südstaatler geschlagen. Kurz nach 14 Uhr erhielten sie den Rückzugsbefehl und waren bald darauf verschwunden. Grant »ritt am Tag nach der Schlacht mehrere Kilometer voran und entdeckte, dass der Feind die meisten, wenn nicht alle Vorräte, einen Teil der Munition und die Reserveräder seiner Munitionswagen zurückgelassen hatte, um seine Geschütze mit geringerer Last fortschaffen zu können«. Beauregards Darstellung war prägnanter: »Unser Zustand ist schrecklich. Soldaten völlig desorganisiert und demoralisiert … Keine Vorräte und keine Furage; folglich ist alles geschwächt … Unsere Artillerie wird an der Straße von ihren Offizieren zurückgelassen; überhaupt finde ich nur wenige Offiziere bei ihren Männern.« Ein wenig später meldete er seinem Oberkommando: »Wenn uns eine starke Streitmacht verfolgt, werden wir alles in unserer Nachhut verlieren. Die gesamte Straße zeigt das Bild einer wilden Flucht, und keine sterbliche Macht könnte etwas daran ändern.«

Grant hatte versucht, eine »starke Streitmacht« zur Verfolgung zu organisieren, doch seine Armee war nicht minder erschöpft. Er hatte 13 000 Gefallene, Verwundete oder Vermisste (insgesamt 1700 Tote) zu beklagen, damit war die Schlacht die bei weitem blutigste, die man bis dahin auf dem östlichen oder westlichen Kriegschauplatz geschlagen hatte. Sowohl die Verluste seiner Armee als auch die unbestreitbare Tatsache, dass er sie einem Überraschungsangriff ausgesetzt hatte, trugen ihm Anfeindung ein. Aber Shiloh war genauso unbestreitbar ein Sieg, und das zu einer Zeit, als der Norden kaum Siege zu verzeichnen hatte. Grant würde die Angriffe auf seine Reputation überstehen. Physisch hatte ihn die schwere Prüfung nicht gezeichnet. Emotional besaß er, wenn auch ermattet durch das Wissen um das beiden Seiten zugefügte Leid – »der Anblick war unerträglicher, als im feindlichen Feuer zu stehen« –, die Widerstandskraft, sich zu erholen. Moralisch rechtfertigte ihn das Ergebnis.

Vor allem aber wusste er nun, wie eine Schlacht auszufechten und zu gewinnen war. Viel schwerere Kämpfe – die Belagerung von Vicksburg und ihre Vorläufer, Champion's Hill, Chattanooga, Spotsylvania, North Anna, Cold Harbor und die lange Belagerung von Petersburg – standen ihm noch bevor. Doch keine hatte seinen Fertigkeiten, Männer zu befehligen und Ereignisse zu steuern, etwas hinzuzufügen. Keine künftige Erfahrung änderte die Vorstellung von der Realität, die er sich nun zu eigen gemacht hatte. Das Gesicht, das er seinen Soldaten bei Shiloh zeigte, war das gleiche, das er der Welt bei Appomattox und im Weißen Haus zeigte. Dieses Gesicht verglich der Essayist Henry Adams später mit dem Garibaldis: »Von den beiden schien das Garibaldis ein wenig intellektueller zu sein, doch bei beiden kam es nicht auf den Intellekt, sondern nur auf die Energie an. Der Typus war vor-intellektuell, archaisch und wäre sogar Höhlenbewohnern nicht anders erschienen.« Dieser Vergleich ist äußerst interessant, zum einen weil er nicht zutrifft – Grant besaß große intellektuelle Fähigkeiten, auf die es durchaus ankam –, und zum anderen weil Grant aus einem rein militärischen, amerikanischen in einen ideologischen, universalen Rahmen verlagert wird. Die viktorianische Welt vergötterte Garibaldi wegen seines von liberalem Ethos durchdrungenen militärischen Wagemuts. In unserer Zeit hätten seine Angriffe auf die Ordnung ihn zum Terroristen gestempelt; seine Epoche zollte ihm für seinen Einsatz von Gewalt zur Verwirklichung eines Ideals Ruhm und Bewunderung. Auch Grant fand die Mittel, seine Feldherrnkunst in den Dienst einer Sache zu stellen. Im Moment des Sieges pflegte seine soldatische Leistung sein politisches Verständnis völlig zu verdrängen. So großartig Grants Feldherrnkunst auch wirken mag, im Rückblick erscheint seine Einsicht in den Charakter des Krieges und in die Aktionsmöglichkeiten eines Generals im Kontext der Kriegsbedingungen bemerkenswerter. Wie es am Ende seiner *Memoiren* heißt, hatte er mit dem Krieg »eine Vermischung des Volkes« angestrebt. Nach Appomattox sollte mehr als ein Jahrhundert vergehen, bis eine solche Vermischung endlich stattfand. Dabei zeigt sich, dass Grants Rolle für die Beschleunigung des Prozesses nicht weniger wichtig war als die Lincolns.

Grant und die amerikanische Demokratie

Die »Vermischung des Volkes« ist eine, wenn auch nicht die einzige Definition eines Staates. Beispiellos unter den Gemeinwesen ihres Zeitalters, hatten die USA ihre Existenz als voll entwickelter Staat begonnen, den seine Gründerväter mit exakten Vollmachten für seine vollziehende, gesetzgebende und richterliche Gewalt ausgestattet hatten. Dank jenem Verfassungsgeschenk wurde Amerika im Moment seiner Geburt in einen Zustand versetzt, den ältere Gesellschaften erst nach jahrhundertelangen inneren Kämpfen erreicht hatten (und den viele noch heute nicht erreicht haben). »Vermischung« ist ein sanftes Wort, das auf Kompromiss und Konsens hindeutet. In der Praxis ist die Schaffung eines Staates ein blutiges Geschäft. Großbritannien, als dessen philosophisch folgerichtige Kopie die Vereinigten Staaten angesehen werden können, hatte das Muster der »Gewaltenteilung«, das die Gründerväter zu ihrer Verfassungsmatrix machten, erst nach wiederholten inneren Konflikten entworfen, die sich politisch am deutlichsten in seinem Bürgerkrieg im 17. Jahrhundert niederschlugen.

Trotz ihrer hohen Gesinnung ist die Verfassung der Vereinigten Staaten jedoch mit Blut befleckt, nicht nur mit dem der britischen Rotröcke, die den Kolonisten die Unabhängigkeit verwehren wollten, sondern auch mit dem der Loyalisten, welche die Unabhängigkeit ablehnten. Die Gründe für das Verhalten der Letzteren waren komplex, und Washingtons Sieg machte keineswegs alle hinfällig. »Partikularismus« war einer davon: der Glaube, dass eine souveräne Regierung, die sich anderswo auf amerikanischem Boden befand, den Interessen einzelner Siedlungsregionen nicht unbedingt am besten diente. Solche Ansichten beruhten auf der 1776 bereits enormen Zerstreuung der Siedlungsgebiete. Diese Entwicklung verstärkte sich im 19. Jahrhundert weiter und verlieh der

Argumentation der Partikularisten neues Gewicht. Deren lautstärkste Vertreter meldeten sich in den Südstaaten mit ihrer Sklavenwirtschaft zu Wort, die man weder umwandeln wollte noch konnte. Die Südstaatler wussten, dass ihre Mitbürger in anderen Regionen ihr System verabscheuten und dass sie es nur durch Manipulation des Verfassungsmechanismus verteidigen konnten. Dieses Verfahren stand für eine wachsende Mehrheit der Amerikaner nicht im Einklang mit den Grundprinzipien der Verfassung.

Damit war Amerikas Politik in den sechziger Jahren des 19. Jahrhunderts in einen inneren Widerspruch verstrickt, wie er den, von der Neuen Welt als sündhaft verurteilten Europäern nur allzu vertraut war. Dieser Widerspruch ließ sich nur durch die schlechte, alte Methode der Gewaltanwendung lösen. Hier geht es nicht darum zu erörtern, ob der amerikanische Bürgerkrieg wegen der Sklaverei entbrannte oder ob der Krieg hätte vermieden werden können. Der Krieg fand statt, und wir untersuchen Grants Rolle in ihm. Er mag für sich selbst sprechen.

»Die Ursache des großen Rebellionskrieges gegen die Vereinigten Staaten wird der Sklaverei zugeschrieben werden müssen«, schrieb er in seinen *Memoiren*: »Die Sklaverei war eine Institution, die, wo sie existierte, ungewöhnlicher Garantien für ihre Sicherheit bedurfte, und in einem Lande wie dem unsrigen, von dem ein großer Teil freies Gebiet ist und von einer intelligenten und wohlhabenden Bevölkerung bewohnt wird, hatten die Leute naturgemäß nur wenig Sympathie mit den an sie gestellten Forderungen zum Schutze derselben. Die Bewohner des Südens waren daher, um den Bestand ihrer Lieblingsinstitution zu sichern, davon abhängig, dass sie die Herrschaft über die allgemeine Regierung behielten ... Das war eine Erniedrigung, welche der Norden nicht länger gestatten wollte, als bis er die Macht erlangte, solche Bestimmungen aus den Gesetzbüchern zu tilgen. Vor der Zeit dieser

Eingriffe hatte die Mehrheit der Bevölkerung des Nordens an der Sklaverei nichts Besonderes auszusetzen, solange sie nicht gezwungen wurde, selbst die Sklaverei zu haben. Sie war aber nicht gewillt, zum Schutze dieser eigentümlichen Institution für den Süden die Stelle der Polizei zu spielen.«

Er fuhrt fort: »Es ist wahrscheinlich gut, dass wir den Krieg gerade zu der Zeit hatten, als derselbe sich entwickelte.« Grant räumt also ein, dass der Norden nur durch bewaffneten Kampf »die Macht erlangen« konnte, seine Differenzen mit dem Süden beizulegen. Aber dieser Ansicht war er nicht immer gewesen; in einem Brief an seinen Vater im November 1861 hielt er es noch für seine Hauptaufgabe, die Rebellion niederzuschlagen, nicht etwa die Vereinigten Staaten zu einer Gesellschaft ohne Widersprüche umzugestalten. »Ich neige dazu, die Rebellion niederzupeitschen und alle Verfassungsrechte zu bewahren. Wenn sie nicht anders als durch einen Krieg gegen die Sklaverei besiegt werden kann, dann sollen die legitimen Voraussetzungen für den Krieg geschaffen werden. Wenn es für das Weiterbestehen der Republik notwendig ist, dann soll die Sklaverei aufgegeben werden. Aber jene Vertreter der Presse, die den Beginn eines solchen Krieges schon jetzt befürworten, sind so große Feinde ihres Landes, als wären sie offene und erklärte Sezessionisten.«

Grants Sicht der Dinge änderte sich, nachdem er 1862 in die oberen Sklavenstaaten vorgedrungen war und die Gefühle im Süden kennen gelernt hatte. Dies unterstrich seine bereits bei Shiloh gemachte Entdeckung, dass die Soldaten der Konföderation aus Überzeugung, nicht aus Tollkühnheit kämpften. Seitdem wusste er, dass die Amerikaner zwei Völker waren und nur durch den Sieg der Mehrheit über die Minderheit zu einem einzigen gemacht werden konnten. Selbst nachdem er zu diesem Schluss gekommen war, richtete er sein Augenmerk über das Kriegsende hinaus auf die Notwendigkeit, dass Sieger und Besiegte lernten, harmonisch zusammenzuleben.

Das war die Vision der »Vermischung«, an der er fortan bis an sein Lebensende festhalten sollte.

Um seine Vision zu verwirklichen, musste Grant drei Entscheidungen fällen, deren erste in krassem Gegensatz zu den beiden anderen zu stehen scheint; es war die Entscheidung, einen totalen Krieg zu führen. Bereits im April 1863 schrieb Grant bekanntlich, Ziel sei »die totale Unterwerfung des Südens«, deshalb habe die Armee die Pflicht, »den Feind mit allen Mitteln zu schwächen«, indem sie nicht nur dessen Streitkräfte im Feld, sondern auch dessen Wirtschaft in der Heimat vernichte. Grants Titulierung als »erster moderner General« leitet sich von jener Schreckensbotschaft her. Trotz seines christlichen Glaubens war er zu der Überzeugung gelangt, dass die Doktrin von der »Verhältnismäßigkeit der Mittel« – Einschränkung von Gewalt innerhalb der Grenzen, die den Feind zum Gewaltverzicht zwingen – zwar für einen gerechten, nicht aber für einen auf Prinzipien beruhenden Krieg gelte. Noch bevor Sherman sich einen Namen als Mordbrenner und Zerstörer machte, verbrannte und zerstörte Grant also nach Kräften; er vertrieb Widerspenstige aus ihren Behausungen, sobald ein Territorium erobert war, und trug den Krieg brutal ins Innere der Südstaaten.

Aber es gab eine Grenze der Brutalität, die sogar Grant zu ziehen bereit war: Beim Einsatz von Gewalt duldete er keinen privaten Gesetzesbruch an Eigentum oder Personen. Grant war gesetzestreu bis in die Fingerspitzen. Daraus erklärt sich die zweite seiner Entscheidungen darüber, wie die »Vermischung« zu erzielen sei: Er durfte niemals, über wie große Vollmachten als Befehlshaber er auch verfügte, die Autorität des Kongresses oder des Präsidenten beeinträchtigen. Der »kleine, verschüchtert wirkende Mann«, wie ein Beobachter bemerkte, der am 9. März 1864 im Weißen Haus von Lincoln den wiederhergestellten Rang eines Generalleutnants empfing, brachte zur Erwiderung nur ein paar Worte hervor, es waren Worte des Dankes, mit denen er sich zugleich zu seiner Verantwortung bekannte.

Bei einer seiner ersten Begegnungen als Oberbefehlshaber mit Kriegsminister Stanton wurde ein toter Punkt erreicht, und Stanton warnte, er werde mit Grant »zum Präsidenten« gehen müssen. Der General antwortete: »In Ordnung. Der Präsident hat einen höheren Rang als wir beide.« Präsident und General hatten bereits die Anstandsregeln ihrer Beziehung festgelegt. Bei ihrem ersten Privatgespräch erklärte Lincoln: »Alles, was er wünsche und immer gewünscht habe, sei, dass irgend jemand die Verantwortlichkeit übernehmen, handeln und von ihm die erforderliche Unterstützung verlangen möge; er wolle sich verpflichten, jegliche Macht der Regierung zu benutzen, damit diese Unterstützung gewährt werde.«

Grant wiederum versicherte dem Präsidenten, »ich würde mit den vorhandenen Mitteln mein Bestes tun und soweit wie möglich vermeiden, ihn oder das Kriegsministerium zu belästigen«. Sein Bestes zu tun konnte jedoch nicht heißen, dass er sich dem Präsidenten in Fragen der Strategie unterordnete; er hatte es sich bereits zum Prinzip gemacht, dass »ich dem Präsidenten meine Pläne nicht mitteilte«.

Andererseits bedeutete es, dass er sich Lincoln in allen nichtstrategischen Angelegenheiten beugte. Nachdem Grant den Befehl erhalten hatte, Schwarze in die Unionsarmee einzuziehen – eine umstrittene Maßnahme –, antwortete er dem Präsidenten: »Sie können sich darauf verlassen … Ich würde es tun, ob mir die Bewaffnung des Negers klug erscheint oder nicht, denn es handelt sich um einen Befehl, dem ich gehorchen muss, und ich glaube nicht, dass meine Position mir das Recht gibt, das politische Handeln der Regierung in Frage zu stellen.«

Seine dritte Entscheidung ging aus der zweiten hervor. So wie er einsah, dass angemessene Gesetze Demut gegenüber der Autorität der Regierung erforderten, so akzeptierte er auch, dass einem Amerikaner Demut gegenüber der Souveränität des Volkes anstehe. Grant war im tiefsten Innern wahrscheinlich kein demütiger Mensch. Die wahrhaft Demütigen entziehen sich der Macht, selbst wenn sie ihnen aufgedrängt wird; Grant wies Macht, die ihm angetragen wurde, nie zurück, sondern war, nach jeder äußeren Beschreibung zu schließen, befriedigt darüber und kam sich erhöht vor. Die Tatsache, dass er sich seiner eigenen Darstellung zufolge »nie besser fühlte« als während seiner Befehlshaberschaft in den Fiebersümpfen des Mississippi, lässt stark vermuten, dass sein Aufstieg in einen so hohen Rang seine profunde innere Einschätzung des eigenen Wertes befriedigte. Dennoch war es eine Einschätzung, die er streng in den für seine amerikanischen Zeitgenossen gültigen Grenzen der Schicklichkeit hielt.

Weniger bedeutende Männer von ähnlichem Rang taten es ihm nicht gleich. Frémont entwickelte absurde Allüren vermeintlich europäischer Art. McClellan genoss den Titel des »Jungen Napoleon« und glaubte, sich dadurch die Präsidentschaftswahl von 1864 sichern zu können. Halleck kultivierte olympische Erhabenheit. Longstreet spielte die Primadonna und leistete sich Nervenzusammenbrüche, wenn ihm jemand in die Quere kam (vornehmlich bei Gettysburg, als Lee auf seine Theatralik hätte verzichten können). Indem diese Männer – und viele andere in ihrer Position – Bedeutsamkeit vortäuschten, gaben sie einem Impuls nach, dem Oberbefehlshaber schwer standhalten können. Der Generalsrang wirkt sich negativ auf seine Träger aus. Wie jeder, der sich mit den Gepflogenheiten des Militärs auskennt, nur zu gut weiß, befällt die vernünftigsten Männer Dünkel, sobald ihre Schultern Sterne zieren. Da »General« ein Wort ist, mit dem die Literatur Alexander den Großen und den langweiligsten Pentagon-Bürokraten ein und derselben Kategorie zuordnet, verlangen ausgeglichene Oberste, kaum dass sie die nächste Rangstufe erklommen haben, plötzlich die Diadochen gebührende Ehrerbietung. Und das Militär, das letzte überlebende Modell der Höfe heroischer Kriegführer, tut ihnen in der Regel den Gefallen, ihren Hirngespinsten freien Lauf zu lassen.

Grant widersetzte sich solchen Hirngespinsten mit republikanischer Strenge. Als er sich zu Beginn des Bürgerkriegs beim Generaladjutanten um eine Stellung bewarb, setzte er seine Ambitionen äußerst bescheiden an: »Da ich … es für die Pflicht eines jeden, der auf Kosten der Regierung erzogen worden ist, halte, seine Dienste der Unterstützung dieser Regierung zu weihen, habe ich die Ehre, bis zum Schlusse des Krieges meine Dienste ganz ergebenst anzubieten in solcher Stellung, wie sich für mich finden mag.« Er bemerkte, dass er sich »fähig fühle, ein Regiment zu befehligen«; nachdem er diesen Rang hinter sich gelassen hatte, unterhielt er weiterhin einen Stab, der nicht größer als der eines Regimentsobersten war, und damit begnügte er sich bis Kriegsende.

Die Legende von Grants Bescheidenheit war fast so wichtig wie die Tatsache seiner Triumphe, die ihn zum ersten Kriegshelden des Nordens und schließlich zum Präsidenten der wiederhergestellten Union machte. Aber noch wichtiger, als der Gradmesser dieser Studie der Feldherrnkunst – war die »vertrauliche Achtung«, die sein Oberbefehl den Soldaten entlockte. »Vertrauliche Achtung« ist in etwa die höchste Form der Ehrenbezeigung, die Amerikaner als angemessen für einen Helden ansehen, und Grants unheroisches Heldentum war perfekt auf den Populismus der Gesellschaft abgestimmt, die er zum Sieg führte. Eine Abweichung von diesem Stil hätte dem widersprochen, was Europäer als typisch amerikanisch an der Zivilisation der Neuen Welt und als bedauerlicherweise nicht verpflanzungsfähig einschätzen.

In der Alten Welt blieb die Kapitulation vor der Anziehungskraft des Helden als Führer, Kriegshäuptling und Übermensch eine Möglichkeit, die im Unterbewusstsein ihrer traditionellen Gesellschaften verwurzelt war. In der Mitte des 20. Jahrhunderts sollte diese Möglichkeit verhängnisvolle Realität werden.

Hitler

Porträt Hitlers in Wehrmachtsuniform. Gemälde 1941, von Franz Triebsch

IV   Falsches Heldentum: Hitler als Oberster Befehlshaber

Heutzutage stufen wenige Hitler als Soldaten ein. Aber er selbst hielt sich für einen Soldaten, ebenso sehr wie für einen Politiker oder Künstler, die seltsamste seiner Verirrungen. Sein politisches Testament, das er am 28. April 1945 in seinem Berliner Bunker diktierte, während russische Granaten auf den Garten der Reichskanzlei über ihm niedergingen, beginnt mit dem Satz: »Seit ich 1914 als Freiwilliger meine bescheidenen Kräfte im ersten, dem Reich aufgezwungenen Weltkrieg einsetzte …« Mit jenen Worten bezieht er sich direkt auf das Versprechen, das er dem deutschen Volk bei Ausbruch des Zweiten Weltkriegs am 1. September 1939 gab: »Ich verlange von keinem deutschen Mann etwas anderes, als was ich selber über vier Jahre lang bereit war, jederzeit zu tun! … Ich will jetzt nichts anderes sein als der erste Soldat des Deutschen Reiches! Ich habe damit wieder jenen Rock angezogen, der mir selbst der heiligste und teuerste war. Ich werde ihn nur ausziehen nach dem Sieg oder – ich werde dieses Ende nicht überleben!« Sechsunddreißig Stunden nachdem er sein politisches Testament unterzeichnet hatte, setzte er sich – immer noch mit seiner persönlichen Variante der feldgrauen deutschen Soldatenuniform bekleidet, die er tatsächlich den ganzen Krieg hindurch getragen hatte – eine geladene Dienstpistole an die Schläfe und drückte ab.

Nicht nur die äußerliche Symbolik oder die Art seines Todes zeigten an, dass Hitler mit dem Schwert gelebt hatte. Mit Antritt des deutschen Präsidentenamtes im Jahre 1934 wurde er nomineller Befehlshaber der deutschen Armee und Flotte. 1938 gründete er das Oberkommando der Wehrmacht (OKW) und übernahm die höchsten Operationsvollmachten für die Streitkräfte. Und am 18. Dezember 1941, nachdem er Brauchitsch als Oberbefehlshaber des Heeres entlassen hatte, übte er selbst auf diesem Posten die direkte Kontrolle über die deutschen Heere im Feld aus. Er sollte den Oberbefehl über einen längeren Zeitraum hinweg innehaben als jeder andere Deutsche während des Zweiten Weltkriegs. Alle drei bei Kriegsausbruch amtierenden Oberbefehlshaber der Heeresgruppen – von Leeb, von Bock und von Rundstedt – waren vor Kriegsende entlassen worden, ebenso wie elf der 18 Feldmarschälle, die Hitler ernannt hatte, und 21 seiner 37 Generalobersten. Keiner seiner vier Generalstabschefs während des Krieges – Halder (September 1939 bis September 1942), Zeitzler (September 1942 bis Juni 1944), Guderian (Juni 1944 bis März 1945) oder Krebs (in der Schlacht um Berlin gefallen) – hatte seinen Posten länger als drei Jahre inne. Nur Keitel und Jodl hatten eine ähnlich lange Dienstzeit im OKW zu verzeichnen, doch sie waren Hitlers Handlanger, keine unabhängigen Entscheidungsträger. Also war Hitler Oberbefehlshaber nicht nur dem Namen nach, sondern auch in der Realität und damit tatsächlich »der erste Soldat des Reiches«.

Hitlers fünfeinhalb Jahre währendes Oberkommando stellte, wie er häufig betonte, nicht seine erste Erfahrung mit dem Militärleben dar. Sein Dienst im Ersten Weltkrieg war fast genauso lang (August 1914 bis Oktober 1918) und ehrenvoll gewesen, dass sich jeder Deutsche seiner Generation mit Stolz daran erinnert hätte. Er bezeichnete sich als Frontkämpfer, und das zu Recht. Hitler wurde dreimal verwundet – einmal traf ihn ein Schrapnell ins Gesicht, einmal ein Granatsplitter in den linken Oberschenkel und einmal ließ ihn Giftgas vorübergehend erblinden –, er nahm an zwölf Schlachten teil, leistete 25 weitere Einsatzzeiten in den Schützengräben ab und wurde fünfmal ausgezeichnet, zuletzt mit dem Eisernen Kreuz I. Klasse. Abgesehen von zweimaligem Heimaturlaub und fünf Monaten im Lazarett, war er von

Oktober 1914 bis Oktober 1918 ständig bei seiner Einheit, dem 16. Bayerischen Reserve-Infanterie-Regiment, an der Westfront. Der »gute Soldat Hitler« war ein Titel, den man ihm ohne jegliche Ironie hätte verleihen können.

Zudem kommt den Umständen seines Kriegsdienstes eine Bedeutung zu, die fast all seinen Biografen entgangen oder von ihnen unterschätzt worden ist. Es geht um das Regiment, in dem er diente, und um die Aufgabe, die er erfüllte. Zuerst zum Regiment: Seine Eigenschaften tragen zu der Erklärung bei, weshalb Hitler noch viele Jahre später von »dem gewaltigen Eindruck gerade dieses größten Erlebnisses [des Krieges]« sprach und weshalb er verkünden konnte: »Denn dass die Überwindung des einzelnen Interesses und des eigenen Ichs zugunsten einer Gemeinschaft möglich ist, hatte überwältigenderweise der große Heldenkampf unseres Volkes bewiesen.« Sämtliche Biografen Hitlers sehen ihn von seinem frühen Mannesalter an als ein Individuum, das sich durch sein Gefühl der Andersartigkeit, der nicht anerkannten Begabung und der Frustration von seiner Umgebung abhob. Für Sozialpsychologen ist er das klassische Beispiel des zornigen jungen Mannes aus der unteren Mittelschicht, der sich gegen die Zwänge und Beschränkungen einer festgefügten Gesellschaftsordnung auflehnt. In dieser Gesellschaft gab es keinen Platz für Leute, die sich nach oben kämpfen wollten, es sei denn, sie hatten die Beziehungen und Qualifikationen, die Hitler entweder fehlten oder die zu erwerben er verschmähte. Die Verkommenheit und das Elend seiner Wiener Jahre können deshalb als selbst gewählt betrachtet werden: die Gelegenheitsarbeiten, der Verkauf von Postkarten, das Nomadentum in möblierten Zimmern und Männerwohnheimen, der Versuch, stets den Schein zu wahren, das Verlangen, als jemand akzeptiert zu werden, der er offenkundig nicht war – als Künstler, Architekt, Intellektueller, als Bohemien aus guter Familie und als Kadett der deutschen Elite des Reiches. Da man ihn in Österreich-Ungarn als das, was er war, als einen Beinahe-Vagabunden einschätzte, der sich der Wehrpflicht entziehen wollte – denn sonst hätte er zusammen mit den Tschechen, Kroaten und Juden, die er vermied und verachtete, dienen müssen –, sah er sich 1913 gezwungen, nach München zu fliehen. Dort, wo es ihm gelang, sich vom Habsburger Militärdienst freistellen zu lassen, fand er sowohl eine physische als auch eine Art psychische Zuflucht. Später sollte er die Monate, die er als Untermieter bei der Familie eines Schneiders verbrachte, als die »glücklichsten und zufriedensten« seines Lebens beschreiben. Es war jedoch eine vergängliche Zufriedenheit. Er blieb ein Mann am Rande der Gesellschaft – umgeben von dem Deutschtum, das er so sehr bewunderte, doch kein Teil davon.

Dann kam der August 1914 und mit ihm der Krieg und die Fanfarenstöße. Als österreichischer Staatsbürger brauchte Hitler keinen Wehrdienst in der bayerischen Armee zu leisten (Bayern unterhielt gemäß den Bedingungen des Reichsbeitritts von 1871 eine separate Armee innerhalb des deutschen Militärsystems). Er beschloss, sich freiwillig zu melden, richtete am 3. August, dem dritten Tag nach Kriegsausbruch, eine entsprechende Eingabe an den König von Bayern und erhielt sofort die Genehmigung. Am 16. August wurde er dem 16. Bayerischen Reserve-Infanterie-Regiment zugeteilt.

Seine Aufnahme in dieses Regiment muss als Schlüsselereignis in Hitlers Leben angesehen werden, denn es bestand aus jungen Deutschen genau jener Schicht, in die aufgenommen zu werden er sich so lange Zeit vergeblich bemüht hatte. Seine Kameraden waren überwiegend Abiturienten, Studenten und mittelständische Berufsanfänger, welche die deutschen Militärbehörden bis dahin absichtlich nicht zum Wehrdienst eingezogen hatten. Vor 1914 war Deutschlands Geburtenziffer so viel höher als die Frankreichs, seines möglichen Hauptgegners, dass die Armee – dem Wunsch des

Reichstags entsprechend, der mit einem festgesetzten Steuer-
niveau das beträchtliche Investitionsprogramm der Industrie
zu stützen beabsichtigte – jährlich dreißig Prozent weniger
Wehrpflichtige eingezogen hatte als die Franzosen; die übrigen wurden der sogenannten Ersatzreserve zugewiesen. Im
August 1914 stellte man aus ihr sofort 14 neue aktive Divisionen zusammen, darunter die 6. Bayerische Reserve-Division,
zu der das 16. Bayerische Reserve-Regiment gehörte. Offiziere und Unteroffiziere entstammten dem stehenden Heer, und
die Reihen der gemeinen Soldaten wurden mit Rekruten gefüllt, die genauso unausgebildet wie Hitler waren.

In Anbetracht von Hitlers Persönlichkeit mag es absonder-
lich wirken, dass unter seinen zahlreichen Ressentiments niemals Klagen über die Verweigerung eines Offizierspatents
auftauchten – ja nicht einmal eine Beschwerde, mit der er später als Führer den Berufsoffizieren zusetzte, obwohl er ihnen
sonst alle denkbaren Mängel vorhielt. Zwei Gründe könnten
diese Unterlassung erklären: Erstens beförderte man im deutschen Heer, wie Hitler wusste, aus den Reihen der zum Krieg
Eingerückten einen viel geringeren Prozentsatz zu Offizieren
als bei den britischen oder französischen Streitkräften. Sogar
auf dem Höhepunkt der Kämpfe strebte die deutsche Armee
danach, die Exklusivität des Offizierskorps zu wahren; sie
verließ sich darauf, dass engagierte Unteroffiziere, im Rang
von »Feldwebel-Leutnants« oder »Offiziersstellvertretern«
die Führungskader lieferten, welche die feindlichen Armeen
aus Absolventen der Grandes Ecoles oder der Public Schools
rekrutierten. Deshalb mag Hitler sein Verharren im Mannschaftsstand ohne Groll akzeptiert haben, unterschied sich
sein Los doch nicht von dem Zehntausender anderer in Maßen gebildeter junger Soldaten. Der zweite Grund geht aus
dem ersten hervor. Im 16. Bayerischen Reserve-Regiment befand Hitler sich unter Gleichaltrigen, deren Kameradschaft er
für gesellschaftliche Anerkennung, wenn nicht gar für sozia-

len Aufstieg hielt. Die Regimenter der »Ersatzreserve« entsprachen in ihrer Zusammensetzung und ihrem Ethos denen der britischen Bataillone aus Amts- und Club-»Gefährten«, die sich 1916 zu Zehntausenden in der Somme-Schlacht opferten. Die Gemeinen der Ersatzreserve waren nicht, wie einige der »Gefährten«-Bataillone hervorhoben, Gentlemen, die ritterlich auf den Offiziersrang verzichteten. Aber wie die »Gefährten« gehörten sie zu den besten und intelligentesten jungen Männern des Landes und wie diese waren sie dazu verurteilt, eine verlorene Generation zu werden.

Das dürfte in erster Linie erklären, weshalb Hitler den Krieg für das »größte Erlebnis« hielt (die gleiche Meinung vertraten die »Gefährten«, welche die Somme-Schlacht überlebten). Die Ersatzreserve-Regimenter des deutschen Heeres sollten ihre Somme-Erfahrung zwei Jahre früher machen als die »Gefährten«, nämlich in einer Schlacht gegen Briten, Franzosen und Belgier in Flandern, die in Deutschland als »Kindermord bei Ypern« bekannt wurde. Im Oktober 1914 wollte das Oberkommando unbedingt eine Lücke in der, wie sich abzeichnete, bald fortlaufenden Verschanzungslinie zwischen der Schweiz und dem Meer offen halten; deshalb beendete es die Ausbildung von neun Ersatzreserve-Divisionen in Deutschland und beförderte sie hastig an die Front. Eine davon war Hitlers Division, die am 29. Oktober zwischen Hollebeke und Messines lag, ein wenig südlich von dem Ort Ypern, der dem »Kindermord« seinen Namen verleihen sollte. Ihre Gegner waren die Soldaten der Britischen Expeditionsstreitkräfte, die nach dreimonatigen Kämpfen schrecklich geschrumpft waren, doch aus bewährten Einheiten mit erfahrenen Berufssoldaten bestanden. Als die deutschen Rekruten, keiner mit mehr als zwei Monaten Exerzierplatzausbildung, die britischen Schützengräben angriffen, wurden sie zu Hunderten niedergemäht. Von den 3600 Mann des 16. Bayerischen Reserve-Regiments (gewöhnlich nach seinem Kommandeur, der am zweiten Tag der ersten Schlacht fiel, als Regiment List bekannt) starben 349 während der Attacke. Vier Tage später waren nur 611 unversehrt geblieben. Hitlers Kompanie von 250 Mann hatte Anfang Dezember nur noch 42 Soldaten. Er selbst war zum Gefreiten befördert und für das Eiserne Kreuz II. Klasse vorgeschlagen worden.

Der »Kindermord bei Ypern« hatte eine profunde Auswirkung auf die deutschen Gefühle, vergleichbar den Empfindungen in Großbritannien zwei Jahre später, nachdem die »Gefährten« an der Somme niedergemetzelt worden waren. Zwischen einem Drittel und der Hälfte der Infanterie von neun Divisionen, etwa 40 000 Mann, wurden in zwanzigtägigen Kämpfen getötet oder verwundet. Frühere Schlachten hatten nicht weniger Opfer gekostet, doch es waren ausgebildete und auf den Krieg vorbereitete Soldaten gewesen. Die militärische Unschuld, die Jugend und – vielleicht vor allem – die höhere soziale Herkunft der Opfer von Flandern ließen ihren Tod so schmerzlich werden, zerstörten das letzte bisschen Glauben an die Möglichkeit eines kurzen Krieges und waren eine Warnung, dass der gesellschaftlichen Zukunft Deutschlands noch schlimmerer Schaden drohe. Der »Kindermord« kennzeichnete den Moment, in dem sich die Deutschen zum ersten Mal die Realität des totalen Krieges vergegenwärtigten. Aber es war ein Wendepunkt nicht nur im Leben der Gemeinschaft, sondern auch in dem eines jeden Überlebenden. Hitler war einer von ihnen. Die meisten der Kameraden, mit denen er München im Oktober 1914 verlassen hatte, sollte er nie wiedersehen. Die kurze Bruderschaft mit dem »Jungdeutschland« seiner Träume war unvermittelt zerschmettert worden. Die Reserviertheit und das eigenbrötlerische Verhalten, die all seinen Schützengrabenkameraden – Nachschub für die Verluste von 1914 – aus den späteren Kriegsjahren im Gedächtnis blieben, könnten darauf hinweisen, dass Hitlers eigenes kurzes, teures Gemeinschaftsgefühl zerschmettert worden war.

Je länger sich der Krieg hinzog, desto sensationeller wurde Hitlers Überleben. Im Kriegsverlauf sollte das Regiment List knapp über 100 Prozent seiner theoretischen Stärke einbüßen; insgesamt fielen 3754 Mann. Dieses qualvolle Verzeichnis, das keine Parallele in der Erfahrung jeder vorhergehenden Militärgeneration kennt und dem Denken des späten 20. Jahrhunderts kaum glaubhaft erscheint, war keineswegs ungewöhnlich für die Zahl der Regimentsopfer im Ersten Weltkrieg. Bis 1917 erlitten die Infanterieeinheiten sämtlicher Armeen, die seit 1914 an der Front gekämpft hatten, Verluste von 100 Prozent (wenn man Tote und Verwundete zusammenrechnet), und am Ende hatten manche Einheiten und Verbände mehr als 200 Prozent Verluste hinnehmen müssen. Das Neufundland-Regiment der britischen Armee wurde am ersten Tag der Somme-Schlacht, am 1. Juli 1916, zu fast 100 Prozent aufgerieben, und von den 28 Offizieren, die im Mai 1915 mit dem 7. Royal Sussex Regiment nach Frankreich übergesetzt hatten, waren am 11. November 1918 nur noch zwei übrig geblieben. Vier von neun Franzosen, die zwischen 1914 und 1918 bei Kampfeinheiten dienten, wurden getötet oder verwundet; fast zwei Millionen – vielleicht sogar vier – von 35 Millionen deutschen Männern verloren im selben Zeitraum ihr Leben. Wenn man die Zahl der kriegspflichtigen Männer mit 15 Millionen ansetzt, ergibt sich, dass ein Viertel jener Generation irgendwo in Frankreich, Belgien, Russland oder auf dem Balkan begraben wurde.

In diesem Zusammenhang erscheint Hitlers Überleben umso bemerkenswerter. Dabei war er kein Drückeberger oder ein Soldat mit einem »Druckposten«. Sogar in einem Infanterieregiment gab es ungefährliche Pflichten, etwa die eines Kochs, eines Schreibers oder Pferdepflegers. Mit keiner dieser Pflichten wurde Hitler betraut, und er hätte sie wohl auch nicht akzeptiert. Alle, die gemeinsam mit ihm dienten – Offiziere wie gemeine Soldaten –, bezeugen seine ungewöhnliche Gewissenhaftigkeit und seinen persönlichen Mut. 1922, lange bevor es einträglich gewesen wäre, ihn zu loben, und als Hitler immer noch bestenfalls ein Schwadroneur am Rand der nationalistischen Politik war, ergingen sich drei seiner Offiziere in ihren Kriegserinnerungen über ihn in den höchsten Tönen der Wertschätzung. General Pietz, der das Regiment List befehligt hatte, erwähnte seinen außergewöhnlichen Schneid und die verwegene Furchtlosigkeit, mit der er sich bedrohlichen Situationen und den Gefahren der Schlacht stellte. Oberst Spatany entsann sich, dass Hitler allen in seiner Umgebung ein glänzendes Beispiel gegeben habe. Sein Mut und seine beispielhafte Haltung in jeder Schlacht hätten starken Einfluss auf seine Kameraden ausgeübt; dies habe ihm zusammen mit seiner bewundernswerten Bescheidenheit den Respekt von Vorgesetzten und Offizieren eingetragen. Oberstleutnant von Tubeuf bestätigte, dass Hitler sich für die mühsamsten und gefährlichsten Aufgaben freiwillig gemeldet und ihm von all seinen Männern menschlich am nächsten gestanden habe. Die Ansichten, die Hitler in Privatgesprächen äußerte, hätten Zeugnis von seiner tiefen Vaterlandsliebe und seinem völlig aufrichtigen und ehrenwerten Charakter abgelegt.

Jahre später, in der Endphase der Kampfzeit, die Hitler an die Macht brachte, höhnten übel wollende Gegner, Hitler sei entgegen seinen Behauptungen kein Frontkämpfer, sondern nur Meldegänger gewesen, eine Beleidigung, die sich kein Frontkämpfer gefallen lassen hätte, denn ein Meldegänger nahm ungewöhnliche Risiken auf sich. Als Meldegänger des Bataillonshauptquartiers – Hitler gehörte zum III. Bataillon des Regiments List – hatte er seinem Stab in der Linie jederzeit zur Verfügung zu stehen und konnte »unter« oder über der Erde nach vorn geschickt werden – je nachdem, wie es die

Kommunikation mit dem Frontschützengraben verlangte. Hitler hat eine überzeugende Schilderung der Folgen einer solchen unablässigen Gefährdung hinterlassen: In Wytschaete seien am ersten Angriffstag drei von acht Meldegängern getötet und einer schwer verwundet worden. Die vier Überlebenden und der Schwerverwundete hätten Belobigungen für mustergültige Führung erhalten. Während Hitler und jene anderen außerhalb des Hauptquartierunterstandes auf die Entscheidung des Bataillonkommandeurs warteten, wer von ihnen für das Eiserne Kreuz vorgeschlagen werden solle, »traf eine Granate den Unterstand, verwundete Oberstleutnant Engelhardt und tötete oder verwundete den Rest seines Stabes«. Diese Episode, ganz zu Anfang von Hitlers Kriegserfahrung, sollte sich später unzählige Male wiederholen.

Obwohl wir über kein Kriegstagebuch von Hitler, sondern nur über ein paar seiner Briefe von der Front verfügen, ist es keineswegs unmöglich, eine authentische Version seiner Erfahrungen als Meldegänger zu rekonstruieren. Bataillonsstellungen an der Westfront, wie sie das III. Bataillon des 16. Reserve-Infanterie-Regiments besetzte, nahmen etwa 1 350 Meter der Front ein und weiteten sich ungefähr 3 600 Meter nach rückwärts aus. Zwei Schützengraben-Linien für Front- und Unterstützungstruppen durchschnitten in 1 800 Meter Entfernung voneinander den Sektor, und 1 800 Meter dahinter lag eine dritte Position. Das Bataillonshauptquartier befand sich in der dritten Stellung in äußerster Reichweite der feindlichen Feldartillerie. Als Bataillonsmeldegänger verbrachte Hitler seine Zeit im Hauptquartier und wurde nach vorn geschickt, sobald die Pflicht es verlangte. Botschaften für die Frontlinie waren mit XXX für »dringend«, XX für »schnell« und X für »bei Gelegenheit« gekennzeichnet. In ruhigeren Perioden durften X-Botschaften angesammelt werden, bis ein Meldegänger routinemäßig nach vorn geschickt wurde; XX-Botschaften mussten sofort und XXX-Botschaften um jeden Preis überbracht werden. Der Weg an die Front verlief zunächst über dem Boden; dann führten von der Unterstützungslinie Verbindungsgräben zur Frontlinie. Unter Artillerie- oder Maschinengewehrfeuer legte ein Meldegänger also den gefährlichsten Teil seiner dreieinhalb Kilometer langen Strecke »unter der Erde« zurück. Aber Verbindungsgräben wurden oft nur notdürftig ausgehoben, standen unter Wasser und konnten unter Artilleriebeschuss einbrechen. Genau dann, wenn ein Meldegänger am meisten Schutz benötigte, musste er unter Umständen seinen Weg über der Erde fortsetzen und von einem toten Winkel oder von einem Granattrichter zum anderen springen. Folglich waren die Verluste unter Meldegängern bei intensiverem Stellungskrieg stets hoch und im Verlauf von Schlachten besonders schwer. Auf diese Weise zog sich auch Hitler seine schlimmste Verwundung zu. Am 7. Oktober 1916 wurde er bei Bapaume nach vorn geschickt – die Wucht des britischen Feuers war so heftig, dass sein Offizier um Freiwilligenmeldungen gebeten hatte – und von einem Granatsplitter in den linken Oberschenkel getroffen und kampfunfähig gemacht. Die Wunde war so schwer, dass man ihn ins Lazarett nach Deutschland schickte, wo er fünf Monate zur Genesung benötigte.

Diese Verwundung ereignete sich in der Mitte von Hitlers Kriegseinsatz, den er ausschließlich an der Westfront und fast ständig gegenüber dem britischen Abschnitt in Flandern verbrachte. Abgesehen von einem kurzen Aufenthalt in dem ruhigen Sektor im Elsass im Herbst 1917, befand er sich stets in der Nähe von Ypern, Lille oder Laon, dem trübseligsten, feuchtesten und vielleicht gefährlichsten Sektor des Stellungskriegs; dort konzentrierten sich die Kämpfe, deren Intensität von ständigem Beschuss und Stoßtruppangriffen bis hin zu umfassenden, erbitterten Artillerie- und Infanterieoffensiven reichte. Hitlers Division stand den Briten in drei der größten Westfrontschlachten gegenüber: bei Ypern, an der

Somme und bei Arras. Am Ende des Jahres 1918, nach dem Scheitern der Ludendorff-Offensiven, mit denen der Krieg gewonnen werden sollte, bevor amerikanische Verstärkungen Deutschland zur unvermeidlichen Niederlage verurteilten, war die Division derart geschrumpft, dass zwei ihrer drei Regimenter zusammengelegt werden mussten, um die Verluste wettzumachen. Kurz darauf, am 13. Oktober 1918, hielt sie eine Position unweit der Stelle, wo sie den Krieg begonnen hatte – bei Werwick in der Nähe von Ypern –, als ein britisches Giftgasbombardement Hitler in den Frontgräben überraschte. Er war kurz zuvor, als er unter schwerem Feuer über eine offene Fläche hinweg eine Meldung überbracht hatte, mit dem Eisernen Kreuz I. Klasse ausgezeichnet worden. Das Gas, das unbemerkt in seinen Unterstand sickerte, war ein heimtückischerer Feind. Während der Nacht wurde er geblendet und stolperte im Morgengrauen mit einer Meldung für das Bataillonshauptquartier nach hinten.

Der Krieg und Hitlers Welt

Hitlers Bedeutung als Meldegänger im Regiment List wird in ihrer Auswirkung auf seine persönliche Entwicklung oder auf seine allgemeine Frontkämpfererfahrung, auf welche die NSDAP so häufig zurückgreifen sollte, kaum jemals erschöpfend behandelt. Hitler war Soldat gewesen und sollte Befehlshaber werden. Seine Funktion als Meldegänger trägt entscheidend dazu bei, ebenso den Charakter des Krieges, den er durchgemacht hatte, wie – in direktem Kontrast dazu – den Charakter des Krieges, den er führen sollte, zu erklären.

Der Erste Weltkrieg bleibt auch noch am Ende des 20. Jahrhunderts für das westliche Denken *der* Krieg – nicht nur wegen des Schadens, den er der Vorherrschaft der Alten Welt zufügte, und wegen des Leids, das er über die Männer und Familien einer ganzen europäischen Generation gebracht hat, sondern auch wegen seines unverändert rätselhaften Wesens. »*Wie* haben sie es getan?« ist die erste Frage, die jedem, der mit der grässlichen Realität der Schützengräben konfrontiert war, gestellt wird. Doch sie wird gleich darauf von einer zweiten, noch unergründlicheren Frage verdrängt: »Warum hat man es *getan*?« Warum beharrten die Armeen auf dem Unmöglichen, dem Durchbrechen von Stacheldraht mit Leibern aus Fleisch und Blut? Warum verpflichteten die Generale ihre Soldaten zu diesem Bemühen? Keine Armee, nicht einmal in den schlimmsten Zeiten des Belagerungskrieges, hatte je zuvor mit so selbstmörderischer Unerbittlichkeit wie die Truppen an der Westfront derartigen Mut bewiesen oder derartige Opfer hingenommen. Der Kampfgeist an der Westfront scheint der Natur selbst zu trotzen. Woher rührt jener außergewöhnliche Trotz?

Wer den Charakter des Ersten Weltkriegs erklären will, muss sich auf zwei Quellen stützen; die erste ist materieller, die zweite moralischer und intellektueller Art. Die materielle Erklärung führt uns zurück zum Ende jenes Krieges – und beginnt dort –, den Ulysses S. Grant fünfzig Jahre vor 1914 in den Vereinigten Staaten ausgefochten hatte. »Krieg ist progressiv«, hatte er danach im Rückblick festgestellt. Damit hatte er gemeint, dass die Regeln, nach denen der Krieg der Vergangenheit – ob mit Hiebwaffen oder Schießpulver – geführt wurde, in einer über Eisenbahn, Telegraf und Ferngeschütze verfügenden militärischen Welt keine Geltung mehr hatten. Ferngeschütze zerstörten die uralte Mathematik des Schlachtfeldes, jene Berechnungen von Kampf- und Flugdistanzen, die für Alexanders Bogenschützen genauso wesentlich waren wie für Wellingtons Musketiere. Gleichzeitig veränderten Eisenbahn und Telegraf die Mathematik der Strategie. Entfernungen bemaßen sich nicht mehr anhand der

Marschgeschwindigkeit und die Dauer von Feldzügen nicht mehr am Ernterhythmus. Grants Armeen konnten mit maschineller Geschwindigkeit vorrücken und im Feld gut versorgt werden, lange nachdem das Getreide gereift war.

Aber Grants Wahrnehmung des militärischen »Fortschritts« war begrenzter, als er hätte ahnen können. Fünfzig Jahre später wandelte sich die militärische Welt, wie er sie gekannt hatte, von neuem. Die nur vorübergehend aktiven Streitkräfte, die er befehligt hatte – »nichts als bewaffnete Haufen« nach der verächtlichen Einschätzung seines preußischen Zeitgenossen Helmuth von Moltke – waren in Europa von riesigen, permanent für den Krieg gerüsteten und von noch größeren Reserveorganisationen unterstützten stehenden Heeren abgelöst worden. Die preußische Armee, die 1870 gegen Frankreich in den Krieg zog, stellte, wie es die Amerikaner 1861 taten, für den Ernstfall umfangreichere Verbände zusammen. 1914 standen das deutsche, das französische, das österreichisch-ungarische, das russische und sogar das winzige britische Heer bereit, mit schon zu Friedenszeiten größeren Verbänden – Korps und Armeegruppen – ins Feld zu ziehen. Und da in Friedenszeiten alle außer den Briten ihre Streitkräfte über eine kurze allgemeine Wehrpflicht mit Soldaten versorgten, konnten sie ihre Kriegsverbände mit Hilfe von ausgebildeten ehemaligen Wehrpflichtigen verdoppeln oder verdreifachen.

Diese militärische Bevölkerungsexplosion – um nichts anderes handelte es sich – hatte zur Folge, dass die Generale 1914 über nie dagewesene Truppenstärken verfügten. Das französische Friedensheer von 1914 war mit 550000 Mann fast so groß wie die Grande Armée mit 600000 Mann, die Napoleon nach Moskau geführt hatte. Das deutsche Heer war nach seiner Ausweitung auf eine Kriegsstärke von fünf Millionen viel größer als alle europäischen Armeen der napoleonischen Kriege zusammengenommen. Und man hatte es zu so kompakten und einheitlichen Verbänden gebündelt, dass das Oberkommando sie wie Pakete hin und her schicken konnte. Auf dem Höhepunkt der Mobilisierung im August 1914 soll alle sechs Minuten ein Truppentransportzug den Rhein überquert haben, um die Kräfte der deutschen Armee im Westen zu konzentrieren. Mathematisch lässt sich nachweisen, dass am Ende der Truppenkonzentration, theoretisch gesprochen, fünf deutsche Soldaten auf jeden Meter der französisch-deutschen Grenze kamen.

Was sollte man mit der enormen Zahl von Soldaten anfangen? Sie konnten verlegt, ernährt und ausgerüstet werden, aber war es möglich, sie zum Sieg zu führen? Schlieffen, der Architekt des deutschen Kriegsplanes für 1914, zermarterte 15 Jahre lang seinen vortrefflichen militärischen Verstand, um die Antwort zu finden. Er zog seine Pfeile auf der Karte hierhin und dorthin, wodurch es zuerst zu einer geringfügigen, dann zu einer bedeutenden Verletzung der belgischen Neutralität kam. Auf dem Papier ließ er die deutschen Armeen bis vor die Tore von Paris marschieren, erwog dort eine Entscheidungsschlacht und untersuchte letztlich die Wahrscheinlichkeit ihres Scheiterns. Seinem militärischen Testament vertraute er an, Deutschland sei für die geplanten Unternehmungen nicht stark genug.

Die Realität sah völlig anders aus. Es erwies sich als Schwachpunkt der militärischen Verbände, die 1914 in den Krieg zogen, dass sie sowohl an Zahl als auch an Feuerkraft zu stark waren; deshalb konnte keine Seite hoffen, die andere im offenen Feld zu besiegen, und damit war eine unentschiedene Kriegführung in festen Stellungssystemen besiegelt. Man hat verschiedene (sämtlich tautologische) Erklärungen für diese Sachlage vorgebracht. Liddell Harts Formel von der »Männer-Raum-Proportion« ist die einleuchtendste. Wie er damit demonstriert, waren die Konzentration von Soldaten an der Kampffront zwischen der Schweiz und dem Meer so dicht und die Möglichkeit, auf den quer zur Front verlaufenden Eisenbahnstrecken schnell Reserven heranzuschaffen, so groß, dass keine mit den damals verfügbaren Waffen und Kampfmitteln ausgerüstete Armee einen Durchbruch erzielen konnte. Sobald sie eine Truppe zusammengezogen hatte, die nach den Berechnungen des Generalstabs für einen Vorstoß ausreichte, wurde durch unverkennbare Warnsignale eine Gegenoffensive der feindlichen Reserven ausgelöst. Nach dem Angriff stieß eine überwältigende Kraft auf ein unverrückbares Objekt, und die Stabilität musste – im Rahmen von ein paar Frontkilometern mehr oder weniger – wiederhergestellt werden.

Woher stammte dieses gespenstische Gleichgewicht? Zur Beantwortung der Frage müssen zwei Situationen untersucht werden: jene der sogenannten offenen oder beweglichen Kriegführung und jene des Stellungskriegs, die ihr folgte. Offene Kriegführung, die »angemessene« Aktivität von Armeen seit ihrem Aufkommen im zweiten Jahrtausend v. Chr., hatte fast durchweg die Energien der Soldaten im amerikanischen Bürgerkrieg beansprucht. Aber die offene Kriegführung von 1861–1865 unterschied sich bereits deutlich von jener der napoleonischen Kriege, und danach verstärkten sich die Unterschiede sehr rasch. Diesem Trend lag der Faktor der Feuerkraft zugrunde, der durch die Industrialisierung der Waffenproduktion im 19. Jahrhundert enorm verstärkt worden war. Zwei Jahrhunderte des Stillstands in der Militärtechnologie hatten in den zwanzig Jahren vor 1861 abrupt geendet, als Waffen mit gezogenem Lauf beziehungsweise Rohr in allen fortgeschrittenen Armeen die erprobten glattläufigen Schwarzpulvermusketen und Geschütze ablösten. Waffen mit gezogenem Lauf/Rohr feuerten Geschosse – Explosivgeschosse im Fall von Kanonen – mit einer nie zuvor erreichten Genauigkeit über beispiellose Entfernungen hinweg. Eine unmittelbare Folge war, dass die Kavallerie, das massigste aller taktischen Ziele, vom Schlachtfeld vertrieben wurde. Abgesehen von dem Gefecht bei Brandy Station im Juni 1863, fanden im amerikanischen Bürgerkrieg keine Kavallerieschlachten statt. Die Waffen mit gezogenem Lauf veränderten aber auch die Infanteriekämpfe ganz beträchtlich.

Da man bereits in größerer Entfernung der feindlichen Linien als je zuvor Verluste hinnahm, die mit sich verkürzenden Distanzen immer größer wurden, verlängerten sich die Schlachtlinien infolge des natürlichen Bemühens, dem Geschosshagel auszuweichen. Die Generale begriffen, dass es sinnlos war, ihre Verbände an den Stellen mit den meisten Opfern zu verstärken. Deshalb schickten sie ihre Reserven an die Flanken, wodurch sie die Fronten und wohl oder übel auch die Kämpfe in die Länge zogen. Waren vor 1861 zweitägige Schlachten selten, so wurden sie danach gang und gäbe. 1862 trug McClellan eine siebentägige Schlacht aus; 1864 führte Grant wie selbstverständlich zehntägige Schlachten – Spotsylvania, North Anna und Cold Harbor – in der Gegend um Richmond und Petersburg. Solche taktischen Verzögerungen sind zum Teil damit zu erklären, dass er dank der nationalen Mobilmachung und dem Eisenbahntransport über umfangreiche soldatische Reserven verfügte. Die längeren Schlachten wurden ihm in einem höheren Maße allerdings dadurch aufgezwungen, dass der Anblick von Fleisch und Blut im Geschosshagel keine moralische Entscheidung herbeizuführen vermochte – jenen *panique-terreur* der Kriegführung des 18. Jahrhunderts, den Musketierheere normalerweise binnen eines einzigen Tages auslösen konnten.

Das Bemühen, einen moralischen Effekt zu erzielen, war nicht leicht zu verdrängen. Der Glaube an seine kampfentscheidende Qualität ermutigte die europäischen Armeen von 1866–1871 ebenso wie zu Beginn des Ersten Weltkriegs. Dennoch konnte ein gelassener militärischer Beobachter nach dem Ende des Zeitalters der glattläufigen Waffen einen beun-

ruhigenden Trend im Muster militärischer Operationen erkennen: nämlich die Tendenz, dass sich die offene Kriegführung zwischen großen Armeen letztlich auf Nahkampfge-
fechte an Fixpunkten konzentrierte. In den ersten drei Jahren
führten die Armeen des amerikanischen Bürgerkriegs groß-
räumige Truppenbewegungen aus, doch das vierte verbrachten sie hauptsächlich mit Belagerungsoperationen außerhalb
Petersburgs. Der Deutsch-Französische Krieg wurde in den
ersten sechs Wochen beweglich geführt, gefolgt von der fünf
Monate dauernden Belagerung von Paris. Der russisch-türki-
sche Krieg von 1877 war kaum mehr als eine einzige Belage-
rungsoperation, und der russische-japanische Krieg von
1904–05, der mit den bis dahin größten Truppengefechten er-
öffnet wurde, endete damit, dass sich 600 000 Mann machtlos
hinter enormen Stellungssystemen gegenüberlagen.

Geschulte militärische Köpfe grübelten über das Rätsel,
dass verstärkte Gewalt nur dazu diente, den Moment der
Entscheidung hinauszuzögern. Was war die Wurzel des Wi-
derspruchs? Die Antwort schien in zwei Richtungen zu weisen: Erstens, die Feuerkraft der Armeen war nicht stark genug; zweitens, die Infanterie musste im Moment des
entscheidenden Angriffs, wenn das Unterstützungsfeuer
zwangsläufig eingestellt wurde (um nicht die eigenen Soldaten zu töten), geradezu übermenschlichen Mut beweisen.
»Feuer ist das allerbeste Argument«, dozierte der künftige
Marschall Foch im Jahre 1900 an der französischen Stabsakademie. »Die begeistertsten Truppen, deren Kampfmoral am
stärksten ist, werden stets in dichten Sturmwellen angreifen
wollen, um Gelände zu gewinnen. Sie werden aber, wann immer ihre Teiloffensive nicht durch schweres Feuer vorbereitet
wurde, auf große Schwierigkeiten stoßen und schwere Verluste erleiden und sie werden, mit noch schwereren Verlusten,
an ihren Ausgangspunkt zurückgeworfen werden. Überlege-
nes Feuer … wird künftig die Kampfkraft der Infanterie be-

stimmen.« Gleichzeitig stimmten er und seine Zeitgenossen darin überein, dass ihren Untergebenen etwas abverlangt werden müsse, zu dem das Feuer allein sie nicht befähigen konnte. Der britische Oberst Maude schrieb im Jahre 1905: »Die Siegeschancen hängen völlig vom Geist der Selbstopferung jener ab, die geopfert werden müssen, um den übrigen eine Chance zu verschaffen ... Die wahre Stärke einer Armee liegt letztlich in der Kraft jedes einzelnen ihrer Bestandteile, Strapazen auf sich zu nehmen, wenn nötig, bis an die Grenze der Vernichtung.«

Die Lösung, welche die militärischen Denker des Jahrzehnts vor dem Ersten Weltkrieg für das Problem anzubieten hatten, lautete also, das Feuer müsse stärker werden und die Soldaten hätten mutiger zu sein. Ihrer Meinung zum Trotz schob das Rezept mehr Feuer plus mehr Mut die angestrebte Entscheidung auf dem Schlachtfeld hinaus, statt sie zu beschleunigen. Das bewies jedenfalls die Realität. Die Armeen, die 1914 in den Krieg marschierten, konnten ein Ausmaß an Feuerkraft erzeugen, das sogar die Vorstellung moderner Soldaten wie Grant oder Sherman überstieg. Nicht nur hatte sich die Zahl der Geschütze – in Napoleons Armee drei pro tausend Mann – proportional verdoppelt, sie feuerten auch zwanzigmal schneller. Die Waffe des Infanteristen feuerte achtmal schneller über eine zehnmal so große Entfernung hinweg. Zudem setzte jedes Infanteriebataillon zwei Maschinengewehre ein, die das Feuer von achtzig seiner Gewehrschützen zusammengenommen verdoppelten. Eine 3000 Mann starke Infanteriebrigade konnte also, wenn sie von ihrem Drittel der Divisionsartillerie unterstützt wurde, in jeder Minute eine Feuerkraft entfesseln, die der von Wellingtons gesamter Armee bei Waterloo – den Geschütz- und Gewehrsalven von 60000 Mann – mindestens gleichkam.

Die Konsequenzen hätten nicht nur erwartet, sondern auch berechnet werden können. Hitler beschreibt die Resultate vorzüglich in seinem einzigen Brief, der sich aus der Zeit der offenen Kriegführung zu Beginn des Ersten Weltkriegs erhalten hat. Das 16. Bayerische Reserve-Infanterie-Regiment griff im Oktober 1914 bei Ypern an: »Links und rechts platzen die Schrapnells und dazwischen singen die englischen Kugeln durch, aber wir achten nicht darauf. Zehn Minuten liegen wir hier und dann heißt es wieder vor. Ich bin ganz vorn und bin nicht mehr bei unserem Zug. Da heißt es plötzlich: Zugführer Stöwer angeschossen. Oh weh, denke ich noch schnell, das fängt schlimm an. Da wir aber im freien Feld sind, heißt es schnell vorwärtsspringen. Der Hauptmann ist an der Spitze. Jetzt fallen auch die ersten unter uns. Die Engländer haben jetzt Maschinengewehre auf uns eingestellt. Wir werfen uns also nieder und kriechen durch eine Rinne langsam vor. Manchmal stockt es, dann ist immer wieder einer angeschossen, kann nicht mehr vor, und wir müssen ihn aus der Furche herausheben. So kriechen wir weiter, bis auch diese Rinne aufhört, und jetzt müssen wir wieder über freies Feld. 15 bis 20 Meter, dann kommen wir zu einem großen Wassertümpel. Einer nach dem anderen saust da hinein, nimmt Deckung und schnauft sich aus. Aber da gibt es kein Liegenbleiben. Also schnell raus und marsch, marsch, auf einen etwa 100 Meter vor uns liegenden Wald … Wir kriechen auf dem Boden bis zum Waldrand vor. Über uns heult und saust es, in Fetzen fliegen Baumstämme und Äste um uns herum. Dann wieder krachen Granaten in den Waldsaum hinein und schleudern Wolken von Steinen, Erde und Sand empor, heben die schwersten Bäume aus den Wurzeln und ersticken alles in einem gelbgrünen, scheußlichen, stinkigen Dampf. Ewig können wir hier nicht liegen, und wenn wir schon fallen, dann nur noch besser draußen.«

Die meisten jungen Soldaten des Regiments List wurden damals oder ein paar Tage später auf dem freien Feld verwundet oder getötet; sie teilten das Schicksal Hunderttausender ihrer deutschen Kameraden und französischen Feinde entlang der Linie, welche die Westfront wurde. Schützengräben verliefen bereits nahezu auf ihrer gesamten Länge, ebenso wie Stacheldraht, den die Amerikaner 1874 erfunden hatten – zehn Jahre zu spät, um die Greuel des Bürgerkriegs zu vergrößern. Einen Monat nach Hitlers Feuertaufe bei Ypern zogen sich Schützengräben und Stacheldraht über 800 Kilometer von der Schweiz bis zum Meer hin. Mut und Feuer wurden im Übermaß aufgebracht, aber beide hatten nicht die Entscheidung herbeiführen können, welche die nunmehrige Pattsituation verhindert hätte. Fortan bestand das Problem darin, diese Situation zu überwinden. Wie beabsichtigten die Generale, die um ihre Entscheidung gebracht worden waren, dabei vorzugehen?

Mehr Mut, den es immer noch im Überschuss gab, bildete einen Teil ihres Rezepts. Noch mehr Feuerkraft, an der es zeitweilig mangelte, sollte den größeren Teil der Lösung ausmachen. Der Erste Weltkrieg war, wie generell festgestellt wird, ein Artilleriekrieg. Die Ausmaße des Artilleriekampfes und seine Entwicklung hingegen werden selten definiert. Die deutsche und die französische Armee begannen den Krieg mit etwa siebzig Artilleriegeschützen in jeder Infanteriedivision; dazu kamen schwerere Kanonen unter der Verfügungsgewalt des Oberkommandos. Jede Seite besaß insgesamt ungefähr 6000 Kanonen, in der Mehrzahl leichte Feldgeschütze. Laut Lehrbuch dienten diese Geschütze zur »Vorbereitung« von Infanterieangriffen, indem man die feindlichen Positionen im Moment der Attacke mit Schrapnellhagel bestrich.

Solange sich die Armeen auf freiem Feld bewegten, erfüllte sich die Lehrmeinung mehr oder weniger den Erwartungen gemäß. Während sie improvisierte Stellungen im Feld verteidigten, erlitten die deutsche, französische und britische Infanterie gewaltige Verluste durch Schrapnellfeuer, aber unter den sich zu einem Angriff formierenden Soldaten waren die

Verluste noch schwerer. Nachdem sämtliche Verteidigungsstellungen bis November 1914 verschanzt und eingezäunt waren, musste die Infanterie, die dem Angriffsrisiko trotzte, noch höhere Verluste hinnehmen. Den Deutschen, die sich im Westen für eine Defensivstrategie entschieden, während sie im Osten die Russen niederzuwerfen versuchten, blieb das Schlimmste erspart. Ihre französischen und immer zahlreicher werdenden britischen Angreifer lernten Monat um Monat das Schlimmste kennen. Auf eine durch schlechtes Wetter und Munitionsmangel erzwungene Ruhepause im Winter 1914 folgten im Frühjahr zahlreiche Offensiven, die 150 000 Opfer kosteten. Die Herbstoffensiven in Artois und in der Champagne forderten mehr als eine Viertelmillion Opfer. Keine führte zu einem nennenswerten Geländegewinn, und keine, nicht einmal nach den optimistischsten Schätzungen, drohte auch nur, die deutschen Linien zu durchbrechen.

Die Alliierten zogen die Bilanz ihres Scheiterns, schrieben es unzureichendem Artilleriefeuer zu und suchten nach Mitteln, die Wirkung zu verdoppeln. Zwei Lösungen boten sich an: Die erste verlangte, die Zahl der schweren Geschütze zu erhöhen, um größere Zerstörung in den feindlichen Schützengräben anzurichten und die Routen zu »unterbrechen«, über die feindliche Verstärkungen in den bedrohten Abschnitt gelangen konnten; die zweite Lösung empfahl, die angreifende Infanterie mit einem Artilleriesperrfeuer zu belegen, damit die Verteidiger des betreffenden Abschnitts ihre Stellungen nicht besetzen konnten.

Enorme industrielle Anstrengungen und extreme Findigkeit wurden dieser Lösung gewidmet, auf die man sich von Anfang 1916 bis Kriegsende konzentrierte. Mittlerweile übertraf die Royal Artillery die Größe der gesamten britischen Armee vom August 1914; der Umfang der deutschen Artillerie war um das Elffache gewachsen. Die Wucht der vorbereitenden Bombardements erhöhte sich im gleichen

Maße. In der Woche vor der Somme-Schlacht 1916 feuerten die Briten eine Million Granaten ab; vor Messines im Jahre 1917, einer viel begrenzteren Offensive, wurden fast vier Millionen Granaten abgeschossen. Die Sperrfeuer waren inzwischen außerordentlich komplex geworden. Die Artilleristen hatten gelernt, 100 Meter vor ihrer angreifenden Infanterie eine Linie explodierender Granaten »heranschleichen« zu lassen, das Feuer im Schritttempo zu stoppen, es zurückzuholen und wieder nach vorn zu lenken, während sie im rechten Winkel dazu Feuerwände hochzogen, so dass eine dreiseitige Box entstand.

Die Theorie besagte, dass die Infanteristen, die in solchen Boxen vorrückten, die Verteidiger entweder tot oder hilflos in ihren Unterständen kauernd vorfinden würden. Die Realität sah anders aus. Während die Angreifer die Reichweite ihrer Artillerie erhöhten, vertieften die Verteidiger ihr Grabensystem. Und während die Angreifer die Entfernung verkürzten, in der sich das Sperrfeuer vor der Angriffswelle ihrer Infanterie bewegte, lehrten die Verteidiger ihre Infanterie, noch schneller aus ihren Unterständen zum Grabenwall zu rennen. Von immer heftigerem Feuer gepeitscht, wurde der Schild des Grabensystems, wie das Narbengewebe einer gereizten Wunde, durch die Versuche, ihn aufzureißen und zu öffnen, einfach immer dicker.

Die Generalstäbe versuchten krampfhaft, das Rätsel zu lösen – ein Rätsel, das bis 1917 eine Million Todesopfer pro Jahr kostete. Panzer, die Briten und Franzosen 1916 einsetzten, schufen begrenzte Abhilfe, ebenso wie die deutsche Infiltrationstaktik, die 1918 entwickelt wurde. Aber die Wurzel des Problems, die aus nächster Nähe nicht wahrgenommen wurde, war ein struktureller Mangel in der Artillerie-Kriegführung. Jene, welche die Waffe einsetzten, konnten ihre Stoßkraft nicht steuern. Die Generale, die noch 1862 direkt beobachten konnten, wie sich ihre Befehle auf die Kämpfe auswirkten, waren nun durch die Intensität des von ihnen selbst entfesselten Feuers so weit aus dem Aktionsbereich vertrieben worden, dass ihnen die Macht, das Hin und Her der Schlacht zu beeinflussen, entglitten war.

Die vertrauten Fotos von Königen, Ministerpräsidenten und Generalen, die im Ersten Weltkrieg weit hinter den Kampflinien kurzsichtig durch gigantische Periskop-Doppelfernrohre spähen, sprechen für sich. Die Oberbefehlshaber, die gewöhnlich in Hauptquartieren achtzig Kilometer hinter der Front untergebracht waren, konnten nicht erkennen, was sich in den von ihnen angeordneten Offensiven abspielte. Wenn sie überhaupt Informationen erhielten, dann nach »Echtzeit« um Stunden verspätet; auf überholten Informationen beruhende Befehle kehrten noch später an die Front zurück. Und was für die Generale galt, traf auch auf die Artilleriekommandeure zu, die vorrangig für die Ausführung der Pläne verantwortlich waren. Man konnte Bombardements und Sperrfeuer planen, ihren Verlauf nach Beginn der Kämpfe jedoch nicht mehr ändern.

In Wirklichkeit war die Artillerie-Kriegführung sinnlos. Die enormen vorbereitenden Bombardements warnten die Verteidiger beizeiten, Verstärkungen in den bedrohten Abschnitt vorrücken zu lassen. Die Wucht des Feuers fügte den Hindernissen, welche die angreifende Infanterie zu überwinden hatte, sogar noch weitere hinzu, denn im Geschosshagel verflocht sich Stacheldraht zu undurchdringlichen Knäueln und verwandelte sich das Niemandsland in eine Mondlandschaft aus Granattrichtern. Außerdem zerstörte das Sperrfeuer, ob von Seiten der Angreifer oder der Verteidiger, das empfindliche Telefonkabelnetz und damit das einzige Mittel, mit dem schwer geprüfte Infanteristen die für ihren Vormarsch notwendige Artillerieunterstützung anfordern konnten.

Deshalb kam Hitlers Aufgabe als Meldegänger so besondere Bedeutung zu. Letzten Endes hing der Erfolg von Operationen im Ersten Weltkrieg überwiegend von den rangniederen Soldaten ab, deren Pflicht es war, über das von zerrissenen Telefonkabeln durchzogene Gelände zu laufen und die schlimmsten Nachrichten von der Front zu den Geschützpositionen zu bringen. Zwanzig Jahre später sollte das magische, unzerreißbare Gespinst des Funkverkehrs die Schützengraben-Fernsprechsysteme ersetzen, die, so tief die Heerespioniere sie auch verlegten, stets vom Artilleriefeuer erreicht wurden. Bis dahin musste der tapfere Meldegänger, der mit seinen XXX-Botschaften zwischen Granattrichtern hindurcheilte, die Kommunikation zwischen Front und rückwärtigen Positionen aufrechterhalten.

Dass Hitler so große Gefahren überlebte, verdankte er nicht dem Zufall allein. Ein Regimentskamerad erinnerte sich, dass Hitler im Gegensatz zu anderen Meldegängern nicht einfach auf sein Glück vertraute, sondern die Grabenverlaufskarten (die monatlich, manchmal wöchentlich überarbeitet und herausgegeben wurden) gründlich studierte und stets den sichersten Weg zu seinem Ziel zu finden versuchte. Schwieriger zu sagen ist, ob er sich mit den Hintergründen seiner misslichen Situation befasste oder ob er die fundamentale Widersprüchlichkeit der Bemühungen durchschaute, Armeen in Millionenstärke mit Hilfe eines Meldegängers im Gefreitenrang zu lenken und zu kontrollieren. Wir wissen jedoch, dass er in den Jahren an der Macht die Generale regelmäßig mit dem Vorwurf maßregelte, er verstehe mehr vom Krieg als sie. Und das war häufig genug der Fall. Ein hoher Prozentsatz der Generale, mit denen er den Zweiten Weltkrieg begann, hatte im Ersten Weltkrieg beim Stab oder bei der Artillerie (oder beiden) gedient. Artilleristen befanden sich dem Wesen ihrer Aufgabe nach am falschen Ende der brüchigen Nachrichtenverbindung zwischen Front und rückwärtigen Positionen und konnten sich das Elend am anderen Ende nicht hinreichend vorstellen. Stabsoffiziere, das heißt Mitglieder der inneren Elite des Großen Generalstabs, waren aus grundsätzlichen Erwägungen von den Kämpfen ferngehalten worden; man hielt ihre militärische Begabung für zu wertvoll, als dass sie im blinden Gemetzel der Schützengräben aufs Spiel gesetzt werden durfte. Hitlers drei Heeresgruppen-Befehlshaber zwischen 1939 und 1941 – Rundstedt, ein Stabsoffizier, Bock, ebenfalls Stabsoffizier von 1914 bis 1916, und Leeb, ein Artillerist – waren also mit einer eindimensionalen Auffassung über den Charakter der Kämpfe aus dem Ersten Weltkrieg zurückgekehrt. Das Gleiche galt für Hitlers länger dienenden Generalstabschef Halder, einen Artilleristen, der stets Stabsoffizier gewesen war, ebenso wie Manstein und Kesselring, die beiden talentiertesten Feldmarschälle.

Die Tatsache, dass Zeitzler als Offizier der Infanterie in den Schützengräben gedient hatte, mag Hitler veranlasst haben, ihn zu Halders Nachfolger zu befördern; mit Sicherheit schätzte er Rommel, Dietl, Model und Schörner auch deshalb so hoch, weil sie hervorragende Führer kleinerer Einheiten gewesen waren (bedeutsamerweise galten alle als »gläubige« Nazis oder wurden von der Öffentlichkeit mit der Partei in Verbindung gebracht). Denn Hitler war in gewissem Sinne ein Gegner der Priesterschaft im Tempel des Krieges, ein Anhänger seiner Bräuche, doch ein radikaler Kritiker seiner Hohenpriester. Er hatte das blutige Ergebnis ihrer Rituale – der Deutung von Omen, der Weihung von Gefallenen, der Darbietung von Opfern – als Augenzeuge erlebt und festgestellt, dass der Siegesgott nicht günstig gestimmt worden war. Deshalb machte er nach 1939 mit Hohepriestern kurzen Prozess. Bis Dezember 1941 waren Bock, Leeb und Rundstedt davongejagt worden, und Halder folgte ihnen etwas später. Danach sollte Hitler keinem Soldaten je wieder einen vergleichbaren Status einräumen. Wenn es einen Hohenpriester geben musste, würde er selbst die Funktion übernehmen. Aber er hatte beschlossen, ein neuartiger Hoherpriester zu werden. Seine Vorgänger verließen sich bei ihrer Arbeit auf die uralte Doktrin: den Glauben an die Strategie der beweglichen Kriegführung, der Täuschung und der Kräfteballung. Den äußeren Eigenschaften und dem Material des Krieges, seinen Waffen und seiner Ausrüstung, hatten sie ihre Billigung versagt. Hitler als Mann der Zukunft dagegen würde den Kampfmitteln seinen umfassenden Segen erteilen. Ob man Hitler als Faschisten im ideologischen Sinne einstufen sollte, ist überaus zweifelhaft. Verglichen mit der Neuerschaffung eines triumphalen Deutschland war ihm der Aufbau eines korporativen Staates ganz und gar nebensächlich. Die Ästhetik und Dynamik des Faschismus bedachte er jedoch mit seinem vollen Einverständis. Marinettis futuristisches Manifest, das eine zentrale Rolle für die faschistische Weltanschauung spielt, hätte von Hitler selbst stammen können. Wie Marinetti glaubte er an »eine neue Schönheit«; genauso wie dieser hätte er behaupten können, dass »ein donnerndes Automobil, das mit der Schnelligkeit einer Maschinengewehrkugel dahinrast, schöner ist als die *Nike von Samothrake*«, und auch er wünschte »den Krieg zu verherrlichen«. Hitler war elektrisiert, als er 1934 zum ersten Mal einen Panzer erblickte (an der Westfront hatte er keinen zu Gesicht bekommen); er vertraute den gesamten Krieg hindurch auf die Kraft neuer und »geheimer« Waffen, das Ruder herumzureißen, und starb in dem Glauben, dass er nur bezwungen worden war, weil deutsche Erfinder und die deutsche Industrie seine »Siegeswaffen« nicht rechtzeitig geliefert hatten.

Hitlers Überzeugung, dass der Sieg weniger von Menschenkraft als von der Kapazität der Waffen abhing, schuf eine breite Kluft zwischen ihm und den deutschen Generalen, die den Ersten Weltkrieg geführt hatten. Sie waren sich in ihrer Verachtung für die Materialschlacht der Feinde einig, die sich um des Sieges willen nicht auf den Mut ihrer Soldaten und das Genie ihrer Stäbe verlassen könnten. Sogar Ludendorff, der »stumme Diktator« der beiden letzten Kriegsjahre, der die deutsche Industrie und ihre Arbeitskräfte dazu einspannte, die Alliierten auf strategischem Gebiet zu übertreffen, hatte die Materialschlacht mit der Aufwendung roher Gewalt gleichgesetzt. Hitlers Bekehrung zu einer Vision des Krieges, die eine präzise und kontrollierte Freisetzung militärischer Macht vorsah, hätte Ludendorff nicht nachvollziehen können.

Gleichwohl war Hitler letztlich kein Gegner Ludendorffs oder gar der deutschen Generale, die vor dem stummen Diktator den Oberbefehl geführt hatten. Wie sie alle betrachtete er den Krieg als eine Prüfung des Willens und des Nationalcharakters, als einen darwinistischen Kampf um das Überleben des Tüchtigsten und damit als eine Unternehmung, in der unvermeidlich Ströme von Blut vergossen werden mussten. In Hitlers politischem Testament, das er am Tag vor seinem Selbstmord diktierte, behauptete er: »Ich sterbe mit freudigem Herzen angesichts der mir bewussten unermesslichen Taten und Leistungen unserer Soldaten an der Front, unserer Frauen zu Hause, den Leistungen unserer Bauern und Arbeiter und dem in der Geschichte einmaligen Einsatz unserer Jugend, die meinen Namen trägt.« Er verschloss nicht die Augen vor der Realität des Krieges, in dem »diesmal nicht nur Millionen erwachsener Männer den Tod erleiden und nicht nur Hunderttausende von Frauen und Kindern in den Städten verbrannt und zu Tode bombardiert werden dürften«. Nachdem er die Ziele festgelegt hatte, akzeptierte er auch die Verantwortung für die Mittel, obwohl beide fruchtlos geblieben waren.

Wenn wir nach einer Erklärung für diese entsetzliche Vision und ihre katastrophalen Folgen suchen, so finden wir sie in Hitlers eigentümlicher, verdrehter, doch letztlich nicht solipsistischer Philosophie. Er dachte – mit weniger Präzision, doch mit mehr Nachdruck – ganz ähnlich wie Dutzende anderer Antimarxisten seiner Generation. Wie sie lehnte er die Idee ab, dass die »wissenschaftlichen Gesetzmäßigkeiten der Geschichte« einen künftigen Triumph der Massen vorzeichneten. Im Unterschied zu den meisten von ihnen schlug er ein Programm zur Bekämpfung dieses Gedankens vor. »Die jüdische Lehre des Marxismus«, schrieb er in *Mein Kampf* (seine Gleichsetzung von Marxismus und Judentum sollte sowohl das örtliche Interesse an seiner Kritik erhöhen als auch ihre letztliche Wirkung verringern), »lehnt das aristokratische Prinzip der Natur ab und setzt anstelle des ewigen Vorrechtes der Kraft und Stärke die Maße der Zahl und ihr totes Gewicht. Sie leugnet so im Menschen den Wert der Person, bestreitet die Bedeutung von Volkstum und Rasse und entzieht der Menschheit damit die Voraussetzung ihres Bestehens und ihrer Kultur.« Dem marxistischen Glauben an den Triumph der Vielen stellte Hitler also die Herausforderung des Wettkampfes mit den Besten entgegen. Die Herausforderung war im Grunde nietzscheanisch, aber sie stützte sich, was Nietzsches rein akademische Feier des Übermenschen nicht vermochte, auf Hitlers persönliche Erfahrung des Wettkampfes an der Front. Er selbst, wenn auch als bescheidener Meldegänger, war in gewisser Hinsicht ein Übermensch gewesen und hatte beobachten können, wie die Übermenschen des ursprünglichen Regiments List im Oktober 1914 ihr junges Leben in einem Epos der Selbstaufopferung verschenkten; danach akzeptierte Hitler niemals, dass unpersönliche historische Gesetze – zumal ihr Effekt von Juden und Slawen gepriesen wurde – den unvermeidlichen Sieg der vielen Mittelmäßigen über die wenigen Auserwählten versprechen könnten. Marx' Wirtschaftstheorie stellte Hitler die Militärphilosophie von Clausewitz gegenüber, den er ebenfalls in seinem politischen Testament erwähnt: Dem »Fortschritt« und der »Geschichte« werde er den Krieger, seine Waffen und die Willenskraft entgegensetzen.

Hitlers Entschlossenheit, das zu bekämpfen, was sogar Antimaterialisten mittlerweile als dominierende Kraft der modernen Geschichte anerkennen – nämlich den Trend politischer Massenbewegungen und ihrer Wirtschaftsinteressen, alle anderen Gruppierungen und Werte zu verdrängen –, scheint ihn als einen Mann der Reaktion zu kennzeichnen, noch dazu einer Reaktion, die zur Niederlage verurteilt ist. Man kann die neuzeitliche Geschichte jedoch auf völlig gegensätzliche Art interpretieren: indem die Massenbewegungen als Gegenströme zu einer anderen, genauso wichtigen und vielleicht genauso mächtigen Entwicklung, in deren Mitte Hitler steht, gesehen werden. Denn parallel und zeitgleich zum Aufstieg der politischen Massenbewegungen in Europa seit Mitte des 19. Jahrhunderts vollzog sich ein entsprechender, doch gegensätzlicher Aufstieg militärischer Massenbewegungen. Einige – etwa die durch allgemeine Wehrpflicht rekrutierten Armeen – wurden vom Staat gefördert, andere – etwa die spontan entstandenen freiwilligen »Scharfschützen-« und »Gewehrvereine« – jedoch nicht. Beide zusammen sorgten für eine deutliche Militarisierung der Völker, ebenso wie revolutionäre und demokratische Ideen die stärker zur Kenntnis genommene Politisierung der Völker bewirkten. Und da die sich entfaltende Kraft des Nationalismus mit dem Militarismus ebenso gut wie mit der Revolution – vielleicht noch besser – in Einklang zu bringen war, nahm der Einfluss des Militarismus entsprechend zu.

Jedenfalls lässt sich nicht leugnen, dass am Ende des 19. Jahrhunderts den europäischen Armeen die außerordentliche und bis dahin beispiellose Leistung gelungen war, den Militärdienst populär zu machen. »Wer zöge jemals auf eigenen Sold in den Krieg?« fragte der heilige Paulus die Korinther; er sprach von einer eindeutigen Absurdität für die Untertanen jedes zentralisierten Staates der damaligen Zeit. Aber im Jahre 1900 taten Millionen junger Europäer genau das, was Paulus für unmöglich gehalten hatte – wenn man bedenkt, dass die Wehrpflicht eine Besteuerung der Zeit und des Erwerbsvermögens eines Landes ist –, und nicht nur ohne Klage, sondern in bester Stimmung. Dadurch erschütterten sie nicht nur Marx' Lehren von der Entfremdung und vom Klassenkampf ganz erheblich (der Militärdienst und seine Führungsstruktur sind nach marxistischer Analyse Instrumente der Ausbeutung und des Klassenkonflikts), sondern sie stellten ihre geballte Kraft auch jenem Organ zur Verfügung, das genau dafür vorgesehen war, Revolutionen allerorts zu unterdrücken. Marx' Ideen festigten sich zu einer Zeit, als die militärischen Institutionen Europas – im Gefolge ihrer Verknüpfung mit dem Scheitern des Bonarpartismus, dem Scheitern des Republikanismus von 1830 in Frankreich und paradoxerweise mit dem Scheitern der Dekabristen von 1825 in Russland – einen untypischen Tiefpunkt erreicht hatten. Daher versäumte Marx, die reaktionäre, überwiegend gefühlsbedingte Macht von Armeen zur Kontrolle des Proletariats in seine Analyse einzubeziehen. Später, im *Kommunistischen Manifest*, in dem er die Massen aufforderte, ihre Organisationen zu militarisieren, versuchte er diesen Fehler zu beheben. Aber mittlerweile war es zu spät, denn das *Manifest* wurde kaum ein Jahr vor der Niederschlagung der Revolution von 1848 durch die preußische und die österreichische Armee veröffentlicht. Während die Bewegungen, die seine Philosophie hervorgebracht hatte – die Sozialdemokratische Partei in Deutschland und Österreich sowie die SFIO in Frankreich –, bemüht waren, sich den Zentralismus, die Hierarchie und die Disziplin zu eigen zu machen, die Marx verspätet als Schlüssel zum revolutionären Sieg erkannt hatte, ließen die Armeen, mit denen sie um den Einfluss auf die Massen wetteiferten, sie spielend hinter sich. Der freiwilligen Parteimitgliedschaft setzten die Armeen die Wehrpflicht entgegen; der politischen Schulung neuer Parteiangehöriger begegneten die Armeen mit militärischer Indoktrination; auf die Versuche der Parteien, das »Bewusstsein zu stärken«, reagierten die Armeen mit dem Appell an die Instinkte, an Kameradschaft, Loyalität und Männlichkeit. 1914 zeigte sich, dass der Wettkampf zwischen diesen beiden Wertsystemen überhaupt keiner war. Angesichts des proletarischen Militarismus und Patriotismus verzichteten sämtliche großen sozialistischen Parteien Europas einfach darauf, den um sich greifenden Krieg als »kapitalistisch«, als Konflikt zwischen Klassenbrüdern zu charakterisieren, und stellten sich bereitwillig hinter die parlamentarischen Mehrheiten aus Nationalisten, Konservativen und Liberalen, die den Krieg befürworteten.

Deshalb kann der Ausbruch des Ersten Weltkriegs in gewissem Sinne als Triumph einer schweigenden Reaktion der europäischen Armeen gegen das Ethos von Freiheit, Gleichheit und Brüderlichkeit gesehen werden. Denn mit dieser Parole hatte man die Armeen seit der Erstürmung der Bastille 125 Jahre zuvor – der ersten klaren Niederlage eines Heeres gegen eine Volksbewegung – verspottet. Trotz ihrer zwiespältigen Haltung zum Krieg stand die Revolution – ob als Realität von 1789 oder als Idee in den Schriften von Marx – für Prinzipien, die den Militärs verhasst waren: Sie lehnte Offiziere, Ordnung und Disziplin ab. Zwischen 1914 und 1916 gaben sich die Armeen alle Mühe, jedes dieser Prinzipien umzukehren, scheiterten aber infolge der Niederlage in Russland, Deutschland und Österreich und räumten der Revolution damit eine zweite Chance ein. Der Zusammenbruch der russischen Armee war so vollständig – die »Widersprüche« des Stellungskriegs hatten sie von innen her zerstört –, dass die wiedergeborene Revolution dort Wurzel fassen konnte. In Deutschland und Österreich war so viel von den traditionellen militärischen Strukturen und Werten erhalten geblieben, dass die Revolution im Keim erstickt wurde. Doch in beiden Ländern führte die von ihr entfachte Empörung zum Aufstieg politischer Bewegungen, die den erklärten Zweck hatten, ihr eine dritte Chance gewaltsam zu versagen. Uniformen und Fahnen waren die äußeren Symbole der Bewegungen, »Frontkämpfer« ihre selbsternannten Führer. Die NSDAP und Hitler, beide im Moment ihres Eintritts in die Politik völlig unbedeutend, waren beispielhaft für das Phänomen. Hitler musste allerdings viel ernster genommen werden als seine Partei. Die junge NSDAP war Treibgut in der Flutwelle der Niederlage. Hitler dagegen – bei aller halbgebildeten Rhetorik seiner Schriften und Reden, bei aller durch Groll, Unsicherheit und vermeintliche Ungerechtigkeit bedingten psychischen Unausgewogenheit und bei allen verworrenen Hassgefühlen, die sich in seiner sogenannten Philosophie niederschlugen – war ein Mann, der die Zeichen der Zeit erkannte. Er kannte die Macht des Appells an Männlichkeit, Kameradschaft und Heldentum, verstand, ihn zu artikulieren, und wusste, wie er ihn für seinen politischen Zweck einspannen konnte. Dieser Zweck war, wie aus allem hervorgeht, was er nach seiner Rückkehr aus den Schützengräben sagte und schrieb, nichts anderes, als den Weltkrieg noch einmal zu führen und ihn diesmal mit einem deutschen Sieg abzuschließen.

Der Krieg, den Hitler führte

Eine der Lücken in der heutigen Erinnerung an den Ersten Weltkrieg betrifft die Tatsache, dass Deutschland dem Sieg im Jahre 1918 so nahe kam. Mitte Juni, nur vier Monate vor dem Waffenstillstand, kontrollierten die Armeen Deutschlands oder seiner Verbündeten größere Teile Europas als in jedem

Stadium des Krieges. Der gesamte Balkan war in den deutschen Machtbereich einbezogen, und deutsche Expeditionsstreitkräfte kämpften in Nordgriechenland gegen Franzosen und Briten. Die reichsten Regionen Norditaliens befanden sich unter österreichischer Besatzung. Deutsche Truppen standen den Briten in Palästina gegenüber und hatten Finnland besetzt. Im Westen bedrohten deutsche Armeen Paris aus achtzig Kilometer Entfernung, und im Osten, wo Russland kurz zuvor zum Abschluss eines Friedensvertrags gezwungen worden war, verlief die deutsche Militärgrenze von Rostow am Don im Süden bis nach Narwa im Norden; sie schloss Kiew, die Kornkammern der Ukraine, den überwiegenden Teil Weißrusslands, die baltischen Staaten und das gesamte historische Polen ein.

Die Armeen des Kaisers kontrollierten damals größere Gebiete Europas, als es Napoleons Heeren je gelungen war, und fast so ausgedehnte Regionen, wie sie Hitlers Armeen auf dem Höhepunkt ihrer Eroberungen einnehmen sollten. Wer wollte bezweifeln, dass es die Erinnerung an den Souverän des Meldegängers und an dessen beinahe erfolgreiche Aktionen war, die den Führer bewog, dem Kaiser nachzueifern und ihn dann zu übertreffen? In gewisser Hinsicht wurde der Zweite Weltkrieg ausgefochten, um den Sieg, der Deutschland 1918 so knapp entgangen war, zu erringen. Hier geht es nicht um die Kriegsschuldfrage. Unumstritten dürfte jedoch sein, dass Hitler weder im In- noch im Ausland jemals vor einem Konflikt zurückschreckte (höchstens – nach dem katastrophalen Scheitern des Münchner Putschversuches von 1923 – vor einer direkten Konfrontation mit der deutschen Armee); er liebäugelte von 1936 bis 1938 im vollen Bewusstsein der Risiken mit dem Krieg, und als dieser 1939 ausbrach, akzeptierte Hitler ohne Zaudern, dass der Krieg für die Verwirklichung seiner Außenpolitik unumgänglich war.

Diese Darstellung widerspricht weder A.J.P. Taylors mittlerweile berühmter Behauptung, Hitler habe keine langfristigen Kriegspläne gehegt, noch den überzeugenden Demonstrationen anderer Historiker, Deutschland sei für jeglichen langfristigen Krieg unvorbereitet gewesen. Hitler rechnete 1939 damit, Polen besiegen zu können, bevor die Franzosen und Briten eine ernste Gegenoffensive einleiteten (womit er die Dynamik eines Zweifrontenkrieges im Gegensatz zu Schlieffen richtig einschätzte); danach sollte die Diplomatie die Dinge im Westen gütlich regeln, doch wenn das nicht gelang, sah Hitler eine ausgezeichnete Chance, sich im bewaffneten Kampf aus der Schlinge zu ziehen. Durch den Hitler-Stalin-Pakt, den deutsch-sowjetischen Nichtangriffspakt vom 22. August 1939, war er im Rücken gedeckt und er konnte hoffen, sich vorn durch Verhandlungen, den Westwall oder, wenn alle Stricke rissen, mit einem Blitzkrieg durchzuschlagen.

Die Idee des Blitzkriegs hatte Hitler nicht direkt ersonnen, und der Sieg über Polen kann streng genommen nicht als ihre Umsetzung in die Praxis betrachtet werden. An drei Seiten von einer an Zahl und Ausrüstung enorm überlegenen Streitmacht umzingelt, war die polnische Armee ohnehin zu einer raschen Niederlage verurteilt; der russische Dolchstoß besiegelte lediglich ihr Schicksal. Trotzdem ermöglichte der dreiwöchige Polenfeldzug den Streitkräften – also den Panzerdivisionen und den Stukageschwadern –, ihre Blitzkrieg-Operationen einzuüben. Daher waren sie, als sie im Mai 1940 für den eigentlichen Blitzkrieg eingesetzt wurden, ihren unerprobten französischen und britischen Feinden gegenüber im Vorteil. In den Gefechten selbst erhöhte sich ihr Vorteil. Der Blitzkrieg – im Wesentlichen eine Doktrin, der zufolge eine Panzertruppe in einem konzentrierten Angriff auf schmaler Front die feindliche Linie durchbricht und ohne Rücksicht auf ihre Flanken durch die Bresche weiter vorstößt – war ein Siegesrezept, das mehr als einen Vater hatte. Die deutschen Panzerpioniere, an erster Stelle Lutz und Guderian, hatten die Schriften von Fuller und Liddell Hart, den britischen »Aposteln« der Panzerkriegführung, aufmerksam studiert. Aber es ist ein langer Weg von der schriftlichen Befürwortung einer revolutionären Lehrmeinung (sogar von der Bekehrung einflussreicher Individuen) bis zu ihrer Übernahme durch eine so monolithische und konservative Organisation wie die deutsche Armee. In Wahrheit wurde die Wehrmacht nie offiziell zum Blitzkrieg bekehrt, denn es handelt sich um ein Schlagwort, das man erst im Rückblick auf spektakuläre Ereignisse anwandte. Vielmehr übernahm sie eine Organisationsform, nämlich starke Panzereinheiten, und ein Verhaltensmuster, nämlich die Konzentration der Kräfte hinter den Panzereinheiten, deren Effekt auf dem Schlachtfeld niemanden stärker überraschte als viele ihrer Generale.

So unbelehrbar waren einige dieser Generale – vor allem Beck, Generalstabschef bis 1938 –, dass die Lehre von der Panzerkonzentration vielleicht niemals akzeptiert worden wäre, wenn nicht die taktischen Neuerungen der Armee von 1918 – »Infiltration« genannt – die Ermahnungen Guderians und seiner Kollegen bereits im Kern vorweggenommen hätten. In jenem Jahr hatte die deutsche Armee im Westen darauf verzichtet, ihre Operationen wie bisher durch schwere Artillerie und starres Sperrfeuer vorzubereiten, und statt dessen auf eine flexiblere und rascher wirksame Taktik zurückgegriffen. Ihre Artilleristen wurden verspätet dazu ausgebildet, die moralischen Widerstandskräfte des Feindes durch einen kurzen Feuersturm zu »neutralisieren« und ihm die Warnung, auf die sich die Verteidiger bis dahin verlassen hatten, um einen bedrohten Grabenabschnitt verstärken zu können, vorzuenthalten. Gleichzeitig lehrte man die Infanterie, die feindlichen Stellungen am Ende des neutralisierenden Bombardements zu »infiltrieren« statt sie zu besetzen. »Sturmabteilungen« – Hitlers Braunhemden übernahmen die Bezeichnung später und rekrutierten viele ihrer Veteranen – setzten sich an die Spitze des Angriffs; ausgewählte Eingreifdivisionen drangen durch die Breschen vor und konsolidierten den Geländegewinn.

In vier Offensiven – im März, April, Mai und Juni – funktionierte diese Taktik glänzend, jedenfalls bis zu einem gewissen Grade. Sogar Traditionalisten von Becks Zuschnitt räumten ein, dass die Taktik hundertprozentig funktioniert hätte, hätten die nachstoßenden Truppen mit den Angriffsspitzen Schritt halten können. Aber dazu waren schwerfällige, von Pferdefuhrwerken abhängige Verbände einfach außerstande; aufgrund eines Effekts, dem laut Clausewitz sämtliche Offensiven unterliegen, verbrauchten sie einen so großen Teil ihrer Energie für die reine Fortbewegung, dass ihnen die Kraft zu einer letzten, krönenden Anstrengung fehlte. Im Unterschied zur Infanterie jedoch wurden Panzerdivisionen nicht von einer derartigen »Friktion« beeinträchtigt. Ihrem Wesen nach waren sie vorstürmende und nachstoßende Verbände in einem. Ihr offenkundiges Vermögen, im Kampf gleichzeitig vorzurücken, nahm der Opposition gegen die Ideen Guderians und seinesgleichen die Spitze; Hitlers Unterstützung dieser »Jungtürken« ließ den Widerstand vollends abbröckeln. Im Mai 1940 hatten die Neuerer die Oberhand gewonnen. Einer von ihnen, von Manstein, hatte mit Hitlers Unterstützung einen Plan entworfen, der an die Stelle eines viel weniger kühnen, von den Traditionalisten des Generalstabs stammenden Vorschlag trat. Die Feldarmee, die gerade ihre Feuertaufe erlebt hatte, stand bereit. Der Sieg winkte jenseits des Westwalls.

Seine Ausmaße übertrafen sogar die Erwartungen derjenigen, die sich am stärksten für die Idee des Blitzkriegs engagiert hatten. In dem ursprünglichen Generalstabsplan mit dem Decknamen »Fall Gelb« hieß es, falls Hitler auf einem Angriff im Westen bestehe, solle das Ziel nicht größer sein als das von der französischen Feldarmee und der mit ihr verbündeten britischen Expeditionsarmee besetzte Grenzgebiet. Der von Manstein und Hitler stammende Operationsvorschlag mit der Bezeichnung »Sichelschnitt« hatte ein weit ehrgeizigeres Ziel. Danach sollten Panzerverbände von den Ardennen in Südbelgien bis zur Kanalküste bei Abbeville vorstoßen und damit die anglofranzösischen Verteidiger, während diese mit einem zweiten Panzervorstoß durch die Niederlande von einer Zangenbewegung erfasst wurden, von ihrer französischen Hauptmacht abschneiden.

Ironischerweise hätte der alliierte Kriegsplan genau darauf abgestimmt sein können, den Erfolg dieses verwegenen Unternehmens zu begünstigen. Er verfügte, dass die anglofranzösische Feldarmee bei der ersten Verletzung der belgischen Neutralität durch Deutschland eilig ins belgische Tiefland vorzurücken und sich dabei auf den Schutz der Maginotlinie an ihrer Ardennenflanke zu verlassen habe. »Sichelschnitt« legte das Zentrum des deutschen Panzerangriffs jedoch genau auf das Ende der Maginotlinie. Da das alliierte Oberkommando das Gelände in diesem Abschnitt für »nicht panzergängig« hielt, war er weder durch Befestigungen noch durch starke Verbände abgesichert. General Coraps 9. Armee, die den bedrohten Abschnitt schützen sollte, gehörte unglücklicherweise zu den schwächsten Einheiten. Hitler, der im November 1939 beschlossen hatte, den Krieg im Westen zu riskieren, prahlte vor seinen Generalen, er werde »Frankreich in tausend Stücke schlagen«. Genau das widerfuhr der 9. Armee Mitte Mai 1940 nach dreitägigen Kämpfen. Am 19. Mai erreichten die Angriffsspitzen der deutschen Panzereinheiten Abbeville. Zwei Wochen später hatte sich die britische Expeditionsarmee von der französischen Küste zurückgezogen; die französische Feldarmee wurde umzingelt und besiegt, und das französische Kernland lag offen vor Hitlers Panzerkolonnen.

Was sich anschloss, war kaum als Krieg zu bezeichnen, weshalb Hitler bereits am 15. Juni – zehn Tage bevor die gelähmte französische Regierung einen unvermeidlichen Waffenstillstand akzeptierte – Befehle zur Auflösung von 35 Divisionen, etwa eines Viertels der Armee-Kriegsstärke, erteilte. In den restlichen Sommermonaten befasste er sich mit Invasionsplänen für Großbritannien, nahm jedoch an, dass es um Frieden nachsuchen werde. Als sich sein Irrtum herausstellte, versuchte er, die Royal Air Force durch die Luftwaffe zerstören zu lassen, und befahl, nachdem diese Bemühungen ins Stocken geraten waren, Angriffe gegen die britischen Städte zu führen. Hauptsächlich aber widmete er sich in jenen glorreichen Monaten in der Jahresmitte 1940 dem Triumph über seinen erstaunlichen Sieg.

Die Früchte des Sieges waren umso süßer, als seine Generale, von denen er zwölf am 19. Juli unversehens in den Feldmarschallsrang erhob, ihre Verblüffung nicht verhehlen konnten. Noch nie waren so viele Feldmarschälle ernannt worden – außer von Napoleon, auf dessen Massenbeförderung vom 19. Mai 1804 Hitler bewusst hinweisen wollte. Doch keiner von Napoleons Feldzügen, nicht einmal die Schlacht von Austerlitz, hatte so spektakuläre Ergebnisse gezeitigt wie Hitlers Kriegführung vom September 1939 bis Mai 1940. In zwölf Wochen Kämpfen – vielleicht ein wenig länger, wenn man die Besetzung Norwegens im April mitrechnet – hatten die Deutschen zwei große europäische Armeen vernichtet, vier kleinere überrollt und Großbritannien die schlimmste Erniedrigung seiner Geschichte seit dem Abfall der amerikanischen Kolonien von 1776 zugefügt.

Kein Wunder, dass Hitler sich anschickte, den Sommer 1940 zu genießen. Es war der erste Urlaub, den er sich seit den ekstatischen frühen Tagen der Machtübernahme gestattet hatte. Damals badete er in der Anbetung des einfachen Volkes, während er mit seinen engsten Gefolgsleuten Kuchen-

fahrten durch die Gebirgsdörfer und Marktflecken Süd-
deutschlands unternahm. Nun frönte er seiner Neigung zu
Geschichte und Prunk, besuchte von neuem die Unterstände
des Regiments List in Flandern, inspizierte die Maginotlinie
und machte seine erste Reise nach Paris (»der Traum meines
Lebens«), wo er an Napoleons Grab grübelte, die prächtige
Opéra bewunderte (Plänen von Opernhäusern galten seine
Lieblingskritzeleien) und am Panthéon und am Arc de
Triomphe verweilte.

So gelassen Hitler wirkte, war er doch zutiefst von seinen
Gedanken in Anspruch genommen. Großbritannien weigerte
sich, Frieden zu schließen, konnte aber den Krieg nicht ausweiten. Russland, dank der Teilung der Beute im Osten fried-
fertig, besaß eine Kriegsmacht, die der deutschen nicht nachstand. Die Bedrohung, die es für die deutsche Oberhoheit in
Europa darstellte – in seinen Jahren der Großsprecherei bezog sich Hitler auf die »rote« oder »slawische Gefahr« –, ließ
ihn nie los; sie spielte für ihn eine mindestens ebenso große
Rolle wie seine wüsten Beschimpfungen der Juden. Bei einem
Treffen mit seinen Generalen am 31. Juli, auf dem die Invasion Großbritanniens erörtert werden sollte, beunruhigte er
die Anwesenden damit, dass er stärkere Argumente für den
Einmarsch in die Sowjetunion vorbrachte. Während der
Sommer in den Herbst überging, schienen die Gesichtspunk-
te für den künftigen Operationsplan »Barbarossa« immer
zwingender zu werden. Hitler war überzeugt, Großbritanni-
en zögerte einen Friedensschluss hinaus, weil es erwartete,
von den Vereinigten Staaten gerettet zu werden. Die USA
hingegen würden ihre Neutralität nur aufgeben, wenn Russland weiterhin mit einem Zweifrontenkrieg drohte.

Im November 1940 traf Hitler seine Entscheidung. Nach
einem Besuch des russischen Außenministers Molotow am
12. und 13. November in Berlin war die letzte Hoffnung auf
eine zufriedenstellende Übereinkunft mit der Sowjetunion

verflogen. Wie sich zeigte, gierte sie in den nicht aufgeteilten Sphären des Baltikums, des Balkans und des Vorderen Orients ebenso nach Einfluss wie Hitler. Am 27. November erteilte er dem Kommandeur seines Luftwaffenverbandes in Bulgarien Befehle, die keinen Zweifel an seinem Entschluss ließen, Russland im Frühjahr anzugreifen. Danach brauchte nur noch der Operationsplan für die russische Niederlage festgelegt zu werden. Bei dem Treffen am 31. Juli hatte er die Umrisse bereits skizziert: Vorstoß nach Moskau, koordiniert mit Einkreisungsbewegungen im Norden und Süden, gefolgt von einer Offensive zur Eroberung der kaukasischen Ölfelder. Im Dezember saß er Gesprächen zwischen dem OKW und dem Oberkommando des Heeres (OKH) vor, in denen die Details ausgefeilt wurden. Hitler und das OKW legten größten Wert auf die Einkreisungsbewegungen, während das OKH den Vorstoß nach Moskau für vorrangig hielt. Diese Meinungsverschiedenheit, die im Laufe des Feldzugs mit katastrophalen Konsequenzen wieder auftauchen sollte, wurde in der Endfassung vorläufig ausgeklammert. Am 18. Dezember gab Hitler die Führerweisung Nr. 21 für den Angriff auf Russland heraus. Mit diesen Weisungen, von denen er 51 unterzeichnete, umriss er breite Strategien; es ist bedeutsam, dass die letzte im November 1943 erteilt wurde.

Hitler rechnete mit einem kurzen Krieg und befahl, die Vorbereitungen für »Barbarossa« bis zum 15. Mai abzuschließen. Vorher kam es jedoch zu Unruhen auf dem Balkan, die den Beginn des Unternehmens hinauszögerten. Mussolinis Entscheidung, Griechenland im Oktober anzugreifen, wovon er Hitler bewusst nicht unterrichtet hatte, setzte durch ihren Misserfolg den Führer so sehr in Verlegenheit, dass er erwog, den Italienern Hilfe zu leisten – wie er es im folgenden Februar tun sollte, als er Rommel und das Afrikakorps in die westliche Sahara entsandte, um die italienische Verteidigung Libyens gegen die Briten zu stärken. Im März gab ein antideutscher Putsch in Jugoslawien den Ausschlag für Hitlers Überlegungen. Er vermutete britischen Einfluss, der in Griechenland ebenfalls stark war und nicht hingenommen werden konnte. Im April leitete er einen Blitzkrieg gegen Jugoslawien und Griechenland ein, dessen spektakulärer, wenn auch unter hohen Verlusten erkaufter Höhepunkt im Mai die Eroberung Kretas durch deutsche Fallschirmjäger war.

Ob die Ablenkung auf dem Balkan Hitler um die Zeit und um die günstige Witterung brachte, die ihm vielleicht ermöglicht hätten, seinen »kurzen Krieg« gegen Russland 1941 siegreich abzuschließen, ist heute eine umstrittene Frage. Wissenschaftler, die wie Martin van Crefeld Hitlers Strategie jener Monate gründlich untersucht haben, sind der Meinung, Unternehmen »Barbarossa« hätte aus rein operationellen Gründen ohnehin nicht früher beginnen können. Wichtiger ist wohl ein Urteil darüber, ob der Plan »Barbarossa« mangelhaft war; wie jener Schlieffens schwankte er zwischen dem Vorhaben, die Armeen des Feindes zu vernichten, und dem Ziel, dessen Hauptstadt zu neutralisieren. Als »Barbarossa« schließlich eingeleitet wurde, kam es sofort zu riesigen Umfassungsoperationen. Bis zum 1. Juli hatte Bocks Heeresgruppe Mitte 300 000 Russen bei Minsk und bis zum 19. Juli 100 000 weitere bei Smolensk umzingelt. Die Heeresgruppe Nord (von Leeb) konnte im selben Zeitraum rund 200 000 Russen töten oder gefangen nehmen, und von Rundstedts Heeresgruppe Süd gelang nach einem langsamen Start die größte Umfassungsoperation von allen. Als Kiew am 26. September kapitulierte, gerieten fast 700 000 Russen in die Hand der Deutschen (bis zu drei Viertel der in diesen frühen Schlachten gefangen genommenen Soldaten starben in deutscher Gefangenschaft wegen Vernachlässigung).

Bevor noch die Einkreisung von Kiew beendet war, hatten sich jedoch erste Widersprüche des Unternehmens »Barbarossa« gezeigt. Bereits am 16. Juli war die Heeresgruppe Mitte auf der direkten Route nach Moskau, das nur 320 Kilometer entfernt war, ins Stocken geraten. Obwohl sie innerhalb eines Monats 640 Kilometer zurückgelegt hatte, beschloss Hitler, ihre beiden Panzergruppen (befehligt von Hoth und Guderian, die beide an den Triumphen von 1940 mitgewirkt hatten) zur Unterstützung von Leeb und Rundstedt an der nördlichen beziehungsweise südlichen Achse abzuordnen. Guderian war so empört über diese Entscheidung, dass er es wagte, Hitler in dessen ostpreußischem Hauptquartier gegenüberzutreten und die Rücknahme des Befehls zu verlangen. Hitler weigerte sich, schickte ihn nach Süden und ließ seine Panzergruppe erst Anfang Oktober auf die Straße nach Moskau zurückkehren. Am 3. Oktober versicherte er dem deutschen Volk, daß »dieser Gegner bereits gebrochen ist und sich nie mehr erheben wird«. Die Ereignisse sollten ihn eines Besseren belehren. Unterstützt von einem verspäteten Winter, der die Zufahrtswege nach Moskau im Herbstschlamm versinken ließ, verstärkten die Russen den mittleren Frontabschnitt, brachten den Vormarsch der Deutschen zum Erliegen und drängten sie Anfang Dezember wieder zurück.

»Vierzig Kilometer hinten ist es genauso kalt wie bei Ihnen!« lautete die spöttische Abfuhr Hitlers an Generale, die um Erlaubnis baten, vor der russischen Gegenoffensive zurückzuweichen. Seine Soldaten, die ihre Uniformen mit zerrissenen Zeitungen ausgestopft hatten, waren zu einer Bewegung, ob nach vorn oder nach hinten, ohnehin kaum fähig. Doch obwohl sie wenig Winterausrüstung besaßen, gelang es ihnen irgendwie, die russische Gegenoffensive zu stoppen und sich zu einem neuen Gegenangriff umzugruppieren. Dazu kam es Anfang Mai, als der Boden nach dem Frühlingstauwetter getrocknet war. Als Ziele hatte man die Wolga bei Stalingrad, den Kaukasus und die Ölfelder des Kaspischen Meeres ausersehen. Die Deutschen schlugen einen russischen Gegenangriff bei Charkow Mitte Mai zurück, besetzten die

Krim Anfang Juni, schlossen Rostow am Don, den südlichsten Punkt der deutschen Militärgrenze von 1918, am 22. Juli ein und erreichten am 23. August die Wolga nördlich von Stalingrad. Unterdessen stießen die Angriffsspitzen der Heeresgruppe Süd in den Kaukasus vor. Ihre Soldaten hatten die deutsche Fahne auf dem Gipfel des Elbrus, des höchsten europäischen Berges, gehisst und waren nur knapp 500 Kilometer von Baku, dem Zentrum der russischen Ölförderung, entfernt. Innerhalb von 13 Monaten waren Hitlers Armeen 1900 Kilometer vorgerückt, hatten fast vier Millionen russische Soldaten gefangen genommen, die Sowjetregierung gezwungen, die Flucht aus Moskau zu erwägen, die Verlagerung eines Drittels der Sowjetindustrie hinter den Ural bewirkt sowie Russlands Kornkammern besetzt und ausgebeutet. In jenem Jahr schien der Sieg so sicher zu sein, dass Hitler, während die Russen im Dezember zu ihrer Gegenoffensive ansetzten, den Vereinigten Staaten fast beiläufig und ohne Not – allein zum Zeichen der Solidarität mit seinen japanischen Verbündeten nach deren Angriff auf Pearl Harbor – den Krieg erklärte.

Nichtsdestotrotz begannen unsichtbare Hände, die deutschen Armeen zurückzuhalten. Die »Nachstoßaktionen« fielen in den ungeheuren Weiten Russlands viel weniger leicht als in der geschlossenen französischen Landschaft. Dort war die Infanterie den Panzern höchstens ein paar Stunden später gefolgt; in der Steppe dagegen konnte es Tage dauern, selbst wenn die Infanterie täglich vierzig Kilometer marschierte, bis sie die Angriffsspitzen einholte. Noch weiter hinten wurde der Tross auf überfüllten Straßen, die nicht für schweren Verkehr gebaut waren, oder auf dem spärlichen und beschädigten Eisenbahnnetz herangeschafft. Während die Entfernungen größer wurden, verbreiterte sich die Front, so dass im Operationsbereich ein paar hundert Mann gezwungen sein konnten, Dutzende von Kilometern zu »halten«; zum Beispiel waren die zwanzig Divisionen der Heeresgruppe A (ehemals

Süd) Anfang August über 800 Kilometer am Don entlang verteilt. Weiter südlich, in der kalmükischen Steppe, wurden achtzig Kilometer breite Abschnitte von Spähtrupps »gehalten«.

Nachdem sie abwartend zugeschaut hatten, nutzten die Russen jetzt die Gelegenheit. Am 19. Und 20. November durchbrachen sie die deutsche Linie nördlich und südlich von Stalingrad, wo seit September heftige Gefechte tobten, und schlossen die Stadt ein. Damit begann der Überlebenskampf der 6. Armee, der unter sich ständig verschärfenden Bedingungen bis zum folgenden Februar dauern sollte. Im Verlauf der Schlacht verdrängte Hitler alle anderen Probleme. Er glaubte Görings Versicherung, dass die Luftwaffe die 6. Armee versorgen könne, weigerte sich, ihren Befehlshaber Paulus (der, wie es die Ironie des Schicksals wollte, die Weisung »Barbarossa« verfasst hatte) zum Ausbruch aus dem Kessel zu ermächtigen, und setzte all seine Energien zur Wiedergewinnung des verlorenen Preises ein. Aber im Dezember scheiterte ein Versuch von Mansteins, sich zur Stadt durchzuschlagen, die Russen verstärkten ihre Angriffe, und am 1. Februar endete der Widerstand der 6. Armee; die südlichen Heeresgruppen waren hinter den Don zurückgeworfen worden und verfügten nur noch über Rostow als Brückenkopf in den riesigen Gebieten, die sie bei ihren Vormärschen im Sommer erobert hatten.

Im Rückblick betrachtet, kennzeichnet Stalingrad sowohl den Höhepunkt als auch das Ende von Hitlers Krieg. Jedenfalls war sein Vertrauen in seine Fähigkeit, den Feind und die eigenen Generale unter Kontrolle zu halten, durch die Niederlage so erschüttert, dass er sich 1943 kaum an den Diskussionen darüber beteiligte, wie das Blatt für die Armee zu wenden sei. Das Ergebnis der Beratungen, die von Hitler immer wieder hinausgeschobene Offensive am Kursker Bogen, die letztlich scheiterte, war die Idee des neuen Generalstabschefs

Zeitzler. Niederlagen und Rückschläge in anderen Operationsgebieten beeinträchtigten Hitlers Selbstvertrauen ebenfalls: die Vernichtung von Rommels Armee in Afrika, die Wende des Geschicks in der Atlantikschlacht, der Beginn koordinierter Luftangriffe der Alliierten auf das Reich, die angloamerikanische Invasion Italiens und der Sturz Mussolinis. Aber die Demütigung in Russland traf ihn am schwersten.

Als Kursk den Beweis lieferte, dass sein militärischer Instinkt dem seiner Generale, in diesem Fall Zeitzlers, überlegen war, erhielt sein Selbstbewusstsein wieder einigen Auftrieb; untermauert wurde dieses Gefühl von der wachsenden Hoffnung auf die kriegsentscheidenden Qualitäten der Geheimwaffen, die seine Wissenschaftler entwickelten. Auch die Schmähungen seiner treulosen und feigen Verbündeten halfen ihm, den Glauben an seine eigene Unentbehrlichkeit zu festigen. Und die Abgeschiedenheit seiner Hauptquartiere sorgte dafür, dass er die Realität nur in von ihm selbst bemessener Dosierung zur Kenntnis nahm. Während die Katastrophen von 1943 in die sich abzeichnenden Krisen von 1944 übergingen – stärkere russische Vormärsche im Osten, die Gefahr der angloamerikanischen Invasion im Westen –, bewahrte er sich irgendwie die Fähigkeit zu denken, zu planen und zu kommandieren. Die Verschwörung der Offiziere vom Juli 1944 erhärtete seine Überzeugung, dass er niemandem trauen könne und nur er selbst den Krieg bis zum Ende durchfechten werde. Danach traf er sämtliche militärische Entscheidungen, oftmals bis ins kleinste Detail, allein. Noch in der letzten Woche seines Lebens übermittelte sein Stab präzise Operationsbefehle aus dem Berliner Bunker an Einheiten – inzwischen nur noch Fragmente, wenn nicht Fantasiegebilde –, deren Bewegungen er weiterhin auf seiner Lagekarte festhielt. Am späten Abend des 29. April 1945, 19 Stunden vor seinem Selbstmord, verlangte er vom OKW

Antworten auf fünf kategorische Fragen: »Wo sind Wencks Angriffsspitzen? Wann greifen sie an? Wo ist die 9. Armee? In welche Richtung bricht die 9. Armee durch? Wo sind Holsts Angriffsspitzen?«

Wenn man von der Sollstärke der betreffenden Verbände absieht, waren dies Botschaften wie die, mit denen Hitler dreißig Jahre zuvor als Meldegänger im Abschnitt des Regiments List in Flandern von Granattrichter zu Granattrichter gesprungen sein könnte. In der Tat lebte Hitler kurz vor seinem Tod unter materiellen Bedingungen, die sich von jenen vier Jahren, die er als junger Mann an der Westfront verbrachte, kaum unterschieden. Für ihn hatte sich der Kreis geschlossen. Hitler war in einem unterirdischen Bunker eingekerkert, über ihm wühlten Granaten den Boden auf, und, von einem schmalen Streifen Niemandsland getrennt, kämpften nur ein paar hundert Meter von ihm entfernt Infanterieverbände. Inmitten der Utensilien der militärischen Befehlshaberschaft – Karten, Kartentischen, Kreide, Fernschreiber, Feldtelefonen – war er von besorgten Offizieren in Feldgrau umgeben, die, wie seinerzeit in den Unterständen des Regiments List, Rettung von ihm erwarteten. Damals hatten sie es für selbstverständlich gehalten, dass er Befehlen gehorchen und sein Leben auf dem Rückweg zu den Geschützen riskieren würde, um die Weisung zum Gegenbombardement zu überbringen. Nun erhofften sie von ihm eine andere Rettung: Von seiner Entscheidung zur Flucht, zur Kapitulation oder zu seiner Vernichtung erhofften sie ein Ende des Krieges. Sie wussten, dass er Flucht oder Kapitulation nicht ins Auge fassen würde. Deshalb schien die Erwartung seines Selbstmords jeden Winkel des Bunkers zu durchdringen, während die Schlacht um Berlin ihrem Höhepunkt entgegenging. Er wollte seinen Selbstmord als Soldatentod hinstellen, als ein »Schicksal …, das Millionen anderer auch auf sich genommen haben«. Jene, die ihm bis zu seinem letzten Moment Gesellschaft leisteten, dachten im Rückblick eher an den Sprung eines ruinierten Glücksspielers ins Leere. Kaum einer von ihnen konnte – nicht einmal sich selbst – erklären, wie die größte deutsche Institution, das Werkzeug, mit dem der Staat geschaffen, vergrößert, vereinigt und gestützt worden war, das Tabernakel der universalen Militärphilosophie und die *maison mère* der modernen Armeen der Welt, ihr Schicksal den Schlafwandlerinstinkten eines ehemaligen Gefreiten und Meldegängers hatte anvertrauen können. Um diese Erklärung haben sich seither viele andere bemüht. Was war der Kern von Hitlers zwanghafter, intensiver und letztlich übergeordneter Beziehung zu seinen Soldaten?

Hitlers Soldaten

Das Wesen von Hitlers Beherrschung der deutschen Armee ließe sich knapp folgendermaßen erklären: Nachdem er sie gedemütigt und geschwächt vorgefunden hatte, gab er der Armee ihre Stärke und damit ihren Stolz zurück, aber im Gegenzug beraubte er sie, wenn auch in kaum wahrnehmbaren Raten, ihrer Unabhängigkeit und Autonomie und damit schließlich ihrer Würde und ihres Gewissens.

1933 – dem Jahr, als Hitler an die Macht kam – unterlagen Größe und Stärke der deutschen Armee noch den von den Alliierten im Versailler Vertrag verhängten Beschränkungen. Zahlenmäßig durfte sie 100 000 Mann nicht überschreiten, die sämtlich zwölf Jahre zu dienen hatten (eine Maßnahme, welche die Ansammlung ausgebildeter Reservisten verhindern sollte), darüber hinaus durfte sie weder Panzer noch schwere Artillerie noch Luftstreitkräfte besitzen. Der sehr kleinen Flotte waren gleichermaßen U-Boote oder Überwasserschiffe verwehrt, die größer als schwere Kreuzer waren. Die Stabsakademie der Armee wurde 1920 geschlossen und der Generalstab abgeschafft. Damit hofften die Alliierten die deutsche militärische Führung auszulöschen, deren Vitalität und Erfindergeist sie die glänzenden Erfolge der deutschen Feldarmeen seit 1866 zuschrieben.

Außenpolitisch gesehen, hatten die Versailler Beschränkungen ihr Ziel erreicht. Die sieben Infanterie- und drei Kavalleriedivisionen der Armee stellten keine Gefahr für die Nachbarn dar und konnten kaum als Instrument der nationalen Sicherheit dienen, wie die Offiziere, die nach den damaligen Ausbildungsvorschriften alljährlich eine Strategie der »hinhaltenden Verteidigung« einzuüben hatten, wehmütig feststellten. Innenpolitisch gesehen, hatte Versailles das Ziel jedoch verfehlt. Der Vertrag bezweckte, die deutsche Armee in ihrer Entwicklung zu hemmen und sie dadurch lächerlich zu machen, doch er bewirkte im Gegenteil, dass sie sich in eine Elite verwandelte. Angesichts einer Wirtschaft, die kaum stabile Arbeitsplätze zu bieten hatte, bewarb man sich eifrig um die Aufnahme in den Mannschaftsstand; Offizierspatente zogen, weit davon entfernt, ihr Prestige zu verlieren, einen noch höheren Prozentsatz von Kandidaten aus dem Adel an als unter dem letzten Kaiser. Zum Beispiel hatten 1913 nur 27 Prozent der rangjüngeren Offiziere ein »von« vor ihrem Namen, während 1931–32 36 Prozent der damals ernannten Leutnants dieses Adelsprädikat besaßen. Bei ihnen handelte es sich keineswegs um die einfältigeren jüngeren Söhne; das Reichsheer setzte ein hohes akademisches Aufnahmeniveau fest und erhielt die Kandidaten, die es sich wünschte. Ihre Beweggründe scheinen weitgehend traditionalistischer Art gewesen zu sein. Unter einer verachteten Republik stufte der Adel den Armeedienst gewissermaßen als Ersatzmonarchismus ein und verschrieb sich ihm von ganzem Herzen. Soziologen beschreiben dieses Phänomen mit dem Begriff »Innere Emigration«. Er kam in der Geste des greisen Hindenburg bei der Einsetzung Hitlers zum Reichskanzler in der Potsdamer Garnisonkirche am 21. März 1933 klar zum Ausdruck. Angetan mit der Galauniform eines Reichsfeldmarschalls, drehte er sich in der Mitte des Kirchenschiffs um (wo er 1866 zum ersten Mal als junger Gardeleutnant nach seinem Sieg über Österreich gestanden hatte) und grüßte mit seinem Marschallstab den leeren Thron des Kaisers.

Aber mit Gesten allein ist nicht geholfen. Das Offizierskorps der Reichswehr mag reich an Titeln gewesen sein, aber um Sold und Beförderung war es schlecht bestellt. In der deutschen Armee von 1933 war das Durchschnittsalter eines Obersts 56; vier Jahre später, in Hitlers Wehrmacht, betrug es 39 Jahre. Mit der Wiederaufrüstung verfügte Hitler das Ende des Versailler Vertrages und im Einklang mit der enormen Vergrößerung der Armee verbesserte er die Karriereaussichten aktiver Offiziere. Die Streitkräfte erweiterten sich von sieben auf 21 und dann auf 36 Divisionen, die schwere Artillerie und Panzereinheiten sowie natürlich die neue Luftwaffe einschlossen. 1939, teils infolge der Einbeziehung der österreichischen Armee im Vorjahr, belief sich ihre Stärke auf 103 Divisionen, darunter sechs Panzer-, vier Panzergrenadier- und zehn leichte Divisionen.

Die Vergrößerung der Armee wurde jedoch auf Kosten der Rolle und des Status' der aktiven Offiziere erkauft. Nicht genug damit, dass der harte Kern der sorgfältig ausgewählten, weitgehend bäuerlichen, von Pflichtbewusstsein und soldatischer Lebensauffassung erfüllten, langjährig dienenden Mannschaften, von Scharen junger städtischer Rekruten, häufig enthusiastische Nazis oder zumindest ehemalige Mitglieder der Hitlerjugend, überschwemmt wurde; auch das Offizierkorps selbst war durch einen Strom neuer Mitglieder mit ähnlicher Lebensanschauung, wenngleich von anderer Herkunft verwässert worden. Ab 1932 nahm das Reichsheer jährlich 120 bis 180 Kadetten auf; 1937 waren die Neuzugänge auf 2000 Mann angewachsen. Viele erschienen der zunehmend bedrängten Elite der alten Armee als sozial minderwertig – eine Spaltung, die im Laufe der Jahre tiefgreifende Konsequenzen haben sollte. Aus Gründen des Dienstalters besetzte die Reichsheerelite weiterhin die höheren Positionen, aber auch ihr früher ungezwungenes Verhältnis zur übrigen Armee hatte gelitten. Die jungen Karrieristen unter der Elite glaubten, die alten Generale hätten den Kontakt zur modernen Kriegführung verloren; mit den neuen Offizieren verband sie keine ideologische Gemeinsamkeit, und von Hitler sahen sie sich immer stärker benachteiligt, was ihr Prestige schädigte und ihr Selbstvertrauen untergrub.

Im Unterschied zu anderen europäischen Ländern war die deutsche Generalität nie völlig der souveränen Autorität des Staates unterstellt gewesen. Der preußische Adel, aus dem sie herangezogen worden war, hatte nur widerwillig das Junkerleben zugunsten des Militärdienstes aufgegeben; zum Ausgleich war ihm von der preußischen Krone ein effektives Veto gegen die Militärpolitik des Staates eingeräumt worden. Im 19. Jahrhundert hatte der Adel das Veto überwiegend ausgeübt, um seine militärischen – und damit seine gesellschaftlichen – Privilegien zu schützen. Im 20. Jahrhundert war das Veto auf die eigentliche Politik ausgeweitet worden. Die Armee hatte die Abdankung des Kaisers erzwungen, um Deutschland und, wie sie glaubte, sich selbst vor den Folgen der Niederlage von 1918 zu retten. Danach, in der Weimarer Republik, hatte sie sich »über die Politik« gestellt, aber auf ihrem Recht beharrt, den Kriegsminister aus ihren Reihen zu ernennen; damit besaß sie weiterhin die Macht, jeder parlamentarischen Partei, die sie missbilligte, ein Mandat vorzuenthalten. Und da sie für Hitlers erstes Kabinett den Kriegsminister nominieren durfte, hatte sie sich mit seiner Kanzlerschaft abgefunden. Dabei aber wurde ihre Überzeugung, dass sie sich die höchste Autorität unter einer Diktatur ebenso wie in einer Demokratie bewahren könne, zunichte gemacht. Der von ihr nominierte von Blomberg war eitel und schwach und General von Fritsch, der Oberbefehlshaber des Heeres, ein engstirniger Traditionalist. Als beide 1938 durch eine falsche Anschuldigung kompromittiert wurden, entfernte Hitler sie nicht nur aus dem Amt, sondern änderte die Offiziershierarchie auf eine Weise, die dem politischen Veto der Armee für immer ein Ende setzte. Das Kriegsministerium wurde abgeschafft und vom Oberkommando der Wehrmacht ersetzt, dessen Leitung er selbst übernahm; dann nominierte er einen weiteren engstirnigen Traditionalisten, General von Brauchitsch, als Nachfolger von Fritsch, jedoch mit stark reduzierten Vollmachten. Außerdem ernannte er General von Keitel, einen Mann ohne jegliche Charakterfestigkeit, zum Chef des OKW. Als er sich bei Blomberg erkundigte, ob Keitel ein geeigneter Kandidat sei, erfuhr er, dass der Kriegsminister ihn nur als Bürovorsteher eingesetzt habe. Daraufhin entgegnete Hitler: »Das ist genau der Mann, den ich brauche«, und beschäftigte Keitel in ebendieser Funktion.

Noch bevor Hitler im Dezember 1941 den Titel des Obersten Befehlshabers der Wehrmacht annahm, hatte er die Autorität über die Streitkräfte mithin so umgestaltet, dass er – ein Novum in der Geschichte des deutschen Staates – die direkte Verantwortung für die Armee besaß. Das OKW, sein eigenes Hauptquartier, hatte im Zentrum ein Wehrmachtführungsamt, das als Operationsstab fungierte; vom Ausbruch des Krieges bis zu seinem Ende wurde es von Alfred Jodl, einem außerordentlich fähigen und energischen früheren Artillerieoffizier, geleitet. Diesem Amt unterstanden die Generalstabschefs der drei Waffengattungen. Seine Beziehung zu den Chefs der Luftwaffe und der Marine war bürokratisch korrekt, während es im Verhältnis zum Generalstabschef des Heeres zu beruflichen und emotionalen Reibereien kam. Denn durch den Status Deutschlands als Landmacht erhielt die Lenkung des Heeres vorrangige Bedeutung; zudem sorgte die Tatsache, dass die leitenden Offiziere des OKW ausschließlich aus dem Heer stammten, für Eifersucht, Rivalität und böses Blut.

Die Ressentiments wurden im Laufe des Krieges problematisch. Brauchitsch, Fritschs Nachfolger als Oberbefehlshaber des Heeres, war ein Mann von Geist und Bildung; er gehörte zu der erlesenen Gruppe von Offizieren aus dem 3. Garde-Regiment zu Fuß, Hindenburgs alter Einheit, die dem Oberkommando einen unverhältnismäßig hohen Anteil seiner Chefs geliefert hatte; Hammerstein-Equord, ein ehemaliger Oberbefehlshaber, und Manstein hatten ihre Karriere ebenfalls dort begonnen. Aber Brauchitsch, einem ausgezeichneten Philologen und Kenner der Weltpolitik, fehlte die Charakterstärke, sich den strategischen Entscheidungen zu widersetzen, die Hitler dem Heer mit Hilfe des OKW auferlegte. Nach dem Krieg sollte Brauchitsch erklären: »Hitler war das Schicksal Deutschlands, und dieses Schicksal ließ sich nicht aufhalten.« Ein solcher Fatalismus, wenn nicht gar Defätismus, brachte ihm Hitlers Verachtung ein. Einerseits war er bereit, Hitlers Leistungen für das Land und die Armee öffentlich zu loben; andererseits inszenierte er Diskussionen mit Hitler über wichtige taktische und strategische Entscheidungen, nur um am Ende klein beizugeben. 1938 sagte er in einem Vortrag vor Offizieren, der geniale Führer habe die große Lektion des Frontsoldaten in die Form der nationalsozialistischen Philosophie umgegossen (eine faszinierende Wahrnehmung der Ursprünge von Hitlers Idealvorstellung). Die Streitkräfte und der Nationalsozialismus hätten dieselbe geistige Wurzel; die Armee werde in Zukunft viele Großtaten für die Nation vollbringen, wenn sie dem Beispiel und der Lehre des Führers folge, in dessen Person sich der wahre Soldat und der Nationalsozialist vereinten. Aber am 24. Mai 1940 machte Brauchitsch vor Dünkirchen zwar vom Recht der Offiziere des einstigen Großen Generalstabs Gebrauch, zum Zeichen professioneller Missbilligung die Unterschrift auf einem Befehl zu verweigern – der Befehl betraf den katastrophalen Stopp der Panzertruppen, welche die britische Expeditionsarmee vernichten sollten –, doch er blieb stumm, als sich Hitler über sein Veto hinwegsetzte. Vorher hatte er in Zusammenhang mit einem Plan, die Franzosen an der Saar anzugreifen, seinen Rücktritt angeboten, dann aber wieder zurückgezogen. Obwohl er häufig Einwände gegen Hitlers Strategie, den Angriff auf Moskau im Sommer 1941 hinauszuzögern, vorbrachte, trieb er seine Opposition nicht so weit, dass er seinen Abschied genommen hätte. Als das Scheitern der neuerlichen Offensive gegen Moskau Brauchitsch Recht gegeben hatte, zwang ihn der aufgebrachte Hitler zum Rücktritt.

Brauchitschs Entlassung – begleitet von der Ablösung Rundstedts, der Befehlshaber der Panzergruppen Guderian und Hoepner sowie der Pensionierung Bocks und Leebs – kamen fast einem völligen Kahlschlag an der Spitze des Heeres gleich und hatten Veränderungen von tiefgreifender struktureller und psychologischer Bedeutung zur Folge. »Das bisschen Operationsführung kann jeder machen«, sagte Hitler, während er Brauchitschs Pflichten übernahm. »Die Aufgabe des Oberbefehlshabers des Heeres ist es, das Heer nationalsozialistisch zu erziehen. Ich kenne keinen General des Heeres, der diese Aufgabe in meinem Sinne erfüllen könnte. Darum habe ich mich entschlossen, den Oberbefehl für das Heer selbst zu übernehmen.« Diese Bemerkung machte er gegenüber Generalstabschef Halder, der seinerseits knapp der Entlassung entging, wenn auch nur bis September. Aber Hitler tat nicht nur die professionelle Rolle seines Generalstabs verächtlich ab, sondern er verstärkte die Beleidigung noch, indem er sich lediglich die Operationsaufgaben des Stabes aneignete. Die verbleibenden Vollmachten des

Oberbefehlshabers des Heeres sollten, wie er in seinem Befehl vom 19. Dezember verfügte, von Keitel als oberstem kommandierenden und Verwaltungsoffizier ausgeübt werden. Kurz, Hitler würde der Koch und seine Generale sollten die Tellerwäscher sein. Ihre Aufgabe erschöpfte sich darin, die Soldaten des Heeres zu rekrutieren, auszubilden und auszurüsten, während er selbst beabsichtigte, die Truppen einzusetzen und in der Schlacht zu befehligen.

Damit war die Erniedrigung der obersten Heeresleitung noch nicht abgeschlossen. Bereits im Januar 1940 übertrug Hitler dem OKW die Verantwortung dafür, den Angriff auf Norwegen und Dänemark als Operation aller drei Waffengattungen zu planen und durchzuführen. Nach dem raschen Erfolg des Angriffs blieb Skandinavien im Kompetenzbereich des OKW; während Hitler seine »Randstrategie« ausweitete, gerieten kleinere eroberte Gebiete und Interventionsschauplätze – der Balkan, Griechenland und Libyen – in die Zuständigkeit des OKW. Das Verzeichnis verlängerte sich 1941 um Frankreich und umfasste, nachdem Hitler im Dezember den Oberbefehl über das Heer übernommen hatte, praktisch sämtliche Kriegsschauplätze außer der Ostfront. Danach führte Deutschland zwei Kriege: den des OKH in Russland und den des OKW überall sonst. Diese Trennung der Kompetenzen stellte sicher, dass nur Hitler einen vollständigen Überblick über die Strategie hatte. In Disputen mit dem OKH, das bei Besuchen in seinem Hauptquartier vom Generalstabschef des Heeres repräsentiert wurde, konnte er stets die Oberhand behalten, indem er betonte, dass das Heer die Wichtigkeit der Feldzüge in Afrika oder im Westen nicht durchschaue – ganz zu schweigen vom U-Boot- oder Luftkrieg. Und sogar in Diskussionen mit dem Oberkommando der Wehrmacht, das den Operationsverlauf im Osten aufmerksam verfolgte, konnte er vorbringen, dass dem OKW letztlich die Verantwortung fehle, die er als Oberster Befehlshaber der Wehrmacht für das Schicksal und den Erfolg des deutschen Militärs an seinen Hauptkonzentrationspunkten zu tragen habe.

Hitlers Bemühen, beide Seiten gegeneinander auszuspielen, ging auf das spektakulärste und abträglichste all seiner Zerwürfnisse mit den Soldaten zurück – abgesehen natürlich von dem späteren militärischen Verrat am 20. Juli 1944, durch den das gesamte aktive Offizierskorps bei Hitler unwiderruflich in Ungnade fiel. Im September 1942 machte er, unter dem beängstigenden Eindruck der sich abzeichnenden Niederlage in Südrussland, Generalstabschef Halder tagelang Vorwürfe, weil dieser den Vorstoß in den Kaukasus nicht schnell genug abgeschlossen habe. Jodl, der von Hitler ausgesandt wurde, um die Ursache der Verzögerung zu erkunden, beging bei seiner Rückkehr den tollkühnen Fehler, der Versicherung des örtlichen Befehlshabers, dass ein weiteres Vorrücken unmöglich sei, zuzustimmen. Zuvor hatte er den Führer bereits durch den schriftlichen Nachweis erbost, dass Halders Befehle an die Truppen im Kaukasus ursprünglich von Hitler erteilt worden waren. Nun ließ dieser seiner Wut freien Lauf. Hitler beendete das Gespräch, weigerte sich, Jodl und Keitel die Hand zu schütteln – ein Zeichen der Ungnade, von dem er fünf Monate lang nicht abging –, und litt die beiden fortan nicht mehr an seiner Tafel. Um sich gegen weitere »falsche Zitate« zu schützen, befahl er, dass Stenografen in Zukunft jedes Wort bei den zweimal täglich stattfindenden Lagebesprechungen niederschreiben sollten.

Mithin war Hitler als Oberster Befehlshaber schon im Herbst 1942 – noch bevor die Katastrophe von Stalingrad und die Kriegserklärung gegen Amerika ihn jeglicher strategischen Initiative beraubt hatten – in ein Netz der Erbitterung, des Misstrauens, der widersprüchlichen Ratschläge und sich überschneidenden Kompetenzen verstrickt, das er höchstpersönlich gewoben hatte. Vier separate Militärstäbe –

sein eigener (OKW), jener des Heeres (OKH), der Luftwaffe (OKL) und der Marine (OKM) – überwachten die Operationsführung in ihren jeweiligen Sphären, ohne von einer höheren intellektuellen Direktive als der Hitlers miteinander in Einklang gebracht zu werden. Auch die Rüstungsindustrie wurde von einem separaten Ministerium kontrolliert. Die Sammlung und Auswertung nachrichtendienstlicher Informationen fiel in die Zuständigkeit von mehreren – manche meinen, zwölf – getrennten Behörden, unter denen das »Amt Ausland/ Abwehr« des OKW eine Stimme unter vielen war. Unterdessen wuchsen die Größe und der Einfluss von Hitlers Parteiarmee, der SS, die immer hartnäckiger mit dem Heer um die besten Soldaten, die effektivste Ausrüstung und um den Stempel des Prestiges konkurrierte. Zu einer Zeit, da seine Feinde alles daransetzten, um die Gegensätze zwischen ihren Streitkräften und ihren nationalen Interessen zu überbrücken, war Hitler, getrieben von der Logik des Führerprinzips, versessen darauf, die Spaltungen in seinem eigenen System zu vergrößern und zu verschlimmern. Sein früher – selbst in den Tagen der stürmischen Gleichschaltung – so einfaches Leben wurde mit jedem Monat seines schrecklichen Krieges komplexer und anspruchsvoller. Mit welchen Methoden und welchem Tagesablauf suchte er die Arbeitslast, die er sich selbst aufgebürdet hatte, zu bewältigen?

Hitlers Hauptquartiere

Wie Alexander zu Beginn des Persienfeldzugs entfernte sich auch Hitler bei Ausbruch des Zweiten Weltkriegs vom Sitz der Zivilregierung und kehrte danach nur zeitweilig und für kurze Zeit dorthin zurück. Aber im Gegensatz zu Alexander – und aufgrund seiner Philosophie von Führertum, mit der wir uns später befassen werden – errichtete er seine Hauptquartiere an keinem Ort, an dem er die Gefahren und Entbehrungen der Soldaten, die seine Befehle ausführen mussten, hätte teilen müssen. Das bedeutet nicht, dass Hitler den Zweiten Weltkrieg unter luxuriösen Bedingungen geführt hätte. Er verbrachte im Gegenteil die Kriegsjahre bei karger Kost und in einer öden Umgebung (anders als Roosevelt, der zum Entsetzen britischer Besucher im Weißen Haus bei gewichtigen strategischen Debatten hin und wieder Highballs bestellte, oder als Churchill, der sich zum täglichen Frühstück Rebhuhn oder Fasan reichen ließ und damit unbekümmert mehr Eiweiß zu sich nahm als britische Schulkinder in einer ganzen Woche). Hitler ernährte sich von Haferschleim und geriebenen Äpfeln und hauste in Holzbaracken oder Betonbunkern. Gelegentlich veranlassten ihn die Bedrückung und Isolation seiner Befehlszentren, Entspannung in München oder in seiner Vorkriegszuflucht auf dem Obersalzberg zu suchen; doch die meiste Zeit über weilte er im mückenverseuchten Wald von Rastenburg in Ostpreußen, im fernen Winniza in der Ukraine oder im Bunker der Reichskanzlei in Berlin.

Hitler hatte sich mehr als ein Dutzend Kriegshauptquartiere bauen lassen, die er jedoch nicht alle bewohnte, außerdem verfügte er über den eindrucksvollen (und untypischerweise recht luxuriösen) Führersonderzug »Amerika«. Mit diesem Zug reiste er, wobei er Zwischenstation in Bad Polzin, Illnau und Lauenburg einlegte, im September 1939 an die polnische Front und im April 1941 nach Jugoslawien. 1940 hielt er sich in drei westlichen Hauptquartieren auf: im »Felsennest« vom 10. Mai bis zum 5. Juni; in der »Wolfsschlucht« vom 6. bis zum 28. Juni; und in »Tannenberg« vom 28. Juni bis zum 7. Juli. Weihnachten 1940 kehrte er zu einem Truppenbesuch ins »Felsennest« zurück, verbrachte während des Normandiefeldzugs einen Tag – den 17. Juli 1944 – in der »Wolfsschlucht

II« (eine verirrte deutsche Raketenbombe, die direkt über ihn hinwegflog, ließ ihn das Weite suchen) und einen Teil des Dezembers 1944 im »Amt 500« in der Eifel, wo er die Ardennenoffensive beaufsichtigte. Sonst hielt er sich im »Werwolf« in der Ukraine (16. Juli bis 1. November 1942 und 17. Februar bis 13. März 1943), in der »Wolfsschanze« bei Rastenburg (vom 24. Juni 1941 mit Unterbrechungen bis zum 20. November 1944) und dann, abgesehen von dem Besuch in den Ardennen, bis zu seinem Selbstmord ständig in der Reichskanzlei auf. Pioniere hatten weitere unbenutzte Hauptquartiere mit den Tarnnamen »Riese«, »Wolfssturm«, »Wolfsberg« sowie (nach nordischen Göttern und Helden) »Hagen«, »Lothar«, »Brunhilde«, »Rüdiger« und »Siegfried« vorbereitet. Hitler, der vor dem Krieg den *nom de voyage* »Wolf« benutzt hatte, bewies in der Wahl der Tarnnamen einen ausgesucht schlechten Geschmack. Berücksichtigt man die Dauer seiner dortigen Anwesenheit, war die »Wolfsschanze« sein wichtigstes Hauptquartier. Ihre Lage, ihr Grundriss und der dort gepflegte Tagesablauf sind typisch für Hitlers Leben in den Kriegsjahren.

Hitlers Entscheidung für eine so entlegene Stätte wie Rastenburg, ein Waldgelände im tiefsten Ostpreußen (seit 1945 Bestandteil von Polen), wurde von zwei Gesichtspunkten bestimmt: von persönlicher Sicherheit und von der Nähe zur Ostfront gemäß der Tradition, das Hauptquartier bei Beginn der Feindseligkeiten aus der Hauptstadt in die Kriegszone zu verlegen (der Kaiser hatte den größten Teil des Ersten Weltkriegs im belgischen Spa verbracht). Auf einen dritten Grund kann geschlossen werden: nämlich auf Hitlers Wunsch, nachdem der Krieg begonnen hatte, Abstand von den Geschäften der Zivilregierung zu gewinnen, um sich besser auf die Operationsführung konzentrieren zu können. Rastenburg war ein rein militärisches Hauptquartier. Es besaß ein ausgezeichnetes Kommunikationszentrum und einen eigenen Flugplatz,

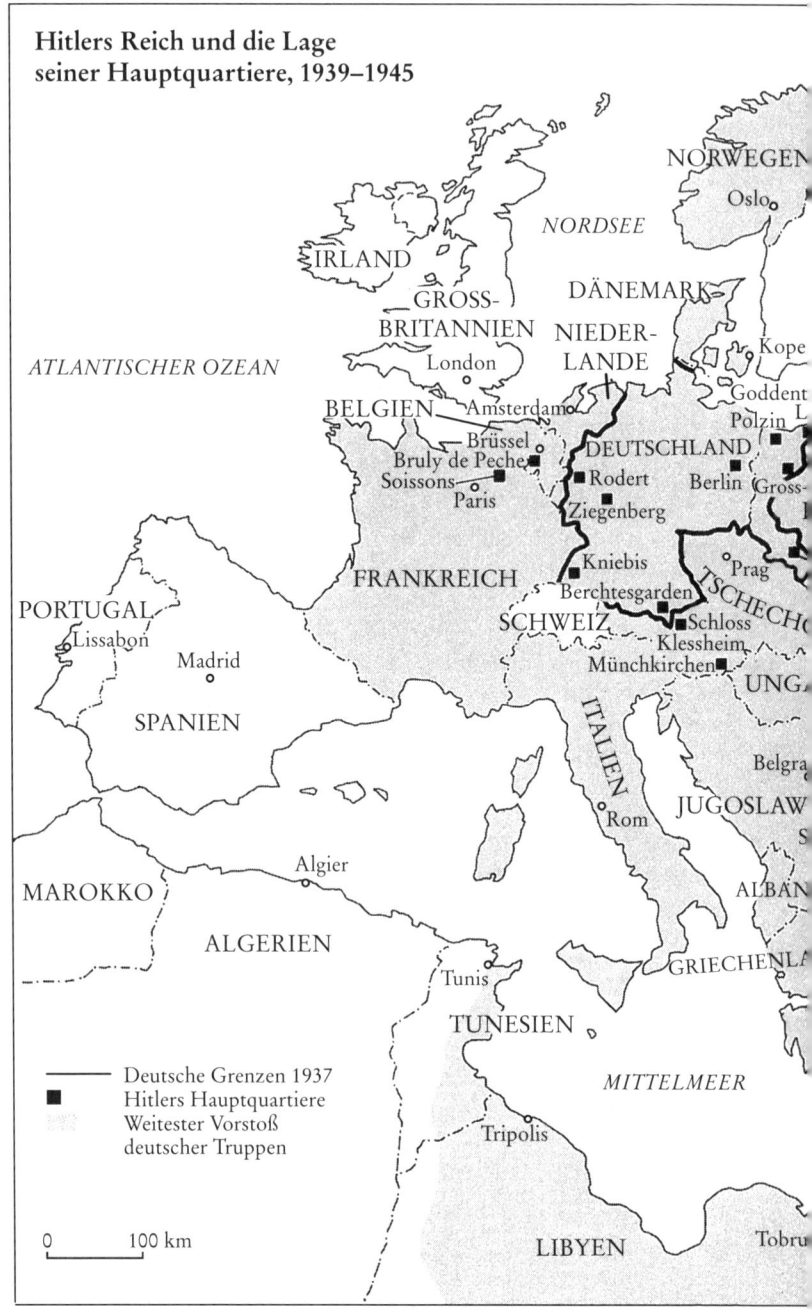

Hitlers Reich und die Lage
seiner Hauptquartiere, 1939–1945

NORWEGEN

Oslo

NORDSEE

IRLAND

GROSS-
BRITANNIEN

DÄNEMARK

NIEDER-
LANDE

Kope

London

ATLANTISCHER OZEAN

BELGIEN

Amsterdam

Goddent

Polzin

Brüssel

DEUTSCHLAND

Bruly de Peche

Soissons

Rodert

Berlin

Gross-

Paris

Ziegenberg

FRANKREICH

Kniebis

Prag

Berchtesgarden

TSCHECHO

PORTUGAL

SCHWEIZ

Schloss

Lissabon

Klessheim

Madrid

Münchkirchen

UNGA

SPANIEN

ITALIEN

Belgra

JUGOSLAW

Rom

S

MAROKKO

Algier

ALBÄN

ALGERIEN

GRIECHENLA

Tunis

TUNESIEN

MITTELMEER

Tripolis

Deutsche Grenzen 1937
Hitlers Hauptquartiere
Weitester Vorstoß
deutscher Truppen

0   100 km

LIBYEN

Tobru

auf dem häufig zivile Amtsträger landeten, aber Belegschaft und Disziplin waren militärisch. Der innere Bereich, in dem Hitler wohnte, enthielt Büros für den Reichspressechef, für einen Vertreter des Außenministeriums und für den Rüstungsminister (wenn er auf Besuch weilte), darüber hinaus wurden nur Unterkünfte für Verbindungsoffiziere der Marine, der Luftwaffe und des OKW bereitgestellt; das OKH unterhielt ein eigenes Hauptquartier in Mauerwald, das 13 Kilometer vom Führerhauptquartier entfernt und mit ihm durch eine Kleinbahn verbunden war.

Der Stab des inneren Bereichs – im äußeren wohnten überwiegend Mitarbeiter des ausgefeilten Sicherheitsdienstes – umfasste wenige Personen (Picker, der dazugehörte, spricht von 26); er bestand im Wesentlichen aus Hitlers Bediensteten und Sekretärinnen sowie der Operationsabteilung des OKW. Hitlers persönlicher Stab spielte für ihn eine wichtige Rolle. Wie viele andere, die sich der Macht, Menschen im größten Maßstab zu töten, mitleidlos bedienten, war er äußerst besorgt um das Wohlergehen und die Gemütsverfassung seiner unmittelbaren Umgebung. Der Tod der bei der Explosion im Konferenzzimmer am 20. Juli 1944 zum Opfer Gefallenen rührte ihn zutiefst; so beförderte er seinen tödlich verwundeten Stenografen Berger hastig in eine Beamtenposition, damit dessen Witwe eine Pension beziehen konnte. Frau Schmundt, der Witwe seines durch die Bombe der Verschwörer umgekommenen Chefadjutanten, teilte er weinend mit, eigentlich müsse er von ihr getröstet werden, da er den größten Verlust erlitten habe. Und als er erfuhr, dass Traudl Junge, eine seiner Sekretärinnen, ihren Mann in der Normandie verloren hatte, behielt er die Nachricht tagelang für sich und brütete über den Schmerz, den er ihr zufügen musste. Hauptmann Junge, sein früherer Ordonnanzoffizier, war SS-Obersturmführer gewesen.

Seine Sekretärinnen waren nicht bloß Helferinnen, sondern dienten ihm auch als Gefährtinnen und Vertraute. Hitler unterbrach seine Arbeit stets durch langes, zielloses Geplauder bei Tee und Kuchen. Vor dem Krieg hatte er sich von Männern Gesellschaft leisten lassen: von alten Parteigenossen, neu dazugekommenen Anhängern sowie von Leuten, die er als »Künstlerkollegen« oder als Freunde von Freunden betrachtete.

In Rastenburg hatte er keine ausgewählten Gefährten, und die Sekretärinnen übernahmen diese Rolle. Es gefiel ihm, von Frauen umgeben zu sein; Hitler, dessen Sexualleben ein Rätsel bleibt und der seiner Partnerin, Eva Braun, nicht gestattete, in Rastenburg zu wohnen, hatte in seinen Beziehungen zum anderen Geschlecht einen starken Hang zur Schwärmerei – zu jener halbphysischen Sentimentalität, die kennzeichnender für die Freundschaft zwischen einem jüngeren Mann und einer älteren Frau als für die Leidenschaft zwischen einem Liebhaber und seiner Geliebten ist. Die Gesellschaft ihn anhimmelnder Frauen bot ihm Gelegenheit, seinen weniger schauerlichen Vorurteilen freien Lauf zu lassen, den Geschichtskenner und Kunstkritiker zu spielen, sich in weitschweifigen Reden zu ergehen, in Erinnerungen zu schwelgen und sich ständig zu wiederholen – kurz gesagt, seine Zuhörerinnen zu Tode zu langweilen, ohne ihre Freundschaft zu verlieren. In Rastenburg nutzte er diese Gelegenheit gründlich. Dort pflegte er sich zweimal täglich stundenlang mit den Militärs zu unterreden und erst nach Mitternacht zu Bett zu gehen. Am Mittag und in den frühen Abendstunden legte er Pausen ein, die er »Tischgesprächen« oder »Teehaus-Geplauder« im Kreis seiner Sekretärinnen und sonstigen Mitarbeiter widmete.

Zu Beginn des Aufenthalts in Rastenburg, als der Krieg noch planmäßig verlief, konnten einige der klösterlichen Abgeschiedenheit, die immerhin von der Aufregung großer Ereignisse durchdrungen war, sogar etwas abgewinnen.

Christa Schroeder, eine seiner Sekretärinnen, beschrieb einen typischen Tag im Juni 1941, kurz nachdem das Unternehmen »Barbarossa« angelaufen war: »Die Bunker liegen im Walde verstreut, nach Arbeitsgebieten eingeteilt. Jede Abteilung gesondert für sich. Unser Schlafbunker hat die Größe eines Eisenbahnabteils und ist freundlich mit hellem Holz verkleidet …

Es ist … schön bis auf eine ganz verdammte Mückenplage.

Angenehm überrascht bin ich aber von der Temperatur. Es ist fast zu kühl in den Räumen … Der Wald hält die ganze Hitze ab. Wie sehr, das merkt man erst, wenn man auf die freie Straße hinaustritt. Dort schlägt einem die Hitze dumpf entgegen … Kurz nach 10 Uhr begeben wir uns … in den Kasino-Bunker, Speiseraum I, einen langgestreckten, weiß getünchten Raum, der etwas in die Erde eingebaut ist, so dass die kleinen mit Gaze versehenen Fenster sehr hoch liegen. An den Wänden hängen Holzschnitte, der eine stellt Hutten dar, der andere Heinrich den I. …

In diesem Raum, dessen ganze Länge die für zwanzig Personen Platz bietende Tafel einnimmt, speist der Chef mit seinen Generalen, Generalstabsoffizieren, Adjutanten und Ärzten zu Mittag und Abend [dies war vor dem Zerwürfnis mit Keitel und Jodl]. Beim Frühstück sind wir zwei Mädchen dabei. Der Chef sitzt so, dass er die auf der gegenüberliegenden Wand aufgehängten Karten von Russland vor Augen hat, was ihn natürlich zu immer wieder neuen Ausführungen über Sowjet-Russland und die Gefahren des Bolschewismus anregt …

Also im Speiseraum I warten wir morgens so lange, bis der Chef aus dem Kartenraum (wo ihm inzwischen über die Lage Bericht erstattet wurde) kommend zum Frühstück eintrifft, das nebenbei bemerkt für ihn aus einer Tasse Milch und einem geriebenen Apfel besteht … Nebenbei lassen wir uns erst mal vom Chef über die neue Lage berichten. Anschließend gehen wir um 1 Uhr zur allgemeinen Lagebesprechung, die im Kartenraum stattfindet und wo entweder Oberst Schmundt oder Major Engel einen Vortrag halten. Diese Lagevorträge sind außerordentlich interessant. Es werden Zahlen der vernichteten feindlichen Flugzeuge und Panzer bekanntgegeben …, das Vorgehen unserer Truppen wird verfolgt an Hand der Karten …

Nach Beendigung des Lagevortrags wird es so langsam Zeit zum Mittagessen, das für uns im Speiseraum II stattfindet. Da es sehr oft Eintopf gibt, drücken wir uns ab und zu davor. Auf jeden Fall aber bei Erbsen und Bohnen. Wenn nichts Wichtigeres zu tun ist, schlafen wir nach Tisch ein paar Stunden, damit für den übrigen Rest des Tages, der sich gewöhnlich bis in die Puppen hinzieht, genügend Frische vorhanden ist.

So gegen 5 Uhr werden wir zum Chef zum Kaffee befohlen, wo er uns mit Kuchen traktiert. Wer die meiste Anzahl von Kuchen verschlingt, wird belobigt! Die Kaffeestunde dehnt sich meistens bis 7 Uhr, manchmal noch etwas länger aus. Dann gehen wir wieder in den Speiseraum II zum Abendessen. Anschließend drücken wir uns in der Gegend herum oder sehen uns einen Film an. Dann schlagen wir die Zeit tot, bis wir nach der Abendlagebesprechung wieder zum ›Tee‹ gebeten werden …

Es ist ein gemütliches Zusammensein im kleinen Kreis, wieder mit Kaffee und Kuchen etc …

Ich komme mir … oft so unnütz und überflüssig vor. Wenn ich mir überlege, was ich eigentlich so den ganzen Tag über tue, so komme ich zu dem vernichtenden Resultat: gar nichts. Ein Plutokratenweibchen ist nichts dagegen. Man schläft, isst, trinkt, lässt sich unterhalten, wenn man zum Reden grad selbst zu faul ist.«

Hitlers Arbeitsweise, früher beunruhigend sprunghaft – wenigstens für die in der preußischen Tradition geschulten

Bürokraten und Berufsoffiziere –, wurde disziplinierter, als die Zeit der leichten Siege verstrich. Aber das von seiner Sekretärin gezeichnete Bild einer immer noch nach Art einer Kaffeehausrunde angegangenen Kriegführung wird durchaus durch die Aufzeichnung seiner Tischgespräche bestätigt, die der Stenograf Heinrich Heim auf Geheiß von Martin Bormann, dem Leiter der Parteikanzlei, im folgenden Monat, dem Juli 1941, begann. (Albert Speer notiert, die Sammlung habe nur als wichtig erachtete Passagen enthalten. Vollständige Aufzeichnungen hätten das Gefühl drückender Langeweile verstärkt.) In den ersten Wochen von »Barbarossa« musste sich die Kuchenrunde Monologe – Hitlers liebste Konversationsform – über die Schätze der Leningrader Eremitage, die von den Spartanern gegessene Suppe, die Zukunft der Monarchie, die britische Macht in Indien, die Niederträchtigkeit von Anwälten, die Schweizer als Hoteliers, Meteorologie, Maschineschreiben in Grundschulen, die Standardisierung elektrischer Spannungen, den prophetischen Sinn von Kaiser Julian Apostata, die Beschäftigung ausgedienter Soldaten als Tabakwarenhändler und die menschliche Abneigung gegen Schlangen, Fledermäuse und Regenwürmer anhören.

Die Aufzeichnung für die Nacht vom 21. auf den 22. Juli 1941 gibt den Charakter dieser Schwafeleien mit einiger Genauigkeit wieder, wenn man das Fehlen der stets wiederkehrenden Ausfälle gegen Juden, Slawen, das Christentum und den Bolschewismus außer Acht lässt: »Im Grunde müssten wir dem Jesuitismus dankbar sein; wer weiß, ob wir ohne ihn von der Bauweise der Gotik zu der leichten, offenen und hellen Architektur der Gegenreformation gekommen wären! Gegenüber der Bemühung Luthers, das bereits völlig verweltlichte Kirchenfürstentum zur mystischen Verinnerlichung zurückzuführen, hat der Jesuitismus an die Sinnesfreude appelliert! …

Auch der Protestantismus hat Hexenverbrennungen gekannt, während man sie in Italien so gut wie nicht findet. Der Südländer ging viel leichter an die Dinge des Glaubens heran …

Es ist auffallend, wie verwandt die Entwicklung Deutschlands und Italiens verläuft! Die Sprachschöpfer standen gegen die Universalherrschaft des Papstes: Dante und Luther …

Ich muss sagen, ich freue mich immer, wenn ich dem Duce begegne … Seltsam, dass er – zur gleichen Zeit wie ich – als Bauarbeiter in Deutschland tätig war. Gewiss: Unser Programm ist entstanden 1919; damals wusste ich nichts von ihm …

Wenn der Duce stürbe, so wäre das ein großes Unglück für Italien. Wie ich mit ihm durch die Villa Borghese ging und seinen Kopf und die römischen Büsten vor mir hatte: Er ist einer der römischen Cäsaren! …

Italien ist die Heimat der Staatsidee; war doch das römische Weltreich die einzige wirklich große staatspolitische Gestaltung. Die Musikalität des Volkes, sein Sinn für schöne Verhältnisse und Proportionen, die Schönheit seiner Menschen! Die Renaissance war doch der Anbruch eines neuen Tages, das Sich-Wiederfinden des arischen Menschen! …

Jeder Palast in Florenz oder Rom ist mehr wert als das ganze Windsor Castle. Wenn die Engländer etwas in Florenz oder Rom zerstören, so ist das ein Verbrechen. Um Moskau ist es nicht schade, und – leider – auch bei Berlin wäre es heute noch kein Verlust [ein seltener Hitler-Witz].

Ich habe Rom und Paris gesehen, und ich muß sagen, Paris hat, abgesehen vielleicht vom Triumphbogen, nichts Großes im Stil des Colosseum … Irgendetwas ist bei den Pariser Bauten bizarr, seien es Ochsenaugen, unglücklich im Verhältnis zum Bau-Ganzen, oder ein Giebel, der die Fassade erdrückt …

Neapel, vom Castell abgesehen, hätte das auch Südamerika

sein können … Ich wünschte mir nur, wie ein unbekannter Maler in Italien herumstreichen zu können!«

Während sich der Krieg fortsetzte, spielte der Führer viel seltener den Universalgelehrten, und seine Kaffeeklatsche, die infolge der sich verschlechternden Lageberichte immer später stattfanden, wurden schier unerträgliche Prüfungen für jene, die ihm Gesellschaft leisten mussten. Morell, sein nicht unbedingt fachkundiger, doch bewährter Leibarzt, durfte schlummern, während sich das Miasma der Autodidaktik über die Versammlung legte. Die professionellen Zuhörer, die Sekretärinnen und Adjutanten, machten der Langeweile durch innerliche Schreie Luft, wenn sich das Gespräch wieder einmal um drei Uhr morgens der künftigen Regelung mit der Ukraine, der zersetzenden Wirkung des Christentums auf die nordische Zähigkeit, den Tugenden des Vegetarismus und den alten Zeiten in den Schützengräben zuwandte.

Am Neujahrsabend 1941 hielt Christa Schroeder fest, dass die Entwicklung an der Ostfront sowohl den Obersten Befehlshaber als auch seine beifälligen, ihm nach dem Mund redenden Zuhörer zu belasten begann: »Silvester waren wir z.B. im Kasino II beim Abendbrot in einer recht vergnügten Stimmung. Anschließend wurden wir zum üblichen Tee befohlen, wo wir einen sehr müden Chef antrafen, der nach einer Weile einnickte, so dass wir uns dementsprechend ruhig verhalten mussten, also die angefachte Lustigkeit zu ersticken gezwungen waren. Zwischendurch war der Chef 3 Stunden in der Lagebesprechung, und die zur Gratulationskur angetretenen Herren verharrten in diesen Stunden mit schicksalsschwangeren Gesichtern und wagten nicht, das Gesicht zu einem Lächeln zu verziehen.« Neun Monate später, nach Stalingrad und Kursk, war die zeitweilige Missstimmung laut Rüstungsminister Albert Speer ständiger Reizbarkeit gewichen.

Zu Beginn des Krieges hatte Hitler, wie in Friedenszeiten

auf dem Berghof, die abendliche Langeweile durch Filmvorführungen aufgelockert; er liebte aktuelle Unterhaltungsfilme. Später verzichtete er darauf »aus Mitgefühl mit den Entbehrungen der Soldaten« und ließ statt dessen Schallplatten, allerdings mit immer der gleichen Musik, auflegen: »[Er] wünschte …, nach einem bald feststehenden Ablauf, zunächst einige Bravour-Stücke aus Wagnerschen Opern, steuerte dann aber geradewegs der Operette zu«, erinnerte sich Speer. »Hitler setzte seinen Ehrgeiz darein, die Sängerinnen zu erraten und freute sich, wenn er, wie häufig, den richtigen Namen traf.« Wenn er allein war, hörte Hitler sich auch Beethoven und Bruckner an. Aber seine einzige wirkliche Entspannung in Rastenburg bestand darin, dass er mit seiner Schäferhündin Blondi spazieren ging und sie dressierte. Niemand anderer durfte die Hündin füttern, und schließlich sah sie ihn als ihren Herrn an. Früher hatte sie auf Hitlers Verdauungsspaziergängen – bis Ende 1943, als seine Kräfte nachließen, achtete er darauf, jeden Tag ein paar Kilometer zurückzulegen – nie pariert. Nach Meinung der wenigen Skeptiker, die Rastenburg besuchten, war sie das einzige Lebewesen, das dem Führer fortwährend mit geistiger Unabhängigkeit begegnete.

Blondi war auch die Einzige in Rastenburg, welche die Nase über die stets grässliche Küche rümpfte. Wenn sie bei den Mahlzeiten zugegen sein durfte, zeigte sie kein Interesse an den vegetarischen Gerichten Hitlers. Der Führer zwang niemandem seinen Vegetarismus auf (und nach Heß' Flucht nach England im Jahre 1941 ahmte ihn keiner aus seinem Kreis mehr nach), aber er verlangte, dass die Rationierungsvorschriften eingehalten wurden. Das Essen entsprach der militärischen Feldverpflegung, es gab kaum Butter oder Fleisch und wenig Alkohol; zweitklassiger Schaumwein galt, wie Speer spöttisch bemerkte, als besonderer Genuss. Das Rauchen war in Hitlers Gegenwart natürlich absolut verboten. »Ich bin überzeugt, wenn ich Raucher wäre, ich würde den Sorgen nicht standgehalten haben«, sinnierte er am 11. März 1942 selbstgefällig. »Vielleicht verdankt dem das deutsche Volk seine Rettung!«

Bis zum Moskauer Rückschlag vom Dezember 1941 hatten Hitler keine ständigen Sorgen gequält. Gewiss, er war während des Krieges auch schon zuvor mehrere Male sehr nervös geworden. Am 14. November 1940, in der ersten Woche seines Angriffs auf Norwegen, hatte er sich die Gefahr einer britischen Gegenattacke so drastisch ausgemalt, dass er Dietl, der später einer seiner Lieblingsgenerale wurde, allen Ernstes den Rückzug befahl. Jodl sprach in seinem Tagebuch von fürchterlicher Hysterie, und er wagte es, Hitler vorzuhalten, dass der Oberste Befehlshaber im Krieg die Nerven behalten müsse, wobei er jedem seiner Worte mit der Faust auf den Kartentisch Nachdruck verlieh. Danach beherrschte Hitler sich und gestattete Jodl, seinen früheren Befehl an Dietl rückgängig zu machen. Bei Dünkirchen war es zu einer ähnlich heftigen Krise gekommen, dass David Irving – kein Historiker, der Hitlers militärisches Format herabsetzen würde – sie in seiner umfangreichen Untersuchung von Hitlers Feldherrnkunst als »Nervenzusammenbruch« beschreibt. Jene ersten Unsicherheiten hatte Hitler überwinden können. Vor dem Angriff auf Jugoslawien und Griechenland und, noch überraschender, in den Wochen vor dem Unternehmen »Barbarossa« ließ er keinen Selbstzweifel erkennen. Wenngleich die Schlaflosigkeit, an der er hin und wieder litt, in den Nächten vor dem Angriff zurückkehrte, scheint er entschlossen gewesen zu sein, die Sorgen des Tages durch fatalistische Hinnahme der Gefahren zu ersticken. Am 29. Mai, drei Wochen vor dem Russlandfeldzug, bemerkte er, »Barbarossa« sei ein gewagtes Unternehmen wie alle anderen. Wenn es scheitere, werde ohnehin alles vorbei sein. Doch wenn es gelinge, werde Großbritannien wahrscheinlich gezwungen sein, Frieden zu schließen. Er überlegte, was man in den Vereinigten Staaten sagen werde, wenn

Finnland plötzlich auf deutscher Seite sei. Nach dem ersten Schuss werde die Welt den Atem anhalten.

Danach sollte er sich den Perspektiven und Folgen eines Risikos kaum mehr so kühn stellen. Auf örtliche Krisen reagierte er energisch und entschlossen, und wenn dadurch von neuem eine bedrohliche Situation für den Feind geschaffen wurde, zeigte er sich sehr ermutigt. Der Erfolg der Gegenoffensive bei Charkow im Februar 1943 war ein Beispiel (obwohl das Verdienst eigentlich Manstein gebührte), die Behauptung des italienischen Brückenkopfes Anzio im Januar 1944 ein anderes. Wenigstens zwei weitere Male hatte er den Mut zu einem echten strategischen Wagnis, einmal bei Mortain im August 1944, als er zuschlug, um den Durchbruch der Alliierten aus der Normandie zu vereiteln, und noch einmal in den Ardennen im Dezember, als er versuchte, den Erfolg von 1940 zu wiederholen. Beide Unternehmen waren katastrophale Fehlschläge, welche die Zerstörung unersetzbarer Panzerreserven nach sich zogen und den Beginn der deutschen Niederlage beschleunigten.

In jenem Stadium des Krieges lebte Hitler bereits mit dem Wissen um die unvermeidliche Niederlage. Die schlimmsten Ängste hielt er unter Kontrolle, indem er dem kühnen Glauben an die den Krieg wendenden Kräfte seiner Geheimwaffen Ausdruck gab; aber daneben musste die Erwartung des Todes, den er sich letzten Endes zufügen würde, in seinem Bewusstsein wie ein psychischer Tumor gewachsen sein. In seinen letzten beiden Lebensjahren war Hitler eine atmende, gehende, sprechende, denkende Leiche, so zwangsläufig für das Grab bestimmt wie jeder der Millionen, die er auf jenem entsetzlichen Höhepunkt seiner Diktatur in den Tod schickte. Die Macht zu töten war in der Tat die einzige, über die er nach der Sommermitte 1943 noch verfügte. Er wusste, dass seine Feinde Deutschland niemals Frieden gewähren würden, solange er an der Spitze des Staates stand; die Kapitulation würde, wie er geahnt haben dürfte, den Prozess und die Hinrichtung als Kriegsverbrecher nach sich ziehen. Nach Kursk bestand seine Feldherrnschaft deshalb nur noch in passiven Reaktionen auf die Initiativen seiner Feinde. Die strategische Wahl war ihm entglitten und er sollte sie nie wiedergewinnen. Wenn wir Einblick in einige der Mittel, mit denen er den Krieg führte, erhalten wollen, müssen wir also zu seiner früheren Periode als Feldherr zurückkehren. In der ersten Zeit – die, wie wir gesehen haben, von Anfällen starker Unschlüssigkeit charakterisiert war – fehlten ihm sowohl die Kompetenz als auch das Selbstvertrauen, die Operationen von einem Tag auf den anderen zu leiten (allerdings nicht der Wille, sich über den Generalstab hinwegzusetzen, wenn er dessen Pläne, wie im Fall »Gelb«, für mangelhaft hielt). In der Zeit zwischen der Niederlage Frankreichs und dem Angriff auf Russland waren Deutschland und er so hochgestimmt, dass die Entscheidungsfindung weder Stress noch Risiko in sich barg. In den dem Beginn der Katastrophe bei Kursk vorausgehenden Monaten, der Operation »Barbarossa«, sollten wir nach dem Muster dafür suchen, wie der Feldherr die Befehlsgewalt im Bereich der widersprüchlichen, doch freien Wahl nutzte. Stalingrad – die Entscheidung zu kämpfen, die Schlachtführung, die Bewältigung der Konsequenzen – enthüllt das Wesen von Hitlers Befehlsausübung vielleicht besser als jeder andere Feldzug. Wie kam es dazu, dass Hitler diese Entscheidungsschlacht führte und verlor?

Hitler und die Befehlsgewalt

Wir dürfen voraussetzen, dass Hitler die Idee der Entscheidungsschlacht akzeptierte. Sie spielt eine zentrale Rolle in der Philosophie von Clausewitz, den Hitler ausnahmsweise als intellektuellen Meister anerkannte. 1934 hielt er seinen Zuhörern in München vor, keiner der Anwesenden habe Clausewitz gelesen oder, sofern er ihn gelesen habe, zumindest verstanden, wie er auf die Gegenwart zu beziehen sei. Im August 1941 höhnte er vor einer Gruppe von Generalen, dass er Clausewitz und dessen Axiom kenne: Zuerst müsse man die Armeen des Feindes im Feld vernichten und dann seine Hauptstadt besetzen. Der Umstand, dass Hitler hier eine tatsächliche Aussage von Clausewitz mit einer nicht von diesem gemachten in Verbindung bringt – Clausewitz hielt die Hauptstadt des Feindes in Wirklichkeit für ein völlig zweitrangiges Kriegsziel –, widerspricht nicht seiner Behauptung, ein Schüler des preußischen Generals zu sein. Clausewitz wird in den meisten Fällen falsch zitiert, und der Führer ist in guter Gesellschaft, wenn er nur einen Teil seiner Lehre korrekt wiedergibt. Wichtig ist, dass er nicht eine unwesentliche, sondern eine bedeutende Doktrin des Meisters wählte, um sein Handeln daran auszurichten. Denn dadurch untermauerte er seine durch andere Belege gestützte Behauptung, er sei ein langjähriger Kenner des Krieges mit einem fundierten Verständnis für dessen Hauptziele. Er hatte die scheinbar leeren Wiener Jahre mit streng zielgerichteter Lektüre verbracht, zumindest was den Krieg angeht, wie ein anderer damals Gescheiterter, der für ihn schriftliche Botengänge erledigte, bezeugt. Also wusste er bereits lange vor 1939, was Clausewitz über die zentrale Bedeutung der Schlacht geschrieben hatte und, aus seiner breit gestreuten Lektüre militärhistorischer Werke, welche Folgen die Schlacht hat. Seine Erfahrung im Schützengraben hatte die Theorie mit schrecklicher Realität erfüllt. Als er im Sommer 1942 vor der Frage stand, ob er bei Stalingrad kämpfen solle oder nicht, kann er nicht den geringsten Zweifel an den Konsequenzen seiner Entscheidung gehabt haben.

Stalingrad (früher Zarizyn, heute Wolgograd) ist eine Industriestadt am Unterlauf der Wolga, des größten russischen Stromes, der von dort ins Kaspische Meer fließt. Nach den Maßstäben menschlicher Geografie markiert der Fluss, vielleicht besser als der Ural, die Grenze zwischen dem europäischen und dem asiatischen Russland und war deshalb ein Ziel von größter psychologischer Wichtigkeit, die durch seine wirtschaftliche Bedeutung noch verstärkt wurde. Die Wolga ist eine Hauptader des Fernverkehrs in Russland; Stalingrad ist – und war bereits 1942 – ein wesentliches Produktionszentrum. Für Hitler hatte es eine zusätzliche ideologische Bedeutung: Er betrachtete Leningrad und Stalingrad aufgrund ihrer Namen als Hauptstädte des Bolschewismus. Ersteres belagerte er Mitte 1942, die Eroberung des Letzteren wünschte er sich aus ganzer Seele.

Doch am Anfang des Feldzugs von 1942, der am 8. Mai eingeleitet wurde, lag kein Plan zur Einnahme Stalingrads vor. Die Ziele der Offensive wurden am 5. April in der Führerweisung Nr. 41 festgehalten: Die deutschen Truppen sollten die sowjetischen Streitkräfte westlich des Dons vernichten, um den Weg zur Eroberung der kaukasischen Ölfelder zu öffnen, und sie sollten »einen Versuch« machen, Stalingrad zu erreichen. Mit der Operation wurde die Heeresgruppe Süd unter Feldmarschall von Bock betraut.

Ehe der Vorstoß nach Osten beginnen konnte, waren jedoch drei vorbereitende Operationen notwendig: Bei Kertsch und Sewastopol musste die Besetzung der Krim vollendet und bei Charkow der Weg zum Don geöffnet werden. So zweitrangig sie waren, gewannen die Kämpfe um sie doch ein Ausmaß, das eine halbe Million sowjetischer Opfer forderte.

Hitler war mittlerweile auch mit der Leningrader Front beschäftigt, welche das Oberkommando des Heeres am liebsten zum Hauptkonzentrationspunkt der Bemühungen von 1942 gemacht hätte; außerdem lenkten ihn die Ereignisse im Mittelmeer ab, wo die westlichen Alliierten, wie er fürchtete, die britischen Streitkräfte verstärken könnten, die in den Kampf mit Rommel und der italienisch-deutschen Afrikaarmee verwickelt waren. Daneben beunruhigte Hitler kurzfristig das Gerücht einer Invasion über den Kanal hinweg.

Die vorbereitenden Operationen auf der Krim wurden erfolgreich abgeschlossen. Aber die Schlacht um Charkow nahm einen Verlauf, der für Bocks Vorstoß nach Süden zunehmend katastrophale Folgen haben sollte. Seine Einnahme von Charkow hatte die sowjetischen Verteidiger so demoralisiert und desorganisiert, dass ihre Front auf einem breiten Abschnitt zusammenbrach und er fast widerstandslos zum Don vorrücken konnte. Dort sollte er sich südwärts nach Stalingrad und zum Kaukasus wenden, wobei er den Fluss als Flankenschutz gegen feindliche Kräfte an der anderen Seite benutzen konnte. Nach Bocks Einschätzung der Situation in der ersten Juliwoche bestand jedoch die Gefahr, dass ihn russische Truppen, die sich anscheinend bei Woronesch, einem wichtigen Eisenbahn- und Straßenverkehrsknotenpunkt, sammelten, über den Fluss hinweg angriffen. Deshalb beschloss er auf eigene Initiative, Woronesch einzunehmen, zu diesem Zweck musste er die Heeresgruppe Süd sowohl zur Überquerung des Flusses als auch für den Vorstoß nach Osten einsetzen, obwohl er dem Plan gemäß auf seiner Seite des Dons bleiben und nach Süden marschieren sollte.

Hitler bestand nicht darauf, dass Bock an dem Plan festhielt, sondern teilte dessen Heeresgruppe am 7. Juli: Bock behielt das Kommando über die neue Heeresgruppe B, während Feldmarschall List den Befehl über eine neue Heeresgruppe A antrat, die sich aus den Einheiten an der südlichen Fronthälfte der alten Heeresgruppe zusammensetzte. Hitler war offenbar der Meinung, Bock, dessen Lagebeurteilung er sich mehr oder weniger beugte, solle die Situation um Woronesch nach seinem Gutdünken bewältigen, während List den Vorstoß nach Süden zum Kaukasus fortsetzte. Aber der Plan funktionierte nicht. Bock ließ sich immer stärker in die Kämpfe um Woronesch verwickeln, und durch Lists Bewegung nach Süden öffnete sich eine Lücke zwischen den Flanken der beiden neuen Verbände. Am 13. Juli beschloss Hitler, Bock zu entlassen (zum zweiten Mal: Bock, ein Opfer der Massenentlassung im vorherigen Dezember, war von neuem ernannt worden, als Reichenau, Befehlshaber der Heeresgruppe Süd, einem Herzinfarkt erlag) und General von Weichs zu seinem Nachfolger zu machen. Hitler begann nun, die durch seine Schuld entstandene Divergenz zwischen dem Vorrücken der Heeresgruppen B und A zu überschätzen. Deshalb befahl er der Heeresgruppe A, ihre Panzertruppen immer weiter nach Süden zu verlagern, um die Vernichtung der sowjetischen Streitkräfte auf der deutschen Seite des Dons, womit der Sommerfeldzug begonnen hatte, zu vollenden.

Seine militärischen Untergebenen, vornehmlich Halder, der Chef des Generalstabs des Heeres, erhoben Einwände. Halder wies darauf hin, dass Hitler nun im Begriff sei, eine wichtige Schlacht am Don – mit Auswirkungen auf die Situation an der Wolga und bei Stalingrad – zu schlagen, während er gleichzeitig den Kaukasus zu besetzen suche. Man müsse sich entweder auf die eine oder die andere Operation beschränken, da die Streitkräfte, insbesondere die Panzertruppen, nicht für beide ausreichten. Hitler tat solche Bedenken als Krittelei ab. Am 23. Juli gab er eine neue Führerweisung, Nr. 45, heraus – die wohl unheilvollste von allen, die seine Unterschrift trugen. Darin erhielt Heeresgruppe A (List) den Befehl, die Vernichtungsschlacht am Don zu vollenden und dann in Richtung Kaukasus zu marschieren, während Heeresgruppe B (Weichs) zur gleichen Zeit nicht nur nach Stalingrad vorrücken, sondern es auch erobern sollte.

Hitler verlangte Unmögliches. Nicht genug damit, dass durch die in seiner Strategie enthaltenen enormen Entfernungen – 320 Kilometer nach Stalingrad, 960 Kilometer bis zum

Kaukasus – eine 1300 Kilometer breite Front (von Baku im Kaukasus bis zum Stadtkern von Stalingrad) geschaffen wurde. Die bereits überbeanspruchten Streitkräfte waren auch gar nicht in der Lage, solche Entfernungen zurückzulegen oder den gewonnenen Boden zu halten. Die beiden Heeresgruppen besaßen zusammen nur 65 Divisionen, darunter weniger als zehn Panzerverbände. Die übrigen waren – wie jene, die Hitler so gut aus dem Jahre 1914 kannte – Infanteriedivisionen, deren Geschütze und Beförderungsmittel von Pferdegespannen gezogen wurden; in vielen war der Stabskraftwagen des Generals das einzige Motorfahrzeug. Divisionen wie diese konnten mit äußerster Anstrengung vierzig Kilometer pro Tag hinter sich bringen – ein Tempo, das die Männer erschöpfte und den Pferden zum Verhängnis wurde. Wenn sie auf Widerstand stießen, waren sie unfähig zu manövrieren, und im Falle eines Gegenangriffs konnten sie nur Halt machen und auf Hilfe warten oder sich auflösen. Die Lücke, die sich unweigerlich zwischen ihrer schwerfälligen Vorhut und den Panzerangriffsspitzen auftat, konnte bestenfalls durch dünne Reihen Kavallerie und Panzerwagen gefüllt werden.

Hitlers Entscheidung, das Hauptquartier am 16. Juli aus Rastenburg nach »Werwolf« im ukrainischen Winniza zu verlegen, weckte in keiner Weise sein Verständnis für die Schwierigkeiten, zu denen er die Heeresgruppen A und B verurteilt hatte. Theoretisch kam er dadurch der Front näher, obwohl er immer noch 800 Kilometer von Stalingrad und 1000 Kilometer von Baku entfernt war; in der Praxis entstand jedoch mehrtägige Verwirrung, in deren Verlauf eine äußerst wichtige Geheimdienstinformation übersehen wurde. Fremde Heere Ost, die Abwehrabteilung, welche die Sowjets mit beachtlichem Geschick und Erfolg überwachte, meldete am 15. Juli, die Sowjetführung leite Maßnahmen zur energischen Verteidigung Stalingrads ein. Als Hitler sich schließlich in Winniza eingerichtet hatte, war diese Mitteilung bereits unter einem Berg weiterer Informationen »vergraben« und wurde von niemandem zur Kenntnis genommen.

Die durch den Umzug hervorgerufene Störung sollte sich am 30. Oktober wiederholen, als das Hauptquartier nach Rastenburg zurückkehrte und praktisch zwei Tage lang seine Arbeit einstellte; und wiederum am 11. November, als Hitler bis zum 23. November von Rastenburg auf den Berghof umsiedelte – eine Verlagerung, die auf einen psychischen Rückzug hindeutete. Mittlerweile hatte die Schlacht um Stalingrad eine sehr schlechte Wendung genommen.

Den ganzen August hindurch mühten sich die Heeresgruppen A und B voran, während Hitler mit den Operationen an den Nachbarfronten der Heeresgruppen Mitte und Nord jonglierte: Erstere sollte den Frontkeil nördlich von Moskau erweitern und Letztere die Belagerung von Leningrad abschließen. Die in beiden Fällen schleppende Entwicklung verschlechterte Hitlers Beziehung zu Halder, den er immer wieder bei vermeintlicher Gehorsamsverweigerung ertappte. Die Befehle zur Bewegung von Divisionen konnten häufig wegen örtlichen russischen Widerstandes nicht ausgeführt werden, doch der Führer schrieb die Fehlschläge, wenn er sie entdeckte, stets Halders Inkompetenz oder Ungehorsam zu. Die Nachricht vom 23. August, daß die 4. Panzerarmee, die Angriffsspitze der Heeresgruppe B, die Wolga nördlich von Stalingrad erreicht habe, lockerte die Atmosphäre ein wenig auf, aber die Sorgen um die Moskauer und die Leningrader Front sowie über das langsame Vorrücken im Kaukasus ließen sich nicht verdrängen.

Die Meinungsverschiedenheiten sollten sich zuspitzen, und Hitler erwog bereits Halders Entlassung. Am Ende der ersten Septemberwoche gelang es Hitler, sich gleichzeitig mit all seinen engsten Militärberatern, jenen des OKH wie auch jenen des OKW, zu überwerfen. Am 4. September verhöhnte er Halder mit der Bemerkung, dieser sei im Ersten Weltkrieg nicht einmal verwundet worden und seine militärische Erfahrung beschränke sich darauf, »auf demselben Drehstuhl zu sitzen«; außerdem verstehe er nicht das Geringste von kämpfenden Soldaten. Fünf Tage später wurde Halder in aller Eile entlassen und von Zeitzler abgelöst, einem ehemaligen Infanterieoffizier, der noch kein Jahr lang General war. Auch List verlor seinen Posten, weil es ihm an Energie mangele, und den Befehl über die Heeresgruppe A übernahm Hitler selbst. Daneben machte er sich daran, den Bruch auch mit Jodl zu vollziehen. Nachdem Hitler ihn beauftragt hatte, Material zur Bestätigung seines Verdachts zu sammeln, dass Halders Ungehorsam für das langsame Vorrücken im Kaukasus verantwortlich sei, wies Jodl nach, dass objektive Widersprüche in Hitlers Strategie schuld an der Entwicklung waren. Seit jenem Moment am 8. September wurde Jodl – ebenso wie sein Vorgesetzter Keitel, dessen ewige Speichelleckerei den Makel der Verbindung mit dem klugen und freimütigen Jodl nicht wettmachen konnte – aus dem privaten Kreis des Führers verbannt und mit Ungunstbeweisen überhäuft.

Jodl hätte diese Demütigung als Vorwand zum Rücktritt nehmen können, zumal Hitler über seine und Keitels Entlassung nachdachte. Doch da der Führer auf diesen Schritt verzichtete, beschloss Jodl, auf seinem Posten auszuhalten; später erklärte er seinem Stellvertreter Warlimont, die Quelle der Macht eines Diktators sei sein Selbstvertrauen, das nicht durch Untreue erschüttert werden dürfe. Zwei Monate später, als Warlimont selbst die (im Nachhinein zurückgenommene) Entlassung erhielt, erklärte Jodl kategorisch, der Wille des Führers sei das höchste Gesetz des Landes. Aber die bereits von Misstrauen erfüllte Atmosphäre im Führerhauptquartier war über Nacht für jeden Mann von Ehre unerträglich geworden. Nach der Tradition des deutschen Generalstabs herrschte ungezwungene Vertraulichkeit zwischen Chef und Helfer. Nun verzeichnet Warlimont über die Tage

nach dem 8. September: »Das ganze Wesen und Wirken des
Hauptquartiers schien wie gelähmt. Hitler verließ sein son-
nenloses, dunkles Blockhaus angeblich nur noch bei Dunkelheit und auch dann nur auf verborgenen Wegen. Der Lageraum, die Stätte seiner täglichen, stundenfüllenden Reden
und aller Spannungen der vergangenen Tage und Wochen, lag
verödet. Die Lagebesprechungen fanden nur noch in Hitlers
enger Wohnhütte statt, beschränkt auf die geringste Zahl der
unentbehrlichen Berichterstatter und bar aller sonstigen Formen – oder auch Formlosigkeiten. Kein Wort mehr als notwendig wurde gesprochen, die Stimmung war eisig. Bei den
Mahlzeiten … zeigte [Hitler] sich nicht mehr; sie sind auch in
der alten Form – im Gegensatz zu den Lagebesprechungen –
nie wieder aufgenommen worden. Den Stuhl Hitlers im Speiseraum, der eine Zeit lang leer blieb, nahm später Bormann
ein. Innerhalb 48 Stunden erschienen im Hauptquartier
10–12 Reichstagsstenografen, wurden in Uniform gesteckt,
von Hitler selbst vereidigt und nahmen in der Folge jeweils
zu zweit an allen militärischen Besprechungen teil.«

Solange der normale Tagesablauf noch nicht wiederhergestellt war, besprach sich Hitler mit Zeitzler, dem engen Freund
seines Chefadjutanten Schmundt, in seiner Privatunterkunft.
Zeitzler, ein geradliniger Haudegen, machte nicht den Fehler
– wie Halder am 20. August –, Hitler russische Panzer-Pro-
duktionsziffern vorzulegen. Halders Warnung, dass sich die
Monatsproduktion auf 1 200 Panzer belaufe – eine zu niedrige
Schätzung, die aber den deutschen Ausstoß immer noch um
das Doppelte übertraf –, ließ die gesamte Ostfrontstrategie
zweifelhaft werden, und es ist kein Wunder, dass Hitler ihn als
Schwarzseher beschimpfte. Zeitzlers stärkere Konzentration
auf die Grundelemente von Truppenverschiebungen war eher
nach dem Geschmack des Führers. Zusammen konnten sie
über Frontkarten kleinen Maßstabs brüten. Hitler benutzte
ein Vergrößerungsglas (und eine Lesebrille für das Studium

von Dokumenten), während er sich darüber ausließ, wann dieses oder jenes Bataillon an einem bestimmten Punkt eintreffen werde; dabei hatte er das Gefühl, Schicksalhaftes zu leisten – was nie möglich war, wenn sich ein Pedant vom Generalstab einschaltete, um die höhere Strategie oder, Gott bewahre, den Zweck des Krieges anzusprechen. Außerdem hatte Zeitzler den Mut des »Frontkämpfers«, in Gesellschaft anderer Generale nicht vor Hitler zu kuschen. Kurz nach Zeitzlers Ernennung bedachte Hitler ihn mit einer seiner bekannten Schmähungen über die Weltfremdheit des Generalstabs und fragte verächtlich: »Was wissen Sie schon von Soldaten?« Zeitzler erwiderte, er sei 1914 wie Hitler mit einem Infanteriezug in den Krieg marschiert und für Tapferkeit vor dem Feind zum Leutnant befördert worden. Er habe drei Jahre lang eine Kompanie geführt, sei ein Jahr lang Regimentsadjutant gewesen und zweimal verwundet worden. Mithin habe er nicht weniger Schlachterfahrung als der Führer. Hitler erbleichte und behandelte Zeitzler danach mit Vorsicht.

Dieses Theater der Launen und dramatischen Abgänge in den Führerhauptquartieren steht in beschämendem Gegensatz zu den Konsequenzen, die sich für gewöhnliche Soldaten aus dem ergaben, was bei den Lagebesprechungen in Rastenburg und Winniza in jenem Sommer und Herbst entschieden wurde (oder auch nicht). Im fernen Kaukasus waren die Soldaten Nachschubunterbrechungen und schlechten Verkehrsverhältnissen, bei Stalingrad dem Widerstand der Roten Armee ausgesetzt. Nachdem die 4. Panzerarmee am 23. August in die Außenbezirke der Stadt vorgedrungen war, wurde die hauptsächlich aus Infanterie bestehende 6. Armee in Kämpfe um Wohnblocks und öffentliche Gebäude verwickelt. Mitte September tobte eine heftige Straßenschlacht in dem 25 Kilometer breiten bebauten Gelände am Westufer der Wolga.

Der Brief eines russischen Soldaten an General Schukow, den Befehlshaber der 62. Armee, welche die Stadt verteidigte, vermittelt einen Eindruck von der Intensität der Kämpfe im September. Der Mann lag in einem Getreidespeicher in Stellung: »Im Speicher brannte das Getreide, das Wasser in den Maschinengewehren verdunstete, die Verwundeten hatten Durst, aber es gab in der Nähe kein Trinkwasser. So verteidigten wir uns drei Tage lang für jeweils vierundzwanzig Stunden. Hitze, Rauch, Durst – wir hatten allesamt rissige Lippen. Tagsüber kletterten viele von uns zur höchsten Stelle im Speicher hinauf und feuerten von dort auf die Deutschen; nachts stiegen wir hinunter und bildeten einen Verteidigungsring um das Gebäude. Unsere Funkausrüstung war am ersten Tag lahm gelegt worden. Wir hatten keine Verbindung zu unseren Einheiten.«

Die deutschen Feinde machten, ebenfalls von Hitze und Durst gequält, Ähnliches durch. Bald sollte es schlimmer werden. Am 9. September hatte Stalin die Generale Wassilewski und Schukow aufgefordert, Pläne für die Bereinigung der Situation in der Stadt auszuarbeiten. In den folgenden Wochen wuchsen sich die Pläne zu einer viel ehrgeizigeren Operation aus, nämlich durch Zangenbewegungen von Norden und Süden her die 6. Armee in Stalingrad total einzuschließen. Die sowjetische Don- und die Stalingrad-Front sammelten fleißig und unbemerkt Verstärkungen und bereitete verborgene Angriffspositionen vor; dann warteten sie, bis die Wolga zufror, damit ihre Stoßtruppen den Fluss ohne Brückenschlag überqueren konnten. Am frühen Morgen des 19. November, als die Bedingungen günstig und die Vorbereitungen abgeschlossen waren, schlugen sie zu. Die Ziele ihrer Vorstöße wurden von schwachen Elementen der Heeresgruppe A, nämlich rumänischen und italienischen Verbündeten Deutschlands, gehalten. Beide Abschnitte brachen am ersten Kampftag zusammen, und am 23. November war Stalingrad eingekesselt.

Als der Sturm losbrach, war Hitler, der die totale Verantwortung für die Schlachtführung trug – jedes Glied der Kette vom Obersten Befehlshaber der Wehrmacht bis zum Oberbefehlshaber des Heeres und zum Kommandeur der Heeresgruppe A war damals in seiner Hand – über 2000 Kilometer entfernt, denn er erholte sich auf dem Berghof in Berchtesgaden von seiner Tätigkeit in Rastenburg. Es war ein erstaunlicher Rückzug in einem Moment nicht nur einer Krise, sondern vielfacher und sich seit langem anbahnender Krisen, denn seit Anfang November war klar, dass Rommel die Schlacht bei El Alamein verloren hatte, und am 8. November waren Briten und Nordamerikaner in Nordafrika gelandet. Doch erst am 23. November befahl Hitler dem OKW-Operationsstab, der ihm nach Süddeutschland gefolgt war, nach Rastenburg zurückzukehren, und erst am 25. November war der Stab wieder vollständig versammelt. Zugleich gab Hitler die Leitung der Heeresgruppe A an Kleist ab und befahl Manstein, die neue Heeresgruppe Don zu bilden, die sich wieder in den Kern von Stalingrad vorkämpfen sollte.

Diese Entscheidung zog zwei weitere nach sich: nämlich die vom 23. November, die Paulus, dem Befehlshaber der 6. Armee in Stalingrad, einen Ausbruchsversuch untersagte, und die vom 24. November, dass die Luftwaffe die 22 Divisionen vorläufig versorgen solle, wozu sie, wie Göring versicherte, in der Lage sei. Von diesen drei Entscheidungen konnte nur eine durchgesetzt werden: die Paulus zum Ausharren verpflichtete. Paulus benötigte täglich 300 Tonnen Nachschub zum Überleben, doch die Luftwaffe konnte durchschnittlich nur etwas weniger als 200 Tonnen liefern. Manstein fand mit knapper Not Verstärkungen für den Einbruchsversuch mit dem Decknamen »Wintergewitter«, konnte aber angesichts heftigen russischen Widerstandes nicht rasch genug vorrücken.

Bei den Lagebesprechungen im Dezember, auf denen Mansteins Bemühungen erörtert wurden, gab sich Hitler zuversichtlich, dass »Wintergewitter«, das am 12. Dezember begann, erfolgreich sein werde. Da er aber weder Paulus gestatten wollte, Manstein durch einen Ausbruchsversuch zu helfen, noch frische Verstärkungen für Mansteins Vorstoß herbeizaubern konnte, dürfte seine Hoffnung auf einen siegreichen Ausgang allmählich geschwunden sein. Eine Analyse von Geoffrey Jukes zeigt, dass Hitlers Reaktionen auf Ersuchen und Vorschläge in der kritischen Phase ausnahmslos negativ waren:

Datum	Gegenstand	Ergebnis
13. Dez.	Rückzug der Heeresgruppe A aus dem Kaukasus	Keine Entscheidung
	Ersuchen Mansteins um Verstärkung	Keine Entscheidung
15. Dez.	Entsatztruppe gerät ins Stocken	Keine Entscheidung
17. Dez.	Ersuchen, der 6. Armee einen Ausbruchsversuch zu gestatten	Abgelehnt
19. Dez.	Ersuchen dringend wiederholt (Manstein erteilte Paulus sogar den Befehl zum Ausbruch, doch dieser war ohne Hitlers Zustimmung nicht dazu bereit)	Abgelehnt
20. Dez.	Widersprüchliche Befehle zur Bewegung der SS-Panzerdivision	Verwirrung
	Rückzug der 6. Armee wird diskutiert	Keine Entscheidung
21. Dez.	6. Armee erhält den Befehl auszubrechen, sofern sie gleichzeitig Stalingrad halten könne	Verwirrung
22. Dez.	Weiteres Ersuchen um Ausbruchsversuch der 6. Armee	Abgelehnt
23. Dez.	»Wintergewitter« aufgegeben	

So enthüllend sie ist, vermittelt diese Analyse keinen Eindruck von der Stimmung, in der so wichtige Probleme diskutiert, auf die lange Bank geschoben oder abgelehnt wurden. Albert Speer, der als Rüstungsminister bei vielen Lagebesprechungen zugegen war, beschreibt die Szene:

»Jeden Tag um die Mittagsstunde [es gab ein späteres Treffen am frühen Abend und, als sich die Kriegssituation verschlechterte und damit Hitlers Schlaflosigkeit, ein weiteres um Mitternacht] fand die ›Große Lage‹ statt. Hitler saß am langen Kartentisch als Einziger auf einem einfachen Armlehnstuhl mit binsengeflochtenem Sitz. Um diesen Tisch standen die an der Lage Beteiligten ...

Bürolampen an langen Tragarmen beleuchteten die Karten. Zuerst wurde der östliche Kriegsschauplatz behandelt. Drei bis vier zusammengeklebte Generalstabskarten ... wurden der Reihe nach vor Hitler auf den Kartentisch gelegt. Begonnen wurde im Norden des östlichen Kriegsschauplatzes. Auf den Karten war jede Einzelheit, die sich am vergangenen Tag ereignet hatte, jeder Vorstoß, selbst Erkundungsunternehmen, eingetragen – und fast jeder Eintrag wurde vom Generalstabschef erklärt. Stück für Stück wurden die Karten weitergeschoben, so dass Hitler jeweils einen übersichtlichen Abschnitt in Lesenähe hatte. Bei wichtigeren Ereignissen wurde längere Zeit verweilt, wobei Hitler genau jede Änderung gegenüber dem Stand vom Vortage vermerkte ...

Die Lage auf dem westlichen Kriegsschauplatz, damals noch in Afrika, wurde von Generaloberst Jodl im Anschluss an die ›Ostlage‹ vorgetragen. Auch hier neigte Hitler dazu, sich in jede Einzelheit einzuschalten ...

Nachdem die ›Heereslage‹ abgeschlossen war, wurde in der ›Luftlage‹ und in der ›Marinelage‹ zusammenfassend über die Ereignisse der letzten vierundzwanzig Stunden berichtet ... In Fragen der Luft- und Marinekriegführung ließ Hitler seinen Oberbefehlshabern weitesten Spielraum ...«

Wie es der Zufall will, gibt ein erhalten gebliebenes Steno-
gramm (fast alle wurden vor der Einnahme von Berchtesgarden im Mai 1945 verbrannt) Einblick in das Ausmaß, mit dem
Hitler in die taktischen Details jeder Operation eingriff. Es
betrifft den 12. Dezember, den ersten Tag von »Wintergewitter«, und offenbart auf faszinierende Weise die banalen, weitschweifigen, sprunghaften, manchmal mikroskopischen,
manchmal »welthistorischen« Bemerkungen des Oberbefehlshabers Hitler in den Diskussionen mit seinen Generalen:

Mittagslage vom 12. Dezember 1942 in der Wolfsschanze

Beginn: 12.45 Uhr.

Hitler:	Ist etwas Katastrophales passiert?
Zeitzler:	Nein, mein Führer. Manstein hat den Ab-schnitt erreicht und eine Brücke in der Hand. Angriffe sind nur bei den Italienern. Dieses eine Regiment, das in der Nacht alarmiert ist, ist um 10 Uhr auf dem Gefechtsstand erschie-nen. Das war gut; denn die Italiener hatten alle ihre Reservebataillone schon hereingeschmis-sen.
Hitler:	Ich habe mehr schlaflose Nächte bei dieser Geschichte als im Süden. Man weiß nicht, was passiert …
Zeitzler:	… Heute früh rief mich Feldmarschall Man-stein an. Er hat die Brücke bei diesem Ort. Es fängt jetzt schon ein bisschen Druck gegen die 23. Panzerdivision an. Das sind wahrschein-lich die herangeführten Kräfte. Hier war der Widerstand nicht allzu groß. Heute sind sonst

im Laufe des Tages doch sehr schwere Kämpfe entbrannt. Er hat Rytschkoff genommen. Das ist sehr unangenehm wegen der Brücke. Denn das war die Verbindung, die man hier herüberführen wollte ... Wir haben einen Funkspruch vom [sowjetischen] VIII. Kavalleriekorps mitgehört, dass sie zur Verteidigung übergehen wollen. Hier oben ist es noch unklar, was er eigentlich macht. Man kann das als Reaktion auf unsere Funkerei betrachten. Denn die war in diesen Tagen vor unserem Antreten besonders hoch. Man kann es aber auch so betrachten, als ob er irgendetwas machen will. Bei der 6. Armee waren hauptsächlich hier Angriffe. ...

Hitler: Ich habe mir, im Großen gesehen, eines überlegt, Zeitzler. Wir dürfen unter keinen Umständen das [Stalingrad] erst aufgeben. Es wiedergewinnen werden wir nicht mehr. Was das bedeutet, wissen wir. Ich kann auch keine Überraschungsoperation ansetzen. Diesmal kam es leider auch zu spät. Es wäre schneller gegangen, wenn man nicht bei Woronesch so lange verhalten hätte. Da hätte man vielleicht im ersten Zug durchrutschen können. Aber sich einzubilden, es ein zweites Mal zu machen, wenn man da zurückgeht und das Material liegen bleibt, ist lächerlich. Alles können sie nicht mitnehmen. Die Pferde sind ermattet, sie haben keine Zugkraft mehr. Ich kann ein Pferd nicht durch das andere nähren. Wenn das Russen wären, würde ich sagen: ein Russe frisst den andern auf. Aber ich kann nicht einen Gaul den andern fressen lassen ...

Hitler:	Es ist natürlich sehr entscheidend, wie der heutige Tag mit den Italienern verläuft. Ich weiß nur eines nicht, ob man es unter den Umständen überhaupt verantworten kann, dass ich von hier fortgehe [zum Berghof in Berchtesgarden], Jodl. Ich kann natürlich jetzt alles absagen.
Jodl:	Es sind andererseits so viel Probleme, die damit liegen bleiben.
Hitler:	Das gebe ich zu. Die Sache kann jetzt immerhin stündlich zusammenkommen. Wann kriegen wir vom Zug aus Verbindungen?
Jodl:	Im Allgemeinen alle 2 Stunden eine Verbindung. Es ist selten, dass einmal 3 Stunden ohne eine Verbindung sind, in der Regel alle 2 Stunden, manchmal öfter.
Bodenschatz:	Wenn funktelegrafisch gefunkt wird, kann die funktelegrafische Verbindung auch gehalten werden.
Hitler:	Können wir funktelegrafisch auch irgendwie ein Bild kriegen? Ist das möglich, und in welcher Zeit? Das muss doch alles geschlüsselt werden. Wie lange braucht man, um eine ganz kleine Frage zu klären?
Jodl:	Das geht nicht.
Haedel:	Da kann man nur auf dem Bahnhof telefonieren.
Hitler:	Auf jedem Bahnhof?
Jodl:	Auf den improvisierten Bahnhöfen etwas schlechter als auf den vorbereiteten. Eine Verbindung kommt auf jeden Fall zustande.
Hitler:	Wenn ich die Geschichte machte, würde ich Berlin auch ausfallen lassen. Wir werden ja heute und morgen beides sehen.

Zeitzler:	Es werden sehr ernste Tage kommen mit ernsten Entwicklungen.
Zeitzler:	Die 297. [Division] ist heute sehr gelobt worden, ist tadellos. Es war ein längerer Absatz in der Meldung. Ich glaube aber nicht, dass der Gegner hier noch angreift. Er hat alles dahergezogen. Von diesem Angriff hängt ja alles ab, dass wir wenigstens den Schlauch hier hinein bekommen.
Hitler:	Wenn wir das aufklappen, kriegen wir eine Breite, die genügen würde. Und in acht Tagen glauben Sie, dass eine Infanteriedivision da sein kann?
Zeitzler:	Jawohl, die 306. Division ist dann heran. Aber das eine Regiment ist dann weg. Sie hat 3 Regimenter.
Jodl:	Sie ist hundertprozentig voll bis auf den letzten Mann, 9 Bataillone.
Hitler:	Ja, ein Regiment ist weg. Sie hat neun 7,5 cm, allerdings auf Selbstfahrlafette, oder?
Jodl:	Nein, gezogen.
Hitler:	Sie hat sechs, und die 22. hat jetzt 18.
Zeitzler:	Ja, sie ist hochgegangen.
Hitler:	Auch das ist ganz schwach: eine 7,5 cm, zwei 7,6 cm. Und von der 294. Division nimmt er ein Regiment herunter. Damit fällt aber hier die Reserve weg …
Hitler:	Außer bei den letzten Entscheidungen, wo ein General die Fahne ergreifen musste, weil es sich um Sein oder Nichtsein handelte, muss er sonst weit abgesetzt sein. Aus dem Schlachtgetümmel heraus kann man auf die Dauer nicht führen … Wenn eine Truppe einmal in Flucht gerät, so lösen sich im Zuge der Flucht, wenn

nicht eine eiserne Disziplin herrscht, die Bande der Zucht und der Ordnung in kurzer Zeit auf. Es ist tausendmal leichter, mit einer Armee nach vorwärts anzustürmen und Siege zu erringen, als eine Armee nach einem Rückschlag oder einer Niederlage in einer anständigen Haltung wieder zurückzubringen. Es war vielleicht die größte Tat im Jahre 1914, dass es überhaupt gelungen ist, die deutsche Armee nach dem Marne-Blödsinn zurückzubringen und auf einer bestimmten Linie wieder kehrtmachen zu lassen, um sie wieder in Form zu bringen. Das ist vielleicht eine der größten Taten gewesen. Das kann man nur mit einer ausgezeichneten, disziplinierten Truppe machen.

Jodl: Das ist hier mit den deutschen Kräften auch gelungen.

Hitler: Mit den Deutschen ist es gelungen, aber mit den Italienern ist es nicht gelungen, wird es auch nirgends gelingen. Daher ist es auch so: wenn sie irgendwo da einbrechen, gibt es eine Katastrophe. Wenn dann ein Mann ununterbrochen diese Nervenbelastung hat, geht er mit der Zeit auch kaputt.

Die Katastrophe folgte am 1. Februar 1943, als Paulus beschloss, mit den verhungernden und erfrierenden Überresten seiner Armee vor den Russen zu kapitulieren. In der Mittagslagebesprechung jenes Tages, von der sich ebenfalls eine Mitschrift erhalten hat, äußert Hitler seine schlimmsten Befürchtungen über die kommenden Ereignisse – und seine Verachtung für Paulus, dem er eine Frau, die laut Zeitungsberichten kurz zuvor einen sensationellen Selbstmord begangen hatte, gegenüberstellt:

Hitler:	Die haben sich da absolut formgerecht übergeben. Denn im anderen Falle stellt man sich zusammen, bildet einen Igel und schießt mit der letzten Patrone sich selbst tot. Wenn man sich vorstellt, dass eine Frau den Stolz hat, dass sie, weil sie nur ein paar beleidigende Worte hört, hinausgeht, sich einsperrt und sich sofort totschießt, dann habe ich vor einem Soldaten keine Achtung, der (davor zurückschreckt, sondern lieber) in Gefangenschaft geht ...
Zeitzler:	Ich kann es auch nicht fassen. Ich bin immer noch der Meinung, dass (es vielleicht nicht) stimmt, dass er [Paulus] vielleicht ganz schwer verwundet daliegt.
Hitler:	Nein, das stimmt ... Aber der erste (Zweifel wurde bei mir schon vorher wach). Das war der Moment, wo es hieß: er fragt an, was er tun soll. Wie kann er da überhaupt anfragen? ... Die Pistole – das ist doch eine Leichtigkeit. Was gehört schon für eine Feigheit dazu, vor dem auch noch zurückzuschrecken! Ha! Lieber sich lebendig begraben lassen! Und zwar in einer solchen Lage, wo er doch genau weiß, dass sein Tod die Voraussetzung für das Halten des nächsten Kessels ist. Denn wenn (er ein solches Beispiel) gibt, darf man nicht erwarten, dass die Männer weiterkämpfen.
Zeitzler:	Ich denke immer noch, dass sie es vielleicht getan haben und (dass die Russen nur behaupten), sie haben sich alle in Gefangenschaft begeben.
Hitler:	Nein! ... Er wird in kürzester Zeit im Rundfunk sprechen – das werden Sie sehen... Mir persönlich tut am meisten weh, dass ich das

noch getan habe, ihn zum Feldmarschall zu befördern. Ich wollte ihm diese letzte (Freude) machen. Das ist der letzte Feldmarschall, den ich in diesem Kriege ernannt habe … Nein, sie sprechen persönlich im Rundfunk. Das werden Sie gleich hören. Sie sprechen alle persönlich im Rundfunk! Sie werden die Leute im Kessel zuerst auffordern, sich zu ergeben, und werden die gemeinsten Sachen gegen die deutsche Wehrmacht sagen.

Hitlers Instinkt für menschliche Schwächen war untrüglich. Paulus sollte sich tatsächlich bald der Seydlitz-Gruppe »antifaschistischer« deutscher Offiziere in russischer Hand anschließen und zu ihren Propagandaaktionen beitragen. Hitler hatte sich jedoch selbst verschätzt: Er beförderte Paulus absichtlich in letzter Minute, um diesen in den Tod zu treiben, da kein deutscher Feldmarschall jemals vor dem Feind kapituliert hatte. Davon abgesehen, ließen weder Paulus noch die 6. Armee Hitler im Stich. Eine der letzten Botschaften von Paulus, die am 22. Januar 1943 übermittelt wurde, gab seine Notlage unverblümt wieder: »Rationen erschöpft. Über 12 000 unversorgte Verwundete im Kessel. Welche Befehle soll ich Soldaten erteilen, die keine Munition mehr haben und Massenangriffen, unterstützt durch schweres Artilleriefeuer, ausgesetzt sind?«

Hitler war nur zu dem Befehl fähig, dass »Kapitulation ausgeschlossen ist«. Paulus' persönliche Überlebensentscheidung verurteilte er als »eine Kehrtwendung auf der Schwelle der Unsterblichkeit«. Es sollte noch zu vielen ähnlichen Entscheidungen kommen, bevor die Alliierten das Reich endgültig überrollten. Im Mai 1945 sollte sich jeder überlebende deutsche Feldmarschall – Model, der spät ernannt wurde, wählte den Ausweg, vor dem Paulus zurückgeschreckt war –

in britischer, amerikanischer oder russischer Gefangenschaft befinden. Etliche ihrer Offizierskameraden hatten den Kampf im Innern bereits lange vorher aufgegeben; von den Generalobersten, die das Amt des Generalstabschefs des Heeres innehatten, war Guderian im März 1945 nach einer schweren Auseinandersetzung mit Hitler beurlaubt worden, Zeitzler nach Juli 1944 zusammengebrochen und Halder in ein Konzentrationslager geschickt worden. Führende Truppenkommandeure wie Bock, Leeb, Rundstedt, Manstein, Hoth, Kleist und Weichs waren entlassen worden, und Rommel hatte Selbstmord begangen, um seiner Familie die Folgen seiner Beteiligung an der Juliverschwörung zu ersparen. Hoepner war nach dem Attentat hingerichtet und Kluge durch den Verdacht der Mitwirkung in den Selbstmord getrieben worden. Mehrere andere waren unter dem Kommandostress gestorben oder hatten den Freitod gesucht: Reichenau, Dollmann (Herzinfarkt) sowie die Luftwaffengenerale Udet und Jeschonnek (Selbstmord).

Von den 1 400 Heeres- und Luftwaffengeneralen zwischen 1939 und 1945 waren nicht weniger als 500 im Kampf gefallen oder als vermisst gemeldet worden – ein außerordentlich hoher Prozentsatz, vielleicht ohne Parallele in jedem anderen Krieg, der von einem modernen Land ausgefochten wurde. An dem Maßstab der Treue bis in den Tod gemessen – und gibt es einen höheren? –, hatten Hitlers Generale ihm trefflich gedient. Er selbst hatte, am Maßstab des Sieges oder der Niederlage gemessen, die Pflichten des Oberbefehlshabers verheerend schlecht erfüllt. Wie hatte er Deutschland nach seinen anfänglich glänzenden strategischen Operationen letztlich in die Katastrophe führen können?

Die knappe Antwort lautet, dass Deutschland, nachdem die Sowjetunion und die Vereinigten Staaten sich seinen Feinden zugesellt hatten, den Zweiten Weltkrieg nicht gewinnen konnte. Eine gründlichere Antwort bedarf einer tieferen

Analyse. In erster Linie ist Hitlers Führungsstil zu untersuchen. Er beschloss, wie wir gehört haben, von Anfang an den Entscheidungsprozess weit von der Front entfernt zu zentralisieren und von dort die Operationen bis ins kleinste Detail zu überwachen. Die Begründung für diesen Entschluss lieferte das Führerprinzip: Wenn er die oberste Macht ausüben wollte, dann musste sie sich auf den zivilen wie den militärischen Bereich erstrecken. Allerdings hätte er jenen Ehrgeiz nicht verwirklichen können, wenn ihm nicht, zum Unglück für die deutsche Armee, die damalige technische Entwicklung die Instrumente geliefert hätte, die ihm wenigstens oberflächliche Kontrollmöglichkeiten boten.

Dank seiner Vervollkommnung in den dreißiger Jahren hatte das Funkwesen – »drahtlose Telegrafie« beschreibt die militärische Bedeutung präziser – das Blindekuh-Spiel beendet, zu dem die kämpfenden Soldaten und ihre Befehlshaber verdammt waren, seit Langstreckenwaffen letztere aus der Gefechtszone vertrieben. Die drahtlose Telegrafie schuf an der Stelle des kritischen Kontaktes zwischen Front und Feind einen Informationsfluss, der, wenn man ihn geschickt nutzte, dem Hauptquartier auf immer höheren Befehlsebenen gestattete, den Fortgang der Ereignisse zu überwachen und durch vernünftige Intervention zu steuern. Aber »vernünftige Intervention« setzte eine Aufgabenteilung voraus. Diese wurde auf alliierter Seite im Allgemeinen gewissenhaft eingehalten. Churchill zum Beispiel verfolgte den Verlauf von Schlachten mit höchstem Interesse, war jedoch klug genug – oder wurde von seinen Beratern davon überzeugt –, seinen Generalen nicht ins Handwerk zu pfuschen, wenn kritische Situationen an der Front ihre Aufmerksamkeit beanspruchten. Zu solcher Zurückhaltung war Hitler nicht fähig. Es mag den Laien beeindrucken, dass Hitler über die genauen Ausrüstungsdetails des einen oder anderen Regiments – so viele Geschütze von diesem, so viele von jenem Kaliber – diskutieren konnte.

Der Experte wertet diese Kleinkariertheit als zwangsläufig gefährliche Einmischungen. Denn Funkgeräte konnten dem Führerhauptquartier nicht all die anderen immateriellen, aber viel wichtigeren Informationen übermitteln, die nur an Ort und Stelle zu sammeln waren: über das Aussehen des Schlachtfeldes, die Temperaturverhältnisse, die Schwankungen der feindlichen Angriffsintensität, den Geräuschpegel, die Beförderung von Verwundeten ins Hinterland, die Versorgung mit Nachschub und über die Stimmung der Soldaten, die nur nach ihrem Gesichtsausdruck und dem Tonfall ihrer Aussagen beurteilt werden konnte. Ohne den Zugang zu so wesentlichen Eindrücken (es ist überaus bedeutsam, dass Hitler von 1914 bis 1918 ausschließlich im Westen diente und folglich weder die extremen Klimaschwankungen noch die räumliche Ausgedehntheit der Ostfront kennenlernte) übte er die Befehlshaberschaft nur vordergründig aus und führte, trotz seiner Demonstration technischer Kenntnisse, genauso wenig das »Kommando« im vollen Wortsinne wie als Gefreiter im Regiment List.

Hitlers Beherrschung technischer Einzelheiten, Ergebnis eines ausgezeichneten Gedächtnisses und der regelmäßigen Lektüre von Handbüchern, war eines der probatesten Mittel, mit denen er sich seinen Generalen gegenüber durchsetzte. Albert Speer schreibt: »Seine Informationen entnahm er einem großen Buch in rotem Einband... Dieser immer wieder ergänzte Katalog für etwa dreißig bis fünfzig verschiedene Munitionsarten und Waffengattungen lag stets auf seinem Nachttisch.« (Seit seinen Wiener Tagen liebte er auch den *Flottenkalender*, den er auswendig kannte.) »Manchmal holte sein Diener auf Geheiß Hitlers das Buch herbei, wenn während der militärischen Besprechungen ein Mitarbeiter eine Zahl genannt hatte, die Hitler augenblicklich korrigiert hatte. Es wurde aufgeschlagen, Hitlers Angaben Mal für Mal bestätigt, die Uninformiertheit eines Generals bloßgestellt. Das

Zahlengedächtnis Hitlers war der Schrecken seiner Umgebung.

[Auf diese Weise] konnte Hitler die Mehrzahl der ihn umgebenden Offiziere … einschüchtern.«

Aber Hitlers Kenntnisse erweiterten seine Befehlsmethoden nicht, sondern verengten sie, wie Speer ausführt: Sein »technischer Horizont schloss allerdings, ebenso wie sein Weltbild, seine Kunstauffassung und sein Lebensstil, mit dem Ersten Weltkrieg ab. Seine technischen Interessen waren einseitig auf die traditionellen Waffen des Heeres und der Marine ausgerichtet. Auf diesen Gebieten hatte er sich weitergebildet und seine Kenntnisse ständig vermehrt; hier schlug er des öfteren überzeugende und brauchbare Neuerungen vor. Jedoch hatte er wenig Sinn für [wenn auch einen übertriebenen Glauben an] Entwicklungen wie beispielsweise das Radarverfahren, die Konstruktion einer Atombombe, für Düsenjäger und Raketen.« Und obwohl er geläufig mit technischen Experten umging, konnte er nur bei seichten Themen Übereinstimmung mit ihnen erzielen. Dazu Speer: »Er war in der Lage, Grundsätzliches von weniger Wichtigem zu unterscheiden … Seine Fragen zeigten, dass er auch komplizierte Besprechungsgegenstände während der kurzen Zeit des Vortrags im Wesentlichen erfasst hatte. Den Nachteil freilich bemerkte er nicht: zu leicht kam er an den Kern der Dinge, als dass er ihn ganz gründlich erfassen konnte.«

Während sich das Blatt des Krieges wendete, verringerte sich Hitlers frühere Bereitschaft zu lebhaften Debatten. Speer bemerkt: »Offener Widerspruch in den Lagebesprechungen war in wichtigen Fragen, etwa ab Herbst 1942, nur noch in vorsichtiger Form möglich.«

»Außenstehenden ließ Hitler Einwände eher durchgehen, aus dem Kreis seiner täglichen Umgebung dagegen vertrug er sie nicht … Tauchte im Verlauf der Besprechung ein kontroverser Punkt auf, so bog Hitler meist geschickt ab, indem er die Klärung auf eine anschließende Besprechung verschob. Er ging von der Annahme aus, dass die militärischen Chefs in Anwesenheit ihrer Stabsoffiziere Hemmungen hätten nachzugeben. Auch mochte er darauf sehen, in einer Einzelbesprechung seine Magie und seine Überredungskunst besser ins Spiel zu bringen. Beide kamen durchs Telefon nur in Grenzen zur Geltung: vermutlich deshalb zeigte Hitler stets eine spürbare Abneigung, wichtige Auseinandersetzungen telefonisch zu führen.«

Hitlers Mangel an Flexibilität könnte jedoch noch eine andere Ursache gehabt haben: nämlich seine festgefügte Vorstellung darüber, wie das Oberkommando auszuüben sei. Es leitete sich im Wesentlichen, wie so vieles Andere, aus seiner Schützengrabenerfahrung her. Aus jenen Jahren hatte er die in der deutschen Armeedoktrin des Ersten Weltkriegs verwurzelte Überzeugung mitgebracht, dass eine nicht vorwärts marschierende Armee am sichersten sei, wenn sie sich an »die starre Verteidigung einer Linie« halte, wie Falkenheyn in seiner Generalstabsorder vom Januar 1915 festlegte. Nachdem Hitler das Selbstbewusstsein gewonnen hatte, den Generalen seine Operationsideen aufzuzwingen (womit er bereits vor der Eröffnung der Schlacht um Frankreich begann), gelangte er zu dem Glauben, dass »Fernkontrolle«, obwohl sie im Ersten Weltkrieg versagt hatte, nun, da die Funkverbindungen den direkten Kontakt mit der kämpfenden Truppe ermöglichten, vorteilhafter als die direkte Mitwirkung sei. Am 12. Dezember 1942 hatte Hitler verkündet, man könne nicht auf Dauer den Befehl im Schlachtlärm führen, ohne die Nerven zu verlieren; das sei im Hinterland anders.

Doch selbst Frontbefehlshaber wie Rommel, Guderian und Montgomery sollten entdecken, dass mit dem Verharren im Hinterland auch das »Gefühl« für die Schlacht verloren geht. Deshalb suchten sie genau in dem Moment, da Hitler seine zunehmende Distanzierung von den Kriegsereignissen rechtfertigte, nach Wegen, persönlich stärker in den Kampf einzugreifen. Rommel führte in der Westsahara von einem Panzer aus den Befehl und hielt über Funk Kontakt zu seinem Hauptquartier, indem er einfache Chiffregruppen durchgab, die einen Richtungswechsel oder einen veränderten Vorstoß anzeigten. Montgomery richtete ein vorgeschobenes Hauptquartier ein, aus dem bewährte junge Verbindungsoffiziere taktische Informationen und Eindrücke, die sogar nach den Maßstäben der »Echtzeit« fast noch frisch waren, direkt zu seinem Befehlswagen brachten. Und Guderian hielt sich – wie das berühmte Foto zeigt, auf dem er sich mit seinen Funkern und dem Bedienungspersonal des Enigma-Chiffriergeräts einen Übertragungswagen teilt – in den vorderen Reihen seiner Panzerarmee auf, die in der gegnerischen Linie nach Schwachpunkten suchte und seinen Weisungen folgend ausnutzte. Kurz, Hitler war auf halbem Wege in die moderne Welt stehen geblieben. Dem kosmetischen Futurismus seines Stils zum Trotz war er immer noch ein Geschöpf seiner frühen Jahre und ihrer vergänglichen Umstände; damals lag die Befehlsgewalt bei einem unsichtbaren Allerhöchsten, dem der einfache Soldat strikten Gehorsam schuldete und dessen Pflicht wiederum darin bestand, dass seine Befehle den Sieg herbeiführten. In einem seiner Lieblingszitate von Clausewitz, auf dem Hitler das letzte Kapitel von *Mein Kampf* aufbaute, kommt seine Wahrnehmung der höchsten Pflicht des Befehlshabers zum Ausdruck: »… dass der Schandfleck einer feigen Unterwerfung nie zu verwischen ist; dass dieser Gifttropfen in dem Blute eines Volkes in die Nachkommenschaft übergeht und die Kraft später Geschlechter nehmen und untergraben wird«.

Hitler und die Inszenierung des Führerprinzips

Doch Hitler kam nie auf den Gedanken, dass er wie ein chinesischer Kaiser hinter den Mauern einer Verbotenen Stadt über Treue bis in den Tod gebieten könne. Weder Rastenburg noch irgendein anderes seiner Hauptquartiere war als Sanktuarium vorgesehen; das Führerhauptquartier war ein klösterlicher Zufluchtsort – Hitlers Bewunderung für den Apparat, wenn auch nicht für die Lehre der katholischen Kirche, blieb zeit seines Lebens stark –, keine Stätte für Feiglinge. Nach Stauffenbergs Attentatsversuch bestand Hitler begreiflicherweise auf strengen Sicherheitsmaßnahmen in seiner unmittelbaren Umgebung. Bis dahin hatte er persönliche Risiken außer Acht gelassen. Am 3. Mai 1942 bemerkte er in einem Tischgespräch, gegen einen idealistisch gesonnenen Attentäter gebe es keinen Schutz. Deshalb halte er es für durchaus verständlich, dass neunzig Prozent aller historischen Attentatsversuche erfolgreich gewesen seien ... Aus diesem Grund stehe er ruhig und aufrecht in seinem Wagen. So bestätige sich das Sprichwort, dass die Welt dem Mutigen gehöre, immer wieder von neuem. Falls ein Attentäter ihn zu erschießen oder mit einer Bombe zu töten beabsichtige, dann habe er, auch wenn er sich hinsetze, keine Chance.

Sein scharfsinniges Verständnis der Volksseele ließ ihn jedoch folgern, dass die Sicherheit in der Abgeschiedenheit sämtlicher Führerhauptquartiere durch die Illusion eines geteilten Risikos wettgemacht werden müsse. Hitler war sich über das uralte und zentrale Dilemma des Generals durchaus im Klaren: Wo sollte der Befehlshaber stehen, wie oft sollte er gesehen werden? Immer an der Spitze, manchmal oder nie? waren Fragen, mit denen sich Hitler seit den ersten Tagen seiner Machtübernahme privat und öffentlich beschäftigt hatte: »Sicher wird kraft natürlicher Ordnung der Stärkste dazu bestimmt sein, die große Mission zu erfüllen«, schrieb er in *Mein Kampf.* »Allein die Erkenntnis, dass eben dieser eine der ausschließlich Berufene sei, pflegt den anderen meistens erst sehr spät zu kommen… die Mitwelt vermag gewöhnlich am allerwenigsten zu unterscheiden, wer von ihnen – weil allein zum Höchsten befähigt – einzig ihre Unterstützung verdient.« In seinem politischen Leben, besonders in den »Kampfjahren«, hatte Hitler die Notwendigkeit des »Immer an der Spitze« erkannt und sich gewöhnlich dafür entschieden. Sein Verhalten während des gescheiterten Novemberputsches 1923 auf dem Münchner Odeonsplatz mag nicht so kühn gewesen sein wie das Ludendorffs, aber es war keineswegs beschämend. Und davor und danach hatte er immer wieder gezeigt, dass er physische Gefahr auf sich zu nehmen bereit war, um seine Mission von eigenen Gnaden zu erfüllen: nämlich Deutschland aus dem Grab der Niederlage auferstehen zu lassen. Trotzdem blieb die Frage bestehen, ob er in Kriegszeiten – nachdem er die Frage »An der Spitze?« für sich selbst mit »nie« beantwortet hatte – seine Soldaten davon überzeugen konnte, dass er ihre Gefahren teilte und sich ihrer ernsten Situation bewusst war.

Propaganda (obwohl ein so grober Begriff nie auf die Mittel von Hitlers öffentlicher Darstellung angewandt wurde) war die Lösung. Er hatte die Wichtigkeit der Propaganda bereits in jungen Jahren erkannt, in *Mein Kampf* die Überlegenheit der alliierten über die deutsche Propaganda im Ersten Weltkrieg mit Beifall bedacht und ihr didaktisches Hauptmerkmal herausgearbeitet: die Auswahl weniger einfacher Botschaften zur endlosen Wiederholung. »Die Aufnahmefähigkeit der großen Masse ist nur sehr beschränkt, das Verständnis klein, dafür jedoch die Vergesslichkeit groß. Aus diesen Tatsachen heraus hat sich jede wirkungsvolle Propaganda auf nur sehr wenige Punkte zu beschränken und diese schlagwortartig so lange zu verwerten, bis auch bestimmt der Letzte unter einem solchen Worte das Gewollte sich vorzustellen vermag.« Propagandaminister Goebbels – seinem vollständigen Titel nach auch für »Volksaufklärung« zuständig, eine brillante Anleihe aus dem Zeitalter, als die Welt Deutschland mit Herder und Goethe gleichsetzte – hatte das deutsche öffentliche Bewusstsein bereits mit einem kaleidoskopartigen Bild von Hitler als Mentor und Beschützer der Bürger, als nie ruhendem Hüter ihrer Interessen, als einsamem Steuermann ihres Schicksals, als Träger ihrer kollektiven Leiden und als Garanten ihrer künftigen Rückkehr zur Größe befrachtet. Dieser Darstellung fügte er seit Kriegsbeginn das Bild eines widerwillig in den Kampfanzug eines Frontsoldaten gekleideten Hitler hinzu, der – vielleicht nicht physisch, aber gewiss im Geiste – an der Spitze seiner Truppen zum Sieg marschierte. Doch nicht einmal Goebbels vermochte bei all seinem Propagandainstinkt eine so exakte Metapher für Hitlers vorgebliche körperliche Qual zu finden wie dieser selbst. Der Führer kehrte im intimen Kreis seiner Lagebesprechungen immer wieder zum Thema seiner vier Frontjahre zurück und erinnerte seine Generale ständig – in dem Wissen, dass ihm keiner zu widersprechen wagte – daran, dass er das Schicksal des gemeinen Soldaten am eigenen Leib erfahren habe. Und auch wenn er während des Krieges direkt zu seinem Volk sprach, beschwor er ein ums andere Mal seine Vergangenheit als Überlebender des Ersten Weltkriegs, die er mit so vielen teilte – den Müttern der gefallenen Helden, den Witwen der verlorenen Generation, den Vätern der nächsten, die selbst alte Frontkämpfer waren –, um seine Kameradschaft mit der neuen Feldgrau tragenden Generation zu untermauern.

Keine seiner Botschaften verdeutlicht seinen schamlosen Anspruch auf die heroische Führerschaft – denn Hitler versuchte mit zunehmender Hysterie, während sein Anrecht auf diese Rolle dahinschmolz, als Held aufzutreten – eindrucksvoller als seine öffentliche Willenserklärung vom 19. Dezember 1941, persönlich den Befehl über die Wehrmacht zu übernehmen: »Soldaten des Heeres und der Waffen-SS!

Der Kampf um die Freiheit unseres Volkes zur Sicherung seiner Existenzbedingungen … geht seinem Höhe- und Wendepunkt entgegen.

Ich kenne den Krieg schon aus den vier Jahren des gewaltigen Ringens im Westen 1914/18. Ich habe den Schrecken fast aller großen Materialschlachten als einfacher Soldat selbst miterlebt. Zweimal wurde ich verwundet und drohte endlich zu erblinden.

Der hauptsächlichste Träger des Kampfes der Wehrmacht aber ist das Heer. Ich habe mich daher unter diesen Umständen heute entschlossen, als Oberster Befehlshaber der deutschen Wehrmacht die Führung des Heeres selbst zu übernehmen.

Mir ist … nichts fremd, was auch euch quält, euch belastet und bedrückt. Allein ich habe nach vier Jahren Krieg in keiner Sekunde an der Wiedererhebung meines Volkes gezweifelt und es mit meinem fanatischen Willen als einfacher deutscher Soldat fertig gebracht, die ganze deutsche Nation nach mehr als fünfzehnjähriger Arbeit zusammenzuschließen und von dem Todesurteil von Versailles zu befreien.

Meine Soldaten! Ihr werdet es daher verstehen, dass mein Herz ganz euch gehört, dass mein Wille und meine Arbeit unbeirrbar der Größe meines und eures Volkes dienen, dass mein Verstand und meine Entschlusskraft aber nur die Vernichtung des Gegners kennen, das heißt die siegreiche Beendigung dieses Krieges. Was ich für euch tun kann, meine Soldaten des Heeres und der Waffen-SS, in der Fürsorge und in der Führung wird geschehen. Was ihr für mich tun könnt und tun werdet, das weiß ich: Mir in Treue und Gehorsam folgen bis zur endgültigen Rettung des Reiches und damit unseres deutschen Volkes.«

So schamlos Hitlers Manipulation des heroischen Wertsystems auch war, ihre Wirksamkeit wurde durch die Ergebnisse bestätigt. Das deutsche Heer kämpfte 1945, anders als jenes 1918, bedingungslos bis zum Ende. Ein innerer Zirkel aktiver Offiziere des »alten« Heeres – katholische Aristokraten wie Claus von Stauffenberg, preußische und pommersche Junker wie Quirnheim und Yorck von Wartenburg – bildete die einzige Ausnahme, doch die durchschnittlichen Offiziere und Soldaten dienten Hitler mit totaler Loyalität und kapitulierten nur, wenn es ihnen ausdrücklich befohlen wurde. Dabei hatte Hitler während des Krieges mit kaum einem von ihnen gesprochen oder war ihnen auch nur persönlich gegenübergetreten. Während des siegreichen Feldzuges von 1939/40 bereiste er nach den Kampfhandlungen die Front; im Dezember 1940 stattete er seiner SS-Leibstandarte im Westen einen Weihnachtsbesuch ab. Ansonsten distanzierte er sich, wie das fast völlige Fehlen entsprechender Fotos beweist, von seinen treuen Landsern und verkehrte mit ihnen nur durch schriftliche Tagesbefehle und über sehr seltene Rundfunkansprachen. Damit nicht genug, als er auf seinen Reisen einmal in direkten Kontakt mit den menschlichen Werkzeugen, über die er befahl, geriet, schrak er laut Speer vor der Realität zurück. Die Begegnung fand am 7. November 1942 während der Verlegung des Hauptquartiers aus Rastenburg auf den Berghof statt. »In früheren Jahren pflegte sich Hitler bei jedem Halt am Fenster seines Sonderzuges zu zeigen. Nun schienen ihm diese Begegnungen mit der Außenwelt unerwünscht; die Rollos nach der Seite des Bahnsteiges waren regelmäßig heruntergelassen.« Eines späten Abends saß Speer mit Hitler »in seinem palisanderverkleideten Speisesalon an reich gedeckter Tafel«: »[Dabei] bemerkte zunächst keiner von uns, dass auf dem Nebengeleise ein Güterzug hielt: aus dem Viehwagen starrten heruntergekommene, ausgehungerte und zum Teil verwundete deutsche Soldaten, gerade aus dem Osten kommend, auf die Tafelrunde. Auffahrend gewahrte

Hitler die düstere Szenerie zwei Meter vor seinem Fenster. Ohne Gruß, ohne überhaupt eine Reaktion zu zeigen, ließ er seinen Diener eiligst die Rollos herunterziehen. So endete in der zweiten Hälfte des Krieges eine der seltenen Begegnungen Hitlers mit einfachen Frontsoldaten, wie er selber einer gewesen war.«

Hitler sollte nie hungern; zu der gespenstischen Inszenierung seines Selbstmords gehörte, dass er eine halbe Stunde zuvor eine letzte Mahlzeit aus Spagetti mit Gemüsesauce zu sich nahm. Aber psychische (im Gegensatz zu physischen) Strafen für Hitlers kalkulierte Verzerrung des heroischen Ideals im Dienste seiner wahnsinnigen und letztlich kriminellen Feldherrnschaft sind nicht schwer zu finden. Denn bereits Ende 1943 war er – unter dem Stress, den seine Befehlsausübung in erster Linie den Soldaten, wenn auch nicht ihm selbst auferlegte – im fortgeschrittenen Stadium des körperlichen Verfalls. Damals war er erst 53 Jahre alt. Während seines politischen Lebens hatte er sich, abgesehen von hypochondrischen Ängsten, ausgezeichneter Gesundheit erfreut. Auch in der Zeit der leichten Siege blieb sie verständlicherweise gut. Sein Leibarzt Morell diagnostizierte Anfang 1942 eine Arterienverhärtung, die jedoch durch zahlreiche Medikamente – zumeist gegen Blähsucht, vor der sich Hitler zwanghaft fürchtete – unter Kontrolle gehalten wurde. Schlaflosigkeit, die ihn in politischen Krisen vor dem Krieg und während der Vorbereitungen zu »Barbarossa« gequält hatte, kehrte im Laufe des Kampfes um Stalingrad zurück, ebenso wie merkliche Gereiztheit. Unmittelbar nach Stalingrad entwickelte er äußerliche Stresssymptome. Guderian bemerkte bei einem Besuch in Winniza im Februar 1943, daß seine »linke Hand zitterte, sein Rücken gebeugt, sein Blick starr war, seine Augen hervortraten, doch den früheren Glanz vermissen ließen und seine Wangen von roten Flecken überzogen waren«. Aber Hitlers physische und intellektuelle Kräfte blieben intakt. Obwohl Speer eine zunehmende Trägheit in den Bewegungen und im Denken auffiel, machten die beiden Männer bei Speers Besuchen in Rastenburg im Herbst 1943 weiterhin gemeinsame Spaziergänge, und Hitler sorgte immer noch dafür, dass seine Schäferhündin Blondi Auslauf erhielt.

1944 setzte sein physischer Verfall mit erstaunlicher Schnelligkeit ein. Anfang 1942 hatte er seine ersten grauen Haare entdeckt. Im Frühjahr 1944 sah ein Besucher, der ihn seit langem kannte, »einen müden, gebrochenen und bejahrten Mann, der mit den Füßen schlurfte und so weit vorgebeugt war, dass er sich zu bücken schien. Sein Gesicht war eingefallen und von Sorge und Wut zerfurcht. Seine Augen waren von einem fast vorwurfsvollen Blick erfüllt. [Seine] Sekretärinnen bemerkten, dass seine Knie manchmal bebten oder dass er seine zitternde linke Hand mit der rechten packen musste; das Zucken, wenn er eine Tasse an die Lippen hob, war nicht zu verbergen.« Die Bombenexplosion vom 20. Juli 1944 löste weitere Beschwerden aus, vornehmlich einen Trommelfellriss, doch davon konnte er sich erholen. Seine physische Senilität schritt unvermindert fort. Ende 1944 konnte er nur dreißig oder vierzig Meter ohne eine Ruhepause zurücklegen. Im Frühjahr 1945 war er am Rande der totalen Hinfälligkeit.

Woher rührte diese enorme Verschlechterung seines Gesundheitszustandes? Eine Erklärung war die Schlaflosigkeit, die in zutiefst zerstörerischen Selbstvorwürfen und Zorn auf das Schicksal wurzelte. Im Februar 1945 teilte er Dr. Erwin Giesing mit, er sehe im Dunkeln dauernd Stabskarten vor sich, so dass er sich das Gehirn zermartere und Stunden brauche, um einzuschlafen. Wenn er das Licht anknipse, könne er genau skizzieren, wo jede Division bei Stalingrad gelegen habe; meistens finde er erst morgens gegen fünf oder sechs Uhr Schlaf. Noch andere Bilder könnten in sein Bewusstsein eingedrungen sein und ihn gequält haben. Wie alle Infanterie-

soldaten des Ersten Weltkriegs hatte Hitler aus den Schützengräben Erinnerungen mitgebracht, zu denen in früheren Zeiten kaum jemand verdammt war: Erinnerungen an Leichen,
die wie Holzscheite auf den Schlachtfeldern verstreut waren
oder in Massengräbern aufgeschichtet beerdigt wurden. Das
menschliche Bindeglied zwischen dem Holocaust des Ersten
Weltkriegs und dem der Konzentrationslager muss jedem,
der zur Betrachtung der augenscheinlichen Gewissheit fähig
ist, unleugbar erscheinen; wie hätte man ohne die vorherige
Konditionierung in den Schützengräben, wo Männer mit der
physischen Tatsache der industrialisierten Tötung vertraut
gemacht wurden, genug Personal zur Überwachung der Aus-
rottungsverfahren finden können? Nach allen Zeugenaussa-
gen zu schließen, verdrängte Hitler jenen Aspekt seiner
Kriegführung, während er angesichts der physischen Vernichtung seiner Soldaten dazu nicht in der Lage war. Denn als
Oberbefehlshaber trug er letztlich die Verantwortung für ihren Tod; seine Verantwortung wurde durch kein Symbol, ge-
schweige denn die Realität der geteilten Gefahr gemildert;
und seine Schuld konnte nur mit der Erringung des Sieges
gesühnt werden. Im Frühjahr 1945 war das letzte Fünkchen
Hoffnung auf den Sieg erloschen. Ihm, dem Frontkämpfer,
blieb nichts als das Schuldbewusstsein, Millionen Söhne seiner Generation dem Tod und Deutschland einer zweiten Niederlage ausgeliefert zu haben. Er behauptete matt, wenn der
Krieg verloren gehe, dann nur deshalb, weil das deutsche
Volk seiner nicht wert gewesen sei, doch im Innern muss er,
wenn ihm noch eine Spur von Vernunft geblieben war – und
alle Beobachter bezeugen, dass sein Verstand bis zum Ende
intakt geblieben sei –, erkannt haben, dass genau das Gegenteil zutraf: *Er selbst* war des deutschen Volkes nicht wert gewesen, und sein fortschreitender physischer Verfall war das
äußere Zeichen seines inneren Zusammenbruchs unter der
Last jenes Wissens.

Denn Hitlers Befehlshaberschaft war – was er selbst im Rückblick eingesehen haben mag – nur eine Farce falschen Heldentums gewesen. Sie war, wie er selbst in seinen machtvollen Tagen prahlte, auf die Idee des einsamen Leidens gegründet, darauf, dass er die Gefahren und Nöte seiner Soldaten in seinen Zufluchtsorten Rastenburg und Winniza verinnerlichte, auf die Gleichsetzung ihrer physischen Qual mit seinem psychischen Widerstand, auf die Ablösung von Mut durch Unverfrorenheit und letztlich auf das Ritual des Selbstmordes als Gegenstück zum Tod im Angesicht des Feindes. Wenige Selbstmorde sind heroisch, und der Hitlers gehört nicht dazu. In keinem der Nachrufe, die seit dem 30. April 1945 auf ihn geschrieben wurden, ist das Wort »Held« zu finden. Und das dürfte auch in Zukunft nicht der Fall sein. Helden sterben letzten Endes an der Spitze ihrer Soldaten und werden ehrenvoll begraben. Hitler starb allein, und seine Asche ist an einem Ort verstreut, den man heute nicht einmal mehr finden kann.

Schlussbetrachtung
Postheroisch: Die Befehlsgewalt in der nuklearen Welt

Hitlers erbärmlicher und schändlicher Tod bringt diese Übersicht über den Wandel der Befehlsgewalt im Laufe von 2000 Jahren westlicher Geschichte zum Abschluss. Können wir daraus allgemeine Folgerungen über den Charakter militärischer Macht, die Mittel ihrer Ausübung und den Prozess ableiten, durch den ihre Resultate politischen Wert erhalten?

Von vorrangiger Bedeutung ist die Einsicht, dass militärischer Erfolg kein Selbstzweck ist. Die Primitiven mögen in seliger Unkenntnis der Frage kämpfen, ob sie eine höhere Funktion erfüllen, als sich in männlichem Selbstverständnis zu erschöpfen. Die Berufskrieger fortgeschrittener Staaten mögen leugnen, mehr als einfache Soldaten zu sein, die nach besten Kräften ihre Pflicht tun und dafür zu sterben bereit sind. Sogar ihre Führer mögen der Strategie politische Ziele absprechen und behaupten, militärischen Imperativen zu folgen, die so gut wie nichts mit den Geboten der Diplomatie oder der staatsmännischen Auffassung des Nationalinteresses gemein haben. *A la guerre comme à la guerre*, sagen Soldaten; damit meinen sie, dass der Krieg die Weltanschauung und die Prioritäten der Krieger ändert sowie die Belange, welche die friedliche Welt motivieren, unterdrückt. Jenen Belangen – Profitstreben, Achtung der Eigentumsrechte, Gehorsam gegenüber dem Gesetz, Buhlen um die Gunst der Großen, Berücksichtigung von Minderheiten, Einhalten des Rituals und Befolgen von Bräuchen und Höflichkeitsformen – wird auf dem Schlachtfeld kein oder allenfalls der geringste Platz eingeräumt. Dort wird keine Rücksicht genommen, denn den Letzten beißen die Hunde. Aber so fern das Schlachtfeld auch vom Marktplatz oder vom Gerichtshof ist, seine vorgegebene Existenz – oder die Möglichkeit, auf es zurückzugreifen – liegt allen Vermutungen zugrunde, welche die Bürger über die Ordnung der Dinge anstellen. Gewalt, mögen die Rechtschaffenen auch vor ihrer Sanktionierung die Augen verschließen, liefert den letztlichen Zwang, mit dem sich sämtliche sesshaften Gesellschaften gegen die inneren und äußeren Feinde der Ordnung schützen. Jene mit dem Wissen und Willen, sich ihrer zu bedienen, müssen notwendig im Zentrum der Machtstruktur einer Gesellschaft (oder ganz in seiner Nähe) stehen; umgekehrt werden Machthaber, denen es an einem solchen Willen oder einem solchen Wissen fehlt, bald aus dem Zentrum vertrieben werden.

Die Ausübung von Macht durch nackte oder implizite Gewalt hat jedoch nichts Mechanistisches, wiewohl Machthaber und Machthungrige seit langem auf ein solches Geheimnis aus sind. Gewalt entlarvt diejenigen, die der Tugend zu ihrem Einsatz entbehren. Diese Tugend wird in theokratischen Gesellschaften von Gott oder den Göttern hergeleitet, weshalb Herrscher von Gottes Gnaden ihre Untertanen aufs Schlachtfeld schicken dürfen, ohne dass sich die Frage ihrer persönlichen Beteiligung überhaupt erhebt. Weltliche Herrscher genießen keine vergleichbare moralische Freistellung; in ihrer Welt sind die der Gewalt zugeordneten Tugenden jene, mit denen man ihr Widerstand leistet: Unverwüstlichkeit, Hartnäckigkeit, Ausdauer, vor allem aber Mut. Sie müssen deshalb entweder persönlich in den Kampf ziehen oder Wege finden, diese Pflicht zu delegieren, ohne dadurch ihr Recht zur Ausübung von Autorität jenseits des Schlachtfeldes und in Friedenszeiten einzubüßen.

Auf den vorhergehenden Seiten haben wir vier verschiedene Gesellschaften und ihre Methoden, mit dem Dilemma der Befehlsgewalt fertig zu werden, vorgestellt. Nach dem heroischen Ethos von Alexanders Welt – einem Ethos, das weithin bestehen bleiben oder später anderswo von neuem auftauchen sollte – war die Befehlsgewalt einfach ein Bestandteil der Regierungskunst, wenn man die Letztere nicht sogar der Ersteren unterordnete. In Alexanders Makedonien wurde ebenso wenig zwischen seinen Rollen als König und Kriegsherr unterschieden wie zwischen denen seiner Gefährten als Wähler und Krieger. Die Legitimität all dieser Rollen war auf die Bereitschaft, in die Schlacht zu ziehen und dort seinen Mann zu stehen, gegründet und von ihr getragen; Alexanders Funktion wich nur insofern von der seiner Gefolgsleute ab, als er die Aufgabe hatte, sie zum Sieg zu führen.

Nicht einmal die Niederlage – vorausgesetzt, sie wurde mit dem Tod des Königs bezahlt – konnte einen solchen Herrscher des Heldentitels berauben. Mehr noch, ein heroischer Tod glorifizierte das Opfer nicht nur, sondern war auch die beste Legitimation für die Thronbesteigung seines Blutserben. Aber in jener zyklischen Hingabe des Kriegerherrschers an die Legitimierung durch die Schlacht war die Sterilität der heroischen Gesellschaft beschlossen. Solange die Elite von der sich wiederholenden und letztlich narzisstischen Aktivität des Gefechts beansprucht wurde, stagnierte jede politische, kulturelle, intellektuelle oder wirtschaftliche Entwicklung. Alle Gesellschaften, die aus der Beengtheit des Heroismus entkommen konnten, trennten den Helden von der übrigen Gesellschaft und bedachten kreativere Funktionen mit dem gleichen oder höherem Prestige: denen des Richters, des Gelehrten, des Diplomaten, des Politikers und des Kaufmanns.

Zwei Wege, die ein solches Entkommen zu verheißen schienen, erwiesen sich auf lange Sicht als Sackgassen: das Söldnersystem und das der Sklavensoldaten. Im zweiten, bevorzugt im frühen Islam, wurde die Kriegerfunktion Männern übertragen, die Eigentum des Herrschers waren. Die Logik der Gewalt sorgte, wie man hätte erwarten können, im

Laufe der Zeit jedoch für eine Umkehrung der Eigentumsbeziehungen, so dass sich jene, die Gewalt ausübten, in die zwar nicht offiziellen, doch faktischen Machthaber verwandelten. Das Mamlukenreich wurde allen Maßstäben des heroischen Ethos gerecht; unfähig zu bürgerlicher Entwicklung, war es so sehr in seinem traditionellen Stil der Kriegführung verwurzelt, dass es sogar militärisch scheiterte, wenn es den Heeren von Gesellschaften, die eine Anpassung vollzogen hatten, gegenüberstand. Das Söldnersystem dagegen enthüllte seine Unzweckmäßigkeit durch den gegenteiligen Effekt. Nur Gesellschaften, die einen erheblichen Grad an wirtschaftlicher Entwicklung erreicht hatten, konnten es sich leisten, Soldaten zu mieten anstatt sie heranzubilden; ihr Wohlstand machte die Übertragung militärischer Pflichten attraktiv für sie und, umgekehrt, für jene, die bereit waren, die militärischen Pflichten auf geschäftlicher Basis zu erfüllen. Die Logik der Gewalt bewog den Söldner dann jedoch, alles Verfügbare statt nur des ihm gebotenen Anteils an sich zu bringen. Staaten, die sich für eine gemietete Verteidigung entschieden hatten, mussten oft feststellen, dass sie ihr Geburtsrecht verkauft hatten. Das Ergebnis war entweder eine Rückkehr zur heroischen Führerschaft oder, nachdem Reichtum und Müßiggang die inthronisierten Söldner verweichlicht hatten, neuerliche Zuflucht zum Söldnertum.

Dem Heroismus war also nur auf zwei anderen Wegen zu entkommen. Der erste, dem Wellington als gesellschaftliches Vorbild diente, war die Schaffung einer Militärschicht, die für ihre Trennung von der politischen Macht mit einem festen Katalog von Belohnungen und Privilegien entschädigt wurde. Solche Schichten sind historisch selten und in wenigen Gesellschaften entstanden; ihr Entstehungsprozess ist immer noch äußerst geheimnisvoll. Ein Beispiel für das Phänomen, dessen Entwicklung nach wie vor das Interesse von Altertumshistorikern erweckt, sind die Berufsoldaten des Römischen Reiches. Die regulären Heere Westeuropas liefern ein weiteres Beispiel. Sie sind zweifellos ein historisches Phänomen eigener Art, aber die Stadien, in denen sie den Wirrwarr aus feudalen Truppenaushebungen, königlichen Gefolgsleuten und angeheuerten Freibeutern der mittelalterlichen Königreiche hinter sich ließen, bleiben weiterhin im Dunkeln. Mit Sicherheit lässt sich nur sagen, dass sie im 18. Jahrhundert in fertigem Zustand existierten, und da sie den anderen Untertanen ihrer Herrscher die Ausübung militärischer Pflichten abnahmen, setzten sie die Energien der übrigen Gesellschaft für die schöpferischen – kommerziellen, industriellen, geistigen und künstlerischen – Aufgaben frei, denen Europa die Herrschaft der bekannten Welt und die Eroberung der verborgenen Gebiete des Globus verdankt.

Aber sogar eine professionelle Militärschicht muss auch bei strengster Selbstbeherrschung letzten Endes den Entwicklungshorizont der Gesellschaft, welcher sie dient, einengen. Die Militärkultur, so wichtig sie für das heroische Ideal ist und sein muss, kann sich der fortschreitenden Trennung der souveränen Macht von der Person des Souveräns anpassen, auch wenn das für sie maßgebliche Prinzip des Souveräns als Helden Fiktion geworden ist. Was sie jedoch nicht verwinden kann, ist der formale Transfer der Souveränität vom Herrscher auf die Beherrschten – jener notwendige Prozess, durch den absolutistisch regierte Staaten zu Demokratien werden. Soldaten, die als Stellvertreter des Souveräns in die Schlacht gezogen sind und ihr Leben im Namen des Königs riskiert haben, schrecken instinktiv vor der Forderung zurück, ihr Blut im Namen »des Volkes« zu vergießen – eines Fantasiegebildes, das den Helden in keiner Form repräsentieren kann. Infolgedessen sind alle Völker, die den raschen Übergang von monarchischer zu repräsentativer Herrschaft angestrebt haben, auf militärischen Widerstand in Gestalt von Revolutionen gestoßen.

Durch außerordentliche ideologische Entschlossenheit, wie bei der Gründung der Vereinigten Staaten, oder durch kluges Fortschreiten, wie im Großbritannien des 19. Jahrhunderts, ist es einigen gleichwohl gelungen, demokratische Verfassungen hervorzubringen, denen die Soldaten Gehorsam leisten konnten. Aber die Durchführung einer friedlichen Revolution macht das Bedürfnis nach heroischer Führerschaft nicht hinfällig, wenn ein Volksstaat seine Bürger aufruft, in der Schlacht zu sterben. Dann stellen sich wieder die ewigen Fragen: »Wo ist unser Führer? Wird er sichtbar sein? Was hat er uns zu verkünden? Teilt er die Gefahr mit?« Und der Führer selbst ist mit den gleichen Fragen in anderer Form konfrontiert: Immer an der Spitze, manchmal oder niemals? Das ist ein Dilemma, dem sich der gewählte Staatsmann letztlich nicht leichter entziehen kann als der heroische Führer.

Ein gewählter Führer, der sich an die Regel »Niemals« hält, wird, obwohl seine Entscheidung nach konstitutionellem und praktischem Urteil völlig angemessen sein mag, einen furchtbaren Preis zahlen, wenn er seinem Volk größere Lasten aufbürdet, als es tragen kann oder will: Das Verschwinden der französischen Regierung von 1940 in eine der *oubliettes* der Geschichte ist eine entsprechende Warnung; der politische Untergang Präsident Lyndon Johnsons auf dem Höhepunkt des Vietnamkriegs könnte eine weitere sein. »Niemals« mag letzten Endes sogar einem ungewählten Herrscher mit absoluter Repressionsgewalt keine besseren Dienste leisten. Hitlers Selbstmord kann als die Schuld betrachtet werden, die er dem deutschen Volk für die Niederlage von 1945 zu zahlen hatte, und sein vorheriges Wissen um die Unvermeidlichkeit der Niederlage erscheint im Rückblick als ein Gespenst, mit dem er seit langem gelebt hatte. Das halbherzige »Manchmal« oder »Ich habe früher solche Risiken geteilt« mag ebenso wenig als Antwort hinreichen.

Die Gegenwart Napoleons III. bei der Schlacht von Sedan konnte ihn nicht vor Schmähungen retten; Jefferson Davis, der im Krieg gegen Mexiko schwer verwundet worden war, verlor jegliche Hoffnung auf einen heroischen Nachruf, als er 1865 beim Erscheinen von Grants Armee feige aus Richmond floh.

All diese mächtigen Männer dürfte ebenso ihr Schicksal ereilt wie sie ihren Ruf geerntet haben, weil sie außerstande waren, die ihnen von den Imperativen der Befehlsgewalt auferlegten Forderungen zu durchschauen. Die Regierungsgewalt ist komplex; ihre Ausübung verlangt eine dauernde und geschickte Beeinflussung durch Anreize, Überredung, Zwang, Kompromiss, Drohung und Bluff. Die Befehlsgewalt dagegen ist im Grunde recht unkompliziert; ihre Ausübung beruht auf der Erkenntnis, dass jene, die dem Tod ins Auge sehen sollen, nicht das Gefühl haben dürfen, allein zu sterben. Aber die letztliche Einsamkeit des Kriegers wird durch Methoden abgemildert, die genauso komplex sind wie jene der Regierung. Der erfolgreiche Führer – vorausgesetzt, er ist nicht dazu verdammt, einen hoffnungslosen Krieg auszufechten – ist jemand (Frauen können genauso gut führen wie Männer, wenn nicht besser), der die Imperative der Befehlsgewalt durchschaut und ihnen zu dienen versteht. Obwohl gering an Zahl, lassen sich nicht alle Imperative erschließen, auch nicht von einem so machtbesessenen Menschen wie Hitler. Wie können sie spezifiziert werden?

Der Imperativ der Verwandtschaft

Befehlen ist, wie das Klischee besagt, ein einsames Geschäft. Es muss es sein. Befehle beziehen einen großen Teil ihrer Kraft aus der mehr oder weniger starken Aura der Rätselhaftigkeit, mit der sich der erfolgreiche Kommandeur mehr oder weniger bewusst umgibt; der Zweck dieser Mystifizierung besteht darin, die Ungewissheit über die Konsequenzen des Ungehorsams zu erhöhen. Der Feldherr, der auf Mystifizierung verzichtet, der den Untergebenen persönlich in seinem Verhalten und in seinen Reaktionen vertraut ist, muss Botmäßigkeit entweder durch Liebe oder durch Furcht herbeiführen. Aber Liebe und Furcht, so wichtig ihre Rolle in der maskulinen Welt des Krieges auch ist, sind Emotionen, die ihre Grenze haben. Wahre Liebe wird von zwei Partnern empfunden; sie kann selten von einem der beiden auf Dauer simuliert werden. Der Kommandeur, der seine Zuneigung erkennen lässt, wenn er Befehle erteilt, muss irgendwann seinen Willen, seine geliebten Soldaten Gefahren auszusetzen, beschneiden. Furcht dagegen ist nur dann wirksam, wenn sie die Furcht, welche sie zu verdrängen versucht, übersteigt. Kurzfristig kann sie Männer zur Selbstaufopferung treiben (»Hunde, wollt ihr ewig leben?« fragte Friedrich der Große seine Grenadiere). Aber langfristig verliert sie durch eine mechanistische Wechselbeziehung ihre Macht: Zwischen zwei Ängsten gefangen, wird der Untergebene früher oder später sich beiden zu entziehen suchen.

Die Mystifizierung liefert das Medium, mit dessen Hilfe Liebe und Furcht, die nie präzise definiert werden, den Untergebenen verleiten, dem Willen des Befehlshabers zu folgen (und ihm häufig vorauszueilen). Aber Mystifizierung hängt von realem oder vermeintlichem Abstand ab, den der Befehlshaber herstellen oder vorspiegeln muss. Hitler und die Châteaux-Generale*, an deren Befehlsstil er den seinen ausrichtete, sorgten für Mystifizierung, indem sie eine Entfernung von rund achtzig Kilometern (im Fall der Generale)

---

* Im Ersten Weltkrieg richteten höhere Befehlshaber an der Westfront ihr Hauptquartier gewöhnlich in Schlössern in einiger Entfernung von den Linien ein.

und von Hunderten (im Falle Hitlers) zwischen sich und ihre Untergebenen legten. Alexander schuf durch die Aura seines Königtums, die durch das Priestertum, dessen Funktionen er allein als Souverän der Makedonen wahrnehmen konnte, noch verstärkt wurde, ein Gefühl der Distanz.

Wellington und Grant stellten in ihren sehr verschiedenen Gesellschaften auf angemessene Art Distanz her: Wellington, Zögling einer von Gentlemen dominierten Gesellschaft, führte überall, wohin die Unbilden der Feldzüge ihn auch treiben mochten, den Haushalt eines Gentleman mit Dienern, Jagdhunden, Pferden und Jagdgefährten, so dass er in der Hitze Indiens oder im Schnee der Sierras dem Leben eines Landadligen frönen konnte. Grant, ein kleinstädtischer Amerikaner, nahm die Gesellschaft seines Städtchens mit ins Feld und markierte die Distanz, die er für seinen Gefühlskomfort brauchte, indem er zwischen sich und der größeren Armeewelt eine Schranke aus Main-Street-Kumpanen errichtete.

Abstand ist nichtsdestoweniger eine negative Dimension. Wer darauf beharrt, wird zum Einsiedler, und der einsiedlerische Befehlshaber erreicht nichts. Der Abstand muss durch inneren oder äußeren Zugang – oder beide – zu überwinden sein. Hitler gestattete gelegentlichen inneren Zugang: Guderian zum Beispiel hatte das Selbstbewusstsein, sich in Rastenburg auf persönliche Auseinandersetzungen mit dem Führer einzulassen, wenn die strategische Krise dies seiner Meinung nach erforderte. Alexander genoss den äußeren Zugang: Er bewegte sich ständig unter seinen Untergebenen, zeigte sich seinen makedonischen Untertanen, strich sein Königtum heraus und spielte den Helden vor dem stets aufgeschlossenen Publikum seines Heeres. Wellington und Grant hingegen förderten sowohl den inneren als auch den äußeren Zugang nach Kräften. Ihre Untergebenen konnten sie oft im Feld beobachten, während sie sich in einer Gefahrenzone unter ihnen bewegten (wobei Wellington die Gefahr allzu unbekümmert teilte). Außerdem waren sie großzügige Gastgeber (Grant in noch höherem Maße als Wellington), die Besucher aus dem Gros der Armee in der kleinen Gesellschaft ihres Hauptquartiers empfingen, dafür sorgten, dass ihre Gäste sich wohl fühlten und mit dem Eindruck fortgingen, die vitale Sphäre des Befehlshabers *chez soi* kennengelernt zu haben.

Das wichtigste Medium zur Überbrückung des Abstandes war jedoch nicht der persönliche Zugang, sondern die Membrane aus Vertrauten und Mitarbeitern, die den Befehlshaber umgab. Ihre Auswahl und Qualität war entscheidend für die Beziehung, die der Feldherr zu den Befehlsempfängern herstellte. Hitler, der wirklich weit von seinen kämpfenden und leidenden Armeen entfernt war, hätte seine Reserviertheit durch Männer kompensieren müssen, mit denen sich der gemeine Soldat identifizieren konnte: durch Kämpfer, die, anders als die Châteaux-Generale von 1914–18, mit dem Frontsoldaten auch gehungert, gedurstet, gezittert, geschwitzt und geblutet hätten. Aber es gelang ihm offenkundig nicht, sich mit solchen Männern zu umgeben. Keitel, sein wichtigster Untergebener, gab sich dem bequemen Leben und der gedankenlosen Speichelleckerei hin; Jodl, sein »Ersatzhirn«, war vom Stress des Kartentisches, nicht des Schützenloches gezeichnet; Schmundt, Chefadjutant der Wehrmacht und damit ihr bedeutendster Vertreter im Führerhauptquartier, plapperte bei Treffen mit seinen alten Waffengefährten von dem Bann, in den Hitler ihn geschlagen habe, und sprach nie von der Sorge des Chefs um das Wohlergehen oder die Probleme der Männer unter seinem Befehl. Infolgedessen war es nur Goebbels' genialen Propagandabemühungen zu verdanken, die Hitler der Wehrmacht als Frontkämpfer ohnegleichen darstellten, dass seine Befehle ihren Einfluss bis zum Ende behielten.

Vom Beginn seiner Feldzüge bis zu seinem Tod beseelte Alexanders Persönlichkeit sein Heer; die Rolle seiner Vertrauten, der späteren Diadochen, für die Interpretation und Vermittlung von Alexanders Charakter ist unbestreitbar, aber die Grenze seiner Beziehung zu ihnen wird durch ihr anschließendes Verhalten definiert. Die Diadochen konkurrierten in gleichem Maße mit Alexander in Sachen Heroismus, wie sie als Vermittler dienten, und die postume Zerstückelung seines Reiches resultierte aus ihrem Wunsch, seinem Vorbild nachzueifern, statt seine Leistung zu konsolidieren. Sein im Grunde instabiles System wurde nur durch seine täglichen Bemühungen im Gleichgewicht gehalten; als sein Tod die Balance erschütterte, zerfielen sowohl das Heer als auch das Reich.

Wellington und Grant, eher Repräsentanten als Verkörperung eines Systems, setzten den Kreis ihrer Vertrauten viel produktiver ein. Diese Männer erinnerten einerseits den Befehlshaber an seine Verantwortung für das Wohlergehen der Armee und bezeugten andererseits gegenüber den Streitkräften die Fürsorge des Befehlshabers. Die vortrefflichen Beziehungen zwischen Hauptquartier und Soldaten im Laufe aller Feldzüge bestätigten ihren Erfolg, was letzten Endes für das Geschick des Befehlshabers bei der Auswahl von Männern spricht, die beiden Seiten Einblick ermöglichten.

Kurz, Grant und Wellington gelang es, zwischen sich und ihren Gefolgsleuten eine verwandschaftliche Bindung herzustellen, da sie sich mit Männern umgaben, die ihre Vorrangstellung nicht bedrohten, doch hinreichend soldatische Qualitäten besaßen, um den Respekt der Armee zu genießen. Alexander dagegen war es beschieden, von Männern umgeben zu sein, deren soldatische Qualitäten sich zwar nicht bestreiten ließen, die sein Ethos der heroischen Individualität jedoch in so hohem Maße teilten, dass er in ihrer Gegenwart nie wirklich unbefangen sein konnte. Hitler fiel ins andere Extrem: Sein Kreis von Vertrauten hatte den Test der Speichelleckerei zu bestehen, was ihm völlige Unbefangenheit im Hauptquartier gewährte, doch jegliches Verständnis für die Kämpfer an der Front vereitelte.

Der Imperativ des Ansporns

Verständnis zwischen Befehlshaber und Untergebenen garantieren nicht allein die Mechanismen der verwandtschaftlichen Bindung. Was ein Befehlshaber für seine Soldaten empfindet, zeigt sich nicht nur an der Qualität ihrer Repräsentanten, mit denen er sich umgibt. Er muss auch wissen, wie er seine Männer ansprechen, sie in schwierigen Zeiten aufmuntern, in Krisenmomenten anspornen und ihnen nach dem Sieg danken kann. Je heroischer sein Führungsstil ist – und aller Wahrscheinlichkeit nach je misslicher die Lage, in die er sie bringt –, desto stärker hat jener Imperativ zu sein. Wellington und Grant, Führer konstitutioneller Armeen in zwischenstaatlichen Kriegen, waren relativ locker an jenen Imperativ gebunden, und beide waren bemerkenswert schlechte Redner. Hitler dagegen – ein Demagoge, der den Krieg eines Demagogen führte – sprach während des Kriegsverlaufs zwar selten direkt vor der Wehrmacht oder vor dem Volk, kontrollierte jedoch einen Propagandaapparat von höchster Rafinesse und reagierte äußerst sensibel auf seine Wirkungsweise. Alexander war bekanntlich ein meisterhafter Redner, ein brillanter Regisseur seiner Auftritte und in der Wahl seiner rhetorischen Mittel ein großartiger Psychologe: Herausforderungen, Drohungen, Schmeichelei, Bestechungen, Appelle an den Stolz, Rückgriff auf vergangene Erfolge, Versprechen für die Zukunft. Die Methoden, mit denen er kraft seiner Persönlichkeit und seines Intellekts auf sein Heer einwirkte, bleiben im Dunkeln.

Welche Methoden er auch benutzte, um sich verständlich

zu machen, Alexander hatte den Imperativ des Ansporns von Beginn an durchschaut: die für jeden Befehlshaber unabdingbare Notwendigkeit, seinen Soldaten mit Worten einen Eindruck von seiner Person zu vermitteln, zu erklären, was er von ihnen wünscht, ihnen ihre Ängste zu nehmen, sie in ihren Hoffnungen zu bestärken und ihre Ambitionen mit seinen zu verknüpfen. Wie tief die Kunst der Befehlsführung in der Ära der Châteaux-Generale gesunken war, lässt sich daran ablesen, dass die Befehlshaber des Ersten Weltkriegs dieser Notwendigkeit kaum, wenn überhaupt, gerecht wurden. Wie es die Ironie der sozialen und konstitutionellen Entwicklung wollte, waren ihre Armeen die gebildetsten und politisch bewusstesten Massenstreitkräfte, die je ins Feld gezogen sind. Durch eine gleichermaßen ironische Entwicklung hatte die Kultur der Stabsakademien, die ihre Führer beseelte, durch Pseudowissenschaftlichkeit die Bedeutung rein theoretischer Prinzipien der Kriegführung derart geheiligt und den Stellenwert menschlicher Gefühle derart herabgesetzt, dass die gemeinen Soldaten, wie man glaubte, keines Atemzugs ihrer Befehlshaber wert seien.

Aus jener fatalen Fehleinschätzung sollten die Generale des Zweiten Weltkriegs weithin eine Lehre ziehen; viele wurden genauso große Meister der Selbstdarstellung und des Ansporns wie einst Alexander. Hitler mag selten unter seinen Soldaten fotografiert worden sein, dafür gibt es umso mehr Bilder, die seine Untergebenen – Guderian, Rundstedt, Dietl, Model, Student – im Kreis ihrer Männer zeigen. Die Abneigung, die kurzsichtigere Zeitgenossen Montgomery gegenüber empfanden, ging hauptsächlich auf seine bemerkenswerten theatralischen Gaben zurück, während seine Zuhörerschaft aus gemeinen Soldaten diese Fähigkeiten durchaus zu schätzen wusste. Und in den Nachkriegsjahren kultivierten zwei Armeen, die gegen überlegene Gegner kämpfen mussten, die Kunst der Selbstdarstellung: die israelische und die französische. »Wenn ich schwierige Befehle erteile«, heißt es von einem israelischen General, »tue ich es am liebsten persönlich, damit ich meinen Soldaten in die Augen blicken kann.« Und General de Lattre de Tassigny versicherte den jungen Offizieren der Armee, die er vor den Katastrophen der Jahre 1950 und 1951 in Indochina rettete: »Was immer Sie über mich sagen mögen, Sie werden nicht behaupten können, daß Sie nicht *befehligt* wurden.«

Bei aller Wichtigkeit des Ansporns erörtert die Militärliteratur erstaunlicherweise kaum jemals, in welcher Form er gegeben werden soll. Was deutsche Humanisten als »Feldherrnrede« bezeichnen, war in der Antike ein bekanntes literarisches Genre. In der neuzeitlichen Welt ist Raimondo Montecuccoli, der kaiserliche Feldherr des Dreißigjährigen Krieges, fast der einzige Schriftsteller, der sich des Themas angenommen hat. Seine Bemerkungen sind außerordentlich scharfsinnig; viele seiner Aussagen über die Manipulation soldatischer Empfindungen auf dem heutigen Schlachtfeld haben kaum an Bedeutung eingebüßt.

Montecuccoli beschreibt den Imperativ des Ansporns als »Ermunterung des Heeres, bei welcher der General öffentlich zu seinen Soldaten spricht, um sie zur Demonstration von *virtu* zu bewegen und sie mit Tapferkeit zu erfüllen«. Er nennt vier Hauptmethoden, mit denen jene Ziele zu erreichen seien.

Die erste ist die »Anführung des Nutzens«: »... Hauptleute können Soldaten zur Ausfechtung von Kriegen anstacheln, indem sie auf die Notwendigkeit der Schlacht hinweisen, welche die Männer jeglicher Hoffnung, sich selbst zu retten, beraube, es sei denn durch den Sieg, und welche sie zwinge, entweder erfolgreich zu sein oder zu sterben. Das gleiche Resultat lässt sich erzielen, indem man die Gerechtigkeit der eigenen Sache schildert, an den Patriotismus und die Zuneigung für den Hauptmann appelliert und die

Verachtung für den Feind beschwört; indem man zeigt, dass der Feind schändliche Dinge über die eigenen Soldaten äußere; dass er ihnen ihr Eigentum, ihre Religion, ihre Freiheit und ihr Leben wegnehmen wolle und dass es besser sei, hochherzig zu sterben als unter der Tyrannei zu schmachten.«

»Ausnutzen der Furcht vor der Schande« ist die zweite Methode: »… den Soldaten klar zu machen, dass sie sich in der Gegenwart erlauchter Personen befinden. Um vor Feigheit zurückzuschrecken, um Tapferkeit zu preisen und um Zeugen für ihre Aktionen zu haben, sollten sie unter dem wachsamen Auge des Feldherrn oder des Fürsten kämpfen … Damit die Männer für das Gefecht auf eine Weise vorbereitet sind, die sie leicht verstehen können, wird der Befehlshaber erklären, dass nicht das Heer des Vaterlandes, sondern das Vaterland selbst in Gefahr sei, denn es werde nichts mehr besitzen, falls das Heer geschlagen werde.«

»Anstachelung des Wunsches nach Reichtum und Prestige« ist die dritte Methode: »Es ist auch möglich, mit der Hoffnung auf große Belohnungen und Auszeichnungen im Falle des Erfolges den Soldaten Entschlossenheit zu verleihen, wohingegen ihnen die Furcht vor schwerer Bestrafung im Falle des Versagens einzuschärfen ist.« Am überzeugendsten für moderne Ohren klingt indes Montecuccolis vierte Methode: »Entwicklung von Selbstbewusstsein«. Der Hauptmann solle durch seinen Gesichtsausdruck, seine Worte und seine Kleidung [zeigen], dass er selbst guten Mutes und voller Hoffnung ist. Seine Miene sollte ernst, seine Augen unerschrocken und leuchtend und seine Kleidung farbenprächtig sein. Er sollte mit seinen Männern scherzen, gescheit und witzig auftreten. Daraus werden sie dann folgern, dass ihr Befehlshaber nicht so spaßen und sich amüsieren könnte, wenn sie wirklich in Gefahr wären, wenn er nicht dächte, viel stärker zu sein, oder wenn er keinen guten Grund hätte, den Feind zu verhöhnen.

So wird sich das Selbstbewusstsein der Soldaten automatisch erhöhen.

»Die wichtigste Eigenschaft eines Offiziers«, schrieb der künftige Marschall Lyautey 1894, »ist Frohsinn«, womit er Montecuccolis Argumentation unabhängig von diesem wiederholte. Unter den Imperativen der Befehlsgewalt ist das Vermögen des Befehlshabers, mit dem Geschick eines Schauspielers und Redners zu seinen Soldaten zu sprechen, eines der entscheidenden.

Der Imperativ der Sanktion

Es wäre jedoch Selbsttäuschung zu erwarten, dass Männer allein durch Ermutigung, mit Schmeichelei oder Begeisterung zum Kämpfen veranlasst werden könnten. Worte sind ein ungewisses Mittel gegen Furcht. Sie muss ihrerseits mit Furcht oder mit einem genauso starken – oder stärkeren – materiellen Faktor bekämpft werden, und der Befehlshaber, der sich scheut, seinen Soldaten Strafen anzudrohen, oder der sich nicht zu Bestechungen oder Belohnungen herablassen mag, wird eine leichte Beute sein.

Von unseren vier Feldherren konnte sich Grant beider Sanktionen am wenigsten bedienen, was auf seinen Zugriff auf ein sehr großes Menschenpotential, aus dem die Verluste durch Desertion leicht ausgeglichen werden konnten, sowie auf seine Empfänglichkeit für das populistische Ethos des zeitgenössischen Amerika zurückzuführen war.

Verbrechen wie Vergewaltigung oder Plünderung erregten ebenso seinen Zorn wie Verrat oder egoistische Wuchergeschäfte, und er verhängte in solchen Fällen drakonische Strafen. Hingegen ließ er in der Regel niemanden wegen Feigheit oder Ungehorsams aufhängen oder inhaftieren, denn seine

Bürgerarmeen tolerierten selbst solche Abweichungen von guter militärischer Praxis als unvermeidlichen Preis ihres Dilettantentums. Aus demselben Grund maßen weder Grant noch seine Soldaten Auszeichnungen oder Prämien einen besonders hohen Wert bei; im Interesse eines bedeutenden Anliegens freiwillig geleisteter Dienst (der Norden führte die Wehrpflicht erst 1863 ein) galt ohnehin als Ehrensache, und zusätzliche Auszeichnungen wurden als überflüssig, wenn nicht gar als abscheulich angesehen.

Wellington dagegen befehligte Männer, die sich der Armee aus Bedürftigkeit anschlossen und ohne das Gefühl, eine gemeinnützige Pflicht zu erfüllen, in ihr dienten. Deshalb verhängte er grausame Strafen und gestattete Belohnungen in Form von Beute. Seine Anschauung über Sanktion deckte sich mit der seit undenklichen Zeiten für europäische Armeen gültigen und unterschied sich von jener der mittelalterlichen Heerscharen oder der Söldnerkompanien nur durch die striktere Vorschriftsmäßigkeit, mit der sie anhand von Militärgesetzen und Direktiven vollstreckt wurde. Doch im Anschluss an seine Kriege, als man den Militärdienst in ganz Europa auf der Grundlage gesellschaftlicher Verpflichtung anstelle bezahlter Anwerbung einführte, wurden die Kriterien, nach denen man Belohnung wie Bestrafung regelte, entsprechend geändert. Die Bestrafung verlor so barbarische Aspekte wie den der Auspeitschung (ein Wähler konnte schwerlich an einem Gestängekreuz festgebunden werden), doch die Todesstrafe für Feigheit, Desertion oder Meuterei wurde beibehalten. Andererseits verfeinerten sich die Belohnungen ganz enorm.

Napoleon, der erste Führer, der so etwas wie eine Bürgerarmee befehligte, hatte früh begriffen, dass die Würde des Bürgersoldaten eine Belohnung für außergewöhnliche Leistungen nicht mit dem willkürlichen Preis der Beute (obwohl dieser ebenfalls den im Kampf oder in der Bresche Tüchtigsten zufiel), sondern mit Zeichen gesellschaftlicher Anerkennung erforderlich macht. Die – 1802 eingeführte – Légion d'Honneur war die erste jemals in einer Armee geschaffene Auszeichnung für Tapferkeit, die sämtlichen Soldaten, unabhängig von ihrem Rang, zuteil werden konnte. In gewissem Sinne entzog sie der Belohnung im Feld ihre finanzielle Basis, und zwar mit solchem Erfolg, dass gegen Mitte des 19. Jahrhunderts alle westlichen Armeen dem französischen Beispiel gefolgt waren. Das britische Viktoriakreuz, das preußische Eiserne Kreuz, der russische Orden des heiligen Georg, die amerikanische Ehrenmedaille waren alle der Légion d'Honneur nachempfunden. Danach wurden zusätzliche Medaillen für geringere Verdienste geschaffen, so dass zum Beispiel einem britischen General im Jahre 1915 wenigstens sechs Auszeichnungsstufen zur Verfügung standen, für die er seine Soldaten vorschlagen konnte.

Die Auszeichnung ist ein besonders wirksames Instrument für den Umgang des Feldherrn mit seinen direkten Untergebenen, seinen Stabsoffizieren und Generalen. Alexander hatte Loyalität und Erfolg mit persönlichen Gunstbeweisen belohnt. Wellington und Grant, die durch Rangordnung strukturierte Armeen befehligten, sorgten dafür, dass ihre fähigeren Untergebenen befördert wurden; ein großer Teil von Grants Korrespondenz mit dem Präsidenten war diesem Thema gewidmet. Hitler, der über die Mechanismen sowohl des Ranges als auch der Auszeichnung verfügte, ließ seinen erfolgreichen Generalen großzügig Beförderungen und Belohnungen zukommen. Schlauerweise – dies war eine Rückkehr zum Eroberungsstil der alten Zeit – leistete er wenigen Begünstigten auch sogenannte Schenkungen: private und geheime Zuteilungen von Grund und Boden oder Geld an hochrangige Persönlichkeiten. Es war ein bewusst kalkuliertes Mittel, um die Rechtschaffenheit der Generalität zu untergraben, Uneinigkeit zu säen und die Opposition zu entwaffnen.

Doch bis zu seinem völligen Bruch mit der Armee nach dem Juli 1944 war Hitler seltsam nachsichtig gegenüber Erfolglosen und sogar Widerspenstigen. Wie jeder energische Generalissimus vor ihm – zum Beispiel Joffre im Jahre 1914 – sprach er in großem Umfang Entlassungen aus, wenn die Gefechtstüchtigkeit es verlangte; die »Massensäuberung« vom Dezember 1941 zeigte, wie rücksichtslos er vorgehen konnte. Doch obwohl er den Reichstag im April 1942 veranlasste, ihm absolute Vollmachten einzuräumen, bediente er sich ihrer nur sparsam. Hoepner verlor 1942 seine Pension wegen des falschen Einsatzes seiner Panzergruppe. Von Wietersheim wurde wegen Inkompetenz degradiert, von Sponeck zum Tode durch Erschießen verurteilt, weil er die Halbinsel Kertsch aufgegeben hatte (das Todesurteil wurde später in eine Haftstrafe umgewandelt), und Falay und Stumme erhielten die Entlassung infolge von Verletzungen der Dokumentensicherheit in ihrem Befehlsbereich. Bis zur Verschwörung vom Juli 1944 war Hitlers Personalpolitik im Wesentlichen jedoch nicht strikter als die Churchills und weit weniger drakonisch als die Stalins, der 1938 die Hälfte der höchsten Offiziere der Roten Armee ermorden ließ und in der Krise von 1941 keine Bedenken hatte, erfolglose Generale hinrichten zu lassen; mehrere entzogen sich diesem Schicksal und wählten den Freitod.

Speer, der die Vorgänge in Hitlers Hauptquartier als Zivilist beobachtete, äußerte sich sogar erstaunt über den augenscheinlichen Mangel an Respekt, den die Berufssoldaten ihrem Oberbefehlshaber entgegenbrachten: »Ich hatte bei diesen Lagebesprechungen ehrfürchtiges Schweigen erwartet und war überrascht, daß die gerade nicht am Vortrag beteiligten Offiziere sich ungeniert, wenn auch gedämpft, besprachen. Oft nahm man während der ›Lage‹, ohne auf die Anwesenheit Hitlers weiter Rücksicht zu nehmen, an der Sitzgruppe im Hintergrund Platz. Diese vielen Randgespräche verursachten ein andauerndes Gemurmel, das mich nervös gemacht hätte. Hitler störte es nur, wenn die Nebenunterhaltung zu erregt und zu laut wurde. Wenn er jedoch missbilligend den Kopf hob, sank der Lärm sofort ab.«

Der Verrat der traditionellen Militärschicht im Juli 1944 setzte solcher Ungezwungenheit für immer ein Ende. Fortan kennzeichnete Misstrauen den Umgang Hitlers mit seinen Generalen und weitete sich, während die Flut der Niederlagen das Reich überschwemmte, auf die gesamte Wehrmacht aus. Während des Rückzugs aus Frankreich drohte Hitler Kommandeuren, die befestigte Stellungen aufgaben, mit Sippenhaft. Und in den letzten Tagen des Krieges wurde jede geregelte Bestrafung in den Wind geschlagen: »Fliegende« Kriegsgerichte verurteilten Soldaten, die der Kapitulationsbereitschaft verdächtigt wurden, und sogar jene, die sich von ihren Einheiten entfernt hatten, im Schnellverfahren zum Tode.

Es handelte sich um Verzweiflungsmaßnahmen, die in Anbetracht der unvermeidlichen Niederlage ohnehin fruchtlos waren. Aber die Brutalität der Maßnahmen enthüllt gleichwohl auf eigentümlich schlichte Weise jene notwendige Ambiguität, von der die Beziehung zwischen Führer und Gefolgsleuten geprägt ist. Zwang ist eine so wesentliche Komponente der Befehlsgewalt wie Ansporn oder Verwandtschaft. Im Idealfall sollte er implizit bleiben, und wenn er doch explizit wird, sollte er sich so selten wie möglich als physische Nötigung darstellen und außer in extremen Fällen nie willkürlich ausgeübt werden oder die Mehrheit bedrohen. Sobald ein Befehlshaber so sehr zum Gegner seiner Gefolgsleute geworden ist wie der Feind selbst – und was sonst ist ein Befehlshaber, der mit Feuer und Schwert gegen die eigenen Männer vorgeht? –, verschwindet die Mystifizierung seiner Rolle, und seine Macht, im Grunde ein künstliches Gebilde, löst sich unwiderruflich auf.

Der Imperativ der Aktion

Verwandtschaft, Ansporn und Sanktion sind sämtlich Vorbedingungen der Befehlsgewalt, jedoch nicht mit ihr identisch. Zwar gibt es Zeiten, in denen ein Befehlshaber beobachten und abwarten muss, in solchen Fällen hält er seine Autorität durch Ansporn und Sanktion aufrecht. Aber letzten Endes muss ein Feldherr handeln. Auf welche Weise?

Aktion ohne Voraussicht oder vorherige Kenntnis ist tollkühn. Befehlshaber müssen eine Menge wissen, bevor sie handeln und ihre weiteren Schritte absehen können. Diese Voraussetzungen werden im Militärvokabular als nachrichtendienstliche Informationen und Kontrolle definiert und bilden zwei Hauptelemente dessen, was Strategieanalytiker seit einiger Zeit C^3I (Command, Control, Communication and Intelligence) nennen. Neue Definitionen ändern jedoch alte Realitäten nicht. Die Grundelemente der Aktion des Befehlshabers sind *Wissen* und *Sehen*.

Alle vier Feldherren, deren Methoden wir untersucht haben, erkannten die zentrale Bedeutung des *Wissens* im Allgemeinen wie im Besonderen. Alexanders jugendlicher Begeisterung für die menschliche Geografie der griechischen und persischen Welt – Wer lebt wo? Was bauten sie an? Wie legte man Entfernungen zurück? – sollten Wellingtons Vorliebe für Topografie und Grants Faszination von Landkarten entsprechen; sogar Hitler, der in seiner Lektüre nicht wählerisch war – die Schaumschlägerei rassistischer Philosophen und die einfachen Handlungsideen von Wildwestschriftstellern konnten ihn gleichermaßen unterhalten –, machte sich die Mühe, exakte militärische Kenntnisse, wenn auch von streng begrenztem Nutzen, zu erwerben. Er wusste sehr viel über die Ausrüstung seiner Armeen und glaubte, alles Wesentliche über den Soldatenberuf zu wissen. Aber er hatte keine Ahnung von den Schwierigkeiten des Klimas und des Terrains im Osten, wo er nie gedient hatte, und dies sollte sich als verhängnisvoll erweisen. Alexander, Wellington und Grant dagegen kannten ihre Streitkräfte und die Schauplätze ihrer Feldzüge in- und auswendig; zudem besaßen sie gründliche Informationen über ihre Feinde. Für Grant zahlte sich aus, dass er sich in das Denken seiner Gegner hineinversetzen konnte, denn er hatte gemeinsam mit vielen von ihnen gedient oder sie bereits als Kameraden in West Point gekannt. Alexander und Wellington hatten keinen so vollständigen Einblick in die Vorhaben des Feindes. Beide hatten jedoch erhebliche Kenntnisse über die Kräfte, denen sie gegenüberstanden – Alexander, weil Griechen das Rückgrat des persischen Heeres bildeten, und Wellington, weil er in Frankreich erzogen worden war.

Der Nutzen von Allgemeinwissen ist jedoch letztlich – eben wegen seiner Allgemeinheit – beschränkt. Vielmehr ist Spezialwissen – über den Standort, die Stärke, den Zustand, die Fähigkeiten und Absichten des Feindes – der Boden, auf dem eine effektive Befehlsführung gedeiht. Sein Wert leuchtet auch den einfachsten Gemütern ein. Die Schwierigkeit ist, es zu erwerben und es sich dann zunutze zu machen. Martin van Crefeld, der Autor einer Studie über Stabssysteme, äußert in diesem Zusammenhang eine höchst scharfsinnige Überlegung: In der vorindustriellen Gesellschaft wurde Spezialwissen in so kleinen Mengen zusammengetragen, dass ein Individuum sie verarbeiten konnte, doch da das Wissen kaum schneller übermittelt wurde, als Heere marschieren konnten, war es zum Zeitpunkt des Empfangs gewöhnlich überholt und damit keine »Echtzeitinformation«, wie Kommunikationsexperten heute sagen; sobald aber industrielle Technologien – das Telegrafensystem war die erste – Informationen schneller als im Marschtempo zu übermitteln ermöglichten, steigerte sich ihr Volumen derart, dass keine Einzelperson mehr in der Lage war, sie zu sammeln und auszuwerten. Das

Aufkommen von Generalstäben – im Wesentlichen Gruppen von Untergebenen, die fachkundig genug sind, Spezialwissen im Auftrag des Befehlshabers zu verarbeiten – fällt fast exakt mit der Erfindung des Telegrafen zusammen, was van Crefelds Argumentation untermauert. Er betont allerdings, daß die Informationsauswertung durch Untergebene den Abstand des Befehlshabers zu den ihn bedrängenden Realitäten vergrößere.

Das Phänomen der Châteaux-Generale – in gewissem Sinne ein Sichabfinden mit den Sachzwängen – war eine Reaktion auf diese Entwicklung. Aber überlegene Befehlshaber, zu denen Wellington wie Grant gehörten, hatten sich Sachzwängen stets widersetzt; sie blieben der Gefahr eingedenk, sich von der Realität zu distanzieren, welche selbst die relativ primitiven Technologien und Stabssysteme, mit denen sie arbeiteten, bargen. Sie schützten sich, indem sie auf dem *Sehen* bestanden. Trotz der kurz zuvor stark angewachsenen Gefahr, sich ungeschützt innerhalb der Feuerzone seiner Schlachtfelder zu bewegen, gelang es Grant, sehr viel zu sehen. Wellington, der sich den geringeren, aber gleichwohl akuten Gefahren der Feuerzone seiner Zeit verwegen aussetzte, sah so viel, wie es einem einzelnen Reiter möglich war. Beide erhielten zahlreiche »Echtzeitinformationen«, werteten sie sofort aus, erteilten auf der Stelle die notwendigen Befehle und konnten fast beobachten, wie sie sich auswirkten.

Alexander war wegen seiner direkten Beteiligung am Nahkampf – unvermeidlich für das heroische Ethos – zu solchen Maßnahmen nicht imstande gewesen. Das Gleiche galt paradoxerweise für Hitler. Irregeführt durch die scheinbar augenblickliche Nachrichtenübermittlung von Funk, Fernschreiber und Telefon (obwohl er Letzteres verabscheute, da es seine Ausstrahlung minderte), glaubte er, die Vorgänge genauso unmittelbar wie die Männer am Ort des Geschehens wahrnehmen zu können. Aber er täuschte sich, und die Operationen der Führerhauptquartiere krankten an den schlimmsten Schwächen sowohl der Châteaux-Befehlshaberschaft seiner Jugend als auch der sorgfältig mechanisierten und automatisierten Kommandozentralen unserer Tage. Scheinbar in »Echtzeit« gesammelte und übermittelte Informationsfluten trafen mit erheblicher Verspätung bei seinen Lagebesprechungen ein; seine scheinbar den Realitäten angepassten präzisen und detaillierten Befehle erreichten den Kriegsschauplatz erst, nachdem sich die Umstände geändert hatten. Die Diskrepanz zwischen Absicht und Wirkung löste die würdelosen und ohnmächtigen Tiraden aus, mit denen der Führer seine Untergebenen sowohl im Hauptquartier wie an der Front überschüttete, wenn sich herausstellte, dass sich die Ereignisse seiner Lenkung entzogen hatten.

Für das Problem der »Echtzeitinformation« gibt es wahrscheinlich keine Lösung. Armeen sind in gewissem Sinne Mechanismen, die einem Individuum gestatten sollen, kraft seines Willens direkt auf Ergebnisse einzuwirken; dieser Zweck rechtfertigt die Hierarchie und Disziplin, mit denen Armeen zusammengehalten werden. Die lange Erfahrung mit Kriegen erklärt jedoch, warum die Momente, in denen der Aktionsbereich und die Größe von Armeen in optimaler Beziehung zueinander stehen – jene Momente also, in denen der Informationsfluss nach oben und der Befehlsfluss nach unten dem Tempo der Ereignisse fast völig gleichkommen –, äußerst selten sind. Die Meister der Schießpulverkriegführung, unter denen Friedrich der Große und Wellington herausragten, operierten unter solch optimalen Bedingungen; da die damals vorherrschende Taktik und Strategie Regeln von fast mathematischer Unveränderlichkeit gehorchten, konnte der kluge Befehlshaber jegliche ihm zufallende geheime Information benutzen, um Ergebnisse mit gespenstischer Sicherheit vorauszusagen, zu erahnen oder zu beeinflussen. In nahezu allen

Zeiten davor oder seither hat normalerweise eine solche Diskrepanz zwischen der Größe von Armeen und ihrem Handlungsbereich geherrscht, dass mit keinerlei Gewissheit auf die Ergebnisse zu schließen war. Armeen waren entweder zu klein, so dass visionäre Befehlshaber das ihnen vorschwebende Ergebnis nicht herbeiführen konnten, oder zu groß, so dass kein Befehlshaber, wie ausgefeilt seine Informationsbeschaffung auch war, zu begreifen vermochte, wo sich die Gelegenheit, das gewünschte Ergebnis zu erzielen, bot. Im ersten Fall ist strategische Unschlüssigkeit – das bei weitem üblichste Ende aller Feldzüge – die Folge, im zweiten Fall ist qualvolle und blutige Zermürbung das allzu häufige Produkt moderner Kriegführung.

Wenn wir akzeptieren, dass das Dilemma der »Echtzeitinformation« unüberwindlich ist – in Anbetracht der verkürzten Einsatzgeschwindigkeit ist es heute genauso groß wie eh und je, hat aber viel größere Tragweite –, stehen wir nun vor dem eigentlichen Thema der Befehlsgewalt. Immer, manchmal, niemals an der Spitze? ist, wie ich ausgeführt habe, die Frage, die jeder Feldherr bei der Prüfung seines Gewissens beherzigen muss. Jene wie Alexander, für die »Immer« die instinktive Antwort war, lösten das Dilemma der »Echtzeitinformation«, indem sie es ignorierten; ihre Reaktion auf die Herausforderung des Geschehens bestand darin, die Ergebnisse durch direkte, persönliche Intervention zu bestimmen. Jene wie Hitler, die Châteaux-Generale und die Insassen heutiger Lageräume, die sich für »Niemals« entscheiden, halten sich an den Glauben, dass das Dilemma mit künstlichem – von telegrafischer, telefonischer und, heutzutage, Fernsehkommunikation gestütztem – Weitblick zu lösen sei; ihre Reaktion auf die Herausforderung des Geschehens bestand und besteht darin, mehr Informationen zu verlangen und klügere Befehle zu erteilen. Die dritte Gruppe, deren Antwort »Manchmal« lautet, hat die aufschlussreichste Reaktion auf das Dilemma zu bieten. Wellington und Grant – aber auch unter ihren Vorgängern Cäsar sowie Guderian und Montgomery unter ihren Nachfolgern – akzeptierten, dass weder *Wissen* noch *Sehen* allein eine Antwort auf die Herausforderung des Geschehens liefern. Zuweilen ist der einem Befehlshaber angemessene Platz in seinem Hauptquartier und an seinem Kartentisch, wo ihm Ruhe und Abgeschiedenheit Gelegenheit bieten, über die Berichte der Nachrichtendienste nachzudenken, Alternativen zu erwägen und eine Reihe möglicher Reaktionen gedanklich zu ordnen. Zu anderen Zeiten, wenn sich die Lage gefährlich zuspitzt, ist sein Platz an der Front, wo er das Geschehen persönlich verfolgen, sofort Urteile fällen, ihre Auswirkung beobachten und seine Möglichkeiten von neuem prüfen kann, während sich die Ereignisse vor seinen Augen wandeln.

Probieren geht über Studieren. Die von uns betrachteten Befehlshaber, die sich für »Manchmal« entschieden, hatten eine deutlich beständigere Erfolgsquote zu verzeichnen als die Vertreter des »Immer« oder »Niemals«. Trotz der mitreißenden Überzeugungskraft seines Stils riskierte Alexander stets die Zukunft seines Heeres, wenn er sich in die Schlacht warf, denn das Überleben seiner Soldaten hing von seinem eigenen ab, und leichtfertig mit seinem Überleben umzugehen war für ihn Ehrensache. Hitler setzte, sobald sich das Blatt gegen ihn gewendet hatte, die gesamte Wehrmacht dem ständigen Risiko des Zerfalls aus, einfach weil er sich weigerte, ihre Notlage, die er der seinen unterordnete, real ins Auge zu fassen. Grant und Wellington dagegen, die den engen Pfad zwischen extremem und falschem Heroismus beschritten, schafften es, die Risiken für sich und ihre Heere zu verringern und ihre Soldaten dadurch – wenn auch aus dem Hintergrund – zum Sieg zu »führen«.

Aber Wellington und Grant begnügten sich nicht damit, dem Imperativ der Aktion zu gehorchen, das heißt die richtige Aufgabe für sich selbst im Kontext der militärischen Gegebenheiten ihrer Zeit zu wählen und zu erfüllen. Es gelang ihnen auch, dem besten und größten Imperativ Folge zu leisten (dem Alexander unter bedrohlicher Vernachlässigung aller anderen gefolgt war): dem der augenfälligen Beteiligung an den Gefahren, denen die einfachsten Soldaten am stärksten ausgesetzt sind. Kurz, sie gehorchten dem Imperativ des Beispiels.

Der Imperativ des Beispiels

Der erste und oberste Imperativ der Befehlsgewalt besteht darin, persönlich anwesend zu sein. Jene, die andere der Gefahr aussetzen, müssen diese nachweislich teilen und damit rechnen, dass man ihren Befehlen nur so lange gehorcht, wie es die anderen Imperative der Befehlsgewalt erfordern. Ihre Anwesenheit mag begrenzt und ihr zeitweiliger Erfolg durch häufige Besuche der Gefahrenzone in ruhigeren Momenten oder (ungeachtet dessen, was über Jefferson Davis gesagt worden ist) wegen der Berufung auf eine Reputation der Risikobereitschaft in früheren Zeiten trügen. Keines von beiden garantiert jedoch, dass der scheinbare oder frühere Held dadurch bei jenen Heroismus weckt, die er anspornen möchte. Legendäre Krieger wie Churchills einarmiger, einäugiger, siebenmal an verschiedenen Sonntagen verwundeter Carton de Wiart oder Francos Millan d'Astray, Gründer der spanischen Fremdenlegion, der ebenfalls einen Arm und ein Auge verloren hatte, können junge Soldaten durch ihre unleugbar früher bewiesene Todesverachtung zu verwegenen Taten hinreißen; aber wenige, die solche Verachtung an den Tag gelegt haben, überleben lange genug, um andere mitzureißen. Alte Krieger, die Risiken unversehrt überlebt haben, scheinen den jungen lediglich alt zu sein, und Möchtegernhelden wirken überhaupt nicht heroisch. Es ist das Spektakel des Heroismus – oder seine Schilderung unter dem noch frischen Eindruck –, was die Gefühle entflammt.

So erklärt sich der Zusammenbruch zahlreicher Heere, deren Befehlshaber den Fehler begingen, sich im Moment der Gefahr ihren Soldaten nicht zu zeigen. »Ein vernünftiges Heer würde davonlaufen«, sagte Montesquieu. Wenn wir akzeptieren, dass Selbsterhaltung die höchste Ausdrucksform der Vernunft ist, müssen wir seiner Aussage zustimmen. Diesen Gedanken sollte ein Feldherr stets in seine Überlegungen mit einbeziehen. Denn nur ein leises innerliches (Zurück-)Zucken trennt seinen Triumph von seiner Schmach. In einem Moment mag er, von seinem Pferd oder seinem Hauptquartier aus, 10000, sogar eine Million Männer überblicken, die, in Reih und Glied angetreten, seiner Befehle harren. Im nächsten Moment mögen sie die Flucht ergreifen und keinem Befehl gehorchen – außer dem des *Sauve qui peut*. Der Wandel mutet vielleicht allzu dramatisch an; sehr große Heere lösen sich genauso langsam auf, wie sie sich konzentrieren, denn *panique-terreur*, der psychologische Zustand, in den Befehlshaber des 18. Jahrhunderts ihre Gegner zu versetzen suchten, kann anfangs nur jene Abteilungen der Streitkräfte befallen, die der Hauptoffensive des Feindes ausgesetzt sind. Die übrigen werden indirekt angesteckt, da Gerüchte und Erregung, nicht eine sichtbare Niederlage ihre Ängste nähren; vielleicht finden sie deshalb auf den nach hinten führenden Wegen keinen Platz, bestreiten wohl oder übel Rückzugsgefechte oder mühen sich unschlüssig ab, bis sie, sich selbst überlassen, eingekreist oder isoliert, kapitulieren müssen.

Das Gefühl der Niederlage ist gleichwohl unmissverständlich und häufig unkontrollierbar. Wenige große Armeen der Moderne haben so unverzüglich die Flucht ergriffen wie die

Streitmacht des Dareios bei Issos oder Gaugamela; Teile der polnischen Armee bewahrten im September 1939, in den schrecklichen Tagen des Rückzugs von der Grenze nach Warschau, ihre Integrität, und die französischen Verteidiger von Lille leisteten 1940 solchen Widerstand, dass ihre deutschen Gegner sie mit militärischen Ehren bedachten, als sie schließlich in Gefangenschaft gingen. Aber sobald sich der Keim der Niederlage festsetzt, können sich sogar große Armeen mit epidemischer Geschwindigkeit auflösen. Dieses Schicksal ereilte die italienische Armee bei Caporetto im November 1917, den Großteil der französischen Armee im Nordosten im Mai 1940 sowie die deutsche Heeresgruppe Mitte Juli 1944. Die anschließende Demütigung ihrer Befehlshaber kann nur Mitleid erregen. Cadorna, Georges und Busch waren ausnahmslos Paladine gewesen: der erste ein General, den seine Untergebenen wegen seiner Unzugänglichkeit fürchteten, der zweite ein Olympier der Generation von Foch, der dritte ein Sieger im französischen und russischen Blitzkrieg. Über Nacht schrumpften sie zu verachteten Versagern. Cadorna wurde eilig in die Anonymität befördert, Georges weinend an seinem Kartentisch zurückgelassen und Busch jenem Kreis von Ausgestoßenen zugeordnet, die nicht einmal im hintersten Winkel von Hitlers Reich eine Beschäftigung fanden.

Keiner von ihnen hatte sein Schicksal vollauf verdient. Das Chaos, das ihre Armeen überwältigte, barg die Niederlage in sich, und vielleicht hätte kein General sie verhindern können. Aber Cadorna und Georges hatten es fertig gebracht, den Befehl auf eine Weise zu führen, die sie nach der Niederlage aus dem Armeedienst ausschloss. Beide waren Châteaux-Generale des extremsten Typs, und obwohl die Châteaux-Befehlshaberschaft eine verständliche Reaktion auf das Erscheinen von Langstreckenwaffen war, wirkte sie sich auf die Beziehung zwischen Führern und Geführten so erstickend aus, dass selbst die arrogantesten und gleichgültigsten Generale Abhilfe hätten schaffen müssen. Zum Zeitpunkt von Buschs »Sündenfall« im Jahre 1944 hatten die scharfsichtigeren bereits entsprechende Schritte unternommen. Cadorna und Georges scheinen nie daran gedacht zu haben, einen Versuch zu heroischer Führerschaft zu machen oder diese auch nur vorzutäuschen. Insofern hatten sie sich ihr Schicksal selbst zuzuschreiben.

Dabei hatten solche Generale in ihrer Jugend – wie Führer seit Hunderten von Generationen – ohne Zögern die Risiken ihrer Soldaten geteilt. Warum wurde das heroische Führertum von der Châteaux-Befehlshaberschaft, ihrer Antithese, abgelöst? Die Antwort ist teils kultureller und intellektueller (darauf werden wir zurückkommen), doch in größerem Maße technischer Art. Der Trend der Waffenentwicklung hatte seit mehreren Jahrhunderten darauf hingewirkt, Befehlshaber aus der vordersten Linie des Schlachtfeldes zu vertreiben, doch sie hatten ihm widerstanden. Am Ende des 19. Jahrhunderts akzeptierten die Generale aller fortschrittlichen Armeen plötzlich, dass der Trend nicht mehr aufzuhalten war und sie ihren Gefolgsleuten die Ehre zu überlassen hätten.

Die Möglichkeit der Befehlsführung aus dem Hintergrund hatte gleichwohl von jeher bestanden. Alexander entschied sich gegen sie, weil die Werte, nach denen er lebte und regierte, ihm nicht gestatteten, sich mit dem Makel der Feigheit zu beflecken. Zweihundert Jahre nach seinem Tod gelangte seine Gesellschaft jedoch zu der Einsicht, dass sich ein General nicht am Ort der maximalen Gefahr aufzuhalten brauche und der Sache des Sieges vielleicht besser an einer Stelle zu dienen vermöge, von der aus er beobachten und ermutigen konnte, statt andere durch sein Beispiel anzuspornen. Aber jene Einsicht sollte die Macht des heroischen Ethos nicht völlig auslöschen. Es kam im Gegenteil zu einer Verbindung der beiden Standpunkte, die ihrerseits einen Kodex des Kompromisses hervorbrachte. Danach sollte sich der Befehlshaber im Einklang mit der Notwendigkeit, sich hinreichend von der Gefahr fernzuhalten, damit er die Schlacht im Ganzen kontrollieren konnte, bemühen, ein möglichst augenfälliges Beispiel der Risikobereitschaft zu geben.

Befehlshaber von Berufsarmeen wie Cäsar und Wellington stimmten ihre Reaktion auf Bedrohung und Krise gemäß solchen Sachzwängen ab. Cäsar, dessen Waffensystem sich technisch nicht von dem Alexanders unterschied, sondern diesem nur kraft Drill und Disziplin überlegen war, sah sich häufig gezwungen, Feindberührung zu suchen, und kleidete und verhielt sich entsprechend. Er legte einen unverwechselbaren roten Schlachtumhang an und verfügte über ein Repertoire von Schlachtreden, mit denen er seine Soldaten anfeuerte und instruierte. Der Untergang des Römischen Reiches und seiner Legionen brachte den heroischen Stil zurück. Aber mit dem Wiederaufkommen regulärer Armeen, die sich in jener Wellingtons vervollkommneten, kam der Kompromiss zwischen Vorsicht und Risikobereitschaft von neuem zum Tragen. Wellingtons Begegnungen mit dem Tode waren nie zufällig, sondern gingen auf eine mathematische Berechnung der ab- oder zunehmenden Gefahr zurück. Auf den offenen Schlachtfeldern, auf denen der Kampf stattfand, war es, da man die Reichweite der Waffen kannte, für den Feldherrn stets möglich, die knappen Toleranzen zu bestimmen, die eine Position unhaltbar werden ließen und ein Zurückweichen verlangten. Wellington richtete seinen Befehlsstil nicht an den Begriffen der »Kampf-« und »Fluchtdistanz« aus, mit denen ein Löwenbändiger seine Tiere in Schach hält – und sein Publikum in Bann schlägt –, aber der Stil des Herzogs war fast exakt auf die gleiche Art berechnet. Wenn das Theatralische eine Dimension der Befehlsgewalt ist, so kann man Alexanders Darbietung als unerbittliches Grand-Guignol, Wellingtons hingegen als brillantes Melodram bezeichnen: als eine

Serie von perfekt geplanten Abgängen und Auftritten, deren spektakuläre, mit Risiken belastete Effekte die Handlung ihrem triumphalen Höhepunkt zutreibt.

Es war nichtsdestoweniger eine Darbietung, bei der Wellington buchstäblich mit seinem Leben spielte, wie die Zahl seiner kleineren Verwundungen und angeschossenen Rosse zeigt. Nur vierzig Jahre nach seinem letzten Auftritt auf der Gefechtsbühne wäre die Unversehrtheit eines Nachahmers rasch beendet gewesen, wenn er die gleichen Risiken auf sich genommen hätte. Mittlerweile begünstigte die Wahrscheinlichkeit niemanden mehr, der töricht genug war, weniger als 450 Meter von der Schusslinie entfernt im Sattel zu bleiben (Wellington hatte sich häufig in neunzig Meter Entfernung oder weniger aufgehalten und die Gefahr überstanden), und kluge Generale reagierten entsprechend. Grant verhielt sich sehr klug, wie wir erfahren haben. Im Vertrauen auf die Macht anderer Mittel zur Legitimierung seiner Autorität blieb er selbst ohne falsche Scham im Hintergrund, wo er allenfalls unkalkulierbaren Gefahren – Querschlägern oder heimtückischen Überfällen – ausgesetzt war, während er seine Soldaten bedenkenlos ins feindliche Feuer schickte.

Aber Grant hielt es nicht für richtig, die Gefahrenzone völlig zu meiden. Zwar überließ er seinen Untergebenen die heroische Rolle, doch er reservierte sich einen Platz auf der Gefechtsbühne als eine Art Schauspieler-Regisseur, der den Hauptdarstellern nötigenfalls soufflierte und aus den Kulissen einschritt, wenn eine Krise den Ablauf der Handlung bedrohte. Die von ihm geschaffene Rolle des Schauspieler-Regisseurs – nur wenigen Zeitgenossen gelang es, sich mit ihm zu messen – sollte sich jedoch als kurzlebig erweisen: als Zwischenstadium zwischen Wellingtons Stil, der in der heroischen Tradition verwurzelt war, und dem der künftigen Châteaux-Generale. Manche Befehlshaber der preußischen Kriege von 1866 bis 1871 ritten über das Schlachtfeld, als könne ihnen nur eine Silberkugel etwas anhaben. Aber die meisten blieben in oder bei ihren Hauptquartieren, kommunizierten per Kuriere mit der Front und beobachteten diese, wenn überhaupt eine Möglichkeit dazu bestand, durch Feldstecher. Fünfzig Jahre später dachten ihre Nachfahren – ob Franzosen oder Deutsche – nicht daran, ihr Hauptquartier überhaupt zu verlassen. Berthelot, Joffres Operationsoffizier an der Marne im Jahre 1914, verbrachte die gesamte Schlacht buchstäblich *en pantoufles* an seinem Schreibtisch und erhob sich nur, wenn er zum Essen gerufen wurde (er hätte als Schwergewichtler in einem Zirkus auftreten können). Die Gefahren des vorhergehenden großen Rückzugs hatten ihn gezwungen, sein Büro in Rathäusern oder Schulgebäuden einzurichten. Nachdem sich die Front im Oktober jedoch stabilisiert hatte, richtete er sich im soliden Komfort des Schlosses in Chantilly ein, genau wie seine Kollegen in den alliierten und in den feindlichen Armeen: Die Deutschen entschieden sich für Spa, einen Kurort in Belgien, die Briten für Montreuil, ein bezauberndes, von Mauern umschlossenes Städtchen nahe der Kanalküste. Von jenen abgeschiedenen Orten aus wurde das große Gemetzel in den Schützengräben gelenkt – völlig außer Sicht – und, von Sinnestäuschungen abgesehen, auch außer Hörweite der verantwortlichen Hauptquartiere.

Charteris, Haigs Nachrichtendienstchef und Mitarbeiter des britischen Hauptquartiers, hat uns ein Bild vom Leben in Montreuil im Jahre 1916 hinterlassen: »Hier im GHQ, in unserem Städtchen ein wenig hinter den Schützengräben der Frontlinie [eine zartfühlende Beschreibung; Montreuil war achtzig Kilometer hinter den Linien], ist wenig vom Krieg zu spüren. Wir könnten fast in England sein … In allen Abteilungen ist die Arbeit nun routinemäßig systematisiert worden. Der größte Teil wird im Büro erledigt. Eine der größten Schwierigkeiten aller Personen im GHQ besteht darin, sich häufig und lange genug vom Büro zu entfernen, um engen Kontakt mit der Front aufzunehmen. Wenige dringen jemals viel weiter vor als bis zum HQ der Armeen ... In den vorgeschobenen Armee-Hauptquartieren ist man den Kämpfen näher, doch auch sie befinden sich nun zumeist in Städten oder Dörfern etliche Kilometer hinter der Frontlinie. Noch weiter vorgeschoben sind die Korps-Hauptquartiere, wo man im Allgemeinen zahlreiche Spuren des Krieges entdeckt ..., aber sogar die Korps-Hauptquartiere sind nun recht große Organisationen und fast immer in einem Dorf untergebracht. Vor den Korps-Hauptquartieren liegen die der Divisionen – hauptsächlich in Bauernhäusern, aber in Höhe der Kampflinie. Man kann sie fast mit dem Auto erreichen. Doch das ist ungefähr die Grenze, und Besuche weiter vorn nehmen infolgedessen recht viel Zeit in Anspruch. Wir schaffen es jedenfalls alle, ein Divisions-Hauptquartier zu Gesicht zu bekommen, aber nur wenn man ein besonderes Ziel hat und sich nicht lediglich umsehen will, kann man die Zeit opfern, weiter vorzudringen. Im letzten Monat habe ich nicht einmal ein Brigade-Hauptquartier in der Frontlinie besucht.«

Da Brigaden einen höheren Rang in der Befehlskette einnahmen als Bataillone, welche die Schützengräben besetzten, können wir folgern, dass sich Charteris, der die Aufgabe hatte, seinem Chef ein Bild von den Ereignissen an der Front zu übermitteln, bestenfalls aus zweiter Hand informierte. Obwohl sein Biograf John Terraine behauptet, Haig habe die Schützengräben häufiger aufgesucht, wurde er dort selten gesehen. Sogar in Montreuil achtete er auf eine olympische Abgeschiedenheit von der Arbeit des Stabes; einer der Stabsoffiziere erinnert sich, dass seine Kollegen und er in Ausnahmefällen ihren Schreibtisch verlassen durften, um zuzusehen, wie der General in seinem Büro eintraf oder von dort abfuhr, vorausgesetzt, sie zeigten sich nicht an den Fenstern. Haigs Residenz lag nicht einmal in Montreuil; er zog es vor, dem relativen Tumult des Hauptquartieres fernzubleiben, und wohnte rund 15 Kilometer entfernt im Château Beaurepaire mitten auf dem Land.

Die quasi absolute Monarchie der Châteaux-Befehlshaberschaft stieß schließlich in fast allen Armeen auf Widerstand. Im Mai 1917, nach dem Fehlschlag besonders rücksichtsloser Offensivpläne, trat fast die Hälfte der französischen Armeedivisionen in den Streik und weigerte sich, die Deutschen von neuem anzugreifen, bevor die Missstände beseitigt waren. Im Oktober desselben Jahres »stimmte« die russische Armee, desillusioniert von der Sinnlosigkeit ihrer Leiden, einfach »mit den Füßen für den Frieden ab«, wie Lenin es ausdrückte. Dies gestattete ihm, das Machtvakuum auszunutzen und eine politische Revolution anzuzetteln. Im November gab die italienische Armee praktisch den Kampf auf, zu dem Cadorna sie unerbittlich getrieben hatte, so dass Italien kurz vor der Niederlage stand. Im September 1918 veranlasste die sinkende Moral in der deutschen Armee Ludendorff, der Regierung mitzuteilen, sie müsse in Friedensverhandlungen eintreten. Und sogar die britische Armee erlitt nach dem Rückzug vom März 1918 einen so bedenklichen Zusammenbruch der Moral, dass Haig seine unabhängige Befehlsposition aufgeben und sich den Franzosen unterordnen musste, weil er auf Verstärkungen angewiesen war, um seine zerrüttete Front zu festigen.

All diesen moralischen Krisen lag eine psychische Revolte der kämpfenden Soldaten gegen die Anforderungen des einseitigen Risikos zugrunde. Seit zwei, drei oder – im Fall der deutschen Armee im September 1918 – vier Jahren waren Befehle von unsichtbaren Personen erteilt worden, die von gewöhnlichen Männern Heroismus verlangten, während sie selbst keine Spur davon erkennen ließen. Die Châteaux-Generale hatten im Gegenteil das Leben von Landjunkern geführt, waren auf gestriegelten Pferden zwischen luxuriös eingerichteten Büros und Residenzen hin und her geritten, hatten eine geregelte Arbeitszeit und regelmäßige Mahlzeiten genossen, den ganzen Krieg hindurch jede Nacht zwischen sauberen Linnen geschlafen, um allmorgendlich poliertes Leder und mit den höchsten Auszeichnungen der alliierten Souveräne geschmückte Uniformen anzulegen. Währenddessen hatten sich die ihrem Befehl unterstellten Offiziere und Soldaten, in verlauster Kleidung und mit mageren Rationen abgespeist, zwischen zugigen Quartieren und gefährlichen Schützengräben bewegt, wenn Feuerpausen es zuließen ihre Freunde auf Äckern begraben und zur Entspannung auf Bauernhöfen einen Fußball gekickt. Die Folgen solcher Missverhältnisse können kurzfristig unterdrückt werden; moderne Armeen sind schließlich Mechanismen einer derartigen Unterdrückung. Ihre komplizierten Hierarchien – 14 Ränge liegen zwischen einem Gemeinen und einem General – dienen als Abschirmsysteme, sie sollen verschleiern, wer die gefährlichen Befehle ersonnen hat. Da die Untergebenen, die den Konsequenzen am stärksten ausgesetzt sind, nämlich gewöhnliche Frontsoldaten, Befehle von jemandem empfangen, der ein kaum geringeres Risiko als sie selbst läuft – oder im Falle des Zug- oder Kompanieführers vielleicht ein noch größeres –, löst sich die aufkeimende Unzufriedenheit, sofern sie überhaupt empfunden oder ausgedrückt wird, auf jener Ebene auf.

Es dauert lange, bis die Eigenschaften eines schlechten oder rücksichtslosen Generals durch die Rangbarrieren nach unten durchsickern, und noch länger, bis er als das erkannt wird, was er ist. Und selbst dann wird er durch einen parallelen Unterdrückungsmechanismus, den Kodex des Militärgesetzes, weiterhin geschützt. Im Gegensatz zum zivilen Bereich gilt beim Militär die wie auch immer geäußerte Unzufriedenheit über einen Vorgesetzten als Verbrechen; sogar »stumme Unverschämtheit« wird mit Arrest geahndet, und das Schüren von Meinungsverschiedenheiten ist Meuterei, die in Kriegszeiten mit dem Tode bestraft wird.

Wie selbst schlechte Generale wissen, können Hierarchie und Disziplin die aus dem Risikomissverhältnis erwachsenden Folgen nicht auf Dauer unterdrücken. Noch während der Erste Weltkrieg tobte, hatten einige Armeen die Mängel der Châteaux-Befehlshaberschaft erkannt und Schritte zu ihrer Milderung unternommen. Pétain, der nach der Meuterei vom Mai 1917 den Ruf der französischen Armee wiederherstellen sollte, führte nicht nur fortschrittliche Sozialmaßnahmen, großzügigeren Urlaub, bessere Ernährung und Unterhaltungseinrichtungen ein, sondern kümmerte sich auch um die Planung einer Reihe begrenzter Operationen gegen die Deutschen, deren geringer Umfang ihren Erfolg garantierte. Als die entmutigten *poilus* merkten, dass ihre Befehlshaber sie zum Sieg führen konnten – und einige französische Generale wie Marchand waren stets Vorbilder gewesen –, gewannen sie allmählich ihren Optimismus zurück.

Dass die Führer von Bürgerarmeen die vernünftigen Erwartungen ihrer Gefolgsleute so schwer enttäuschen konnten, zeigt an, in welch künstliche und irreale Generalstabskultur die zeitgenössischen Befehlshaber hineinwuchsen. Jene Kultur war modern und deshalb durchschlagend. Sie war keineswegs Auswuchs eines falschen Bewusstseins. Die auf den Schlachtfeldern des 19. Jahrhunderts sprunghaft gestiegene Gefahr verlangte zu Recht, dass sich der Befehlshaber zurückzog, und die sich daraus ergebende Verzögerung beim Erwerb von »Echtzeitinformationen« ließ es als angemessen erscheinen, dass Untergebene ihn dort vertraten, wo er nicht anwesend sein konnte. Der Fehler lag darin, dass jene Untergebenen in den Status einer Elite und ihre Funktion in den Rang überlegener Sachkenntnis erhoben wurden. Die Auslese und Ausbildung des Generalstabs, die auf überaus anspruchsvollen Prüfungen basierten, brachten in den Jahren

1870 bis 1914 arrogante Cliquen von Militärexperten hervor. Dadurch entstand eine soziale Kluft zwischen denen, die dachten, und denen, die kämpften; schlimmer noch, schließlich wurde im Rahmen der Kriegführung das Denken für wichtiger gehalten als das Kämpfen, die Gemütsbewegungen gemeiner Soldaten wurden den Wahrnehmungen von Stabsoffizieren untergeordnet, und die Planung trat hinter der Ausführung zurück.

So geschah es, dass begrenztes und theoretisches »Wissen« das »Sehen« in der militärischen Werteskala verdrängte, und die unerwünschten Resultate verborgen blieben, bis die geistige Revolte der europäischen Armeen in den Jahren 1917 und 1918 sie schließlich enthüllte. Seither ist jene Trennung von Verstand und Gefühl in den Armeen rückläufig. Von Stabsoffizieren, die sogar auf dem Höhepunkt der Generalstabskultur nominell abwechselnd zu Hauptquartiers- und Truppendienst verpflichtet waren, wurde später mit zunehmender Strenge verlangt, diese Aufgaben tatsächlich zu erfüllen. Die früher auf eine Minderheit beschränkte Stabsausbildung ist allmählich auf die Mehrheit der Offiziere ausgedehnt worden. Die Dynamik des Gefechts – sein Stress und psychologisches Klima – nimmt nun in jener Ausbildung einen immer größeren Raum ein. Der Enthusiasmus, mit dem die Absolventen den vertraulichen Umgang mit dem gemeinen Soldaten pflegen, und die Häufigkeit, mit der sie seine Gesellschaft suchen, ist ein Beweis für den Sinneswandel im Militär. Der Befehlsmodus, den moderne Generale nun anstreben, ist der hinreichend heroische Führungsstil, der sogar den Anforderungen eines Alexander gerecht wird. Ihre Armeen erbringen dementsprechende Leistungen. Beseelt von einem Kodex mit dem Hauptprinzip des »Folgt mir«, besiegte die israelische Armee ihre arabischen Feinde mit einer routinemäßig anmutenden Beständigkeit, bis es der ägyptischen Armee, deren Führer sich aufgrund einer inneren, vom heroischen

Ethos entzündeten Revolution gewandelt hatten, 1973 das Muster nahezu umzukehren gelang. Die chinesische und die vietnamesische Armee, die sich in den Nachkriegsjahren siegreich hervortaten, betonen beide eine möglichst enge persönliche Identifizierung der Führer mit den Geführten. Die britische Armee, einst nicht weniger als jede andere von der Generalstabskultur infiziert, bewies mit ihrem Sieg auf den Falklandinseln – ein Triumph des heroischen Führungsstils angesichts geringer Erfolgschancen –, wie vollständig sie sich von der Krankheit kuriert hatte. Und die amerikanische Armee hat, obwohl durch einen theoretischen Ansatz der Kriegführung eingeengt, der Lenkung kleiner Gruppen einen so hohen Stellenwert in ihrer Operationsdoktrin eingeräumt, dass ihre Generalstabskultur heute wohl nur noch in milder Form fortbesteht.

Doch die Kur, der sich so viele Armeen erfolgreich unterzogen haben, mag nun im Rückblick für das aktuelle zentrale Problem der Befehlsgewalt irrelevant erscheinen. Denn die nukleare Revolution von 1945 hat die Armeen aus jener Hauptrolle verdrängt, die sie seit undenklichen Zeiten für die Verteidigung von Nationen gespielt hatten.

»Damit die Männer auf einleuchtende Weise auf das Gefecht vorbereitet sind«, riet Raimondo Montecuccoli, wird der Befehlshaber erklären, dass nicht das Heer des Vaterlandes, sondern das Vaterland selbst in Gefahr sei, da es, falls das Heer geschlagen werde, nichts mehr besitzen wird; dass es all seine Ressourcen und all seine Macht den Soldaten anvertraut habe; dass sie die Quelle all seiner Hoffnungen seien, die sie gewiss nicht zugeschüttet zu sehen wünschten.«

Montecuccolis Annahme, dass die Armee im Krieg den Staat verkörpere, so dass ihrem Befehlshaber im Wesentlichen die Pflichten eines Souveräns aufgebürdet würden, traf in praktisch jedem Moment der 24 Jahrhunderte zu, die wir in diesem Buch betrachtet haben. Heute trifft sie nicht mehr zu.

Armeen sind nun ein Mittel unter anderen geworden, mit denen sich Staaten der ersten Kategorie – jene, die über Atomwaffen verfügen oder einem mit solchen Waffen ausgerüsteten Bündnis angehören – verteidigen. Damit nicht genug, sind Armeen ein untergeordnetes Mittel der Verteidigung geworden. Die wirklich entscheidenden Befehlsfunktionen liegen nicht mehr bei den Generalen, sondern sind ins Zentrum der politischen Macht selbst übergewechselt. In den Bereich der konstitutionell höchsten Staatsgewalt zurückgekehrt, bürden sie denen, die sie ausüben – Präsidenten, Ministerpräsidenten, Ersten Sekretären –, ihre speziellen Belastungen auf. Jene stets gewaltigen Belastungen haben sich durch die nuklearen Dimensionen fast bis ins Unerträgliche gesteigert. Denn es sind nicht bloß die »Ressourcen und die Macht« des »Vaterlandes« – Nation, *rodina*, *patrie*, wie man es auch nennen mag – gefährdet, wenn jene, die souveräne Autorität mit Hilfe von Atomwaffen ausüben, versagen oder sich verrechnen. Nun geht es um das physische Überleben von Millionen Menschen, die dem Regierungschef ihr Wohlergehen anvertraut haben. Heutzutage sind die politischen Führer der Nuklearstaaten zu Nachfolgern Alexanders geworden, zum Inbegriff höchster militärischer wie politischer Verantwortlichkeit in ihren Gemeinwesen, aber mit einem unmenschlichen Unterschied: Die Personen, deren Hände den Waffen zur Verteidigung der Gesellschaft am nächsten sind, würden im Falle ihres Einsatzes am weitesten von den physischen Konsequenzen ihrer Anwendung entfernt sein. Ein Atomkrieg würde alle gewöhnlichen Bürger – Männer, Frauen und Kinder – einer mit Kernwaffen ausgerüsteten Nation dem Risiko sofortiger Vernichtung oder unvermeidlicher sekundärer Bestrahlung aussetzen. Präsidenten, Ministerpräsidenten und Erste Sekretäre würden dagegen zu der winzigen Gruppe gehören, die auf jede denkbare Weise vor unmittelbarer oder verzögerter nuklearer Auslöschung geschützt wäre. Kurz, der Imperativ des Beispiels wäre auf den Kopf gestellt. Jene, die am wenigsten mit der kriegerischen Auseinandersetzung zu tun hätten und sich am wenigsten vor ihren Konsequenzen schützen könnten – Säuglinge, stillende Mütter, die Kranken, die Schwachen, die sehr Alten –, würden in der vordersten Linie stehen; Regierungschefs dagegen, definitionsgemäß auch Befehlshaber der Atommacht, wären in tiefen Hauptquartierbunkern oder in fliegenden Befehlszentralen sicher aufgehoben. Die Schwachen würden am meisten, die »Starken« am wenigsten riskieren. Was sind die Folgerungen aus dieser erstaunlichen Umkehrung des Befehlsethos?

Die Gültigkeit der nuklearen Autorität

Die Isolierung des Befehlshabers vom Risiko in Staaten mit einem Kernwaffenarsenal ist bei aller Paradoxie, die sie nach sich zieht, eine völlig zweckmäßige prozedurale Reaktion auf die Gefahren, von denen solche Staaten bedroht werden. Die Zweckmäßigkeit ergibt sich aus dem mutmaßlichen Charakter des Atomkriegs selbst. Denn Kernwaffen können drei Ziele haben: Das erste sind die Zivilbevölkerung und die Städte eines feindlichen Staates; das zweite seine Waffen und Waffenstellungen, das dritte seine Befehlszentralen. Die entsprechenden Vernichtungsstrategien werden als Schläge gegen »weiche« und »harte« Ziele sowie als Enthauptungsschläge bezeichnet. Die Logik jeder einzelnen lässt sich folgendermaßen umreißen: Ein erfolgreicher Angriff auf Waffensysteme (ein »Erstschlag«) würde den Sieg bedeuten; aber da Waffen zahlreich und gut geschützt sind, können alle gegnerischen Nuklearmächte einen Teil ihres Arsenals – so vermutet man jedenfalls – für einen »Zweitschlag« gegen Städte reservieren, und diese Bedrohung soll den Erstschlag verhindern. Mithin halten Kernwaffen einander durch die Logik der »beiderseitig garantierten Vernichtung« in Schach. Doch die Logik hat einen Haken. Wenn eine Seite fähig wäre, die Warnsysteme der anderen zu unterlaufen und deren Befehlszentralen zu zerstören, könnte sie sich der Vergeltung eines »Zweitschlags« entziehen (die Autorität, diesen anzuordnen, wäre gelähmt) und sich daran machen, die Waffensysteme des Feindes zu vernichten oder einfach den Frieden unter jener oder einer ähnlichen Bedrohung zu diktieren.

Das Gespenst dieser Enthauptungsstrategie, die seit langem von allen Nuklearmächten erkannt und durchschaut wird, erklärt und rechtfertigt die Maßnahmen zum Schutz ihrer Oberkommandos gegen Angriffe. Es gibt viele derartige Maßnahmen. Eine ist die der Direktverteidigung, die den Führern gegen einen Atomschlag gesicherte Befehlsunterstände zuweist. Eine zweite ist die Flucht, die Bereitstellung von luftgestützten Befehlszentralen, welche die Führer in Momenten der Gefahr aus den Zonen des nuklearen Einschlags hinausbeförderten. Die dritte ist die alternative Befehlsgewalt, ernannte und geschulte Untergebene sind, für den Fall, dass der Souverän getötet, amtsunfähig gemacht oder isoliert wird, ermächtigt, die nukleare Befehlsautorität auszuüben. Die vierte, welche die drei anderen ergänzt, ist Redundanz, die Vervielfachung von Kommandozentralen und -kanälen, um die ungehinderte Weitergabe von Befehlen sogar dann zu ermöglichen, wenn die Primärzentralen und -kanäle ausgeschaltet wurden.

Man weiß, dass das amerikanische nukleare Befehlssystem all diese Merkmale enthält. Ein National Military Command Center im Pentagon und ein verstärkt gesichertes unterirdisches Alternative National Military Command Center sammeln und prüfen die Informationen – hauptsächlich aus Satellitenaufklärung und Bodenradarstationen –, mit deren Hilfe die Gefahr eines Kernwaffenangriffs überwacht und dem Präsidenten übermittelt wird. Er besitzt einen Lageraum im Weißen Haus, den er im Falle eines Atomalarms – zwei wurden 1979 und 1980 irrtümlich ausgelöst, und es hat mehrere Übungsalarme gegeben – aufsucht. Wenn die Zeit es zulässt und angesichts eines hinreichend großen Risikos, könnte er in ein Kommunikationsflugzeug (National Emergency Airborne Command Post) umsteigen, das in der Andrews Air Force Base bei Washington permanent bereitsteht. Die Operationsautorität über die Nuklearstreitkräfte wird im Alarmfall vom North American Air Defense Command im Cheyenne Mountain, Colorado Springs, ausgeübt (das allerdings nicht so massiv gebaut ist, dass es einen atomaren Volltreffer überstehen würde); den Befehl über die Einsatzkräfte selbst führt das Strategic Air Command; jeweils einer seiner Generale hält sich ständig im Luftraum in einem »Looking Glass«-Flugzeug auf. Für den Krisenfall verfügt das Strategic Air Command außerdem über ein Raketenkommunikationssystem, das in einem oder mehreren Minuteman-Marschflugkörpern untergebracht ist und, wenn alle anderen Befehlsinstrumente zerstört wären, (mutmaßlich) Angriffsbefehle übermitteln würde. Im Falle des Todes, der Amtsunfähigkeit oder der Isolierung des Präsidenten ginge seine Autorität jedoch zuerst auf den Vizepräsidenten über, danach in konstitutionell streng festgelegter Abfolge auf eine Reihe von Kabinettsmitgliedern und dann auf Befehlshaber mit »im Voraus delegierter Autorität«, deren Identität geheim gehalten wird (man nimmt jedoch an, dass es die sechs oder sieben Generale sind, die »einheitliche oder spezifizierte« Befehlsgewalt ausüben). Der gesamten nuklearen Befehlskette dient ein mehrfach verzweigtes Kommunikationsnetz, welches das nationale Telefonnetz nutzt und in jedem Fall – mit Ausnahme einer landesweiten Katastrophe – sicher stellt, dass legitime nukleare Einsatzbefehle die Abschussrampen erreichen.

Das amerikanische nukleare Kommando- und Kontrollsystem ist so umfassend, dass die Funktion des Mannes in seinem Zentrum, des Präsidenten, folgendermaßen beschrieben wurde: Ihm obliege nicht der nukleare Gegenschlag (oder Angriff), sondern genau das Gegenteil: Er habe dafür zu sorgen, dass Raketen stets in ihren Silos und Flugzeuge innerhalb des nationalen Luftraums blieben, es sei denn, er erteile ausdrücklich davon abweichende Befehle. Der Präsident gleiche also dem weisen Stammesältesten einer vorheroischen Gesellschaft; er sei jemand, der den Konflikt verhindert, statt ihn heraufzubeschwören, zu lenken oder zu befehligen. Die Kommandozentrale des Präsidenten, schreibt Paul Bracken, der Hauptexperte zu dem Thema, habe die Funktion, »nicht als *Zünder für die Abfeuerung von Kernwaffen* zu dienen, sondern als *Sicherung, die andere Zünder am Feuern hindert*«. Zwischen dem vorheroischen Bremser und Schiedsrichter von Konflikten und dem Präsidenten einer Atommacht besteht jedoch ein entscheidender Statusunterschied: Der Erstere bedient sich sichtbarer, der Letztere geheimer Methoden.

Der Stammesälteste, der zu Zurückhaltung aufruft, bringt die Verwandtschaftsbande mit seinem Volk ins Spiel, er greift zu Anordnung, direkter Aktion und, wenn nötig, zum eigenen Beispiel. Der Präsident, der im Namen seiner Gesellschaft Zurückhaltung übt, benutzt dabei notwendigerweise mysteriöse Mittel. »Detaillierte Informationen über die Verfahren zum Einsatz [nuklearer Kontrollmaßnahmen]«, schreibt Paul Bracken, »sind eines der von der US-Regierung am sorgfältigsten gehüteten Geheimnisse. Informationen darüber, welchen Ort der Präsident aufsuchen, welche Kommunikationsverbindungen er benutzen, wie viel im Voraus delegierte Autorität Provinzkommandeuren überlassen und welches Kommunikationssystem für die Erteilung der Feuerbefehle ausgewählt wird, unterliegen sämtlich viel strikterer

Geheimhaltung als jene über die technischen Merkmale der Waffen selbst.«

Und er fährt fort: »Die Ursache dieser Geheimhaltung ist nicht schwer zu ergründen.« In der Tat. Mehr als alle anderen Geheimnisse des strategischen Systems sind nukleare Befehls- und Kontrollgeheimnisse für einen Gegner von vorrangigem Interesse. Denn mit ihrer Hilfe könnte ein Feind ausrechnen, ob ein Enthauptungsschlag praktikabel wäre und – wenn er zu diesem Urteil gelangte (was zugegebenermaßen durchaus keine Selbstverständlichkeit ist) – wie, wann und wohin er seine Raketen abzufeuern hätte. Außerdem sind solche Geheimnisse letzten Endes die einzigen, die eine Nuklearmacht realistischerweise einer anderen vorzuenthalten hoffen kann. Alle übrigen Bestandteile des Systems – Raketensilos, Radarstationen, Befehlszentralen, Luftstützpunkte, Satelliten – sind gegenständlicher Natur. Sogar die ständig wechselnden Standorte von ballistischen U-Booten und mit Kernwaffen ausgerüsteten Flugzeugen können mit Aufklärungsmethoden erfasst werden, denn U-Boote und Flugzeuge reagieren wie alle festen Körper auf Sonar- oder Radarsignale und sind deshalb, wenn auch mit mehr oder weniger großen Schwierigkeiten, in Zeit und Raum identifizierbar. Der einzige immaterielle Bestandteil des Systems, der durch Aufklärung nicht identifiziert oder erfasst werden kann, ist das Verfahren, mit dem seine festen Bestandteile aktiviert und bedient werden. Gewiss, die Kommunikationswege, auf denen man die Verfahren einleitet, sind ebenso anfällig für direkte Attacken wie die Chiffren, mit denen Anweisungen übermittelt werden. Aber wegen des hohen Grades an »Redundanz« (womit einfach umfangreiche Vervielfältigung gemeint ist) auf den Kommunikationswegen und weil unseres Wissens auch die fortgeschrittensten Entschlüsselungsmethoden heutige Chiffren nicht in »Echtzeit« enträtseln können, darf das Kommunikationssystem vorläufig für sicher gehalten werden. Was stets außer Reichweite sämtlicher Bemühungen des Feindes bleiben sollte, wenn man die Arbeit von Verrätern oder »Agenten vor Ort« außer Acht läßt, ist das nukleare Befehlsprotokoll selbst: Authentisierungscodes, Abschussanweisungen und der Single Integrated Operation Plan oder seine russische Entsprechung.

Die notwendige Geheimhaltung dieser internen Details bringt jedoch, zumindest in Demokratien, einen zentralen Widerspruch mit sich: Die allerwichtigste Regierungsaktion – denn was sonst ist das Verfahren, welches das Überleben eines Volkes sichert? – wird vor den Wählern verborgen. Dieser Widerspruch mag auf den ersten Blick nicht schockierend wirken. Schließlich ist Vertraulichkeit ein Recht, das Regierungen sogar in den höchstentwickelten Demokratien eingeräumt wird. Zum Beispiel hält man Kabinettsdiskussionen geheim, ebenso wie die internen Verfahren, anhand derer die Ministerien und Behörden zu ihren politischen Entscheidungen gelangen. Deshalb könnte es als durchaus legitime Erweiterung dieses Prinzips gelten, wenn sich solche Vertraulichkeit auch auf den Kern der nationalen Sicherheitsverfahren erstreckt. Aber der Unterschied zwischen der Vertraulichkeit von Kabinettsberatungen und jener von nationalen Sicherheitsfragen besteht darin, dass sich die Erstere in der Tat auf in ihrem Ergebnis nicht festgelegte *Beratungen* bezieht, während die Letztere in der Tat mit *Verfahren* zu tun hat, welche – wie man vermuten sollte – die gleiche Formalität und Konsequenz besitzen wie konstitutionelle Praktiken für das Erlassen von Gesetzen, die Ernennung von Regierungsvertretern und für Kriegserklärungen.

Die Entwicklung solcher Verfahren in der Geschichte der Demokratien ist dadurch gekennzeichnet, dass der Vorhang der Geheimhaltung, der sie ursprünglich verdeckte, immer weiter zurückgezogen wurde; eine ausgezeichnete Definition der Demokratie beschreibt diese als Regierungssystem, in dem die Regierenden die Herrschaft vor den Augen der Beherrschten ausüben. In den Vereinigten Staaten zum Beispiel muss der Kongress Gesetze in öffentlichen Anhörungen verabschieden, und der Präsident muss die Ernennung seiner Kabinettsmitglieder, Botschafter und Richter öffentlich bestätigen – oder ablehnen – lassen; zudem sind Präsident und Kongress gehalten, Debatten über eine Kriegserklärung öffentlich zu führen. Doch nach einer beispiellosen Umkehrung des historischen Trends der demokratischen Entwicklung leben wir nun unter Verhältnissen, in denen eine viel schwerer wiegende Angelegenheit als traditionelle Kriegserklärungen – die Entscheidung, einen nuklearen Angriff einzuleiten oder zu erwidern – in so vollständige Geheimhaltung gehüllt ist, dass wir zum Beispiel nicht einmal wissen, ob das Startverfahren computerisiert oder immer noch menschlichem *check and balance* unterworfen ist.

Man bedenke, was diese Unkenntnis bedeutet: Wenn die Einsatzverfahren bereits computerisiert sind – das heißt, Maschinen nun Anweisung haben, die Raketen nach vorher festgelegten Warnsignalen durch andere Maschinen des Aufklärungssystems abzufeuern –, dann ist die demokratische Regierung im Zentrum bereits hohl. Denn es liegt nicht mehr in der Macht des Regierungschefs, den die Bürger demokratischer Nuklearmächte – der Vereinigten Staaten, Großbritanniens und Frankreichs – zum Hüter ihrer Sicherheit gewählt haben, Mäßigung, Zurückhaltung oder reifliche Überlegung in der Frage walten zu lassen, die über Gedeih oder Verderb der Gesellschaft entscheiden kann. Wenn die Gelegenheit zu Mäßigung, Zurückhaltung oder reiflicher Überlegung weiterhin besteht – das heißt, die Befehlsverfahren noch nicht computerisiert sind –, können die demokratischen Wählerschaften aufatmen. Dennoch bleiben sie über die Regierungsmaßnahmen zur Kontrolle und Lenkung der Waffen, mit denen sie verteidigt werden sollen, völlig uninformiert – und deshalb außerstande, Billigung oder Missfallen auszudrükken.

Eingedenk des Charakters der Abschreckungsbeziehung, mit der nukleare Gegner einander in Schach halten, mag es keine Möglichkeit für Demokratien geben, nukleare Einsatzverfahren in ihr Verantwortlichkeitssystem einzubeziehen. Kurz, die Demokratien werden wohl eine permanente und unwiderrufliche Einschränkung ihres Rechtes auf Wissen, Kritik und Korrektur akzeptieren müssen. Dann aber wird sich in einem demokratischen Staatswesen das Verhältnis zwischen dem Volk und seinem Führer für immer grundlegend wandeln; dazu muss die demokratische Führung einen Stil und Eigenarten pflegen, die sich völlig von allen früheren unterscheiden.

Werfen wir noch einmal einen kurzen Blick auf die Imperative, die in der Vergangenheit in der Definition von Führerschaft verschmolzen sind: Sie schließen ein Element der *Verwandtschaft* ein, was bedeutet, dass sich der Führer mit Vertrauten umgibt, in denen seine Gefolgsleuten Gleichgesinnte erkennen können mit der Folge, dass sich beide Seiten ihrer gemeinsamen Menschennatur mit all ihren Stärken und Schwächen stets bewusst sind. Gestützt wird die Verwandtschaft durch die *Sanktion*, die Belohnung – oder Bestrafung – von Gefolgsleuten nach einem von allen anerkannten Wertesystem. Die Sanktion wird durch das *Beispiel* verstärkt, die Demonstration persönlicher Risikobereitschaft des Befehlshabers, der verlangt, dass andere auf sein Geheiß Gefahren auf sich nehmen. Das Beispiel wird durch den *Ansporn* erhärtet, also durch eine Rede des Führers vor seinen Gefolgsleuten, in der er die Notwendigkeit der Risikobereitschaft erklärt. Und der Ansporn schließlich wird durch die *Aktion* konkretisiert – der technische Begriff wäre »reifiziert« –, die Umsetzung der Führerschaft in Wirkung, deren erwünschtes Ergebnis der Sieg ist.

Die Macht über Kernwaffen hat all diese Imperative untergraben oder obsolet gemacht. Die Exklusivität der Nukleargemeinschaft, belastet mit Geheimnissen, deren Enthüllung ungesetzlich wäre, und physisch isoliert von der Gemeinschaft, die sie beschützen soll, hat jegliche *Verwandtschaft* mit der Gesellschaft als Ganzem aufgekündigt. Die *Sanktion* ist wirkungslos geworden, da die angemessene Verwaltung eines Kernwaffensystems keine Gelegenheit zu Bestrafung oder Belohnung lässt – oder jedenfalls keine leicht durchschaubare Gelegenheit. Die Möglichkeit, ein *Beispiel* zu setzen, wird, wie wir gesehen haben, von der nuklearen Logik vereitelt, die erfordert, dass der Führer das geringste Risiko aller Mitglieder seiner Gesellschaft trägt. Infolgedessen ist jeglicher *Ansporn* des Befehlshabers sinnlos, wenn nicht gar destruktiv, denn sämtliche Aufrufe, Mut und Stärke zu beweisen, fordern die Entgegnung heraus: »Und was ist mit dir?« Und die *Aktion* – der Test, durch den die Führerschaft letztlich immer bestätigt worden ist – wird natürlich von der Notwendigkeit durchkreuzt, in einer nuklearen Konfrontation überhaupt alle Ergebnisse zu vermeiden.

Deshalb stecken die Regierungschefs von Atommächten in einem Dilemma: Wie können sie ihre Autorität bekräftigen (legitimieren, wie Politologen sagen würden), ohne sich eines der früher zu diesem Zweck stets erforderlichen heroischen Requisiten zu bedienen? Autokratische Staaten (wie die einstige Sowjetunion) stecken in einem weniger kritischen Dilemma als Demokratien, denn der Autokrat schreckt zur Durchsetzung seines Willens nicht vor Gewaltanwendung zurück – bis zu jener Grenze, an der die Gewalt in eine Bedrohung seiner Macht umschlägt. Selbst ein so extremer Autokrat wie Hitler griff vorsichtshalber zu Belohnung, Ermahnung und sorgfältig gepflegtem persönlichen Heldenimage. Dagegen haben die Demokratien, als sie das Konsensprinzip einführten, um das Missverhältnis von Risiken zu rechtfertigen, die heroische Anziehungskraft geschwächt. Mithin konnten Abraham Lincoln, der nur ein paar Tage lang unblutige Kämpfe gegen die Indianer geführt hatte, und Franklin Roosevelt, der von keiner militärischen Erfahrung angekränkelt war, von ihren Mitbürgern die größte Opferbereitschaft verlangen, da das Volk sie zum Präsidenten gewählt und ihnen nicht nur Friedens-, sondern auch Kriegsbefugnisse übertragen hatte – mit allen Konsequenzen, die sich aus jenem Akt ergaben.

Trotzdem hat die liberale Demokratie nie darauf verzichtet, sich nach Möglichkeit auf den Mechanismus der heroischen Führerschaft zu berufen; denn ihre relative zeitliche und ihre örtliche Beschränkung als Regierungsform machten den Konsens allein zu einem höchst unsicheren Legitimierungsmittel für Befehle, welche die Verantwortlichen in der Regel vor den Konsequenzen ihres Tuns verschonten. Zum Beispiel konnte Gladstone nur deshalb beharrlich an seinem Antimilitarismus festhalten, weil er es vermied, Großbritannien in ein Blutvergießen größeren Stils zu führen. Aber die Autorität sowohl der Regierung Asquith als auch der *Union sacrée* von 1914 bis 1916 wurde durch die offensichtliche Unvereinbarkeit ihrer pazifistischen Neigungen und ihrer kriegerischen Politik erschüttert, nicht zu reden von der ausschließlich zivilen Herkunft der Regierungsmitglieder. Die Führer von Demokratien haben später, in der Ära des totalen Krieges, nicht nur Sorge getragen, ihre militärischen Leistungen bekannt zu machen, wenn sie solche vorzuweisen hatten – was für Churchill, Kennedy und Eisenhower in hohem Maße sowie für Truman, Nixon, Carter und sogar Reagan in bescheidenerem Umfang galt. Außerdem haben sie sich – ungeachtet des Konsensprinzips – immer wieder auf die Imperative der Verwandtschaft, des Ansporns, der Sanktion, der Aktion und wenn möglich, des Beispiels berufen, um ihre militärische Autorität zu stärken.

Solche Mittel stehen, wie wir gezeigt haben, nicht mehr zur Verfügung. Was also soll an ihre Stelle treten? Kein Programm der nationalen Beruhigung kann das leisten. Die frühen Versuche der amerikanischen und der britischen Regierung, ihre Bevölkerung über Techniken des nuklearen Überlebens »aufzuklären«, scheiterten an offenkundigem und ganz begründetem Zweifel; solche Bemühungen fielen der komplementären, aber zugleich der Kehrseite desselben strategischen Arguments unvermeidlich zum Opfer: dass Sicherheit in einer nuklearen Welt von der *Gewissheit* der Vergeltung, auch als beiderseitig garantierte Vernichtung bekannt, herrühre. Unter diesen Umständen müssen die Regierungen demokratischer Atommächte – jene von nuklearen Autokratien sollten dies ebenfalls in Auge fassen, sind aber weniger dazu genötigt – eine neue Form der militärischen Befehlsgewalt begründen. Sie lässt sich am besten als »postheroische Führerschaft« charakterisieren.

Die postheroische Führerschaft verlangt von einer Regierung das allerschwierigste Kunststück: den Übergang von einem bei den Menschen starken Widerhall findenden System zu einem völlig anderen. Die traditionelle Führerschaft in all ihren Formen, sogar den liberalsten und humansten, hat stets zu den tiefsten Instinkten und Emotionen der kollektiven Psyche vordringen müssen, um die Elemente zu finden, die ihr Nachdruck verleihen. In ihrer fundamentalen Bedeutung ist Demokratie ein Mittel zur Begrenzung des Egoismus und der Unberechenbarkeit von Machthabern, indem sie diese, wenn ihre Ansprüche untragbar werden, durch andere ersetzt. Der Wechsel erklärter politischer Positionen ist ein oberflächliches Merkmal des demokratischen Systems; das Recht des Volkes, einer wesentlichen Gruppe der politischen Schicht die Autorität zu entziehen und sie einer anderen zu übertragen, kennzeichnet die moralische Überlegenheit der Demokratie in all ihren Formen (sei es als Monarchie, Aristokratie oder Oligarchie) gegenüber der Autokratie. Aber eine so zarte Blume wie die traditionelle Demokratie hat ihre Wirkung nie allein aus moralischen Argumenten hergeleitet. Die Moral gründet letzten Endes auf der Vernunft, doch die Masse trifft keine rein rationalen Entscheidungen. Die erfolgreichsten demokratischen Führer sind sich dieser Tatsache bewusst und handeln entsprechend, indem sie ihre begründeten Argumente durch sorgfältig kalkulierte Berufung auf materielle Interessen und emotionale Empfindlichkeiten sowie durch eine kunstvolle »Selbstdarstellung« untermauern; die Letztere soll das Image einer Führerschaft liefern, welche jener, die ein Volk zu einem bestimmten Zeitpunkt für sich selbst anstrebt, am nächsten kommt. Die Papierkörbe der Demokratie sind mit den gescheiterten Bemühungen hoffnungsvoller Führer gefüllt, deren hehre Gesinnung ihnen solche Kunstgriffe verbietet und die sich in ihrem Verhalten gegenüber der Wählerschaft ganz und gar auf die Vernunft stützen.

Die Kernwaffen haben dem halb- und antirationalen Stil ein Ende gesetzt. Wenn die Menschheit überleben will, muss sie ihre Führer nach dem Kriterium der Intelligenz wählen; andererseits muss sich die Führerschaft durch ihre Objektivität, Mäßigung und analytische Kraft rechtfertigen. Die Hoffnungen auf den Übergang zu einem solchen Führungsstil brauchen nicht auf reinem Wunschdenken zu basieren. Die Geschichte der bislang ersten und einzigen akuten Atomkrise berechtigt zu dem Glauben, dass der Übergang erzielt werden könne.

Jene Episode war die kubanische Raketenkrise vom 14. bis zum 27. Oktober 1962, welche die Vereinigten Staaten und die Sowjetunion an den Rand des Krieges rückte. Sie hat aus drei Gründen immer noch größte Bedeutung für die moderne Welt: Es ist die einzige Atomkrise, über die wir einen detaillierten, von einem Insider verfassten Bericht besitzen (*Drei-*

zehn Tage von Robert Kennedy, dem ehemaligen US-Justiz-minister und Bruder des einstigen Präsidenten); auf amerikanischer Seite wurde sie von einem Regierungschef gemeistert, der den heroischen Stil in extremer Form wiederbelebt hatte; dennoch wurde sie auf streng postheroische Art abgewickelt und ebenso rasch wie erfolgreich beendet.

Worauf beruhte jener Erfolg? Zum einen auf Präsident John F. Kennedys Entschlossenheit, die drei miteinander konkurrierenden *zeitlichen Faktoren* der Krise – die Zügigkeit der russischen Initiative, die Eile der erforderlichen amerikanischen Reaktion sowie die schnelle Beurteilung und Entscheidung – zu ermitteln und voneinander zu trennen. Zum anderen beruhte der Erfolg auf dem Beschluss, die Beurteilung dem Executive Committee (Ex Comm) anzuvertrauen, einer nach ihrer Sachkenntnis und ihrem Scharfsinn ausgewählten Gruppe von Männern, die zeitweilig ihrer sonstigen Pflichten entbunden, zu Gesprächen ohne Teilnahme des Präsidenten zusammentraten. Damit hatte man die Dinge im weiteren Verlauf der Krise soweit im Griff, dass die Rasanz der Ereignisse die Entscheidungsprozesse nicht beschleunigte.

Das Ex Comm ging davon aus, dass die Stationierung russischer Raketen auf Kuba zwei Wochen in Anspruch nehmen würde, während die angemessenen amerikanischen militärischen Vorkehrungen in 48 Stunden abgeschlossen sein würden; damit blieben zwölf Tage für Überlegungen. Außerdem einigte sich das Ex Comm rasch auf drei in Frage kommende Vorkehrungen: Luftblockade, Bombardierung und Invasion Kubas.

Der Charakter des Entscheidungsprozesses erscheint im Rückblick als eindrucksvollstes und wichtigstes Kennzeichen der Krise. Das Ex Comm beschloss sofort, sich nicht hierarchisch zu organisieren, sondern von Anfang an auf »Führerschaft« zu verzichten. »Während all dieser Beratungen äußerten wir uns als Gleichgestellte«, schreibt Robert Kennedy. »Es gab keine Rangunterschiede, und niemand präsidierte … Die Gespräche wurden ohne hemmende Rücksichten geführt. Jeder konnte zu Wort kommen und fand Gehör.« Einige konnten die Last ungeteilter Verantwortung nicht verkraften. Außenminister Dean Rusk erlitt laut Kennedy sehr früh einen Nervenzusammenbruch und blieb danach den Beratungen fern. McGeorge Bundy, der Nationale Sicherheitsberater, zeigte sich unfähig, einen konsequenten Kurs einzuschlagen. Er war »zuerst für einen Bombenschlag, dann für eine Blockade, dann für Nichtstun«; letzten Endes sprach er sich wieder für einen Bombenangriff aus. Aber dadurch wird zumindest demonstriert, dass das Ex Comm »Gruppendenken« vermied. Obwohl sein einziges soldatisches Mitglied, General Maxwell Taylor, militärische Aktion befürwortete, brauchte das Ex Comm nur drei Tage, um eine Mehrheitsentscheidung für die Blockade zu fällen. Ein weiterer Tag wurde technischen Diskussionen außerhalb der Ex-Comm-Runde und zwei weitere, der 21. und der 22. Oktober, Beratungen mit Präsident Kennedy gewidmet. Also hatte man bereits am sechsten der 13 verfügbaren Tage eine brauchbare Antwort auf die russische Bedrohung gefunden und gebilligt. Eine Woche später akzeptierten auch die Russen die Logik dieser Maßnahme und ließen ihre mit Raketen beladenen Schiffe wieder Kurs auf die Heimat nehmen.

Die Geschichte der Kubakrise gibt zu einer gewissen Beruhigung und der Hoffnung Anlass, dass künftige Atomkrisen genauso sinnvoll und gefahrlos gelöst werden können. Dennoch darf man nicht vergessen, dass sich die Welt seit 1962 schnell weiterentwickelt hat. Und Schnelligkeit ist die Krux. Von den drei zeitlichen Faktoren, welche die Kubakrise kennzeichneten – der Schnelligkeit der Ereignisse, der Reaktion und des Entscheidungsprozesses –, ist der letzte statisch geblieben; der menschliche Verstand und die menschliche

Zunge funktionieren heute nicht schneller als 1962 oder, um zu Alexander zurückzukehren, als 334 v. Chr. Aber die *Meldung* von Ereignissen, welche die Zuspitzung der Krise bestimmt, hat sich erheblich beschleunigt, und dies gilt in noch höherem Maße für die Reaktionsgeschwindigkeit, das heißt für militärische Vorkehrungen und Alarmauslösung. 1962 versuchte die Sowjetunion, auf dem umständlichen Seeweg, der etliche Tage in Anspruch nahm, in einer Lücke des amerikanischen Warnsystems Raketen aufzustellen. Heutzutage befinden sich solche Geschosse auf russischen U-Booten, von denen aus sie Ziele in den 51 US-Bundesstaaten in Minuten erreichen.

Eine unwandelbare Geschwindigkeit – jene, mit der Menschen Informationen empfangen, verarbeiten und erörtern sowie entscheiden, welche Folgerungen aus ihnen zu ziehen sind – konkurriert also mit Geschwindigkeiten, die sich ständig erhöhen. Da die Letzteren Aktivitäten betreffen, deren Volumen ebenfalls zunimmt – mehr Langstreckenwaffen mit kürzeren Flugzeiten, mehr Informationen –, bemühen sich die Menschen, die von der unwandelbaren Geschwindigkeit ihrer eigenen Denkprozesse behindert werden, das Missverhältnis dadurch wettzumachen, dass sie den Informationsfluss auf leichter zu handhabende Proportionen verringern und das Waffenarsenal einer immer stärker zentralisierten Kontrolle unterstellen. Dieser Trend läuft darauf hinaus, sämtliche Waffen einem einzigen Befehl gehorchen zu lassen, dessen »Start« oder »Stop« wiederum von einer einzigen, aus allen eingehenden Informationen herauskristallisierten Lesart abhängt. Der heutige Oberbefehlshaber – Präsident, Ministerpräsident, Erster Sekretär – strebt also von der Vielschichtigkeit der Strategie zur Einfachheit der Taktik zurück: zu einer Situation, in welcher der Feldherr das Ziel sieht und, nach dessen direkter Beobachtung, entscheidet, ob er zuschlagen oder auf den Einsatz seiner Waffe verzichten soll.

Aber leider klaffen hier Wunsch und Wirklichkeit weit auseinander. Eine Flut komplexer Informationen lässt sich rasch auf eine einfache »Lesart« reduzieren – jedoch nur dann, wenn man einen dichten Filter aus Maschinen und Bedienungspersonal zwischen den Entscheidungsträger und die Realität schiebt. Maschinen können aus Informationen nur das herauslesen, wozu sie programmiert sind, und Bedienungspersonal, das die Informationen auswertet, greift zwangsläufig in den Aufgabenbereich des obersten Entscheidungsträgers ein. Dadurch mag der Stratege den Eindruck erhalten, die direkte Sicht und Aktionsfreiheit des Taktikers zu genießen, aber das ist eine Illusion.

Schlimmer noch, es ist eine Illusion, die unheilvolle Konsequenzen in sich birgt. Sie verlockt den Oberbefehlshaber nicht nur zu Entscheidungen, die – allen gegenteiligen Bemühungen zum Trotz – programmierte und mittelbare Informationen an seiner Statt getroffen haben. Daneben kann die Illusion den Befehlshaber dazu verlocken, den Taktiker und damit den Helden zu spielen. Kennedy gelang es, jener Verlockung zu widerstehen, Hitler dagegen offenkundig nicht. Dieser war zwar eine überaus gestörte Persönlichkeit, aber die Mittel, mit denen er die Befehlsgewalt ausübte, und das Umfeld seines Wirkens waren keineswegs ungewöhnlich. Sie ähnelten vielmehr jenen Gegebenheiten, die heute in Washington, Moskau, London und Paris vorherrschen. Unter solchen Umständen ist die Möglichkeit nicht auszuschließen, dass der Oberbefehlshaber einer Atommacht irgendwann der Verlockung des falschen Heldentums nachgibt und genau wie Hitler versucht, den Taktiker zu spielen.

Seit dem Fall der Berliner Mauer im Jahre 1989 und damit dem Ende des Kalten Krieges scheint die Gefahr für den Weltfrieden jedoch weniger von Konfrontationen zwischen den etablierten Atommächten auszugehen als von der bewussten Risikobereitschaft und dem Abenteurertum der

Führer sogenannter Einzelgängerstaaten oder von der Eskalation ethnischer und religiöser Konflikte zwischen Gemeinschaften außerhalb der traditionellen großen Machtblöcke.

Die Umlenkung von Mitteln in defensive statt offensive Bemühungen hat bereits vor dem Ende des Kalten Krieges die Gefahr eines Atomkriegs stark verringert. Das amerikanische Star-Wars-Programm – oder Strategische Verteidigungsinitiative (Strategic Defense Initiative: SDI) – soll Präsidenten vor der Notwendigkeit spontaner Reaktionen bewahren, die ihnen das Abschreckungssystem der beiderseitig garantierten Vernichtung auferlegt hat. Wenn die technischen und finanziellen Probleme gelöst werden können, dann bietet die Strategische Verteidigung den Führern von Staaten mit fortgeschrittenen nuklearen Flugkörpersystemen die Möglichkeit, die Entscheidung über die Antwort auf einen Kernwaffenangriff zu *verzögern*. Denn sobald ein feindlicher Erstschlag durch weltraum- und bodengestützte Verteidigungsanlagen abgefangen werden könnte, gewänne man Zeit für diplomatische Maßnahmen, um die Krise einzudämmen und statt der Gewalt die Vernunft walten zu lassen.

Einzelgängerstaaten und wahllose ethnische, religiöse und ideologische Konflikte stellen verantwortungsbewusstes Führertum vor eine neue Herausforderung. Die Golfkrise von 1990/91 war ein bewusster Schlag gegen die »neue Weltordnung«, die Präsident George Bush nur Monate zuvor optimistisch ausgerufen hatte. Der irakische Präsident Saddam Hussein, der die Krise heraufbeschwor, gehört eindeutig in die Kategorie des »falschen Heldentums«, die von anderen Demagogen des 20. Jahrhunderts, vor allem von Hitler und Stalin, verkörpert wird; dieser Kategorie ist er nicht zuletzt wegen seiner sorgsamen Vermeidung von persönlichen Risiken während der Krise und seiner verlogenen Rhetorik zur Rechtfertigung seiner Vergehen zuzurechnen.

Präsident Bush reagierte beispielhaft auf Saddams Völkerrechtsbruch. Zuerst machte er klar, dass die Invasion und Besetzung Kuwaits illegal und die irakische Behauptung, Kuwaits Souveränität ausgelöscht zu haben, falsch seien. Als Nächstes entsandte er eine schnelle Eingreiftruppe nach Saudi-Arabien, um seine Absicht zu demonstrieren, es gegen jede weitere Aggression Saddams zu verteidigen. Dann mobilisierte er eine umfangreiche Expeditionsstreitmacht, die den Auftrag hatte, den Rückzug der irakischen Truppen aus Kuwait zu erzwingen und dessen legitime Regierung wiedereinzusetzen. Gleichzeitig unternahm er weitreichende diplomatische Bemühungen, um in den Vereinten Nationen für die Verurteilung des irakischen Vorgehens zu sorgen und für die Bildung einer Koalitionsstreitmacht Unterstützung aus Ländern zu gewinnen, die ebenfalls Saddams illegale Aktionen zu unterbinden entschlossen waren.

Präsident Bushs Führung war von Erfolg gekrönt. Neunundzwanzig Länder, darunter mehrere arabische, brachten Boden-, Luft- oder Marinestreitkräfte in die Koalition ein; dank dieser weitgespannten Beteiligung konnte sich Saddam nicht als Vorkämpfer der Dritten Welt gegen die reichen und entwickelten Nationen des Westens präsentieren. Zudem entfaltete sich der Koalitionsfeldzug, der im Januar 1991 begann, mit eindrucksvoller Effizienz. Einem sechswöchigen schweren, doch sorgfältig konzentrierten Bombardement irakischer Positionen in Kuwait aus der Luft folgten gezielte Flieger- und Raketenangriffe auf feindliche Befehlszentralen und Flugplätze. Zugleich rückten die Bodentruppen der Koalition gegen die irakischen Frontlinien in Kuwait vor, während Panzer und Bomber die feindliche Flanke mit energischen Vorstößen durch die Wüste aufrollten. Innerhalb von sechs Tagen nach Einleitung der Offensive waren die irakischen Truppen umzingelt, besiegt und von kuwaitischem Territorium, das sie sieben Monate zuvor illegal besetzt hatten, vertrieben.

Die Bilanz des Golfskriegs erbrachte Präsident Bush nicht den Lohn, den er zu Recht hätte erwarten können. Er unterlag bei der Präsidentschaftswahl von 1992. Schlimmer noch, seine Proklamation einer »neuen Weltordnung« erntete den Spott der radikalen Medien, die den Erfolg als Fehlschlag hinzustellen suchten, weil Saddams militärische Niederlage nicht zu seinem politischen Sturz geführt hatte. Dies ist ein oberflächliches Urteil. Der Golfkrieg war eine Warnung an regionale Kriegsherren in aller Welt – eine Botschaft, die von der Politik und den Aktionen Bill Clintons, des erfolgreichen amerikanischen Präsidentschaftskandidaten von 1992, untermauert wurde. Er hat die von George Bush begonnene Praxis, Saddam für Brüche des Völkerrechts zu bestrafen, fortgesetzt. Die fortdauernde Sicherung von »Flugverbotszonen« durch die Koalition, der Schutz der kurdischen und nomadisch-arabischen Minderheitsgebiete sowie der juristischen Unantastbarkeit Kuwaits deuten auf ein beeindruckendes Engagement für das Ideal der Weltordnung hin – ganz abgesehen von der traditionellen Berücksichtigung vitaler nationaler Interessen.

Bushs Präsidentschaft ist beispielhaft für das, was ich in diesem Buch als »postheroische« Führerschaft herausgearbeitet habe. Obwohl George Bush in Ausübung seiner Autorität während der Golfkrise kein physisches Risiko einging, setzte er gleichwohl für jene, die seine Führerschaft akzeptierten, ein großartiges Beispiel. Seine Bitte um Unterstützung war streng rational formuliert; er verzichtete auf Rhetorik; er stützte seine Verurteilung der irakischen Aktionen auf eine juristische Grundlage; er sprach keine Drohungen aus; und als der Feldzug mit einem überwältigenden Erfolg endete, zeigte er sich den Besiegten gegenüber großmütig.

Bushs Beispiel ist deshalb wichtig, weil die Gefahr der Weitergabe von Kernwaffen an Staaten, die von regionalen

Kriegsherren kontrolliert werden, in Zukunft wieder auftauchen dürfte. Das Ende des Kalten Krieges bedeutet nicht, dass sich die nukleare Bedrohung verringert hätte. Es bedeutet nur, dass sie eine andere und potentiell weniger berechenbare Form angenommen hat. Wenn, was zu erwarten ist, ein neuer Saddam den Weltfrieden bedroht – und wahrscheinlich könnte er zu einem nuklearen Schlag fähig sein –, wird es sich als umso notwendiger erweisen, dass die Führer der verantwortungsbewussten Staaten eine umfassende Antwort auf die Aggression organisieren, um den Übeltäter mit Warnungen vor den Konsequenzen seiner Aktionen einzuschüchtern und ihn letzten Endes, wenn alle übrigen Mittel versagen, mit Gewalt zu entwaffnen.

Ethnisches, religiöses und ideologisches Chaos stellt die Führer einer internationalen Gemeinschaft, die den allgemeinen Frieden bewahren wollen, vor eine etwas andere Herausforderung. In diesem Fall werden weniger die Ängste der internationalen Gemeinschaft um die Erhaltung der Sicherheit als ihr moralisches Empfinden angesprochen. Eine Folge der Globalisierung der Medien besteht darin, dass das internationale Publikum unverzüglich und detailliert über Greueltaten unterrichtet wird. Die ethnische Säuberung im früheren Jugoslawien oder der Völkermord in Ruanda werden damit zu Themen der Innenpolitik in Ländern, welche die Macht haben, in solchen Regionen einzugreifen, obwohl ihr »vitales Interesse«, im traditionellen Sinn, dort nicht berührt wird. Auch in diesem Bereich haben die Regierungschefs Westeuropas und der Vereinigten Staaten eine bemerkenswerte Demonstration »postheroischer« Führerschaft gegeben. Die Schwierigkeiten bei der Analyse des Problems haben die Reaktion verzögert, aber das Resultat ist, jedenfalls im früheren Jugoslawien, so beeindruckend wie der massive Gegenangriff in Kuwait. Man hat Streitkräfte zusammengestellt, Befehlsstrukturen ausgearbeitet, logistische Unterstützung organisiert und Verfahren zur Vermittlung, zur Friedenssicherung und, wo nötig, zur Friedensstiftung in Gang gesetzt.

Besonders die radikalen Medien gefallen sich heute darin, die Leistungen derjenigen herabzusetzen, die sich bemühen, eine »neue Weltordnung« zu schaffen und aufrechtzuerhalten. Jede objektive Beurteilung des Zustandes der Welt seit dem Ende des Kalten Krieges muss solche Kritiker Lügen strafen. Die nukleare Konfrontation zwischen den Großmächten ist überwunden, was den Führern der Vereinigten Staaten und Russlands als Verdienst anzurechnen ist. Regionale Kriegsherren haben, wie sich die Amerikaner ausdrücken, »eine Warnung erhalten«, was in erster Linie US-Präsidenten zu verdanken ist. Regionale Anarchie ist in gewissem Maße unter Kontrolle gebracht worden – ein Ergebnis des koordinierten, gemeinsamen Willens stabiler Staaten, ethnischen, ideologischen und religiösen Heuchlern Handlungsfreiheit zu verwehren. So unvollkommen und bruchstückhaft diese Ergebnisse sind, gehen sie zweifellos auf eine neue Auffassung von Führerschaft unter den großen Militärmächten zurück, die gelernt haben, den Verlockungen des heroischen Stils zugunsten einer kühleren, rationaleren Behandlung von Krisen und Chaos zu widerstehen. Dieses Verhalten hat sehr viel Heroisches an sich. Vernunft ist in der Gestaltung öffentlicher Angelegenheiten die größte aller Tugenden, und die Geschichte der Staaten im ersten Jahrzehnt seit dem Ende des Kalten Krieges berechtigt zu der Hoffnung, dass sie sich durchsetzen wird.

Auswahlbibliographie

Vorheroische Führerschaft

Bohannan, P. (Hg.), *Law and Warfare*. New York 1967
Bramson, L., und G. Goethals, *War. Studies from Psychology, Sociology and Anthropology*. New York 1964
Cohen, R., und E. Service (Hg.), *Origins of the State*. Philadelphia 1978
Divale, W., *Warfare in Primitive Societies*. Oxford 1973
Ferguson, R.B. (Hg.), *Warfare, Culture and Environment*. London 1984
Pruitt, D., und R. Snyder (Hg.), *Theory and Research on the Causes of Wars*. Englewood Cliffs 1969
Turney-High, H., *Primitive War*. Columbia 1949

Alexander der Große

Nicht anderweitig zugeordnete Zitate aus dem Leben Alexanders des Großen entstammen folgenden Ausgaben:

Arrian, *Alexanders des Großen Siegeszug durch Asien*. Eingeleitet und übertragen von Wilhelm Capelle. Zürich 1950
Curtius, Rufus, *Alexandergeschichte*. Nach den Übersetzungen von J. Sibelis und H. Weismann, neu bearbeitet von Gabriele Jahn. Essen und Stuttgart 1987
Diodor's von Sicilien Geschichtsbibliothek. Übersetzt von Dr. Adolf Wahrmund. Stuttgart 1866
Plutarchs ausgewählte Biographien. Deutsch von Prof. Dr. Ed. Eyth. Berlin-Schöneberg o.J.

Adcock, F., *The Greek and Macedonian Art of War*. Berkeley 1957

Anderson, J., *Military Theory and Practice in the Age of Xenophon*. Berkeley 1970

Badian, Ernst, *Studies in Greek and Roman History* (»Alexander the Great and the Loneliness of Power«). Oxford 1964

Berve, H., *Das Alexanderreich auf prosoprographischer Grundlage*. 2 Bde. München 1926

Bieber, Margaret, *Alexander the Great in Greek and Roman Art*. Chicago 1964

Burn, A.R., *Alexander the Great and the Hellenistic World*. New York 1962

Dilke, O., *Greek and Roman Maps*. London 1985

Ehrenberg, V., *Alexander and the Greeks*. Oxford 1938

Ellis, J.R., *Philip II and Macedonian Imperialism*. Princeton 1976

Engels, D., *Alexander the Great and the Logistics of the Macedonian Army*. Berkeley 1978

Finley, M.I., *The Ancient Economy*. Berkeley 1973; *The World of Odysseus*. London 1977

Fox, R. Lane, *Alexander der Große*. Düsseldorf 1974

Fuller, J.F.C., *Alexander der Große als Feldherr*. Aus dem Englischen übertragen von Helmut Lindemann. Stuttgart 1961

Garlan, Y., *War in the Ancient World*. London 1975

Green, P., *Alexander der Große, Mensch oder Mythos?* Würzburg 1974

Griffith, G.T., *Alexander the Great. The Main Problems*. Cambridge 1966

Hadas, Moses, *Hellenistic Culture*. New York 1959

Hammond, N., *Three Historians of Alexander the Great*. Cambridge 1983; *Alexander the Great*. London 1981

Justinus, *Auszug aus dem Trogus Pompejus Philippischer Ge-*

schichte. Übersetzt und durch Anmerkungen erläutert von Dr. Albert Forbiger. Stuttgart 1866

Marsden, E.W., *The Campaign of Gaugamela.* Liverpool 1964

Milns, R.D., *Alexander the Great.* London 1968

Olmstead, A.Y., *A History of the Persian Empire.* Chicago 1948

Pearson, L., *The Lost Histories of Alexander the Great.* New York 1960

Savill, A., *Alexander the Great and His Time.* London 1959

Snyder, J.W., *Alexander the Great.* New York 1966

Tarn, W., *Alexander der Große.* 2 Bde. Darmstadt 1961

Tarn, W., und G.T. Griffith, *Die Kultur der hellenistischen Welt.* Darmstadt 1972

Wellington: der Antiheld

Nicht anderweitig zugeordnete Zitate Wellingtons entstammen:

Oberstleutnant Gurwood, *The Dispatches of the Field Marshal the Duke of Wellington.* 12 Bde. London 1837–38

Wellesley, Arthur, *Supplementary Despatches and Memoranda of Field-Marshal Arthur, Duke of Wellington.* 15 Bde. London 1858–72

Stanhope, Philip Henry, *Notes of Conversations with the Duke of Wellington.* Oxford 1888

Bell, D., *Wellington's Officers.* London 1938

Brett James, A., *Wellington at War.* London 1961

Davies, G., *Wellington and His Army.* Oxford 1954

Gates, D., *The Spanish Ulcer.* London 1986

Glover, R., *Peninsular Preparation. The Reform of the British Army, 1795–1809.* Cambridge 1963; *The Peninsular War.* London 1974

Howard, M., *Wellington Studies.* London 1959

Larpent, F.S., *The Private Journal of Judge-Advocate Larpent.* London 1853

Longford, E., Wellington. *The Years of the Sword.* London 1969

Oman, C., *A History of the Peninsular War.* 7 Bde. Oxford 1930; *Wellington's Army.* London 1913

Rothenburg, G., *The Art of War in the Age of Napoleon.* Bloomington 1978

Ward, S.G.P., *Wellington's Headquarters.* Oxford 1957; *Wellington.* London 1963

Weller, Jac., *Wellington in the Peninsula.* London 1962; *Wellington at Waterloo.* London 1967; *Wellington in India.* London 1972

Wellesley, M., *The Man Wellington.* London 1937

Grant und die unheroische Führerschaft

Nicht anderweitig zugeordnete Grant-Zitate entstammen *The Papers of U.S. Grant.* Hg. von John Y. Simon. Illinois University Press, 1967, besonders Bänden 7 und 8, und Ulysses S. Grant, *Memoiren des Generals Ullyses S. Grant.* 2 Bde. Leipzig 1886.

Ambrose, Stephen, *Duty, Honor, Country. A History of West Point.* Baltimore 1966

Badeau, Adam, *Military History of Ulysses S. Grant.* New York 1882

Bates, David, *Lincoln in the Telegraph Office*. New York 1907

Bauer, Karl, *The Mexican War*. New York 1974

Benedict, Michael, *A Compromise of Principle*. New York 1974

Boatner, Mark, *The Civil War Dictionary*. New York 1959

Burne, A.H., *Lee, Grant and Sherman*. Aldershot 1938

Cadwallader, Sylvanus, *Three Years with Grant*. New York 1955

Catton, Bruce, *U.S. Grant and the American Military Tradition*. Boston 1954; *Grant Moves South*. Boston 1960; *Grant Takes Command*. Boston 1969

Conger, Arthur, *The Rise of U.S. Grant*. New York 1931

Cunliffe, Marcus, *Soldiers and Civilians*. Boston 1968

Donald, David (Hg.), *Why the North Won the Civil War*. Baton Rouge 1960

Fuller, J.F.C., *The Generalship of U.S. Grant*. New York 1929; *Grant and Lee*. Bloomington 1957

Johnson, R.U., und C.C. Buel (Hg.), *Battles and Leaders of the Civil War*. New York 1887–88

Lewis, Lloyd, *Captain Sam Grant*. Boston 1950

Luvaas, Jay, *The Military Legacy of the Civil War*. Chicago 1959

Macartney, C.E.N., *Grant and his Generals*. New York 1953

McFeely, *William Grant*. New York 1981

McWhiney, Grady (Hg.), *Grant, Lee, Lincoln and the Radicals*. Evanston 1964

Owens, Kenneth, Galena, *Grant and the Fortunes of War*. DeKalb 1963

Porter, Horace, *Campaigning with Grant*. New York 1897

Weigley, Russell, *Towards an American Army*. New York 1962; *The American Way in Warfare*. New York 1973

Wiley, Bell Irvin, *The Life of Johnny Reb*. Indianapolis 1943;

The Life of Billy Yank. Indianapolis 1952; *The Common Soldier of the Civil War*. New York 1977

Wilson, Edmund, *Patriotic Gore. Studies in the Literature of the American Civil War*. New York 1962

Falsches Heldentum: Hitler als Oberster Befehlshaber

Nicht anderweitig zugeordnete Hitler-Zitate entstammen:

Jochmann, Werner (Hg.), *Adolf Hitler. Monologe im Führerhauptquartier 1941–1944*. Hamburg 1980

Domarus, M., *Hitler. Reden und Proklamationen, 1932–45*. 4 Bde. München 1965

Hitlers Lagebesprechungen. Die Protokolle seiner militärischen Konferenzen 1942–1945. Hg. von Helmut Heiber. Stuttgart 1962

Bezymenski, L., *Der Tod des Adolf Hitler*. Hamburg 1968

Bullock, A., *Hitler. Eine Studie über Tyrannei*. Aus dem Englischen übertragen von Wilhelm und Modeste Pferdekamp. Düsseldorf 1960

Craig, G., *The Politics of the Prussian Army*. Oxford 1964

Fest, J.C., *Das Gesicht des Dritten Reiches*. München 1963; *Hitler. Eine Biographie*. Frankfurt am Main, Berlin 1973

Gilbert, G., *Nürnberger Tagebuch*. Frankfurt am Main 1952

Halder, Franz, *Kriegstagebuch 1939–1942*. Bde. 1–3. Stuttgart 1962–64

Irving, D., *Hitlers Krieg*. Deutsche Übersetzung von Erwin Duncker und Georg Auerbach. München, Berlin 1985

Kehrig, M., *Stalingrad. Analyse und Dokumentation einer Schlacht*. Stuttgart 1975

Kubizek, A., *Adolf Hitler, mein Jugendfreund*. Graz, Göttingen 1953

Leach, B., *German Strategy against Russia, 1939–41*. Oxford 1973

Maser, W., *Adolf Hitler. Legende, Mythos, Wirklichkeit*. München, Esslingen 1971

Milward, A., *Die deutsche Kriegswirtschaft 1939–1945*. Stuttgart 1966

Picker, H. (Hg.), *Hitlers Tischgespräche im Führerhauptquartier 1941 bis 1942*. Bonn 1951

Schramm, P. (Hg.), *Kriegstagebuch des Oberkommandos der Wehrmacht*. Frankfurt 1961; *Hitler als militärischer Führer*. Frankfurt 1962

Schroeder, Christa, *Er war mein Chef*. Hg. von Anton Joachimsthaler. München 1985

Smith, Bradley, *Adolf Hitler, His Family, Childhood and Youth*. Stanford 1967

Speer, A., *Erinnerungen*. Frankfurt am Main, Berlin 1969

Trevor-Roper, H.R., *Hitlers letzter Tag*. Frankfurt am Main 1965; (Hg.), *Hitler's War Directives*. London 1964

Warlimont, W., *Im Hauptquartier der deutschen Wehrmacht 1939–1945*. Frankfurt 1962

Postheroisch: die Befehlsgewalt in der nuklearen Welt

Barker, T., *The Military Intellectual and Battle*. Albany 1975

Bracken, P., *Command and Control of Nuclear Forces*. New Haven, Connecticut 1983

Corvisier, A., *Armies and Societies in Europe*. Bloomington 1979

Crefeld, M. van, *Command in War*. London 1985

Dixon, N., *On the Psychology of Military Incompetence*. London 1976

Gabriel, R., und P. Savage, *Crisis in Command*. New York 1978

Hittle, J., *The Military Staff*. Harrisburg 1961

Luttwak, E., *The Grand Strategy of the Roman Empire*. Baltimore 1978

McNeill, W.H., *The Pursuit of Power*. Oxford 1983

Mallett, M., *Mercenaries and Their Masters*. London 1974

Parker, G., *The Army of Flanders and the Spanish Road*. London 1972

Quimby, R., *The Background of Napoleonic Warfare*. New York 1957

Tooley, R., *Maps and Mapmaking*. London 1952

Vaché, A., *Napoleon en Campagne*. Paris 1900

Verbruggen, J., *The Art of Warfare in Western Europe during the Middle Ages*. Amsterdam 1977

Register